SV

Asiem El Difraoui

Die Hydra des Dschihadismus

Entstehung, Ausbreitung und
Abwehr einer globalen Gefahr

Suhrkamp

Bibliografische Informationen der Deutschen Nationalbibliothek
Die Deutsche Nationalbibliothek verzeichnet diese Publikation
in der Deutschen Nationalbibliographie;
detaillierte bibliographische Daten im Internet über
http://dnb.d-nb.de abrufbar.

Erste Auflage 2021
© Suhrkamp Verlag Berlin 2021
Alle Rechte vorbehalten, insbesondere das
des öffentlichen Vortrags sowie der Übertragung
durch Rundfunk und Fernsehen, auch einzelner Teile.
Kein Teil des Werks darf in irgendeiner Form
(durch Fotografie, Mikrofilm oder andere Verfahren)
ohne schriftliche Genehmigung des Verlages
reproduziert oder unter Verwendung
elektronischer Systeme verarbeitet,
vervielfältigt oder verbreitet werden.
Karten: Peter Palm
Satz: Dörlemann Satz, Lemförde
Druck: GGP Media GmbH, Pößneck
Printed in Germany
ISBN 978-3-518-42564-0

Inhalt

Die Hydra: Einleitung

Paris, November 2015. Ein lauer Abend, es fühlt sich an wie im September. Ich bin mit einer Freundin verabredet, wir wollen ihre neue Wohnung und ihren neuen Job feiern mit einem Abendessen in einem *gastro bistro.* Das sind kleine Restaurants, die von jungen Küchenchefs betrieben werden und allerorten in Paris eröffnen.

Clown Bar, so lautet der Insidertipp für den Abend. Ich rufe mittags an, um einen Tisch zu reservieren, aber das Restaurant ist bereits ausgebucht. Zwei Kilometer weiter im Westen finden wir eine gute Alternative, feine, innovative Küche, lässig schicke Pariser an den anderen Tischen.

Es ist ein schöner Abend – bis ein junger Mann am Nebentisch auf sein Handy schaut: Nicht weit von hier habe es Anschläge gegeben, ruft er in den Raum, mit vielen Toten, vor allem im Konzertsaal Bataclan. Meine Begleitung und ich blicken uns an. Das Bataclan liegt gleich um die Ecke von der Clown Bar, wo wir eigentlich hinwollten. Fast jeder im Restaurant greift nach seinem Smartphone. Wie wir lesen, sind offenbar auch auf den Terrassen umliegender Bistros Menschen erschossen worden. Später erfahre ich, ein guter Freund war mitten im Kugelhagel – wie durch ein Wunder ist er unversehrt davongekommen, zumindest körperlich: Das Blutbad, bei dem er mit seiner Begleiterin, einer Ärztin, bis zum Eintreffen der Rettungssanitäter mehr als eine Stunde später Erste Hilfe leistet, wird ihn traumatisiert hinterlassen.

Nachrichten treffen ein über Anschläge vor dem Stade de France, wo gerade Frankreichs Fußballnationalmannschaft gegen Deutschland spielt. Drei Selbstmordattentäter sprengten sich davor in die Luft – zum Glück gelangten sie nicht in das mit rund 80 000 Menschen gefüllte Stadion. Zunächst werden an diesem Abend zwanzig Tote gemeldet. Dann vierzig. Auf dem hastigen zehnminütigen Nachhauseweg sind es schon achtzig. Zu Hause angekommen: hundert. Die Attentäter, heißt es in den Medien, hätten »*Allahu Akbar*« geschrien.

In diesen Stunden erlebe ich ein Déjà-vu nach dem anderen. Mein Lieblingsrestaurant in Bagdad: von einem Selbstmordattentäter weggesprengt. Das Hotel Palestine in der irakischen Hauptstadt wurde ebenso wie das Pearl Continental mit dem schönen Garten in Peschawar, Pakistan, durch Sprengsätze verwüstet. Die Sinai-Halbinsel in Ägypten, wo ich tauchen lernte – von zahlreichen Anschlägen auf Hotels heimgesucht. Und nun hat es meine Wahlheimat Frankreich mitten ins Herz getroffen, die bei jungen Parisern so beliebten 10. und 11. Arrondissements. 130 Tote werden es am Ende sein.

Gegen ein Uhr nachts mache ich das Radio aus und höre Musik. Schlafen gehen, denke ich, der Morgen wird Rat bringen, bin aber völlig ratlos. Eigentlich wollte ich am nächsten Tag nach Clermont-Ferrand im Zentralmassiv zu einer kleinen Buchmesse fahren, die auf Reisebücher spezialisiert ist. Ich hatte mich lange darauf gefreut, dort mein politisches Reisetagebuch *Ein neues Ägypten?* vorzustellen. Nun ahne ich, dass ich in den nächsten Tagen nicht Herr meiner Zeit sein werde, das Telefon wird nicht aufhören zu läuten. Am nächsten Morgen, einem Samstag, erklärt Frankreichs Präsident Hollande den Ausnahmezustand. Der sogenannte Islamische Staat bekennt sich zu den Attentaten.

Zwei Tage nach dem Anschlag sind die Terrassen der Cafés, Bars und Bistros an den Boulevards Voltaire und Richard-Lenoir erneut brechend voll, auf den Trottoirs Menschenmassen. Die Pariser wollen sich nicht einschüchtern lassen – jetzt erst recht nicht. Sie wollen der Welt zeigen, dass sie auch durch die schlimmsten Attentate, die Frankreich je erlebt hat, nicht kleinzukriegen sind. Doch plötzlich fangen alle um mich herum an zu rennen, suchen Schutz in einer Tiefgarage, drängen sich hastig in Hoteleingänge. »*Pas de panique, un peu de calme*«, »Keine Panik, bleiben Sie ruhig«, versucht ein Barbesitzer seine Gäste, die in Richtung Toiletten flüchten, zu beruhigen. Die Straßen sind in wenigen Minuten menschenleer. Ein Gerücht hat die Menschen in Panik versetzt. »Der Polizist hat mich gewarnt, alle sollen sich in Sicherheit bringen, am besten den Bezirk verlassen!«, schreit ein junger Mann. Ob es so war oder ob vielleicht nur ein Feuerwerkskörper oder ein geplatzter Autoreifen die Massenpanik ausgelöst hat, Tatsache ist: Die Pariser haben ihre Lässigkeit, die Unbekümmertheit, das Vertrauen in den Alltag verloren.

In den nächsten Tagen meldet die Presse immer neue Fakten über die Attentäter. Es sind vor allem junge Franzosen und Belgier mit arabischen Wurzeln sowie ein Syrer, keiner ist älter als 31, die meisten um die 20 Jahre alt. Einer der Mörder stieg im Bataclan auf die Bühne und spielte Xylophon, bevor er mit einer Kalaschnikow weiter um sich schoss. Bis auf einen sind alle Attentäter tot.

Wie groß und international das Netzwerk ist, das für diese Taten verantwortlich ist, wird erst später herauskommen; es wird Untersuchungen und Festnahmen in mehreren europäischen Ländern geben. Und auch sie werden vom Terror erfasst. Er trifft Belgien, Südfrankreich und erreicht schließlich, im Dezember 2016, mit dem Attentat auf dem Breitscheidplatz in Berlin, auch in Deutschland einen Höhepunkt.

Begonnen hatte die Serie bereits im Januar 2015 mit den Anschlägen in Paris auf das Satiremagazin *Charlie Hebdo* und den Hyper Cacher, einen jüdischen Supermarkt, bei denen 15 Personen starben, darunter meine mir persönlich bekannten Lieblingskarikaturisten Charb und Wolinski. In Nizza raste am 14. Juli des folgenden Jahres ein Laster mit voller Absicht in die Zuschauermenge, die sich auf der Promenade des Anglais versammelt hatte, um das Feuerwerk zum Nationalfeiertag zu verfolgen. Mehr als achtzig Menschen kamen ums Leben, darunter mindestens zehn Kinder. Vier Tage darauf wurden in einem Zug bei Würzburg vier Menschen durch die Messer- und Axtattacke eines jungen Mannes zum

Teil schwer verletzt. Zu beiden Taten bekannte sich die Terrororganisation »Islamischer Staat«. Sechs Tage später sprengte sich im bayerischen Ansbach ein Syrer in die Luft. Die Polizei fand ein IS-Bekennervideo auf seinem Handy. Zwei Tage darauf stürmten zwei junge Männer eine Kirche in der Normandie, nahmen die fünf bei der Morgenmesse Anwesenden als Geiseln, ließen den Pfarrer niederknien und schlitzten ihm die Kehle auf. Sie filmten ihre Tat.

Noch schlimmer wütete der »IS« zur selben Zeit in Syrien und im Irak. 2014 hatte er die Millionenstadt Mossul im Irak erobert, eine Herrschaft des Terrors begann, die erst 2017 endete.

Als Politologe und Journalist habe ich mich auf die arabische Welt spezialisiert, weil mich der Kulturraum fasziniert. Weil ich mich mit der arabischen Kultur verbunden fühle. Und weil ich diese Welt sehr liebe. Mein Vater stammt aus Ägypten, ich bin in Deutschland geboren. In der arabischen Kultur gibt es so viel Schönes und Inspirierendes: ein reiches Erbe, dem Europa so viel zu verdanken hat, und damit meine ich nicht nur die Architektur von Kairo, Damaskus oder Granada, die Medizin, die Kunst, sondern auch eine lebhafte Jugendkultur. Es ist eine Welt voller Widersprüche, voller positiver Impulse, und ich wollte ihr mein berufliches Leben widmen. Dann kam der Dschihadismus.

Vor 30 Jahren begann ich mich mit dem Phänomen zu beschäftigen, zu einer Zeit, als es noch nicht Dschihadismus, sondern einfach Terrorismus genannt wurde. Im Lauf der Jahre reiste ich durch die islamische Welt, traf Dutzende von Dschihadisten und führte Interviews mit ihnen – in Afghanistan, Pakistan, Syrien, Saudi-Arabien, Ägypten, dem Libanon, dem Irak, aber auch in den Vororten von Paris, London, Bonn oder Frankfurt am Main. In Europa sprach ich mit zahlreichen Jugendlichen, die sich von der Gewaltideologie hatten verführen lassen. Als ich 2003 im Irak war, sah ich dann mit eigenen Augen, welche Zerstörung, welche Blutbäder der Terror anrichten kann. Einem Attentat bin ich nur knapp entkommen: Wenige Minuten bevor ich einen Checkpoint im kurdischen Teil des Iraks erreichte, hatte sich dort ein Selbstmordattentäter in die Luft gesprengt.

Mit den Anschlägen in meiner Wahlheimat Frankreich und in Deutschland kam mir der Dschihadismus dann noch näher, und ich begriff, wie tief die Gewaltideologie in unsere europäischen Gesellschaften vorgedrungen war. Wie hart es aber in den Folgejahren die arabische Welt selbst treffen sollte, hätte ich mir in meinen schlimmsten Albträumen nicht ausmalen können. Denn bei allem Horror in Europa: Der Dschihadismus hat rund um den Globus Zehntausende von Menschen das Leben gekostet – die meisten von ihnen in der arabischen Welt und die große Mehrheit von ihnen Muslime.

Spätestens seit den Anschlägen des 11. September 2001, bei denen fast 3000 Menschen getötet wurden, und George W. Bushs darauf folgender Ankündigung eines »Kreuzzugs gegen das Böse« sollte uns eigentlich bewusst sein, dass der Dschihadismus in die Geschichte eingehen und die Welt verändern würde. Aber selbst nach der US-Invasion im Irak 2003, den Attentaten in Madrid 2004 und London 2005, die 247 Menschen das Leben kosteten, hielt sich das Wunschdenken, es handle sich um eine vorübergehende Erscheinung. Der eigentliche Krieg fand schließlich in weit entfernten, fremden Ländern voller »unzivilisierter« Völker statt.

Als fast ein Jahrzehnt nach dem 11. September, am 2. Mai 2011, amerikanische Eliteeinheiten Osama bin Laden auf seinem gut getarnten und gesicherten Anwesen in Abbottabad in Pakistan aufspürten und töteten, meinten viele, die dschihadistische Gefahr sei gebannt. Umso größer war für sie der Schock, als der »Islamische Staat« bald darauf ein Territorium von der Fläche Großbritanniens unter seine Kontrolle brachte. Nach den Attentaten von Paris und Brüssel und dem Anschlag am Breitscheidplatz in Berlin begannen wir allmählich, die Tragweite der Bedrohung nicht zuletzt für unsere Gesellschaft zu begreifen, denn nun waren es auch unsere Kinder, die in den vermeintlichen Dschihad zogen.

Heute, zwei Jahrzehnte nach dem 11. September, liegt das Pseudokalifat des IS in Trümmern. Im Oktober 2019 wurde der selbsternannte Kalif Abu Bakr al-Baghdadi wie acht Jahre zuvor Osama bin Laden von US-Truppen getötet. Bereits im Februar 2019 hatte der damalige US-Präsident Donald Trump den Sieg über die Terrormiliz im Irak und in Syrien verkündet. Erneut wurde die Hoffnung geschürt, diesmal sei die Gefahr endgültig überwunden. Doch selbst der damalige Leiter der United States Intelligence Community, Dan Coats, warnte wie viele seiner westlichen Kollegen, dass der IS eine Bedrohung bleiben würde: Tausende seiner Kämpfer, die Erfahrungen in einem jahrelangen Guerillakrieg voll blindem Terror hatten sammeln können, waren abgetaucht; sie hatten versteckte Waffenlager angelegt und Geld gehortet. Und sie verfügen über eine Propagandamaschinerie, die weiterhin effektiv funktioniert.

Zu lange richteten wir zudem unser Augenmerk auf den IS wie zuvor auf Al-Qaida. Der Dschihadismus ist jedoch längst eine weltweite Bewegung, der Dutzende von Organisationen angehören: Boko Haram in Nigeria, Al-Shabaab in Somalia oder Abu Sayyaf auf den Philippinen, um nur einige zu nennen. Am Ostersonntag 2019 ermordete die »Bewegung für die Einheit Gottes« in Sri Lanka bei Anschlägen auf drei Hotels und drei Kirchen über 250 Menschen. Die lokale Terrorgruppe, die sich dem IS angeschlossen hatte, war selbst den meisten Spezialisten unbekannt.

Die Taliban in Afghanistan sind hingegen allen bekannt. Dass auch sie eine dschihadistische Bedrohung und weltweit eine Inspiration für andere Gruppen sind, rückte erst durch ihre historische Machtübernahme in Afghanistan – mit der Eroberung Kabuls am 15. August 2021, knapp zwei Jahrzehnte nach dem 11. September – wieder ins öffentliche Bewusstsein.

»Ihr Europäer, ihr Deutschen seid naiv; der Dschihadismus

ist noch lange nicht besiegt«, erklärte mir bereits im August 2019 ein irakischer Offizier in Mossul. Und damit meinte er nicht allein die andauernden Anschläge in seinem Heimatland oder im benachbarten Syrien, auch nicht die Tausenden nach Europa und Deutschland zurückkehrenden ehemaligen Kämpfer. Nein, das Schlimmste sei, dass die todbringende Ideologie mittlerweile den gesamten Globus infiziert hat.

Tatsächlich breitet sich ihr Gedankengut in den Gesellschaften der ganzen Welt, auch in Europa, weiter aus. Junge Menschen in Deutschland und in anderen europäischen Ländern werden heute oft im Verborgenen zu gewalttätigen Extremisten – dies zeigten die Anschläge in Paris, Wien und Dresden 2020 sowie Würzburg im Sommer 2021 erneut.

Der Dschihadismus trägt zur Spaltung der Gesellschaft bei und nährt den Populismus. Terror und Angst treiben immer mehr Menschen in die Fänge von extremistischen, identitären, religiösen, nationalistischen Ideologien. Wenn der Pseudostaat IS in seiner Propaganda damit geprahlt hat, den Brexit und die Wahl von Donald Trump als seine Siege verbuchen zu können, so liegt in der Übertreibung doch ein wahrer Kern. Dschihadismus, Populismus und Rechtsextremismus befeuern sich gegenseitig.

Mit den epochalen Herausforderungen, vor die uns der Dschihadismus stellt, werden wir noch jahrzehntelang konfrontiert sein und uns geduldig, aber hartnäckig zur Wehr setzen müssen. Es ist ein derart komplexes und schwer greifbares Phänomen, dass immer wieder Sinnbilder benutzt werden, um es anschaulich zu machen.

Der Schriftsteller Abdelwahab Meddeb hat den Dschihadismus als die »Krankheit des Islam« bezeichnet. Vielleicht ist das Bild eines »Parasiten« stimmiger, eines Parasiten, der sich von seinem Wirt ernährt, ihm dabei großen Schaden zufügt und auf andere Wirte überspringt – denn der Dschihadismus hat immer weniger mit dem Islam zu tun.

Ich habe für dieses Buch das Bild der Hydra gewählt: Das mythische Ungeheuer, eine Mischung aus Schlange und Drachen, besitzt gemäß verschiedenen Überlieferungen zwischen neun und fünfzig Köpfe. Jeder hat ein Schlangenmaul mit scharfen Zähnen und gespaltener Zunge. Schon ein Hauch seines giftigen Atems ist tödlich. Das Ungeheuer lebte in den Sümpfen von Lerna, die es verließ, um Felder zu verwüsten und Herden zu reißen. Die Hydra zu besiegen war eine der zwölf sagenhaften Aufgaben des Herkules. Er lockte das Schlangenwesen aus seinem Versteck und versuchte, die vielen Köpfe einzeln zu zerschmettern, doch sofort wuchsen zwei neue nach. Auch der Hydra Dschihadismus wuchsen nach jedem militärischen Sieg in den letzten drei Jahrzehnten, ob in Afghanistan, im Irak oder in Syrien, jedes Mal noch mehr Köpfe aus ihrem totgesagten Leib.

Metaphern wie Monster und Fabelwesen sind so alt wie die Menschheit und nie perfekt. Doch sie nehmen, indem sie der Bedrohung Anschaulichkeit verleihen, ein wenig auch die Angst vor ihr. In diesem Buch versuche ich, die schwer fassbare Gestalt der Hydra Dschihadismus zu definieren, zu erklären, wo und wie sie entstanden ist und mit welchen Methoden sie sich ausgebreitet hat. Wie sie sich nährt, in welcher Umgebung sie gedeiht und wie sie es schafft, Menschen zu verführen. Ich möchte auch betrachten, wie man sie schwächen und hoffentlich besiegen kann.

Im ersten Teil schildere ich die Entstehung und Ausbreitung des Dschihadismus. Wie hat er sich in der arabisch-islamischen Welt herausgebildet, wie griff er auf Europa über? Ich beginne mit den Vorläufern, dem im 18. Jahrhundert in Saudi-Arabien entstandenen Wahhabismus sowie dem Vordenker Sayyid Qutb in Ägypten, diskutiere dann die Genese der heutigen Ideologie, die ihr geistiger Vater, Abdallah Azzam, nach der sowjetischen Invasion in Afghanistan auch in die Praxis umsetzte. Ein Konflikt, in dem die Haltung des Westens die Geburt des Dschihadismus begünstigt hat. Es folgen historische Begebenheiten, die für die Verbreitung des

Dschihadismus in den neunziger Jahren des letzten Jahrhunderts entscheidend waren: Osama bin Ladens Tätigkeit im Sudan, die Entwicklung Londons zu einem dschihadistischen Brückenkopf, der Bosnienkrieg sowie der Bürgerkrieg in Algerien, Ursache der ersten Attentatsserie in Europa. Mit Al-Qaida und den Vorbereitungen zu den weltverändernden Anschlägen des 11. September 2001, dem von George W. Bush proklamierten »Krieg gegen den Terror« sowie der US-Invasion im Irak 2003 setzte eine Globalisierung des Dschihadismus ein, die schließlich den Aufstieg des IS im Gefolge des Arabischen Frühlings 2010 ermöglichte. Dieser historische Teil endet mit dem Sieg über das vermeintliche Kalifat des IS in Syrien und im Irak 2019.

Teil zwei geht der Frage nach, warum so viele Menschen in die Fänge der Hydra geraten sind und was sich ihrer verführerischen Kraft entgegensetzen lässt. Ich beschreibe Geschichte und Funktionsweise des Mediendschihad und zeige Möglichkeiten auf, die so gefährliche Propagandawaffe zu entschärfen. Die Lebenswege von Dschihadisten und Dschihadistinnen aus mittlerweile fünf Generationen machen deutlich, wie unterschiedliche Faktoren bei der Radikalisierung zusammenwirken. Wie können wir Menschen aus dem Extremismus zurückholen, sie »deradikalisieren«? Und wie verhindern wir, dass weiterhin Menschen dem Extremismus verfallen? Es geht um unterschiedliche Methoden und Ansätze der Prävention, um ihre Möglichkeiten, aber auch um ihre Grenzen; es geht um Erfolge, Irrwege und hoffnungslose Fälle; und es geht darum, welche vorbeugenden Maßnahmen wir auf gesellschaftlicher Ebene treffen können, nicht zuletzt um zu verhindern, dass sich Dschihadismus und Rechtsextremismus weiter wechselseitig befeuern und unsere Gesellschaft spalten.

Der dritte Teil widmet sich aktuellen internationalen Herausforderungen. Beginnend im Geburtsland des Dschihadismus, dem Krisenherd Afghanistan, über die arabischen Brennpunkte in Syrien und im Irak, in Ägypten und dem Jemen, bis zum Sahel. Diese riesige Region droht von einem dschihadistischen Flächenbrand verschlungen zu werden. Anschließend stelle ich zwei Länder vor, die in Sachen Dschihadismus kaum im Fokus stehen, die Philippinen und Indonesien, und diskutiere die besonderen Gefahren autoritärer Methoden bei der Bekämpfung des Dschihadismus; China ist ein Beispiel, wo dieser Kampf als Vorwand zur Unterdrückung der Uiguren dient. Es folgen Anregungen, wie Europa seine internationale Verantwortung wahrnehmen kann, um gegen den Dschihadismus vorzugehen: durch eine konsequente gemeinsame Außen- und Sicherheitspolitik, durch Unterstützung besonders betroffener Länder bei der Errichtung rechtsstaatlicher Strukturen – auch einer Übergangsjustiz – oder durch Wirtschaftsförderung. Die Entstehung funktionierender Zivilgesellschaften ist das Ziel.

Zum Schluss greife ich die teils heftige Debatte über die innere Natur des Dschihadismus auf: Ist sein Kern die »Radikalisierung des Islam« oder die »Islamisierung der Radikalität«? Eine Spätfolge des Kolonialismus? Eine Auflehnung gegen westliche Werte? Oder ist er eher von seinem Heilsversprechen aus zu verstehen, der Verheißung auf persönliche Erlösung? Dabei geht es um viel mehr als um eine theoretische Debatte. Letztendlich geht es um die Prioritäten im Kampf gegen den Dschihadismus – um die Frage, wie die Hydra sich bezwingen lässt.

I. Die Hydra erwacht
Geschichte des Dschihadismus

Die Medien verquicken häufig die Begriffe »Islamismus«, »Salafismus« und »Dschihadismus«.[1] Der Begriff »Islamismus« ist jedoch extrem weit gefasst und kennzeichnet alle Strömungen, die Elemente des Islam für eine Grundlage der politischen und gesellschaftlichen Systeme und für eine mögliche Antwort auf deren Probleme halten: Es wird eine religiös legitimierte Staats- und Gesellschaftsordnung angestrebt, die den Islam als Richtschnur für das Individuum wie für das gesellschaftliche und politische Leben gleichermaßen begreift.[2]

Zu den *Islamisten* zählen die Anhänger sehr unterschiedlicher Gruppierungen – die 1928 in Ägypten gegründete Muslimbruderschaft, die erste und lange Zeit größte politische Massenbewegung im Islam; deren Ableger wie die in Tunesien bis vor Kurzem mitregierende Ennahda-Partei, die sich zur Demokratie bekennt; die AKP in der Türkei; die schiitische Hisbollah; aber auch das Regime der Ajatollahs im Iran – und eben auch Salafisten und Dschihadisten.

Der *Salafismus* ist für das Verständnis des Dschihadismus von entscheidender Bedeutung: Er ist eine ultrakonservative Strömung des sunnitischen Islam, die den Koran und die Überlieferungen des Propheten als einzige Quellen des »wahren Glaubens« betrachtet und das muslimische Leben nach dem Vorbild Mohammeds und seiner Weggefährten, also eines vermeintlichen Ur-Islam, reformieren möchte. Salafisten verfechten eine wörtliche Interpretation des Heiligen Buches und lehnen die mehr als tausend Jahre islamischer Rechtsprechung und Philosophie ab.

Der Begriff »Salafismus« leitet sich von *salaf al-salih* ab, was »fromme Altvordere« bedeutet. Damit sind die Gefährten des Propheten und exemplarische Muslime aus der Frühzeit gemeint. Der Salafismus gilt als die am schnellsten wachsende Strömung des sunnitischen Islam sowohl im arabischen Raum als auch in Europa. Er ist keine homogene Bewegung, sondern hat sehr unterschiedliche Ausprägungen. Drei Gruppierungen lassen sich unterscheiden: Ein Großteil der Salafisten leistet zumeist friedliche, gewaltlose Missionierungsarbeit und ist apolitisch. Andere streben die Errichtung eines islamischen Staates an, um eine gottgefällige Gesellschaftsordnung zu schaffen. Die kleinste Untergruppierung der Salafisten will einen islamischen Gottesstaat mit Gewalt durchsetzen.

In dieser extremistischen Ausprägung ist der Salafismus der Einstieg in den *Dschihadismus*. Extremistische Islamauslegungen der Salafisten bilden generell dessen geistigen Nährboden. Die Auslegungen wurden zumeist von arabischen Autoren auf Grundlage der im 17. Jahrhundert entstandenen saudischen Doktrin des Wahhabismus entwickelt, sie sind aber heute in fast allen europäischen Sprachen zu finden. Aus diesen Interpretationen entstanden drei für den Dschihadismus relevante Kernkonzepte: *al-wala walbara, taghut* und *takfir*.

Al-wala wal-bara bedeutet die alleinige Loyalität gegenüber Muslimen und die strikte Ablehnung von Nichtmuslimen. So wird fast automatisch ein Feindbild geschaffen. Der *taghut*, die Götzenanbetung, weitet die klassische sunnitische Idee radikal aus, dass neben Gott keine anderen Gottheiten oder Heiligen verehrt werden sollen. Zur Götzenanbetung wird jedwede Akzeptanz von Prinzipien und Verpflichtungen, die nicht ausdrücklich im Koran, in der Sunna oder den Hadithen – den gesammelten Überlieferungen des Propheten – gutgeheißen werden. Demokratie und alle nicht im Islam verankerten Staatsformen und Rechtssysteme gelten somit als Götzen. Muslime, die diese Systeme unterstützen, machen sich der Götzenanbetung schuldig. Sie sind keine Muslime mehr, sondern werden in der Praxis des *takfir* exkommuniziert: Sie werden zu *kuffar*, Ungläubigen, und sind für die gewaltbereiten Extremisten, also die Dschihadisten, vogelfrei. Dschihad gegen sie zu führen wird zur Pflicht.

Das Wort *dschihad* stammt vom arabischen Verb *dschahada*: »eine große Anstrengung unternehmen«. Im Islam hat das Konzept des Dschihad vielfältige Bedeutungen: Der Konsensus der

Rechtsgelehrten im Sunnismus, der größten Glaubensrichtung im Islam, unterscheidet zwischen dem »großen« und dem »kleinen Dschihad«. Der »große Dschihad« bedeutet eine große innere Anstrengung, um ein besserer Mensch und Gläubiger zu werden – er ist mithin ein humanistisches Konzept. Als »kleiner Dschihad« wird der bewaffnete Kampf bezeichnet; hierauf reduzieren die Dschihadisten das Konzept des Dschihad. Er ist für sie das wichtigste Instrument zur Lösung von Problemen in der muslimischen Welt und der Weg zur persönlichen Erlösung: der schnellste Weg ins Paradies. Auf die Verformung des Konzepts des Dschihad und die dschihadistische Heilslehre werde ich noch genauer eingehen.

Kurz gesagt haben Salafismus und Dschihadismus eine gemeinsame Schnittmenge: die der radikalen Interpretation des Islam. Während die meisten Salafisten diese jedoch zumeist gewaltfrei durch Predigertum, *dawa*, den Ruf zum Islam, umsetzen wollen, wählen die Dschihadisten den bewaffneten Kampf und den Terror als Mittel.

Dschihadisten lassen sich eindeutig als Extremisten definieren, da sie bestehende Gesellschaftsordnungen und vor allem freiheitlich-demokratische ablehnen und mit Gewalt bekämpfen. Den in Deutschland häufig gebrauchten Begriff *Islamistischer Extremismus* werde ich in diesem Buch nur sparsam benutzen. Er ist oft zu unpräzise und vermengt etwa den Staatsterrorismus des iranischen Regimes und Gewaltakte der libanesischen Schiitenmiliz Hisbollah mit dem sunnitischen Dschihadismus.

Ein anderer Ausdruck hingegen, der in Deutschland weniger bekannt ist, den aber IS-Gegner in der arabischen Welt sowie englische und französische Medien zur Benennung der Terrororganisation nutzen, wird häufiger vorkommen: *Daesch*. Es ist das arabische Akronym für »Islamischer Staat im Irak und in der Levante«. Der Begriff wurde von einem jungen syrischen Aktivisten erfunden.[3] Abkürzungen und Akronyme sind in der arabischen Sprache nicht gängig und unbeliebt, zumal »Daesch« wie das arabische Wort für »zertrampeln« klingt. Indem man also die bei der Terrorgruppe verhasste Abkürzung verwendet und nicht den Namen, den sich die Organisation selbst gegeben hat, weist man ihren Herrschaftsanspruch als »Islamischer Staat« zurück. Denn es handelt sich weder um einen Staat, noch agiert sie im Namen des Islam. Daesch hat bei seiner vermeintlichen Staatsbildung ein Land und dessen Ideologie als Vorbild: Saudi-Arabien.

Ahnen und Wegbereiter

Seit dem 1945 auf dem Kreuzer USS Quincy geschlossenen Abkommen zwischen Abd al-Aziz ibn Saud und US-Präsident Franklin D. Roosevelt ist Saudi-Arabien ein enger Verbündeter der USA und des Westens im Allgemeinen. Zugleich war und ist das Königreich einer der wichtigsten Wegbereiter des Dschihadismus. Der Wahhabismus, die hier vorherrschende Strömung des Islam, fordert mit reaktionärer Intoleranz die Unterwerfung von Andersgläubigen und ist trotz Reformen immer noch Staatsideologie. Mit ihren Petromilliarden und ihren globalen Propagandainstrumenten wie der Islamischen Weltliga konnten die Saudis den Wahhabismus – oder besser gesagt: dessen Hybris, den Salafismus – in den letzten Winkel der Erde tragen, auch in die westlichen Metropolen. Der Pakt mit den USA macht das Herrscherhaus unantastbar.

Bis heute dient der Wahhabismus als Rechtfertigung für die Herrschaft der saudischen Monarchie. Ohne ihn und die Behauptung, der Koran sei die Verfassung des Landes, würde der saudische Machtanspruch unterhöhlt. In Riad, der Hauptstadt Saudi-Arabiens, streben zwar glitzernde Wolkenkratzer gen Himmel, mit Shoppingmalls und edlen Boutiquen, die denen in London oder Paris in nichts nachstehen. Aber dass die Frauen sich Luxusdessous in den Schaufenstern immer noch überwiegend vollverschleiert mit Niqab und Abaya anschauen oder dass sie, obwohl in Saudi-Arabien mehr Frauen als Männer einen Universitätsabschluss besitzen, erst seit Kurzem und nur unter bestimmten Bedingungen Auto fahren dürfen – all das ist auf die wahhabitische Islam-Interpretation zurückzuführen. In Saudi-Arabien wird die Todesstrafe durch Enthauptung mit dem Schwert vollstreckt, auch Kreuzigungen sind erlaubt.

Vor mehr als 15 Jahren war ich das letzte Mal dort, um – unter dem Vorwand eines Berichts über die Pilgerfahrt – eine Reportage über Intoleranz und die architektonische Zerstörung zu drehen.[4] Die einst so malerische und verwinkelte Gebirgsstadt Mekka glich wie Medina einer Betonwüste, mit einem Touch von islamischem Disneyland.

Der Wahhabismus als geistiger Ahne: Saudi-Arabien

Medina, März 2005. Als Journalist darf man sich nicht ohne staatliche Aufpasser im Land bewegen. Unser Begleiter aus dem Informationsministerium heißt Hassan. Er will dem mit wahhabitischem Gedankengut durchdrungenen saudischen Volk an diesem Vormittag einmal so richtig aus der Seele reden, vorher aber noch einen Abstecher zu McDonald's machen. Dass es in diesem Vorort der heiligen Stadt Medina überhaupt eine Filiale des amerikanischen Schnellrestaurants gibt, wundert mich, aber Saudi-Arabien ist reich an solchen Widersprüchen.

Hassan beißt in seinen doppelten Cheeseburger, ohne auch nur einen Ketchupfleck auf seinem makellos weißen Gewand zu hinterlassen. Selbst dann nicht, als er mit der einen Hand den Burger schwenkt, die andere zu einer Pistole formt und diese auf seine Schläfe richtet, während er erklärt: »Nimm mich mit in den Irak, nach Falludscha, zum Dschihad gegen die Amerikaner. Ein Schuss in den Kopf, und ich bin sofort im Paradies.«

Als wir anschließend auf der vierspurigen Autobahn nach Mekka fahren, werden wir vom Anblick der monumentalen Betonbögen über der Fahrbahn, die den aufgeschlagenen Koran darstellen sollen, fast erschlagen. Selbst von den Bergen rings um die Stadt ist die Große Moschee nicht mehr zu sehen, geschweige denn die Kaaba mit den vielen tausend weiß gewandeten Pilgern, die sie umrunden. Rings um das »Herz des Glaubens« stehen riesige Hochhäuser und Luxushotels, in denen man im Gegensatz zum

Rest der Stadt auch rauchen darf. Von ihren Suiten mit Kingsize-betten aus brauchen vermögende Pilger nur wenige Schritte zu tun, um mit dem Fahrstuhl in die Lobby und von dort aus per Roll-treppe vor das Heiligtum zu fahren.

Die ehemalige Handelsstadt Mekka ist der Geburtsort des Prophe-ten und beheimatet mit der Großen Moschee und dem schwarzen Kubus, der Kaaba, den heiligsten Ort des Islam. In der Oasenstadt Medina wurde die erste muslimische Glaubensgemeinschaft in der *hidschra*, der Auswanderung, dem zeitweiligen Exil des Prophe-ten, gegründet. Beide Städte liegen im westlichen Saudi-Arabien in der Region Hedschas unweit der bis heute wichtigen Hafenstadt Dschidda. Sie waren geprägt von einer Weltoffenheit, die vor allem durch die *hadsch* entstand: die Pilgerreise der Gläubigen nicht nur aus Arabien, sondern aus der gesamten islamischen Welt, aus Af-rika, Indien, Indonesien oder den Philippinen. Einige ließen sich hier nieder und brachten ihre lokalen Traditionen, Kulturen und Islamauslegungen mit, bis der Wahhabismus alles zunichtemachte.

Die Bewegung geht zurück auf den muslimischen Gelehrten Muhammad ibn Abd al-Wahhab (1703-1792): ein Mann aus dem Nadschd, einer der isoliertesten Wüstengegenden Zentralarabiens, weit weg von den intellektuellen Zentren des Islam. Er predigte eine puristische Rückkehr zu der Gründungszeit der Religion, zum Islam der Sunna, zu den Überlieferungen des Propheten Mo-hammed und der ersten vier Kalifen, der sogenannten *rashidun*, der »Rechtgeleiteten«, als der Einzigen, die sich nicht vom Weg Mohammeds abgewendet hätten. Nur ein vermeintlich reiner Is-lam ohne verbotene Erneuerungen könne die Glorie der Religion wiederherstellen, und alles, was von einer wörtlichen Auslegung der heiligen Schriften abweiche, sei Häresie.

Die puristische Islamauslegung Abd al-Wahhabs ist stark von den lokalen Bräuchen seiner Provinzheimat, etwa der Vollver-schleierung von Frauen, beeinflusst. Vermutlich auch deswegen gelang es ihm, das ebenfalls aus Zentralarabien stammende, bis dahin unbedeutende Herrscherhaus der Al Sauds für seine Interpretation des Glaubens zu gewinnen. So entstand das Bündnis zwischen den Schwertern der Saudis und den Schreibfedern Al-Wahhabs, seiner Nachkommen und Schüler: Die Saudis erhielten durch die Gelehrten politische Legitimität als die einzigen wirklich islamischen Herrscher auf der arabischen Halbinsel. Im Gegenzug versprachen diese, unter den Araberstämmen die extremistische Islaminterpretation der Wahhabiten zu verbreiten – auch mit Waffengewalt. Die Wahhabiten töteten zu Beginn des 20. Jahrhunderts Tausende von Menschen, darunter unzählige Sufis, weil diese Anhänger eines mystischen Islam in ihren Augen keine Muslime sind.

Abd al-Wahhabs Ideologie verlieh den Handlungen der saudischen Krieger durch die Behauptung, sie würden für den »wahren Islam« kämpfen, sowie das darin enthaltene Paradiesversprechen einen höheren Sinn und ermöglichte den Saudis, über traditionelle Stammesgrenzen hinweg Anhänger zu rekrutieren. Unter dem Deckmantel dieser Ideologie konnten die Saudis schließlich Anfang des 20. Jahrhunderts den größten Teil der Arabischen Halbinsel erobern. Mit dem Sieg über das Königreich Hedschas im Jahr 1925 fiel der Dynastie ihre wichtigste Kriegsbeute in die Hände: die heiligen Städten Mekka und Medina.

De facto strich Al-Wahhab mit seiner Feder das Goldene Zeitalter und die weltoffene Hochkultur des Islam aus der Geschichte. Die Blütezeit mittelalterlicher islamischer Kultur etwa in Granada, Kairo, Bagdad oder Damaskus war für ihn der Inbegriff von Dekadenz und Korrumpierung der göttlichen Offenbarung. Abd al-Wahhab sprach nicht nur dem Erbe von mehr als einem Jahrtausend islamischer theologischer Reflexion, Koran-Interpretation, Philosophie und Rechtsprechung jede Bedeutung ab, sondern auch der Literatur, Kunst oder Musik. Wer annimmt, die Zerstörung von Weltkulturerbe hätte mit den Taliban und der Zerstörung der

Buddhastatuen von Bamiyan angefangen und sei dann durch Al-Qaida in Timbuktu oder den IS in Palmyra oder in Ninive fortgesetzt worden, täuscht sich. Schon die Wahhabiten vernichteten seit der Entstehung der Bewegung im 18. Jahrhundert ein über tausendjähriges islamisches Kulturerbe – ausgeschmückte Moscheen, die Gräber und Mausoleen der Gefährten des Propheten –, da es sich bei diesen Monumenten um unerlaubte Neuerungen handle, die der im Wahhabismus verbotenen Götzenanbetung dienten. Sie verneinten und zerstörten Kultur und Tradition, um sie besser verfälschen zu können – genau wie später ihre Sprösslinge, die Dschihadisten. Und dabei machten sie selbst vor den zwei heiligsten Städten des Islam, Mekka und Medina, nicht halt, auf die sich täglich die Blicke von Milliarden von Muslimen richten.

Was genau die Saudis an Kulturerbe ausgelöscht haben, wird sich wohl nie mehr vollständig eruieren lassen. In Mekka und Medina blieben lediglich die großen Moscheen erhalten, allerdings völlig umgebaut. Die Kaaba wurde »renoviert«: Das Innere des Heiligtums wurde ausgehoben, archäologische Schätze aus mehr als tausend Jahren vorislamischer Geschichte in Bausäcke gefüllt und mit Helikoptern über dem Meer ausgeschüttet. Die letzten historischen Gebäude, etwa die Osmanische Zitadelle, wurden 2002 abgerissen, um Platz zu schaffen für den riesigen Palast der saudischen Könige und den königlichen Uhrenturm, ein 601 Meter hohes Luxushotel, das Big Ben nachempfunden ist.

Ich bin mit Sami Angawi verabredet, der mich durch Mekka führen will, so wie es seine Familie schon seit Generationen mit islamischen Pilgern tat. Angawi ist einer der berühmtesten Architekten Saudi-Arabiens, kein Wahhabit, sondern ein weltoffener Sufi – wie bis zur saudischen Eroberung des Hedschas im Jahr 1924 die meisten Menschen hier. Für ihn ist neben der Zerstörung der Stadt vor allem der ideologische Missbrauch der heiligen Stätten eine Katastrophe: »Dabei ist Mekka das Zentrum der Welt, das Herz des Glaubens, das Herz der Menschheit – ein Licht in der Mitte der Dunkelheit, das Menschen leiten kann.« Die Wendung »intellektueller Terrorismus« fällt.

In Angawis Augen sollte Mekka eigentlich ein Vorbild der Toleranz sein, doch das Gegenteil ist der Fall: Bereits bei Kindern wird in der Schule die Angst vor Hölle und Fegefeuer geschürt. Die wahhabitischen Religionsuniversitäten in Mekka und Medina indoktrinieren jährlich Tausende von Studenten mit der saudischen Islaminterpretation, auch aus Europa, auch aus Deutschland. Ein prominentes Beispiel ist der Salafist Pierre Vogel. Der ehemalige Boxer aus dem Rheinland soll ab 2004 drei Semester in Mekka studiert haben. Und trotz autoritärer Reformbemühungen ist das saudische Königshaus in seiner eigenen ideologischen Falle gefangen: Den Dschihadismus kann es nicht wirklich verurteilen, denn die Wahhabiten waren und sind dessen geistige Wegbereiter – sie rechtfertigten, unterstützten und finanzierten den Kampf gegen die sowjetische Besetzung Afghanistans, später in Bosnien und anfangs auch gegen das Assad-Regime in Syrien. Im Widerspruch dazu steht das historische Bündnis mit den »ungläubigen« Amerikanern, weshalb zahlreiche dschihadistische Gruppen, allen voran Al-Qaida, 2006 Saudi-Arabien selbst zum Anschlagsziel erklärt haben und eine blutige Kampagne starteten, bei der mehrere Hundert Menschen starben.[5]

Hassan, der mir bei McDonald's erklärte, wie gern er in den Dschihad ziehen würde, hätte als Staatsdiener eigentlich die offizielle Linie vertreten müssen, wonach der Dschihad gegen die Amerikaner im Irak nicht legitim ist. Doch das Königreich Saudi-Arabien ist ein Nährboden, auf dem der Dschihadismus über Jahrhunderte gedeihen konnte – durch wahhabitische Intoleranz. Aus keinem anderen arabischen Land sind mehr Freiwillige nach Syrien und in den Irak geströmt: Mindestens 2500 Saudis sollen für Daesch gekämpft haben.[6]

Dutzende extremistischer Denker aus der islamischen Welt

schöpften aus dem Wahhabismus, um die Ideologie des Dschihadismus zu schaffen. Einer der wichtigsten Ideologen war der Ägypter Sayyid Qutb.

Der Dschihad ist die einzige Lösung: Sayyid Qutb, Ägypten

Kairo, Mai 2016. Für die sonst so chaotische, übervolle und so lärmende ägyptische Hauptstadt ist es in der baumgesäumten Seitenstraße im Stadtteil Mohandessin sehr ruhig. Hier stehen kleine, zwei- oder dreigeschossige Häuser aus den fünfziger und sechziger Jahren, die sich kaum voneinander unterscheiden. Eines von ihnen wird von zwei auffällig unscheinbaren Polizisten in Zivil bewacht. Im ersten Stock, in einer mit Teppichen und teuren Sofas und Kommoden im »ägyptischen Barock« dekorierten Wohnung treffe ich einen Mann mit kurzen grauen Haaren. Der ältere Herr – sein genaues Alter will er mir nicht sagen – trägt eine weiße *Dschallabija*, das traditionelle ägyptische Gewand, eine Bedienstete bringt uns auf einem Silbertablett Tee.

»Dschihadismus kann man nicht nur mit Gewalt begegnen. Jahrelang wurden Extremisten einfach ins Gefängnis geworfen, aber wir brauchen den Dialog, um zu überzeugen, dass Gewalt keine Lösung ist.« Mein Gesprächspartner klingt wie ein Menschenrechtsaktivist.

Zum Zeitpunkt unserer Unterhaltung sitzen 30 000 bis 40 000 Muslimbrüder in den Gefängnissen des ägyptischen Regimes unter Feldmarschall Abdel Fattah al-Sisi. Drei Jahre zuvor haben die Militärs den ersten frei gewählten ägyptischen Präsidenten, den Muslimbruder Mohammed Mursi (1951-2019), nach Großdemonstrationen abgesetzt. Und gleichgültig, ob Mitglieder der Bruderschaft gewaltbereite Extremisten waren oder nicht, sie landeten massenhaft im Gefängnis.

»Finden Sie das gerechtfertigt, Onkel?«, frage ich meine Gegenüber. »Onkel« ist eine ägyptische Höflichkeitsanrede – allerdings nur für Person, die man lange kennt. Und ich kenne Fouad Allam schon, solange ich denken kann, er war ein enger Freund meines verstorbenen Vaters. »Was sollten wir denn machen?«, antwortet er: »Die Muslimbrüder haben seit Jahrzehnten einen geheimen bewaffneten Flügel, der Dutzende von Attentaten organisiert hat und der bekämpft werden muss. Es ist eine schwierige Gratwanderung.«

Mir wird wieder bewusst, wem ich gerade gegenübersitze. General Fouad Allam ist kein Aktivist, sondern war jahrelang Chef der gefürchteten Staatssicherheit. Und er macht es sich heute einfach. Er und der Rest der Machtelite hätten bereits damals versuchen sollen, das Land zu demokratisieren, dann wäre dem Extremismus der Boden entzogen worden. Auch wenn er eingesteht, dass Fehler gemacht wurden, betont der General, den Dschihadismus hätte es nie gegeben ohne die extremistischen Elemente der Muslimbrüder – darunter maßgeblich deren Führer Sayyid Qutb (1906-1966), den er kannte und als ausgesprochen höflich und gebildet bezeichnet.

Aber dafür, dass die Überzeugungen von Sayyid Qutb und seinen Nachfolgern auf fruchtbaren Boden fielen, schufen die Potentaten Ägyptens und anderer arabischer Länder erst die Voraussetzungen. In Ägypten waren das vor allem die Präsidenten Gamal Abdel Nasser (1918-1970) und Anwar el-Sadat (1918-1981). Sie tragen eine erhebliche Mitverantwortung an der Entwicklung des Dschihadismus. Bereits ihnen diente General Fouad Allam.

Die autoritären Regime untersagten fast sämtliche weltlich orientierten Parteien, Moscheen waren praktisch die einzigen erlaubten öffentlichen Versammlungsräume. In diesem politischen Klima konnten sich nur religiöse Bewegungen wie die Muslimbruderschaft zu mächtigen Oppositionsgruppen entwickeln. Nachdem die Bruderschaft ebenfalls unterdrückt wurde, radikalisierten sich einige ihrer Führer so weit, dass sie später von Al-Qaida und Daesch als ihre geistigen Ahnen angesehen wurden. Allen voran Sayyid Qutb, der, ehe er bornierter Vordenker des Dschihadismus wurde, Journalist und Literaturkritiker war und den Ägyptern den späteren Literaturnobelpreisträger Nagib Machfus bekannt machte.

Angewidert vom dekadenten, moralisch verdorbenen Westen kehrte Qutb 1951 von einem Studienaufenthalt in den USA nach Ägypten zurück und engagierte sich bei den Muslimbrüdern. Er wurde schnell zu einer ihrer einflussreichsten Führer und forderte eine Reform des Landes gemäß konservativen islamischen Werten zu einem »Islamischen Staat«. Wie genau ein solcher Staat aussehen und funktionieren soll, präzisierte er ebenso wenig wie spätere Islamisten. Qutb gelangte jedoch bald zu der Überzeugung, es sei unmöglich, Ägypten, das bevölkerungsreichste und damals modernste arabische Land, auf politischem Weg zu »reformieren«. Dies könne nur durch den Dschihad im Sinne des bewaffneten Kampfes funktionieren.

In seinen bis heute einflussreichen Werken befand Qutb, die Herrscher der arabischen Länder seien keine Muslime, sondern Heuchler. Sie regierten nur, um ihre eigenen weltlichen Gelüste zu befriedigen und mit allen Mitteln die Rückkehr zum »wahren Islam« zu verhindern. Die arabischen Potentaten seien *muschrikun*, Polytheisten und Götzendiener und als *kuffar* zu ächten, also als Ungläubige, die im Stadium der sündigen präislamischen Ignoranz, der *dschahiliyya*, lebten. Jeder Machthaber eines muslimischen Landes, der gegen die Prinzipien des Islam verstoße, müsse zum Ungläubigen erklärt werden – in Qutbs extremistischer Logik kommt ein solcher *takfir* einem Todesurteil gleich. Folglich sei es nicht nur erlaubt, sondern Pflicht eines jeden »wirklichen« Muslim, ihnen den Krieg, oder besser gesagt: den Dschihad zu erklären.

Qutbs Einfluss in der arabischen Welt wuchs. Nach zahlreichen erfolglosen Bestechungsversuchen, etwa dem Angebot, die Leitung des damals in der ganzen arabischen Welt gehörten Staatsrundfunks Sawt al-Arab (»Stimme der Araber«) zu übernehmen, ließ Präsident Nasser ihn 1966 schließlich hinrichten. Qutbs Schriften aber, allen voran sein weit verbreitetes Manifest *Zeichen auf dem Weg*, wurden in den darauffolgenden Jahren und Jahrzehnten zu einer »Bibel« der Dschihadisten.[7]

Sein Denken füllte Teile des ideologischen Vakuums, das sich nach der Niederlage gegen Israel im Sechstagekrieg 1967 gebildet hatte. Damals eroberten die Israelis die ägyptische Sinai-Halbinsel, die seitdem annektierten syrischen Golanhöhen, das von Palästinensern bewohnte, zuvor von Jordanien kontrollierte Westjordanland sowie die drittheiligste Stadt des Islam, Jerusalem. Die Niederlage, die viele Araber bis heute als schmachvolle Katastrophe empfinden, läutete das Ende des Nasserismus und des arabischen Nationalismus ein – bis dato die dominanten Ideologien.

Mehr als ein Jahrzehnt nach seinem Tod gelangte die Saat Qutbs schließlich in Ägypten als eine Art posthumer Rache zu ihrer Reife. Am 3. Oktober 1981 wurde Präsident el-Sadat von einer Organisation, die sich »Ägyptischer Islamischer Dschihad« nannte, bei einer Militärparade ermordet. Die Gruppe hatte ihn zum vogelfreien Ungläubigen erklärt, weil er drei Jahre zuvor in Camp David Frieden mit Israel geschlossen hatte. Ein Name sticht im Umfeld des Mordkomplotts hervor: der des Chirurgen Ayman al-Zawahiri – der heutige Nachfolger Bin Ladens als Führer von Al-Qaida. Doch Qutbs ideologischer Einfluss reichte weit über Ägyptens Grenzen hinaus und lieferte entscheidende Impulse für die eigentliche Geburtsstunde des Dschihadismus, die sich bereits zwei Jahre zuvor, Tausende von Kilometern entfernt, in Afghanistan ereignete: 1979 marschierten die Sowjets in das Land am Hindukusch ein.

Die Geister, die wir riefen –
Afghanistan, die Erste

Kabul, Dezember 2002. Der in Islamabad gestartete Falcon Jet, gechartert vom Roten Kreuz, dreht bereits seit fast einer Stunde über dem wolkenbedeckten Kabul seine Runden. Er hätte gerade noch genug Kerosin, um zurückzufliegen, als sich in der dichten Wolkendecke auf einmal eine Lücke auftut, die den Blick auf eine majestätische Bergwelt freigibt. Endlich kann der Pilot den Flughafen der afghanischen Hauptstadt ansteuern. Ich bin unterwegs, um eine Reportage über die Bundeswehr in Afghanistan zu drehen und Präsident Hamid Karsai zu interviewen.

Das Erste, was wir beim Aussteigen auf dem Rollfeld sehen, sind Wracks von Suchoi- oder MiG-Kampfjets und zerschossene Hubschrauber, Zeugen des Krieges gegen die Sowjets. Auf den Straßen patrouillieren deutsche Schützenpanzer. Soldatinnen und Soldaten der Bundeswehr verteilen Stifte und Teddybären in einer gerade wiedereröffneten Schule. Die Lehrerinnen können, nach langen Jahren des Berufsverbots unter dem Talibanregime, wieder arbeiten. Studiert haben sie fast alle in der Sowjetunion, genauso wie die Ärztinnen, die in den mit europäischer Hilfe renovierten Krankenhäusern Patienten behandeln. Auch die Sowjets hatten, wie später die USA und ihre Alliierten, eben nicht nur Krieg in Afghanistan geführt, sie hofften das Land zu modernisieren und *hearts and minds*, die Herzen und Köpfe, der Afghanen gewinnen.

Afghanistan ist eines der beeindruckendsten Länder, die ich je besucht habe: schier endlose Weiten, atemberaubende Berge, eine einmalige Farbwelt aus verschiedensten Braun- und Grünschattierungen und strahlendem, klarem Blau des Himmels und Menschen aus vielen verschiedenen Ethnien mit faszinierenden Gesichtszügen. In den Bergen und Hügeln um Kabul habe ich zum ersten Mal gesehen, wie kunstvoll, wie hoch Kinder Drachen fliegen lassen können.

Doch der auf den Einmarsch der UdSSR folgende Befreiungskampf und die anschließenden Bürgerkriege haben Afghanistan zerstört, Hunderttausende vor allem junge Afghanen starben. Kaum einer von ihnen wusste, dass sie lediglich Spielfiguren in der Fortsetzung des sogenannten *Great Game* waren, das im 19. Jahrhundert zwischen Russland und Großbritannien begann und bei dem es um die Vorherrschaft am Hindukusch und in Zentralasien ging.

Jene Kriege ein »Großes Spiel« zu nennen, darauf konnten vermutlich nur die Briten mit ihrem schwarzen Humor kommen. Im 19. Jahrhundert war Afghanistan für sie eine unabdingbare Pufferzone zwischen dem Zarenreich und Indien, dem Kronjuwel des britischen Imperiums. Mehrmals versuchten die Truppen Ihrer Majestät Afghanistan zu erobern und mussten jedes Mal eine schwere Niederlage einstecken.

Im Jahr 1979, inmitten des Kalten Kriegs, fand dieses *Great Game* seine Fortsetzung, mit neuen Spielern und neu gemischten Karten: Großbritannien rückte in die zweite Reihe, die Vereinigten Staaten waren Hauptakteur. Unter der Ägide von Präsident Ronald Reagan wollten sie die aktuelle Besatzungsmacht, die Sowjets, vertreiben und mit der Zerschlagung des kommunistischen Imperiums beginnen – und sich auch für die vier Jahre zuvor erlittene Niederlage im Vietnamkrieg rächen.

Zwei neue, mit den USA verbündete Player kamen hinzu: Saudi-Arabien als Verteidiger des Islam; und das erst 1947 durch die Teilung Indiens entstandene Pakistan, das Afghanistan als seinen Hinterhof betrachtete und in der sowjetischen Präsenz an den eigenen Grenzen eine massive Bedrohung sah, zumal die UdSSR enge Beziehungen zu Pakistans Erzfeind Indien unterhielt. Das saudische Königreich wiederum sah seinen Anspruch, der einzig wirklich islamische Staat zu sein, in Gefahr: Im selben Jahr, in dem die Sowjets in Afghanistan einmarschierten, wurde die Islamische

Republik Iran ausgerufen, und Ende November 1979 brachten 5000 millenaristische Islamisten die große Moschee in Mekka mit Tausenden von Pilgern in ihre Gewalt – insgesamt sollen während der Geiselnahme und der anschließenden Befreiungsaktion mehr als 1000 Menschen zu Tode gekommen sein.

Amerika, Pakistan und Saudi-Arabien schmiedeten eine Allianz, in der jedem der drei Verbündeten eine eigene Rolle zukam. Amerika lieferte die Waffen, darunter Stinger-Boden-Luft-Raketen, die im Krieg gegen die Sowjets eine entscheidende Rolle spielten, da sie die Lufthoheit der UdSSR beendeten; Saudi-Arabien finanzierte das Kriegsgerät mit seinen Ölmilliarden und half, Kämpfer aus allen arabischen Ländern zu rekrutieren; Pakistan schließlich unterstützte die Mudschaheddin-Verbände logistisch, erlaubte ihnen, Lager auf seinem Staatsgebiet zu unterhalten, und sorgte dafür, dass die Nachschubwege nach Afghanistan offen blieben. Im Gegenzug erhielt Pakistan amerikanische Waffen, Wirtschaftshilfe und saudi-arabisches Geld. Diese drei Staaten waren die Geburtshelfer des Dschihadismus.

Die mit dem Westen verbündeten, damals in den westlichen Medien als Freiheitskämpfer porträtierten Mudschaheddin und vor allem ihre Führer waren bereits extremistische Islamisten, und viele der noch Lebenden sind heute Dschihadisten. Manche der jungen Araber, die aus den konservativen, oftmals so beengenden Gesellschaften der Golfstaaten an den Hindukusch zogen, schwärmten aber auch von der Faszination, die das wilde Afghanistan ausgeübt hat. In solchen Erzählungen klingt eine Art Pfadfinderromantik durch. Und natürlich glaubten alle, für eine gerechte Sache zu kämpfen, schließlich wurden sie von den westlichen Staaten unterstützt, und Dutzende von islamischen Rechtsgelehrten vor allem aus Saudi-Arabien hatten dazu aufgerufen, den Afghanen im Kampf gegen die atheistischen sowjetischen Invasoren beizustehen – allen voran der Palästinenser Abdallah Azzam (1941-1989). Er wird von sämtlichen dschihadistischen Organisationen als geistiger Vater des Dschihadismus verehrt. »Es gibt heute auf der Welt kein Gebiet des Heiligen Krieges und keinen Mudschahid, der auf dem Weg Gottes kämpft, die sich nicht vom Leben, den Lehren und dem Wirken Abdullah Azzams [...] leiten lassen«,[8] urteilte sein berühmtester Schüler, Osama bin Laden – der ohne Azzam kaum zur Ikone hätte werden können.

Azzam ist bis heute der wohl bedeutendste Gelehrte der dschihadistischen Bewegung. Seine religiöse Bildung überstieg bei Weitem jene der prominenten Gesichter des extremistischen Terrors wie Bin Laden, Ayman al-Zawahiri, Abu Musab al-Zarqawi oder gar des Pseudokalifen Abu Bakr al-Baghdadi. Und mit diesem Wissen gelang es Azzam, Kernkonzepte des Islam zu revolutionieren, um sie für seine Idee des Dschihad zu verformen.

Der Vater des Dschihadismus: Abdallah Azzam

London, Herbst 2008. Ein unscheinbares viktorianisches Reihenhaus im Osten der Stadt. Ich sitze mit Abdallah Anas in seinem Wohnzimmer auf dem geblümten Teppichboden. Eine schlanke, große Frau mit Kopftuch bringt ein Tablett mit Tee und Gebäck, stellt es auf einem kniehohen Tischchen ab, grüßt knapp mit einem Nicken, einem angedeuteten Lächeln – schon ist sie wieder verschwunden. Es ist die Tochter Abdallah Azzams und Ehefrau meines Gastgebers.

Abdallah Anas, der selbst in Afghanistan gegen die Sowjets gekämpft hat, lehnt den heutigen dschihadistischen Terror ab. Ihm ist vor allem wichtig zu betonen, dass nicht alle damaligen Mudschaheddin und Ideologen zu Terroristen wurden oder Terrorismus unterstützen. Das gelte nicht zuletzt für seinen Schwiegervater: Niemals habe Azzam zu Selbstmordanschlägen aufgerufen, niemals hätte er die Massenmorde der heutigen dschihadistischen Organisationen gutgeheißen, er habe das Konzept des Märtyrertums lediglich auf die Mudschaheddin bezogen, die heldenhaft im Kampf starben. Mir zeigt das Gespräch erneut, in was für einer Grauzone der Dschihadismus entstanden ist. Denn selbst wenn es stimmt, dass Azzam nicht zu Selbstmordattentaten aufgerufen hat, gäbe es ohne seinen ideologischen Beitrag keinen globalen Dschihad.

Geboren 1941 in einem Dorf im Westjordanland, unweit der Stadt Dschenin, soll sich Abdallah Yusuf Azzam bereits Mitte der fünfziger Jahre der Muslimbruderschaft angeschlossen haben. 1963 nahm er ein Studium des Islamischen Rechts an der Universität Damaskus auf.[9] Schon hier soll er sich im Geheimen an politischen Debatten in islamistischen Kreisen beteiligt haben, bei denen es vor allem darum ging, Strategien für den Umgang mit den autoritären Regimen der arabischen Welt zu entwickeln. Nach seinem Studium, das er 1966 mit exzellenten Noten abschloss, kehrte er in seine Heimat zurück, unterrichtete dort an Schulen und predigte in Moscheen.

1967 war wahrscheinlich das Jahr, das ihn endgültig radikalisierte. Die Gründung Israels im Jahr 1948 hatte Azzams Familie weniger hart getroffen als zahlreiche andere palästinensische Familien, die gezwungen waren, ihre Heimatorte zu verlassen. Aber nach der dramatischen Niederlage der arabischen Staaten gegen Israel im Sechstagekrieg und der daraus resultierenden Besetzung des Westjordanlandes und Jerusalems floh auch Azzam. Er kam mit seiner Familie in einem Lager in der jordanischen Stadt Zarqa unter, einer der späteren Hochburgen des Dschihadismus, in der beispielsweise der ehemalige Kleinkriminelle und künftige Chef von »Al-Qaida im Irak«, Abu Musab al-Zarqawi, aufwuchs.

Wie Tausende von jungen Palästinensern beteiligte sich Azzam am Guerillakrieg gegen Israel. Er war jedoch schnell enttäuscht vom weltlichen und nationalistischen Charakter der Palästinensischen Befreiungsorganisation (PLO). Durch umfassenderes religiöses Wissen hoffte er an politischem Einfluss zu gewinnen. Er machte sich auf den Weg nach Kairo zu einer der ältesten und renommiertesten islamischen Universitäten der Welt, der Al-Azhar.

In Ägypten erlebte der Islamismus gerade einen staatlich geförderten Boom. Der damalige Präsident, Anwar el-Sadat, entließ zahlreiche von seinem Vorgänger Nasser inhaftierte Muslimbrüder aus der Haft, um sie als politische Alliierte gegen linke arabische Nationalisten zu instrumentalisieren. Azzam pflegte in Kairo engen Kontakt zur Familie von Sayyid Qutb.

Als er 1973 mit Doktortitel nach Jordanien zurückkehrte, hatte er sich in islamistischen Kreisen bereits einen Namen gemacht. Wie viele zukünftige Dschihadisten wurde er zum professionellen Kommunikator; er lehrte an der Universität in Amman und arbeitete in der Informationsabteilung des Religionsministeriums, um das islamistische Bewusstsein in der jordanischen Gesellschaft zu schärfen. Audiokassetten, später VHS-Videos seiner Vorträge wurden in der ganzen arabischen Welt zu Bestsellern und sind bis heute unter Extremisten in Umlauf.

Das Phänomen Azzam beunruhigte die jordanische Regierung zunehmend, zumal er sich öffentlich immer kritischer über sie äußerte. Der Ton wurde schärfer, die Luft für ihn dünner, schließlich ging Azzam ins Exil nach Saudi-Arabien, wo er bereits über hervorragende Kontakte verfügte. Er unterrichtete an der König-Abdulaziz-Universität in Dschidda, der Hafenstadt im Hedschas. Das saudische Königreich hatte seit den sechziger Jahren Tausende von Muslimbrüdern aus Ägypten und Syrien aufgenommen und ihnen politisches Asyl gewährt, um sie gegen die weltlichen »arabischen sozialistischen Regime« von einerseits Gamal Abdel Nasser in Ägypten und andererseits der Baath-Partei in Syrien einzusetzen.

Die Muslimbrüder in Saudi-Arabien kamen mit allen Gesellschaftsschichten und Bevölkerungsgruppen in Berührung, da viele von ihnen als Ärzte, Lehrer und Universitätsprofessoren arbeiteten. Die ultrakonservativen, bislang apolitischen Wahhabiten des

Königreiches und die politisierten revolutionären Muslimbrüder inspirierten sich gegenseitig. Der Wahhabismus brachte seine aus Zentralarabien stammenden puritanischen Gebräuche – die strikte Geschlechtertrennung, die Vollverschleierung der Frauen, das Verbot von Musik und selbst von ornamentaler Dekoration in den Moscheen – in die ideologischen Debatten ein, die Muslimbrüder steuerten ihre politischen Pläne zum Sturz der arabischen Potentaten bei. So wurden weitere Grundlagen für die Entstehung des Salafismus und letztlich des Dschihadismus gelegt.

Azzam lernte in Dschidda vermutlich Ende der siebziger Jahre seinen späteren geistigen Ziehsohn kennen – den knapp über 20-jährigen, sehr schüchternen Osama bin Laden. Beide lebten zeitgleich in der Hafenstadt, wo der Milliardärssohn Management studierte. Azzam begann 1979 seine Doktrin des Dschihad zu entwickeln und rief zum Kampf in Afghanistan auf. 1980 übersiedelte er nach Pakistan. Er lehrte zeitweilig an der neu gegründeten International Islamic University in Islamabad; wichtiger waren jedoch seine außeruniversitären Aktivitäten in der pakistanischen Grenzstadt Peschawar, zu dieser Zeit Kapitale der entstehenden dschihadistischen Bewegung.

Peschawar, fast zweitausend Jahre alt, an den Kreuzwegen zwischen Zentral- und Südasien gelegen, ist reich an Kontrasten. Einerseits prägen weite, baumgesäumte Alleen, Sportklubs nach britischem Vorbild – Cricket ist pakistanischer Nationalsport – und Golfplätze die Stadt, andererseits gänzlich überfüllte Viertel mit verstopften Straßen; der Lkw- und Busverkehr ins angrenzende Afghanistan verursacht bei subtropischen Temperaturen einen der höchsten Luftverschmutzungspegel der Welt.

Während des Krieges im nahen Afghanistan gegen die Sowjets wimmelte es in Peschawar von westlichen, arabischen und sogar sowjetischen Geheimdienstlern, von Journalisten, die in einem der luxuriösesten Hotels Pakistans, dem Pearl Continental, untergebracht waren, Mitarbeitern internationaler Hilfsorganisationen und Führern verschiedener afghanischer Mudschaheddin-Fraktionen. Hunderttausende von Flüchtlingen aus Afghanistan lebten in Camps oder in Armenvierteln.

Azzam mietete sich im eher ruhigen Stadtviertel University Town ein, um 1984 das Maktab al-Khidamat, das »Dienstleistungsbüro für arabische Mudschaheddin«[10], zu eröffnen, das – hauptsächlich finanziert durch den jungen und wohlhabenden Osama bin Laden – die Weltgeschichte verändern würde. Enttäuscht darüber, dass sein Aufruf zum Dschihad in der arabischen Welt relativ wenig Beachtung fand, wollte Azzam mit dem Servicebüro die Anreise, Aufnahme und Vermittlung arabischer Mudschaheddin an afghanische Kampfgruppen organisieren und vereinfachen.

Häufig wurde später spekuliert, ob sich der Name Al-Qaida – das sowohl schlicht »Führung« als auch »Datenbank« bedeutet – auf die Kontaktliste des Servicebüros bezieht oder ob die Organisation erst entstand, nachdem Bin Laden sich 1986 von Azzam gelöst hatte, um seine eigene Kampfgruppe zu gründen. Zweifelsohne griff Al-Qaida später auf die Netzwerke des Servicebüros zurück, um neue Mitglieder zu rekrutieren.

Eine wichtige Funktion des Büros war das Spendensammeln. Wie mir Abdallah Anas erzählte, reiste sein Schwiegervater mehrfach in die USA, um dort unter Muslimen um finanzielle Unterstützung zu werben. Schließlich kämpfte man damals als Alliierte gegen die Sowjets in Afghanistan.

Azzam selbst betrachtete sich als Mudschahid, als Kämpfer. Auf einigen Fotos sieht man ihn mit nachdenklichem, beinahe sanftem Blick und einer Kalaschnikow über der Schulter. Doch er war, im Gegensatz zu seinem Jünger Bin Laden, keinesfalls ein Kriegsherr, der seine eigene Kampfgruppe schaffen wollte. Azzams Waffen waren seine Schriften, mit denen er die ideologische Saat säte, die das Gedeihen aller späteren dschihadistischen Bewegungen – Al-Qaida, der IS, die Taliban oder Al-Shabaab – ermöglichte. Zu

Azzams »Klassikern« dschihadistischer Literatur gehört *Die Vertei-digung der muslimischen Gebiete ist die oberste Pflicht des einzelnen*.[11] Darin fordert er »eine islamistische militärische Verteidigungsanstrengung weltweit«.

Vor Azzam sahen sich die meisten islamistischen Ideologen als Avantgarde mit dem Ziel, ihre jeweiligen Heimatländer in islamische Staaten zu verwandeln. Azzam war ehrgeiziger: Er wollte eine Massenbewegung schaffen, die die gesamte muslimische Gemeinschaft, die *umma*, einschließlich seiner Heimat Palästina befreien würde.

Zunächst revolutionierte Azzam den Begriff des Dschihad. Die beschriebene Unterscheidung zwischen dem »großen Dschihad« als innerer Glaubensanstrengung und dem »kleinen Dschihad« als bewaffnetem Kampf, der vor allem zur Verteidigung dient und der in sunnitischer Jurisprudenz strikten Regeln unterliegt – er darf nur von einem legitimen muslimischen Herrscher ausgerufen werden, und folgen müssen seinem Ruf lediglich Muslime, die in den bedrohten oder angegriffenen Territorien leben –, weichte Azzam auf und deutete letzteren völlig neu: Jeder muslimische Gelehrte dürfe den Dschihad ausrufen, und jeder Muslim, überall auf der Welt, sei verpflichtet, bedrohten Glaubensbrüdern beizustehen. »Der Dschihad und das Gewehr, das ist alles. Keine Verhandlung, keine Konferenz, kein Dialog.«[12] Diese revolutionäre Umdeutung verfolgt uns bis heute. Ohne sie hätten auch die Rekrutierer von Daesch nicht behaupten können, es sei »die absolute Pflicht junger Deutscher oder Franzosen, in Syrien oder dem Irak zu kämpfen«.[13] Der auf den bewaffneten Kampf reduzierte Dschihad wurde für Azzam – neben dem Glaubensbekenntnis, dem Beten und dem Fasten, der Pilgerfahrt und dem Almosenspenden – zu einer Art sechster Säule des Islam. Dabei verknüpfte er die Lösung der Probleme in der muslimischen Welt mit der persönlichen Erlösung: Der so interpretierte Dschihad sei der einzige Weg, der unmittelbar ins Paradies führe. Denn Azzams zweite, entscheidende doktrinäre Revolution galt dem Konzept des Märtyrertums im sunnitischen Islam.

Der arabische Begriff *schahid* (»Märtyrer«) stammt vom Wort *schahada* (»etwas bezeugen«) und hat dieselbe Wurzel wie das islamische Glaubensbekenntnis (*schahāda*). Märtyrer im Islam waren Menschen, die durch ihren Tod ein starkes Zeugnis für ihren Glauben ablegten; die Idee, aktiv und bewusst im Kampf den Tod zu suchen, existierte bis dato nicht in der Geschichte des sunnitischen Islam. Azzam hingegen propagierte diesen Todeswunsch als »höchste Form der Hingebung an Gott und als Gipfel des Dschihad«.[14] Das Wohlgefallen Gottes und seine Belohnungen für Märtyrer sind Kernthemen seiner Werke. Sein wohl bekanntestes Buch, *Folgt der Karawane!* – gemeint ist die Karawane der Märtyrer –, hat über die Jahrzehnte ein ganzes Genre von dschihadistischen Videoproduktionen inspiriert, in denen die göttlichen Belohnungen und Paradiesbeschreibungen in Bilder umgesetzt werden.[15]

Abdallah Azzam starb 1989 durch eine Bombe in Peschawar. Wer hinter dem Attentat steckt, ist bis heute ungeklärt. Infrage kommen viele: von der CIA über den Mossad bis hin zu afghanischen oder arabischen Mudschaheddin. Doch sein giftiges Gedankengut lebt weiter und wird über dschihadistische Websites in allen Sprachen des Globus verbreitet. Und er hatte viele Schüler – darunter einen, der weltweit bekannter wurde als Azzam selbst: Osama bin Laden.

Ikone des Dschihad: Osama bin Laden

Kairo, September 2003. Für einen Dokumentarfilm über Osama bin Laden[16] gehe ich der Frage nach: Wie und warum wurde er zur Ikone des Dschihad? Nach aufwendigen Verhandlungen habe ich ein Treffen mit einem Mann arrangieren können, der, wenn auch unabsichtlich, maßgeblich daran beteiligt war, den Mythos Osama bin Laden zu schaffen.

Wir sind in einem Shisha-Café in einem hässlichen Betonvorort Kairos verabredet. Als ich dort eintreffe, sitzt er schon da, ein kleiner Mann, dessen Glatze unter den Neonröhren glänzt. Die Begrüßung ist zurückhaltend.

Essam Deraz hat nicht für Bin Laden gekämpft, er ist kein Terrorist und auch kein Anhänger von Al-Qaida: Er ist Dokumentarfilmer und hat 1988 in Afghanistan die ersten Videoaufnahmen von Bin Laden gemacht, jene, die ihn auf dem Boden sitzend in einer Höhle zeigen. Sie liefen jahrzehntelang auf allen Fernsehsendern der Welt, häufig ohne dass Deraz etwas dafür bekommen hat. Und der große Nutznießer war letztendlich Bin Laden.

Deraz war, wenn man so will, damals zur rechten Zeit am rechten Ort: In Pakistan, an der Grenze zu Afghanistan, wollte er eigentlich die Folgen eines Erdbebens dokumentieren. Dann hörte er von dem Sohn eines saudischen Milliardärs, der auf ein Leben in Reichtum verzichtet habe und in Afghanistan als sogenannter Emir, als Anführer einer Kampfgruppe arabischer Mudschaheddin, aktiv sei. Bin Laden hatte sich von seinem Mentor Abdallah Azzam und dem Servicebüro gelöst und sein eigenes Kampflager al-Ma'sada (»Die Höhle des Löwen«) gegründet. Deraz war neugierig. Nach Verhandlungen mit diversen Mittelsmännern konnte er Bin Laden und seine Kämpfer in den Bergen Afghanistans treffen. Bin Laden nahm ihn mit an die Front zu einer Schlacht um die afghanische Stadt Dschalalabad gegen die Sowjets.

Etwas erstaunte Deraz damals schon: »Bin Laden ließ sich ohne Weiteres filmen, im Gegensatz zu vielen der anderen Kämpfer, Wahhabiten und Salafisten, die strikt dagegen waren, weil das Abbild der Schöpfung Gottes verboten sei. Dabei bin ich mir sicher, dass ihm die Wichtigkeit des Mediums damals noch kaum bewusst war.«

Die von Deraz gedrehten Szenen machten Bin Laden schnell unter Sympathisanten des Dschihad in aller Welt bekannt. Vor allem seine Natürlichkeit, sein ruhiger Ton, seine gepflegte Ausdrucksweise und Bescheidenheit wurden immer wieder gerühmt: ein Gentleman, der als *primus inter pares* mit seinen Kameraden auf dem Boden einer Höhle sitzt, einfache Mahlzeiten mit ihnen teilt oder seelenruhig gefährliche Frontlinien inspiziert. Ein knapp 30-jähriger gelassener, aber zielstrebiger Kommandeur. Dabei hat Bin Laden de facto kaum an den Kampfhandlungen in Afghanistan teilgenommen. Sein erstes Gefecht soll der Kampf von Dschadschi im Jahr 1987 gewesen sein. Nach eigenen Angaben wäre er dabei fast umgekommen.

Der Krieg in Afghanistan legte die Grundlage des Dschihadismus in mehrfacher Hinsicht: durch die revolutionäre Umdeutung der sunnitischen Kernkonzepte des Dschihad und des Märtyrertums; durch die Schaffung der Ikone Bin Laden und die Entstehung des Gründungsmythos, auf dem die Bewegung bis heute aufbaut; und weil es den Mudschaheddin gelang, den Abzug der Supermacht UdSSR 1989 als *ihren* Sieg, einen *göttlichen Sieg* darzustellen – wobei sie die Tatsache geflissentlich ignorierten, dass er vor allem dank amerikanischer Unterstützung zustande kam, durch amerikanische Raketen, die den Russen die kriegsentscheidende Lufthoheit nahmen.

Afghanistan wurde im neuen *Great Game* mit westlicher Hilfe zerstört. Es versank in einem Bürgerkrieg, in dessen Folge sich dschihadistische Milizen, Gruppierungen wie Al-Qaida und später die Taliban bilden und in der ganzen Welt ausbreiten sollten. Eine weitere verheerende Folge war, dass die Dschihadisten der ersten Stunde mit ihrem Prestige der »siegreichen« Kampferfahrung den Dschihadismus exportierten. Die Mehrheit der über 20000[17] arabischen Kämpfer verließ Afghanistan Anfang der neunziger Jahre. Vielen von ihnen wurde die Einreise in ihre Heimatländer verwehrt; die dortigen Machthaber fürchteten nicht ohne Grund, dass die Mudschaheddin auch sie mit Gewalt zu Fall bringen wollten. Tausende ließen sich in Drittländern – auch in Europa – nieder.

Osama bin Laden allerdings kehrte 1990, nach Abzug der sowjetischen Truppen aus Afghanistan, zunächst in seine Heimat Saudi-Arabien zurück – als gefeierter Held und mit einem Gefühl der Allmacht. In einem Interview mit *Al Jazeera* aus dem Jahr 1998 erklärte er rückblickend: »Die, die in Afghanistan gekämpft haben, wissen, dass man Legenden besiegen und mit rudimentären Mitteln zerstören kann. Mit wenigen Minen, Kalaschnikows und Panzerfäusten wurde die größte Militärmaschinerie der Welt außer Gefecht gesetzt. Das Wort ›Supermacht‹ hat seine Bedeutung verloren, und wir sind davon überzeugt, dass Amerika weitaus schwächer ist als Russland.«[18]

Auf die Siegesgewissheit war jedoch zunächst Enttäuschung gefolgt. Nachdem Saddam Hussein 1990 in Kuwait einmarschiert war, bemühte sich Bin Laden beim saudischen Königshaus um die Genehmigung, Mudschaheddin zu rekrutieren und die irakischen Invasoren zu vertreiben. Das Königshaus lehnte brüsk ab. Stattdessen erlaubte es den ungläubigen Amerikanern, Zehntausende Soldaten auf der heiligen Erde des Landes zu stationieren – ein Sakrileg, das zum folgenschweren Bruch Osama bin Ladens mit dem Haus der Saudis führte. Der Milliardärssohn verließ das Königreich und fand 1992 mit seinen zahlreichen Afghanistankämpfern eine neue Heimat im Sudan, einem der ärmsten Länder der Welt, in dem seit Jahrzehnten ein Bürgerkrieg zwischen dem muslimischen Norden und dem christlichen Süden wütete.[19]

Die Bedeutung des Sudan für den Dschihadismus wird häufig unterschätzt; in den frühen neunziger Jahren zog die Hauptstadt Khartum Islamisten unterschiedlichster Schattierungen an, darunter zahlreiche Dschihadisten. Knapp zwei Jahre nach den Anschlägen des 11. September reiste ich nach Khartum, um über Bin Ladens Aufenthalt dort zu recherchieren.

Khartum, Oktober 2003. Es ist erstaunlich, wie sehr sich die Stadt verändert hat, seit ich vor fast 20 Jahren, 1985, zum ersten Mal hier war. Es gibt bereits erste Hochhäuser und moderne Luxushotels. Damals prägten noch ungeteerte Straßen mit kleinen, rechteckigen Häusern aus Lehmziegeln das Bild; die Frauen trugen *thobes* in bunten Farben, das traditionelle sudanesische Gewand, ein langer Stoffstreifen, der locker über die Schultern und den Rest des Körpers drapiert wird und diesen mal mehr, mal weniger umhüllt. Wenn eine Frau den Kopf damit bedeckte, dann meist zum Schutz vor der grellen Sonne. Auch waren die Sudanesen damals bekannt dafür, sehr, sehr viel Bier zu trinken. Das sollte bald ein Ende haben. Alkoholkonsum wurde immer strenger bestraft, Frauen die Verschleierung nahegelegt.

Schon 1983 war die Scharia, der so unübersichtliche und oftmals in sich widersprüchliche Korpus islamischer Rechtsprechung, eingeführt und in der Folge immer strikter ausgelegt worden. Maßgeblich daran beteiligt war die jahrzehntelange graue Eminenz des Landes, der Politiker und religiöse Führer Hassan al-Turabi (1932-2016). Er war zeitweise Generalstaatsanwalt, Minister und Parteiführer, hatte in London studiert und einen Doktortitel an der Sorbonne in Paris erworben. Er vertrat teilweise progressive Positionen zur sozialen Gerechtigkeit, doch hatte er sich zum Ziel gesetzt, den wesentlich toleranteren, traditionellen, mystischen, sufistischen Islam des Landes durch eine strengere Variante zu verdrängen, die von Vorstellungen der Muslimbrüder und Wahhabiten beeinflusst war. Er war es, der Osama bin Laden 1992 nach Khartum eingeladen hatte.

Ich treffe die ehemalige graue Eminenz des Landes in seinem großen Empfangssalon im arabischen Stil. Er spricht sanft, so sanft, dass man ihn beim Geräusch der großen Deckenventilatoren kaum verstehen kann. Aber er bestreitet vehement, gewusst zu haben, dass Bin Laden seine Gastfreundschaft nutzte, um ein globales dschihadistisches Terrornetzwerk aufzubauen: »Osama bin Laden war ein Kriegsheld, aber vor allem auch ein guter Geschäftsmann. Wir brauchten Investoren wie ihn. Er hat Millionen investiert.«

Tatsächlich besaß Bin Laden zu dieser Zeit eine ganze Reihe von Firmen, darunter ein Bauunternehmen, das die Autobahn von Khartum nach Port Sudan, der wichtigsten Hafenstadt des Landes, fertigstellte. Eine weitere seiner Firmen verarbeitete und exportierte Gummi arabicum, ein berühmtes sudanesisches Agrarprodukt, das als Basis für die Herstellung von Kaugummi dient.

Alles machte den Anschein, als führte Bin Laden ein geregeltes Leben als Geschäftsmann. Er kaufte in Khartum Häuser in Flughafennähe, unter anderem eine komfortable, aber diskrete dreigeschossige Villa mit großem Garten. Seine demonstrative Bescheidenheit war ein wichtiger Faktor bei seiner Legendenbildung: Von den Saudis war man gewohnt, dass Reichtum mit Arroganz einhergeht. Auch der Imam der kleinen Moschee, in der Bin Laden täglich gebetet hat, schwärmt mir gegenüber in den höchsten Tönen: »Jeder Muslim kann nur hoffen, ein Vorbild wie Osama bin Laden zu haben. Er respektierte die Lehren des Propheten Mohammed, lebte, ernährte und kleidete sich äußerst bescheiden, betete mit uns und ging anschließend direkt nach Hause. Nie hat er jemanden gestört oder belästigt. Er sprach überhaupt nur mit Leuten, wenn sie sich an ihn wandten. Ich habe ihn mehrmals gefragt, ob er das Gebet als Vorbeter leiten wolle. Er lehnte jedes Mal ab.«

In der Öffentlichkeit war damals von Bin Laden wenig zu sehen. Seine einzige öffentliche politische Initiative zu dieser Zeit war ein offener Brief, den er 1995 an den saudischen König Fahd schrieb, in dem er dessen Politik für »unislamisch« erklärte.[20] Bei einem seiner seltenen Auftritte im sudanesischen Fernsehen anlässlich der Fertigstellung eines Großbauprojekts wurde er, an der Seite von Staatspräsident Omar al-Baschir und Hassan al-Turabis stehend, wie ein Staatsgast präsentiert. Bekleidet mit einer goldgesäumten *abaya*, dem Umhang saudi-arabischer Würdenträger oder Prinzen, gab er sich in Körpersprache und Gestik gelassen als Mann von hohem Rang und pflegte weiter sein mediales Charisma, die Aura des Erhabenen.

Hinter der respektablen Fassade verfolgte Bin Laden ganz andere Aktivitäten: Er spann seine Netze für den weltweiten Dschihad. Khartum war dafür der ideale Ort; die sudanesische Regierung organisierte in den Jahren 1991 und 1993 populäre »Volkskonferenzen der arabischen und islamischen Völker«. Dort konnte Bin Laden Kontakte zu extremistischen Islamisten knüpfen – von Mauretanien bis nach Indonesien.

Bei seinen Rekrutierungsversuchen zeigte sich Bin Laden sehr pragmatisch, fast ökumenisch. Nicht die verschiedenen Religionsauslegungen waren seine Priorität, sondern der Dschihad. Ein junger Sudanese – Mitglied der salafistischen Gruppe »At-takfir wa-l-Higra« (»Exkommunikation und Emigration«), ein in den siebziger Jahren in Ägypten gegründeter Ableger der Muslimbruderschaft –, schildert mir, wie Bin Laden dabei vorging: »Er hatte die sudanesische Mentalität genau analysiert. Nachdem er die verschiedenen islamistischen Gruppen und ihre Denkweisen im Detail ergründet hatte, lud er die jeweiligen Führer einzeln ein, um herauszufinden, ob sie Gemeinsamkeiten hatten. Immer war jemand von Al-Qaida dabei, der versuchte, den jeweiligen Besucher vom Dschihad zu überzeugen. Bin Laden hoffte so, Gruppierungen zu vereinen und eine breitere Basis zu schaffen.« Hat Bin Laden es auch bei ihm versucht? »Ja, dreimal kam er zu mir nach Hause, weil ich als islamistischer Aktivist bekannt war, aber ich habe mich geweigert mitzumachen. Unsere Gruppe wollte keine Gewalt.«

In Khartum hat Bin Laden immer wieder einen Mann beherbergt, den er schon aus Afghanistan kannte und der später sein Erbe antreten sollte: den ägyptischen Chirurgen Ayman al-Zawahiri. Der heutige Al-Qaida-Chef war damals vor allem damit beschäftigt,

Ägyptens Präsidenten Husni Mubarak zu stürzen. Vom Sudan aus organisierte er den Anschlag auf den Autokonvoi des Staatschefs am 26. Juni 1995 in der äthiopischen Hauptstadt Addis Abeba.

Bin Laden soll während seiner Zeit in Khartum zahlreiche dschihadistische Gruppen in anderen Ländern finanziert, Anschläge unterstützt und Trainingscamps unterhalten haben. Dabei richtete er sein Augenmerk schon zu dieser Zeit auch auf Europa. Er schleuste Kämpfer nach Bosnien zu dem dort tobenden Krieg und half so, einen dschihadistischen Brückenkopf aufzubauen. Unterstützt hat ihn dabei Hassan al-Turabi. »Natürlich hat sich Osama für Bosnien interessiert«, räumt er mir gegenüber ein, »wie ganz viele andere Araber hatte er, hatten auch wir gute Kontakte dorthin.« Die Bedeutung des »Dschihad in Bosnien« für Europa, die damals, im Jahre 2003, noch immer unterschätzt wurde, und seine eigene Rolle bei dessen Unterstützung spielt er allerdings herunter. »Den bosnischen Muslimen musste man helfen, da haben wir eben geholfen.«

Während Bin Laden in Khartum weitgehend mediale Funkstille walten ließ, entsandte er seinen Vertrauten Khaled al-Fawwaz an einen Tausende Kilometer entfernten Ort, wo dieser ein »Informationsbüro« betreiben, Sympathisanten anwerben und Propaganda gegen das saudische Königshaus machen konnte: nach London.

Die Wahl der britischen Hauptstadt war kein Zufall. Die Metropole wurde in den neunziger Jahren zum sogenannten Londonistan. Es wimmelte von extremistischen Islamisten, vor allem Ideologen und ehemaligen Kommandeuren aus dem Afghanistankrieg. Eine Ursache für deren massive Präsenz war die damals sehr großzügige britische Asylpolitik. Nach Meinung von Extremisten selbst wie dem Saudi Muhammad al-Massari bestand eine weitere Ursache darin, dass die britischen Geheimdienste es für nützlich hielten, saudische, libysche oder algerische Oppositionelle in Großbritannien gegen die Regierungen ihrer Heimatländer zu instrumentalisieren.[21] Für die Dschihadisten war die britische Hauptstadt aufgrund der damals unvergleichlichen Rede- und Meinungsfreiheit ein ideales Propaganda- und Rekrutierungszentrum.[22]

Die Hydra kommt nach Europa

London, Februar 2003. Ich stehe vor der Moschee im Londoner Stadtteil Finsbury Park, einer Hochburg der Extremisten, und verfolge die öffentlichen Hasstiraden eines einäugigen Dschihadisten mit Haken-Armprothese, dem die britische Presse den Spitznamen »Captain Hook« verliehen hat. »Der Dschihad ist Pflicht!«, brüllt der Mann ins Megafon: »Der US-Einmarsch im Irak ist illegal!«

Ein Kordon aus Polizisten in neongrünen Regenjacken trennt den Hassprediger von den Gegendemonstranten, die seine Inhaftierung und Ausweisung fordern. Mit schwarzen Schals und Kapuzen vermummte Männer haben einen schützenden Wall um ihn gebildet. Sie drängen mich weg und beschimpfen meinen Kameramann Errol, versuchen sogar, ihn zu schlagen.

Mitten in dem Handgemenge bemerken Errol und einer dieser »Leibwächter« plötzlich verblüfft, dass sie denselben Slang sprechen. Nicht nur das, sie sind, wie sich herausstellt, beide jamaikanischer Abstammung und sogar im selben Viertel aufgewachsen, ja – sie kennen sich. Nur hat der eine sich vom Prediger des Terrors verführen lassen, während der andere, mein Freund, ein Leben als erfolgreicher Kameramann führt, integriert in die britische Gesellschaft. Der Ton wird friedlicher, wir sollen unsere Aufnahmen bekommen.

Abu Hamza al-Masri, so der Name des aus dem ägyptischen Alexandria stammenden, in Afghanistan verstümmelten Hasspredigers, winkt mich heran. Er erklärt mir, es werde bald ein neues Kalifat kommen, der Dschihad gegen die USA und die britische Invasion im Irak dürfe mit allen Mitteln geführt werden – »natürlich auch mit Selbstmordattacken!«. Anschließend ist Gebetszeit. In der Moschee darf »Captain Hook« keine Hasspredigten mehr halten und auch nicht mehr vorbeten. Davor aber schon, und Dutzende seiner Sympathisanten beten mit ihm im Regen auf der Straße.

Al-Masri lebte bereits seit 1979 in London. Er studierte zunächst Ingenieurswesen und verdingte sich als Türsteher in einem Sexklub in Soho. Seine »islamische Läuterung« vollzog sich im Bosnienkrieg, wo er Anfang der neunziger Jahre in der dschihadistischen Mudschaheddin-Brigade kämpfte. 2004, ein Jahr nach meinem kurzen Austausch mit ihm und ein Jahr vor den Bombenattentaten in der Londoner U-Bahn, bei denen 56 Menschen ums Leben kamen, wurde Al-Masri schließlich festgenommen, zu einer mehrjährigen Gefängnisstrafe verurteilt und nach langem Rechtsstreit an die USA ausgeliefert, wo er 2015 zu lebenslanger Haft ohne die Möglichkeit einer vorzeitigen Entlassung verurteilt wurde. Al-Masri wurde vorgeworfen, in mindestens ein Dutzend geplanter oder ausgeführter Terroranschläge rings um den Globus verwickelt gewesen zu sein. Auch soll er den Keller der Moschee am Finsbury Park zu einem Rekrutierungszentrum gemacht haben. Richard Reid – der »Schuhbomber«, der am 22. Dezember 2001 an Bord einer American-Airlines-Maschine von Paris nach Miami versuchte, eine Sprengladung in seinen Schuhen zu zünden – soll ebenso wie der Franzose Zacarias Moussaoui, gescheiterter Luftpirat des 11. September und später in den USA verurteilt, in der Moschee untergeschlüpft sein. Außerdem stand Al-Masri schon früh in Verbindung mit dschihadistischen Gruppierungen, die sich seit Anfang der neunziger Jahre in Algerien formierten.

Europas Hauptstadt der Dschihadisten: »Londonistan«

Eine der wichtigsten Figuren von »Londonistan«, die der größeren Öffentlichkeit – trotz ihres enormen Einflusses auf die globale dschihadistische Bewegung – bis heute kaum bekannt ist, war der Syrer Abu Musab al-Suri, geboren 1958 als Mustafa Setmariam Nasar. Al-Suri hatte im Afghanistankrieg gegen die Sowjets gekämpft, aber es sind nicht allein seine militärischen Fähigkeiten, die den rothaarigen Mann so gefährlich machen, sondern seine intellektuellen. Der »Architekt des globalen Dschihad« spricht fließend Englisch, Französisch, Spanisch und Arabisch und ist bis heute einer der einflussreichsten Dschihadisten. Er studierte wie Al-Masri Ingenieurswesen, allerdings in Aleppo, und wurde dann nacheinander von der irakischen, der jordanischen und vermutlich der ägyptischen Armee – allesamt Gegner des damaligen syrischen Regimes – zum Kommando- und Geheimdienstoffizier ausgebildet. Bevor er 1995 nach London kam, hatte er lange in Granada gelebt; Andalusien hat in der islamischen Geschichte einen hohen Stellenwert, für viele Muslime symbolisiert es die goldene Zeit des Islam. Und Dschihadisten versprechen in ihrer Propaganda immer wieder, es zu befreien. Al-Suri soll in Spanien die damals wichtigste dschihadistische Zeitschrift, *al-Ansar* (»Die Gefährten«), herausgegeben haben.

Im Dezember 2004 erschien Al-Suris *Aufruf zum weltweiten islamischen Widerstand*, sein Opus magnum: Auf mehr als tausend Seiten analysiert er darin die Geschichte und die Zukunft des Dschihadismus und entwirft unter dem Motto »System statt Organisation« eine Matrix für den globalen Dschihad, die überall benutzt werden könne. In der Einleitung heißt es: »Wir rufen die Jugend und alle Muslime auf, den individualisierten Widerstand zu wählen, da dieser sich nicht auf netzwerkartige und hierarchische Strukturen stützt, bei denen die Verhaftung einiger Individuen zu der Zerstörung und Verhaftung aller Mitglieder führt. Es muss eine Vorgehensweise gewählt werden, die keiner herkömmlichen Organisationsform entspricht. Vielmehr trägt jeder Beteiligte unabhängig zu den Aktivitäten des Widerstands bei und ist damit Teil des weltweiten islamischen Widerstands selbst.«[23]

Al-Suri wurde im November 2005 in Pakistan festgenommen und war einige Zeit in US-Haft.[24] Anschließend wurde er dem syrischen Regime übergeben, vermutlich weil die »Verhörmethoden«

in Assads Kerkern »effizienter« waren. Nach Ausbruch des Bürgerkriegs 2011 soll er vom syrischen Regime wieder freigelassen worden sein.[25] Daraufhin soll er sich dem syrischen Al-Qaida-Ableger, der Al-Nusra-Front, angeschlossen haben.

Für Dschihadisten sind die ideologischen und strategischen Texte von Abu Musab al-Suri von großem Wert. Sie inspirierten auch sogenannte einsame Wölfe, Einzeltäter oder Kleingruppen, zu Attacken, so 2011 den jungen Kosovaren Arid Uka zu dem Anschlag am Frankfurter Flughafen, der zwei GIs das Leben kostete. Die Formulierung »einsamer Wolf« ist allerdings problematisch. Politiker und Sicherheitskräfte benutzen sie gerne, um behaupten zu können, einzelne Täter seien im Vorfeld nur schwer ausfindig zu machen. In Wirklichkeit existierten, wie sich im Nachhinein herausstellt, so gut wie immer ein entsprechendes Umfeld und Netzwerke.

Der ebenfalls 1958 in Syrien geborene Omar Bakri Mohammed war eine weitere emblematische Figur von »Londonistan«. Bereits seit 1986 trieb er hier sein Unwesen. Seinen Ausführungen habe ich stundenlang zugehört.

London, März 2005. Der rundliche Mann mit dem ergrauenden Bart ist extrem charmant und durchaus humorvoll – falls man extremistischen Humor schätzen kann. Ich sitze im spießigen Wohnzimmer von Omar Bakri im Norden Londons. Unumwunden erklärt er seine Mission, Einwandererkinder, die mitten in der Identitätskrise stecken und sich von der britischen Gesellschaft ausgeschlossen fühlen, zum »wahren Islam« zurückzuführen: »All die Mohammeds aus Pakistan oder Indien, die davon träumten, sich ›Bobby‹ zu nennen, die aber nie von den Engländern akzeptiert wurden, die führe ich zum echten Glauben, der sie dann auf den Weg zum Dschihad bringen kann.« Auf meinen Hinweis, er sei mitverantwortlich dafür, dass zahlreiche seiner Anhänger in Terrorattacken verstrickt waren, erklärt er: »Ich bin lediglich der

Schullehrer für den wahren Islam; wenn meine Absolventen dann auf die Universität des Dschihad gehen, ist das ihre Sache.«

Lange Jahre konnte Bakri in London ungehindert von der britischen Justiz rekrutieren, auch mit homophoben Dschihadwitzen: »Im Islam geht es um *Adam and Eve*, nicht um *Adam and Steve* wie in der dekadenten homosexuellen westlichen Gesellschaft.« Eine tolerante Gesellschaft zu verspotten – auch so funktioniert Rekrutierung. Schließlich aber wurde es für Bakri in London doch noch ungemütlich. 2005 reiste er in den Libanon; da er unterdessen auf die Flugverbotsliste gesetzt wurde, durfte er danach nicht mehr zurück nach Großbritannien. 2014 wurde der Hassprediger im Libanon zu sechs Jahren Arbeitshaft verurteilt – wegen terroristischer Aktivitäten. Zwei seiner Söhne starben für den sogenannten Islamischen Staat: einer im Kampf, einer wurde hingerichtet.[26]

Alle dschihadistischen Propagandamacher und Ideologen, die sich Anfang der neunziger Jahre in London tummelten, pflegten damals enge Kontakte in ein weiteres europäisches Land – Bosnien. Der Bürgerkrieg in der ehemaligen Teilrepublik Jugoslawiens wurde unbemerkt zum ersten dschihadistischen Schlachtfeld in Europa.

Brückenkopf des Dschihad: Bosnien

Sarajevo, Frühling 1994. Weil ich es an meinem komfortablen Schreibtisch in Paris nicht mehr ausgehalten habe, bin ich nach Bosnien gereist. Sarajevo, das bis kurz vor Kriegsausbruch noch als Symbol eines offenen, multikulturellen, multiethnischen Europas gegolten hat, ist zerstört. Ich will über das Leid, aber auch über den Mut der Menschen berichten und hoffe, damit einen kleinen Beitrag zur Besserung ihrer Situation zu leisten.

Als Journalist Ende 20 bin ich noch nie im Zentrum eines Kriegsgebiets gewesen. Der Flughafen von Sarajevo ist umkämpft und wenn überhaupt geöffnet, dann nur für Flüge der UN-Mission. Daher bin ich nach Split in Kroatien geflogen und habe mich von einem Fahrer zur bosnischen Hauptstadt bringen lassen.

Auf dem Weg über den Berg Igman, der Sarajevo überragt, sind die Überbleibsel der goldenen Zeiten Jugoslawiens und des multiethnischen Bosnien zu sehen: die Bob- und Rodelbahn der Olympischen Winterspiele von 1984. Jetzt, ein Jahrzehnt später, ist der Igman alles andere als ein Sportlerparadies, vielmehr der einzige, heftig umkämpfte Zugang zu der von Serben belagerten Stadt. Die letzten von den bosnischen Regierungstruppen gehaltenen, sich nach unten windenden Waldwege werden mit Maschinengewehren oder sogar umfunktionierten Luftabwehrgeschützen beschossen, sobald ein Fahrzeug in Sicht kommt.

Nachdem ich, für mich wie ein Wunder, heil am Fuße des Berges angekommen bin, wird es nicht viel besser. Wir passieren einen bosnischen Checkpoint, dann geht es im Zickzack über das Gelände des ebenfalls für die Winterspiele erbauten internationalen Flughafens, der immer wieder unter Beschuss genommen wird. Und von dort über die kilometerlange sogenannte Scharfschützenallee, den Hauptboulevard Sarajevos, vorbei an zerschossenen Hochhäusern ins Zentrum.

»*Pazni sniper*«, »Vorsicht, Scharfschützen«, warnen Schilder fast an jeder Ecke. Zerstörte Wohnblocks, ständige Angst vor Artilleriefeuer, kein Wasser, kein Strom, bittere Kälte – trotz des anbrechenden Frühlings. Das Überleben in der Stadt hängt von der Improvisation ab: Gemüse wird auf Rasenflächen neben Straßenbahnschienen angebaut. Die Jugend macht sich trotzdem chic und geht aus, um zu zeigen: Wir lassen uns nicht unterkriegen, wir leben unseren Traum von einer offenen, multiethnischen Gesellschaft, für die Sarajevo in Jugoslawien ein Symbol war. Aus meinen Gesprächen mit jungen Einwohnern höre ich heraus, dass viele weiterhin an ein Miteinander von Serben, Kroaten und Muslimen glauben.

Doch dann, in den folgenden Monaten, wurden Massaker und Massenvergewaltigungen vor allem an Muslimen durch Serben verübt – wie im Juli 1995 in Srebrenica mit über 8000 Toten –, und das Land versank immer mehr in Hass und Gewalt. Die bosnischen Serben wollten durch »ethnische Säuberungen« zusammenhängende, nur von ihnen bewohnte Gebiete zur Gründung eines eigenen Staates schaffen und sich langfristig der Nachbarrepublik Serbien anschließen.

Damals, 1994, kursierten bereits Gerüchte über radikale Kämpfer aus der islamischen Welt, vor allem Araber, die nach Bosnien gekommen seien, aber kaum jemand wusste Genaueres. Für uns Journalisten war das eher eine kuriose Randnotiz, wir waren der Meinung, jede Hilfe für die Bosniaken könne nur recht sein.[27] Erst viel später erkannte auch ich – wir hatten uns getäuscht. Die Präsenz der Dschihadisten im Bosnienkrieg, der von 1992 bis 1995 dauerte, ist bis heute ein wenig beleuchtetes Kapitel der Balkankriege. Dabei gründeten Dutzende ehemaliger Bosnienkämpfer nach dem Ende des Konflikts Zellen in Europa, auch in Deutschland.

Seit 1992 schleusten einige islamische Hilfsorganisationen Kämpfer, getarnt als humanitäre Helfer, an die Front, darunter viele Afghanistanveteranen. Sie kamen über die dalmatinische Küste nach Bosnien. Dort wurden sie zunächst verschiedenen Kampfeinheiten der bosnischen Armee zugeteilt. 1993 war der Zustrom von ausländischen Freiwilligen so groß, dass die Militäreinheit »El Mudžahid« gegründet wurde, um die Kämpfer zu koordinieren. Zeitweilig gehörten ihr mehr als dreitausend »Gotteskrieger« an, darunter zahlreiche Konvertiten aus Westeuropa. In einem der Öffentlichkeit kaum bekannten Propagandavideo rief ein Deutscher mit dem Kriegsnamen Abu Musa seine Landsleute zum Krieg auf: »Geht in den Dschihad, damit ihr am Tag des Jüngsten Gerichts unschuldig seid.«[28]
Die Kampfeinheit unterstand zeitweise direkt der 7. Musli-

mischen Brigade und dem 3. Korps der bosnischen Armee. Ihr Hauptquartier befand sich in einer ehemaligen Metallfabrik unweit der zentralbosnischen Industriestadt Zenica. Präsident Alija Izetbegović inspizierte als Oberkommandierender mehrmals die Einheit, verteilte Orden und lobte den Todesmut der zugereisten Dschihadisten. Und bosnische Befehlshaber richteten, wie Videos zeigen, kaum verhüllte Aufrufe zu »ethnischen Säuberungen« an die islamischen Kämpfer: Anstelle der Serben könnten »in diesem Tal Tausende von Muslimen leben«, schreit ein Offizier vor einem Appell von Mudschaheddin ins Mikrofon.[29] Zahlreiche Mudschaheddin wurden in Kommandoschulen der bosnischen Armee für den Häuserkampf ausgebildet und lernten, wie man aus Kännchen für türkischen Kaffee improvisierte Bomben baut. Auch an Panzern durften sich die Dschihadisten üben. In Propagandastreifen sind auch komplett verschleierte Frauen und Kinder zu sehen, die den Umgang mit Maschinengewehren erlernen.

»Die ›Gotteskrieger‹ hatten für die nach den Niederlagen zu Kriegsbeginn demoralisierte bosnische Armee Vorbildfunktion«, erzählte mir der Historiker und Balkanspezialist Xavier Bougarel. Mudschaheddin seien bevorzugt bei besonders schwierigen Offensiven eingesetzt worden: »Die Männer waren ungeduldig, sie wollten endlich als Märtyrer ins Paradies kommen.« Selbst unter massivem Beschuss legten sie noch Gebetspausen ein. An ihrem religiösen Wahn sollten sich die für ihren toleranten Islam bekannten Bosniaken ein Beispiel nehmen.[30]

Präsident Izetbegović und viele seiner Militärführer standen den Mudschaheddin ideologisch nahe. In seiner bereits in den sechziger Jahren verfassten, kurz vor Kriegsausbruch erneut veröffentlichten *Islamischen Deklaration* finden sich Passagen, die ihn eher als fanatischen Islamisten denn als Vertreter eines multiethnischen Staates zeigen: »Zwischen dem islamischen Glauben und nichtislamischen Gesellschaften und politischen Institutionen kann es keinen Frieden und keine Koexistenz geben.«[31] Der spätere Verfechter des bosnischen Vielvölkerstaates forderte nicht nur den Umsturz der herrschenden Ordnung, sondern darüber hinaus die »Bildung einer starken islamischen Föderation, die von Marokko bis Indonesien, vom tropischen Afrika bis nach Zentralasien reichen soll«. Tatsächlich pflegte Izetbegović jahrelang Kontakt zu radikalen Islamisten auf der ganzen Welt, darunter auch Osama bin Laden.[32] Mittelsmann war, wie erwähnt, der sudanesische Religionsführer Hassan al-Turabi.

Westliche Geheimdienste und die schon damals unter UN-Mandat in Bosnien stationierten Nato-Einheiten waren über den Dschihad auf dem Balkan wohlinformiert. Englische Blauhelme organisierten im Mai 1993 in der Innenstadt von Zenica sogar einen Gefangenenaustausch zwischen kroatischen Truppen und Dschihadisten, den diese filmten. Wie selbstverständlich standen UN-Soldaten neben vermummten, mit Maschinengewehren und Panzerfäusten bis an die Zähne bewaffneten Mudschaheddin.[33]

Erst sieben Jahre später stieß ich auf die ersten Beweise für die Verbrechen der Dschihadisten in Bosnien: Protokolle von Zeugenaussagen, Videos und Fotos, die mir von Kollegen aus Sarajevo übergeben worden waren und lange als Fälschungen der serbischen Propaganda abgetan wurden. Auf einem Foto hält einer der Kämpfer stolz mit beiden Händen seine Trophäe – den abgeschlagenen Kopf eines »ungläubigen« serbischen Feindes – in die Kamera. Der bärtige Souvenirjäger war ein junger Araber aus, wenn ich mich recht erinnere, Tunesien. In einem Video hat er seine Reise, den Zwischenstopp an der dalmatischen Küste, den Weg durch die bosnischen Wälder an die Front und schließlich die Horrorszenen aus dem Krieg dokumentiert: Köpfe serbischer Feinde, in Proviantkisten verpackt – oder eben, präsentiert in Siegerpose, in den eigenen Händen.

2006 wurden zwei bosnische Kommandeure und 2008 ein dritter vom Internationalen Strafgerichtshof in Den Haag für die

Verbrechen der Dschihadisten verurteilt. Dem früheren Kommandeur Amir Kubura, dem Exgeneral Enver Hadžihasanović und dem ehemaligen Oberkommandierenden der bosnischen Armee Rasim Delić wurde vorgeworfen, Gräueltaten wie das Zutodeschleifen von serbischen Zivilisten hinter Traktoren oder die Enthauptung von 26 serbischen Gefangenen mit der Axt auf dem Berg Ozren geduldet zu haben.[34] Selbst gegen den ehemaligen Hauptverbündeten des Westens, Bosniens Expräsidenten Izetbegović, wurde bis kurz vor seinem Tod im Oktober 2003 verdeckt wegen Kollaboration mit Dschihadisten ermittelt. Dies gab die Chefanklägerin Carla Del Ponte nach seinem Ableben bekannt.[35]

Lange wurden die Kriegsverbrechen der Dschihadisten an den Serben als eine Art historischer Unfall abgetan. In der Tat waren bei dem durch serbische Aggressionen ausgelösten Krieg die meisten Opfer Bosniaken. Und bosnische Politiker erinnern lieber an die »ethnischen Säuberungen« der Serben als an die Taten der Dschihadisten, die an ihrer Seite kämpften.

Mehr als zweitausend junge Bosniaken sollen von der arabischen Kampfeinheit während des Krieges zunächst in monatelangen Seminaren religiös indoktriniert, dann für den Dschihad ausgebildet worden sein.[36] Vermutlich eine Erklärung dafür, dass später so viele IS-Kämpfer aus Bosnien stammten: Etwa 300 sollen es gewesen sein[37] – relativ zur Gesamtbevölkerung von knapp 4 Millionen mehr als aus jedem anderen europäischen Land. Hätte sich aus Deutschland ein vergleichbares Kontingent dem IS angeschlossen, dann wären dies über 6500 Menschen, sechsmal mehr, als es tatsächlich waren.

Nach Abschluss des Friedensabkommens von Dayton Ende 1995 häuften sich die Anschläge in Bosnien. Wie später im Irak oder in Syrien versuchten die Dschihadisten, die Region wieder ins Chaos zu stürzen. Sie zündeten Autobomben in Mostar und im kroatischen Rijeka und ermordeten UN-Mitarbeiter in Zentralbosnien.

Trotzdem verlieh die Regierung in Sarajevo 700 Mudschaheddin die bosnische Staatsangehörigkeit und umging so eine Klausel des Friedensvertrags, die eine Ausweisung aller ausländischen Kämpfer aus Bosnien-Herzegowina festsetzte. »Dankbarkeit für die Verteidigung des belagerten Landes«, lautete die offizielle Begründung.[38] Vermutlich verbargen sich hinter der schnellen Einbürgerung politische Gründe. Bosniens Führung konnte loyale Hilfstruppen zum eigenen Machterhalt wohl noch gebrauchen.

Die sesshaft gewordenen »Gotteskrieger« begannen bereits kurz nach Ende des Konflikts ihre bosnische Umgebung zu terrorisieren. Sie verboten bei kommandoartigen Aktionen in Bars das Trinken von Alkohol, Frauen in Miniröcken wurden verprügelt. Auch das Silvesterfeiern wollten sie mit Gewalt unterbinden. Vor allem aber waren ehemalige Bosnienkämpfer an der Planung und Ausführung von Anschlägen rund um die Welt beteiligt. Die bosnischen Terrorverbindungen reichten über die USA, Westeuropa, Afghanistan bis zu den Philippinen. Und Bosnien wurde für die Glaubenskrieger zur idealen Basis, um den Dschihad in Europa zu verbreiten.

1997 überfielen unweit von Zenica zwei Mudschaheddin mehrere Tankstellen, erschossen einen bosnischen Polizisten und einen Nachtwächter. Es gelang, die Täter festzunehmen. »Wir dachten zunächst, das seien ganz normale Banditen«, erklärte mir ein bosnischer Untersuchungsrichter. Die tatsächlichen Dimensionen des Falls ahnte er erst nach der Sicherstellung von fast perfekt gefälschten italienischen und französischen Ausweisen. Die Bestätigung kam aus Frankreich: Die Männer wurden seit 1996 wegen eines versuchten Anschlags auf ein G7-Treffen, mehrerer Raubüberfälle und einer Schießerei mit der Polizei gesucht.

Die französischen Sicherheitskräfte waren überzeugt, dass es sich um Angehörige eines internationalen Terrorrings handelte. Kurz vor der Vernehmung durch den Untersuchungsrichter Jean-Louis Bruguière, Frankreichs obersten Terrorfahnder, gelang Lionel Dumont, einem der französischen Dschihadisten, die Flucht aus dem Hochsicherheitstrakt des Gefängnisses von Sarajevo. Im Dezember 2003 wurde Dumont erneut festgenommen, diesmal in München. Ein alter Bekannter des Franzosen aus Bosnien, der Algerier Fateh Kamel, gilt als Kopf einer ehemaligen islamistischen Terrorzelle in Montreal, zu der auch der »Millennium-Bomber« Ahmed Ressam gehörte: Ressam hatte geplant, zum Jahrtausendwechsel eine Bombe auf dem Flughafen in Los Angeles zu zünden. Das Attentat konnten US-Zollbeamte in letzter Sekunde verhindern.

Trotz dieser offensichtlichen Gefahren, die vom bosnischen Terrornetz ausgingen, ignorierte die Regierung in Sarajevo lange alle Warnungen arabischer und westlicher Geheimdienste. Als nach Ende des Krieges das amerikanische Außenministerium drohte, das für die bosnische Armee überlebenswichtige »Train and Equip«-Programm einzustellen, wurde der ehemalige Kommandeur der Mudschaheddin, der Algerier Abdelkader Mokhtari alias Abu al-Maali, ausgewiesen.[39] Doch ansonsten geschah wenig.

Erst nach dem 11. September 2001 reagierte die Regierung in Sarajevo, und das in rechtlich mehr als zweifelhafter Weise – vielleicht wollten die so lange untätigen bosnischen Behörden einfach zeigen, dass sie irgendetwas unternehmen: Sechs aus Algerien stammenden Männern, die im Verdacht standen, eine Al-Qaida-Zelle gebildet zu haben, wurde im Oktober ad hoc die bosnische Staatsangehörigkeit aberkannt. Sie wurden an die Amerikaner ausgeliefert und in Guantánamo interniert.

Erst sieben Jahre später entschied ein US-Bundesrichter, dass die gegen sie vorgelegten Beweise nicht belastbar waren; fünf der Männer kamen daraufhin 2008 frei, der sechste erst 2013.[40] Es ist möglich, dass sich die Männer im näheren oder weiteren Umfeld des Dschihadismus bewegten oder Dschihadisten waren – sie gehörten jedoch weder zu Al-Qaida, noch waren sie in deren Terrorpläne verstrickt.

Klar hingegen ist: Bosnien wurde von dschihadistischen Gruppen nicht nur als Militärstützpunkt genutzt, sondern auch als Finanzplatz. Islamische Hilfsorganisationen dienten als Geldwäscheanlagen. Die saudi-arabische Benevolence International Foundation etwa soll 400 000 Dollar über Bosnien zu Al-Qaida geschleust haben. Im Februar 2002 stellten bosnische Sicherheitskräfte bei einer Durchsuchung der Büroräume der Hilfsorganisation Saudi High Commission for Relief of Bosnia and Herzegovina in Sarajevo neben Plänen von Washington Beschreibungen von Agrarsprühflugzeugen sicher.[41] Die Third World Relief Agency – eine Organisation mit Sitz in Wien, die das Vertrauen des bosnischen Präsidenten Izetbegović genoss und von einem ehemaligen sudanesischen Diplomaten gegründet worden war – soll ebenfalls siebenstellige Dollarbeträge an Al-Qaida geschleust und sogar eine auf Passfälschung für Terroristen spezialisierte Filiale unterhalten haben.[42]

Gerade für Deutschland hatte der Bosnienkrieg langfristige Folgen: Im Zuge des Konflikts auf dem Balkan fasste die dschihadistische Szene hier zum ersten Mal wirklich Fuß. Ehemalige Bosnienkrieger gründeten in den neunziger Jahren im schwäbischen Neu-Ulm unter dem Namen »Multikulturhaus« einen eingetragenen Verein, der Hetzpropaganda verbreitete und zur Ermordung von Christen und Juden aufrief. Hier verkehrte der Dschihad-Propagandist und späterer IS-»Bildungsminister« Reda Seyam. Und hier wurden vermutlich zahlreiche junge Männer für den Dschihad rekrutiert. Auch der Todespilot des 11. September, Mohammed Atta, der in Hamburg studiert hatte, soll das »Multikulturhaus« besucht haben. Es wurde erst 2005 durch das bayerische Innenministerium geschlossen. Zwei Jahre später wurde Fritz Gelowicz, Rädelsführer der sogenannten Sauerlandgruppe, verhaftet; er und mindestens drei Komplizen hatten Anschläge auf US-Einrichtungen in der Bundesrepublik geplant. Bei ihrer Festnahme wurde Material für rund 400 Kilo Sprengstoff sichergestellt.[43] Gelowicz war in Ulm aufgewachsen und im »Multikulturhaus« radikalisiert worden.

Zeitgleich mit dem Beginn von »Londonistan« und dem Dschihad im Bosnienkrieg Anfang der neunziger Jahre eröffneten Afghanistanveteranen in Nordafrika ein weiteres Schlachtfeld mit schwerwiegenden Folgen auch für Europa.[44] Die Drahtzieher der ersten großen Terroranschläge, die dort für Entsetzen sorgten, kamen aus einem Land, das in Sachen Dschihadismus lange zu wenig beachtet wurde: aus Frankreichs Exkolonie Algerien.

Die erste Terrorwelle in Europa: Aus Algerien nach Frankreich

Algier, Juni 1991. Zehntausende von Menschen drängen sich im »Stadion des 5. Juli 1962«, benannt nach dem Tag der Unabhängigkeit Algeriens. Es sind allerdings keine Sportfans, und heute wird auch kein Fußballspiel ausgetragen: Hier findet eine Veranstaltung im Rahmen der Parlamentswahlen statt, übrigens der ersten und seither letzten wirklich freien und demokratischen.

Die Versammlung einberufen hat die Islamische Heilsfront (FIS) – eine Partei, die man heute als Ableger der Muslimbrüder oder als Vertreter des politischen Islam bezeichnen würde. 1990 wurden ihre Anhänger in Algerien und Frankreich, das seine ehemalige Kolonie genau beobachtete, einfach als »die Bärtigen« bezeichnet. Die »Bärtigen« schwenken auf dem Spielfeld Fahnen mit Slogans wie »Der Islam ist die Lösung«, aber verteilten auch Flugblätter mit dem berühmten Zitat Abraham Lincolns: »Man kann einen Teil des Volkes die ganze Zeit täuschen und das ganze Volk einen Teil der Zeit. Aber man kann nicht das gesamte Volk die ganze Zeit täuschen.« Wenige Zeilen später wird Demokratie jedoch als »Gift der Orientalisten« bezeichnet, das Gift des auf die Araber herabschauenden, bevormundenden Westens.

Ich arbeite als Journalist für deutsche Radiosender und Zeitungen. So finanziere ich die Feldforschung für meine Magisterarbeit über die Haltung der Islamisten zur Demokratie. Außer mir sind nur noch drei, vier weitere deutsche Journalisten in Algerien. Es ist nicht ganz einfach, in das Land hineinzukommen, es gibt nur wenige Visa für die Presse. Und in Deutschland, das mit den Folgen der Wiedervereinigung beschäftigt ist, interessiert man sich kaum für Algerien oder den Rest der arabischen Welt, außer es gibt Aufstände und Tote.

Ein algerischer Kollege, der als Politikberichterstatter für eine französischsprachige algerische Tageszeitung arbeitet, macht mich auf kleinere Gruppen von Männern aufmerksam, die weder traditionelle algerische noch westliche Kleidung, sondern afghanische Gewänder und Kopfbedeckungen tragen. Sie hätten im Afghanistankrieg gegen die UdSSR gekämpft, erklärt er mir, und seien überaus gefährlich. Warum diese Männer eine Bedrohung darstellen sollen, leuchtet mir nicht ein – das seien doch Mudschaheddin, Freiheitskämpfer, somit Freunde des Westens und der freien Welt, die die Sowjets aus Afghanistan vertrieben hätten. Aber er besteht darauf, die Männer seien keine Freiheitskämpfer, sondern blutrünstige Fanatiker, die mit aller Gewalt einen »Islamischen Staat« errichten wollen. Leider soll er Recht behalten.

Geschichte wiederholt sich nicht – aber Konflikte und Probleme verwandter Kulturen und geteilte geschichtliche Erfahrungen können sich ähnlich entladen. Der sogenannte Arabische Frühling oder besser gesagt: die historischen Umwälzungen in der arabischen Welt haben für mich nicht erst 2010 angefangen, sondern bereits 20 Jahre zuvor in Algerien – 1988 mit einem Aufstand der Jugend gegen die verkrustete und korrupte Einheits- und Regierungspartei Nationale Befreiungsfront (FLN).

Die Arbeitslosigkeit war hoch, die Wohnungsnot ebenso. Schwere Unruhen ereigneten sich vor allem in den größeren Städten. Die FLN wurde der Lage nicht mehr Herr. Und so beschloss sie, sehr zögernd, weitreichende Reformen – zunächst Kommunalwahlen. Die Islamische Heilsfront ging als klarer Sieger daraus hervor. Und jetzt, im Dezember 1991, finden die ersten Parlamentswahlen statt.

Am Abend des zweiten Weihnachtsfeiertags will die offizielle Wahlkommission die Ergebnisse im Staatsfernsehen bekanntgeben. Sie sind kurz vor Mitternacht immer noch nicht da. Gemeinsam mit zwei Kollegen mache ich mich durch die verlassenen Straßen ins Viertel Belcourt auf.

Im zweiten Stock eines Gebäudes, das wie ein Sozialbau wirkt, drängen sich etwa 50 Menschen in einer kleinen Dreizimmerwohnung, die Telefone läuten ununterbrochen; es ist die Parteizentrale der »Bärtigen«. Aus dem ganzen Land – Algerien ist mehr als fünfmal so groß wie Deutschland, 85 Prozent davon sind Wüste – übermitteln »Wahlbeobachter« der Islamischen Heilsfront die Ergebnisse: Ob in den wichtigen Städten Oran, Blida oder in Tlemcen, fast überall liegen die Islamisten vorn. Selbst im tiefen, mehr als tausend Kilometer entfernten Süden der Sahara erzielen sie erstaunliche Erfolge.

Von offizieller Seite werden die genauen Wahlergebnisse allerdings nie bekanntgegeben. Um drei oder vier Uhr morgens tritt der algerische Innenminister im Staatsfernsehen vor die Kamera. Er gesteht zwar zu, die Islamische Heilsfront habe gewonnen, aber die Wahlergebnisse werden nach dem ersten Wahlgang annulliert. In dieser Nacht beginnen die sogenannten schwarzen Jahre.

Knapp drei Wochen später, im Januar 1992, kam es zu einem Militärputsch: Die Armee zwang Präsident Chadli Bendjedid zum Rücktritt. Ein von Offizieren dominiertes »Hohes Staatskomitee« übernahm die Macht und ordnete im März die Auflösung der Islamischen Heilsfront an. Ein Teil der Parteiführung rief daraufhin zum bewaffneten Kampf auf. In dem Bürgerkrieg zwischen den

Islamisten und dem algerischen Militär sollten über 120 000 Menschen ihr Leben verlieren.

Bereits in den Wochen nach dem Putsch ließ die neue Regierung Tausende Mitglieder und Sympathisanten der Islamischen Heilsfront verhaften und in Massenlagern in der Wüste internieren. Man könnte auch sagen: Damit wurden die ersten »Dschihad-Akademien« gegründet. Einen ähnlichen Fehler würden die USA eine Dekade später mit Guantánamo oder mit Camp Bucca im Irak begehen. Die sogenannte »algerische Lösung« – der Versuch, den Islamismus durch brutale militärische Gewalt »auszulöschen« – erzeugte weitere Gewalt, die auch nach Europa überschwappte.

Marseille, Dezember 1994. Wieder ist Weihnachten, als Dschihad und Terror aus Algerien erstmals nach Europa kommen. Ich habe das Abendessen an Heiligabend mit meiner Mutter und meiner Schwester in Paris unterbrechen müssen – ein deutscher privater Fernsehsender, für den ich arbeite, rief an: Ein Air-France-Flug von Algier nach Paris sei entführt worden, eine Verbindung, die ich schon Dutzende Male geflogen bin. Jetzt stehe ich am Flughafen von Marseille und erwarte inmitten eines Pulks von Journalisten die Ankunft der Maschine, die hier zwischenlanden soll. Kameraleute erkunden das Gelände, um sich einen guten Aussichtspunkt zu sichern. Mittlerweile wird das Motiv der Entführer klar: Vergeltung für die Unterstützung des Militärputschs in Algerien durch Frankreichs Regierung. Und es wird darüber spekuliert, ob sie den Airbus in den Eiffelturm oder in den Louvre steuern wollen, doch kaum einer der Medienvertreter kann sich das vorstellen – der 11. September 2001 ist noch sieben Jahre entfernt.

Offiziell fordern die Terroristen die Freilassung der zwei wichtigsten Führer der Islamischen Heilsfront, Abassi Madani und Ali Belhadsch. Auf dem Rollfeld in Algier sind die vier Entführer in einem mit Air-France-Aufschrift versehenen Wagen ans Flugzeug herangefahren, haben sich als algerische Polizisten ausgegeben und die Maschine bestiegen. Französische und algerische Sicherheitsdienste konnten sich nicht über das weitere Vorgehen einigen. Die algerischen Behörden wollten keine Starterlaubnis erteilen, aber den Franzosen auch nicht erlauben, ein Elitekommando auf dem Flughafen ihrer Hauptstadt eingreifen zu lassen – während des algerischen Unabhängigkeitskrieges in den Jahren 1954 bis 1962 hatten französische Sicherheitskräfte Zehntausende, wenn nicht gar Hunderttausende Algerier getötet. Die Franzosen wiederum wollten verhindern, dass die sogenannten Ninjas zum Einsatz kommen, die für ihre Rücksichtslosigkeit gegenüber Geiseln und Zivilisten berüchtigten algerischen Sondereinheiten.

Nach der Ermordung dreier Passagiere 40 Stunden nach Beginn der Geiselnahme einigen sich die Regierungen: Das Flugzeug bekommt Starterlaubnis im Gegenzug für die Freilassung aller Frauen und Kinder. Den Geiselnehmern wird glaubhaft gemacht, es müsse erst zum Auftanken nach Marseille fliegen und dürfe dann weiter nach Paris.

In Marseille erlauben dem Anschein nach die französischen Unterhändler den Luftpiraten, an Bord eine Pressekonferenz abzuhalten. Die Entführer fallen auf den Bluff herein und verlegen ihre Geiseln ins Heck der Maschine, um Platz für die Journalisten zu schaffen. Auch lässt man die äußerst brutalen, aber im Vergleich zum 11. September dilettantischen Luftpiraten – sie wissen nicht einmal, dass es an Bord eine interne Telefonanlage gibt – weiterhin in dem Glauben, man werde sie anschließend nach Paris fliegen lassen. Am späten Nachmittag sind Schüsse zu hören. Eine Spezialeinheit der Gendarmerie hat das Flugzeug gestürmt, alle Entführer werden in einem erbitterten Gefecht getötet, die Geiseln gerettet. Doch der Konflikt in Algerien wird Frankreich weiter in einen Strudel ziehen.

Paris, Juli 1995. Obwohl ich in der Sommerhitze meines Büros nur 600 Meter entfernt schreibe, höre ich die Bombe nicht, die in einem Zug der RER-Linie B, im zweiten Untergeschoss der Pariser Metro, explodiert. Was ich aber höre, sind die Sirenen von Polizei- und Krankenwagen und die Hubschrauber, die vor der Kathedrale Notre-Dame de Paris landen.

Bei dem Anschlag sterben acht Menschen, 117 werden verletzt. Die meisten werden zunächst in einem zum Behelfslazarett umfunktionierten Café behandelt. Wenig später bekennt sich die Groupe Islamique Armé aus Algerien (GIA) zu dem Attentat. Es ist Teil der ersten dschihadistischen Anschlagswelle in Europa.

Sie begann zwei Wochen zuvor, am 11. Juli 1995, mit der Ermordung eines als moderat geltenden algerischen Imams in einer Moschee der französischen Hauptstadt. Vier Tage darauf kam es in Bron unweit von Lyon zu einem Feuergefecht zwischen einem Terroristen und der Polizei, dann der Anschlag auf die Pariser Metro. Am 17. August detonierte eine Bombe auf dem Platz des Triumphbogens am Ende der Champs-Élysées. 17 Menschen wurden verletzt. Am 26. August wurde eine Bombe an den Gleisen der Hochgeschwindigkeitslinie Paris–Lyon sichergestellt. Auf dem Markt des Boulevard Richard-Lenoir – direkt um die Ecke sollte zwei Jahrzehnte später das Attentat auf den Konzertsaal Bataclan stattfinden – explodierte Anfang September zum Glück nur der Zünder einer Nagelbombe; vier Menschen wurden verletzt, aber niemand getötet. Keine zwei Wochen später, am 8. September 1995, wurde eine Autobombe vor einer jüdischen Schule in einem Vorort von Lyon gezündet; 14 Menschen wurden verletzt. Die Bombe sollte zum Unterrichtsende hochgehen, doch die Schulglocke läutete an diesem Tag wie durch ein Wunder mit zehnminütiger Verspätung.

An allen Anschlägen des Sommers 1995 war ein damals 24-jähriger Francoalgerier aus einer Vorstadt von Lyon beteiligt: Khaled Kelkal – in gewisser Weise der Prototyp der heutigen europäischen Dschihadisten. Auf ihn werde ich im zweiten Teil dieses Buchs zurückkommen.

Meine damaligen Einschätzungen in Hörfunkbeiträgen und Zeitungsberichten lautete: Algerische Extremisten wollen Frankreich für die Unterstützung des algerischen Militärregimes abstrafen und somit auf die Außenpolitik einwirken. Diese Analyse, zu der auch die Regierung sowie die Sicherheitsbehörden kamen, war nicht völlig falsch, aber aus heutiger Sicht wird deutlich, dass dabei wesentliche Teile der Wahrheit ausgeblendet blieben: Die Terroristen folgten bereits damals der Ideologie des Dschihadismus. Das war fast niemandem bewusst – aus dem schlichten Grund, weil sich kaum jemand mit den Keimen des zerstörerischen Gedankenguts auseinandergesetzt hatte.

Die nächste, weltverändernde Zäsur ereignete sich im Jahr darauf, 1996. Dort, wo einst der Dschihadismus geboren wurde, in den Bergen Afghanistans, begann der *globale Dschihad* mit seinem totalen Terror der Selbstmordattentate. Osama bin Laden und sein dschihadistischer Tross kehrten in das Land am Hindukusch zurück.

Der Dschihad wird global

Die USA, ihre Alliierten Pakistan und Saudi-Arabien sowie ihre lokalen Verbündeten hatten 1989 in Afghanistan zwar einen großen Sieg errungen und damit den Zerfall der Sowjetunion beschleunigt. Auch die Regierung der kommunistischen Demokratischen Volkspartei Afghanistans stürzte 1992, nachdem die sowjetischen Truppen abgezogen waren. Aber das Land versank im Bürgerkrieg: Mudschaheddin-Fraktionen der verschiedenen Ethnien und mit mehr oder minder extremistischer Orientierung zerfleischten sich gegenseitig.

Der Westen, allen voran die USA, überließ Afghanistan seinem Schicksal. »Es war ihnen völlig egal, was mit den Menschen passiert«, so die Politologin und Afghanistanspezialistin Mariam Abou Zahab, die das Land, auch während des Krieges, oft bereist hat. »Es gab weder Hilfsprogramme noch einen Plan für den Wiederaufbau.«[45] Der damalige erste Verrat an den Frauen, Männern und Kindern eines ohnehin zerrissenen, armen Landes hat bis heute katastrophale Folgen. Der Dschihadismus – der Taliban, ihres Gastes Osama bin Laden und in der Folge auch des IS – wäre vermutlich nie zu einer weltweiten Bedrohung geworden, wenn der Westen dem Land und den Menschen damals geholfen hätte.

Das Chaos, das politische Vakuum und die Unsicherheit wusste schließlich eine dschihadistische Bewegung zu füllen – die Taliban. Und weiter sah der Westen zu. Ohne die Unterstützung Pakistans wären die Taliban wohl nie entstanden. Ich reiste mehrmals dorthin, auch um der Frage nachzugehen, wie sich diese Bewegung entwickeln konnte.

Die Taliban und Al-Qaida:
Afghanistan, die Zweite

Rawalpindi (Pakistan), Herbst 2003. Der Mann mit den graumelierten Haaren mir gegenüber trägt einen maßgeschneiderten Zweireiher. Ich blicke auf perfekt geschnittene Rasenflächen, in makellosem Weiß livrierte Kellner bedienen uns. Mitten in Rawalpindi, der ehemaligen Hauptstadt Pakistans, wo sich immer noch das Hauptquartier der pakistanischen Armee befindet, komme ich mir vor wie in einem britischen Offiziersklub.

»Natürlich haben wir mitgeholfen, die Taliban zu erschaffen, sie militärisch auszubilden und auszurüsten«, erklärt mein Gesprächspartner nicht ohne Stolz. Ziel sei es gewesen, den Bürgerkrieg in Afghanistan zu beenden; außerdem habe man verhindern müssen, dass das Nachbarland unter die Kontrolle der mit Pakistans Erzfeind Indien, mit Russland oder dem Iran verbündeten Kräften gerät, denn dann wäre Pakistan von Rivalen und Feinden umkreist gewesen.

Mein Gegenüber ist nicht irgendein Offizier, sondern einer der ranghöchsten Männer in Pakistans gefürchtetem Militärgeheimdienst, dem fast allmächtigen Inter-Services Intelligence (ISI). Er will nicht, dass ich seinen Namen veröffentliche.

Sein ehemaliger Chef, Hamid Gul, den ich anschließend im Garten seiner Villa treffe, hat dieses Problem nicht. Er leitete während des Kriegs gegen die Sowjets den pakistanischen Militärgeheimdienst. Für ihn ist Osama bin Laden – auch heute noch, zwei Jahre nach dem 11. September 2001 – ein Kriegsheld. Hamid Gul erzählt mit einiger Begeisterung, wie die jungen Männer aus ländlichen Gegenden, vor allem Paschtunen aus Pakistan und Flüchtlinge aus Afghanistan, die extremistischen Religionsschulen seines Landes besuchten (*talib* bedeutet »Schüler«); dort durch eine Mischung aus dem Pashtunwali – dem Ehrenkodex der Pashutenen – und einer extremistischen, von Wahhabiten aus Saudi-Arabien beeinflussten Interpretation der ursprünglich aus Indien stammenden islamischen Strömung der Deobandi indoktriniert,[46] wurden sie anschließend von der pakistanischen Armee militärisch ausgebildet. Stolz berichtet Hamid Gul, dass Pakistans Militärgeheimdienst nicht nur für die Bewaffnung und logistische Unterstützung der Taliban-Verbände sorgte, sondern dass einige dieser Einheiten auch unter dem Befehl seiner Offiziere standen, etwa 1994 bei der Eroberung Kandahars, der späteren De-facto-Hauptstadt des »Islamischen Emirats Afghanistan«. Bis heute sind die meisten Führer der Taliban, wie ihr Oberhaupt Hibatullah Akhundzada, Veteranen des Kriegs gegen die Sowjets.

Nach langen Kämpfen gegen andere islamistische Milizen wurden die Taliban 1996 die stärkste Gruppierung in Afghanistan, nicht zuletzt, weil sie vielen Afghanen weniger korrupt schienen als die sich gegenseitig bekämpfenden Warlords und ein Mindestmaß an Sicherheit versprachen.[47] Sie besetzten Kabul und übernahmen die Macht. Mohammed Omar (1960-2013), bekannt als Mullah Omar, wurde »Staatsoberhaupt«. Der Einäugige führte ein archaisches und brutales Regime mit öffentlichen Hinrichtungen in Fußballstadien und Massakern unter der Zivilbevölkerung. Im März 2001 löste sein Befehl, die Buddhastatuen von Bamiyan zu sprengen, internationale Empörung aus. Unter Mullah Omar gewährten die Taliban Dschihadisten aus aller Welt Unterschlupf, darunter Osama bin Laden, der von hier aus seinen »globalen Dschihad« beginnen konnte. Und der Westen schaute weiter tatenlos zu.

Am 18. Mai 1996 landete Osama bin Laden mit 13 Kindern, drei Frauen und seinem Gefolge aus Leibwächtern und Kämpfern in einer gecharterten Maschine auf dem Flughafen von Dschalalabad. Das Regime im Sudan hatte ihn mehrfach aufgefordert, das Land zu verlassen. Nach dem Anschlag 1995 auf den ägyptischen Präsidenten Mubarak in Äthiopien, der schnell Ayman al-Zawahiri zugeschrieben wurde, war der Sudan auch von Seiten der USA wegen der Unterstützung des internationalen Terrorismus unter

Druck geraten. Bin Laden entschied sich schließlich selbst für die Ausreise nach Afghanistan. Er kehrte in ein Land zurück, in dem er nicht nur hervorragende Kontakte besaß, sondern auch während seiner Abwesenheit eigene Trainingslager unterhalten hatte. Hier konnte er den Aufbau seiner Terrormaschine perfektionieren. Der Countdown zu den größten Anschlägen aller Zeiten, denen des 11. September 2001, lief.

Osama bin Laden vollzog einen entscheidenden Strategiewechsel: Zusammen mit seinem Partner Ayman al-Zawahiri kam er zu dem Ergebnis, ihre damaligen Hauptziele, der Sturz der Monarchie der Sauds und der Diktatur Husni Mubaraks in Ägypten, seien nicht durch direkte Angriffe zu erreichen; da diese »nahen Feinde« von mächtigen »weiten Feinden« – den USA und ihren Bündnispartnern – geschützt würden, müssten Letztere selbst angegriffen werden, und das überall auf der Welt.

Diese strategische Neuausrichtung markiert die Geburt des globalen Dschihad. Bin Laden und seine Anhänger nahmen spektakuläre Selbstmordattentate ins Arsenal ihres Terrors auf. Al-Qaida professionalisierte sich. Es wurde in verschiedene Komitees – für Militär- und »religiöse« Angelegenheiten, Rekrutierung, Finanzen und Geheimdienstarbeit sowie Propaganda und Information – aufgeteilt. Wie interne Dokumente zeigen,[48] war Al-Qaida eine extrem hierarchisierte und bürokratische Organisation. Es war genauestens festgelegt, welche Qualifikation und welches Alter die Direktoren der unterschiedlichen Komitees haben sollten. Es gab regelrechte Arbeitsverträge, die zwischen ledigen und verheirateten Männern unterschieden; Urlaub und die Rückerstattung der Kosten für Flugtickets unterlagen einem Regelwerk. Sogar Fitnesskriterien für eine Al-Qaida-Mitgliedschaft waren festgelegt.

Parallel zur Professionalisierung der Organisationsstruktur Al-Qaidas startete Bin Laden eine Medienoffensive, um die neue Angriffsstrategie bekanntzumachen. Durch Khaled al-Fawwaz, seinen »PR-Manager« in London, sowie den Dschihadstrategen Abu

Musab al-Suri organisierte er knapp ein Dutzend Interviews mit führenden US-Fernsehsendern, pakistanischen Leitmedien und wichtigen panarabischen Zeitungen.

Einer der ersten Journalisten, mit denen Bin Laden damals sprach, war Abdel Bari Atwan, Chefredakteur der in London erscheinenden unabhängigen palästinensischen Tageszeitung *al-Quds al-arabi* (»Das arabische Jerusalem«). Da er als neutral und integer galt und so dem Oberhaupt Al-Qaidas Glaubwürdigkeit verleihen konnte, erhielt er eine Einladung zum Interview.

Atwan erzählte mir von dem ständig wachsenden Hass Bin Ladens auf Amerika: »Als ich ihn 1996 traf, drohte er mit Anschlägen gegen die USA und deren Staatsbürger. Er hatte allerdings noch nicht die Strategie des globalen Dschihad entwickelt, sondern war auf die in Saudi-Arabien stationierten US-Truppen fokussiert.«[49] Das habe sich jedoch wenig später geändert, als Al-Qaida mit der Organisation »Ägyptischer Islamischer Dschihad« von Ayman al-Zawahiri fusionierte: »Er geriet immer mehr unter den Einfluss von Al-Zawahiri und dessen Idee vom globalen Dschihad, und er bekannte sich dazu, die Amerikaner überall auf der Welt bekämpfen zu wollen.«

Im Februar 1998 veröffentlichten Bin Laden und Al-Zawahiri gemeinsam die *Erklärung der Internationalen Islamischen Front für den Heiligen Krieg gegen die Juden und Kreuzritter*. Sie besiegelte die Fusion zwischen Al-Qaida, der Organisation »Ägyptischer Islamischer Dschihad« und weiteren, kleineren Gruppierungen. In dem Manifest wurde die Pflicht eines jeden Muslims formuliert, Amerikaner und ihre Verbündeten zu töten, und damit die Neuausrichtung des Dschihad fixiert.[50] Mit dem Dokument und seinen Interviews hatte Bin Laden seiner Ansicht nach die laut islamischem Recht für den Dschihad notwendige Kriegserklärung an die »westlichen Regierungen und ihre Völker« überbracht.[51] Er beschwerte sich jedoch mehrmals in Interviews, er sei von den westlichen Staaten nicht ernst genommen worden.

Angriffe auf den »großen Satan«
und der 11. September 2001

Das Ziel also war klar definiert: Der »weite« Feind, die USA und ihre Verbündeten, sollte durch spektakuläre Attentate angegriffen werden – und mit »spektakulär« war von Anfang an gemeint, dass sie als mediale Events in Szene gesetzt werden sollten. In einem Interview mit dem amerikanischen Journalisten Peter Arnett antwortete Bin Laden 1997 auf die Frage, was seine zukünftigen Pläne seien: »Das werden Sie in den Medien sehen und hören, so Gott will.«[52]

Etwa ein Jahr später, am 7. August 1998, dem achten Jahrestag der US-Truppenstationierung in Saudi-Arabien zur Befreiung Kuwaits – der Grund für Bin Ladens Bruch mit der saudischen Königsfamilie –, explodierten fast zeitgleich zwei mit Sprengstoff gefüllte Lastwagen vor den US-Botschaften in Daressalam und Nairobi: Die Anschläge in Tansania beziehungsweise Kenia, bei denen 224 Menschen ums Leben kamen und Tausende verletzt wurden – ganz überwiegend einheimische Muslime –, waren der erste große »Propagandaerfolg« Al-Qaidas. Nach den Attacken konnte Al-Qaida so viele Rekruten anwerben wie noch nie zuvor.[53]

Der Gegenschlag von US-Präsident Bill Clinton, der mit Tomahawk-Missiles die vermuteten Terrorcamps Bin Ladens in Afghanistan angriff sowie eine Arzneimittelfabrik im Sudan, die man für eine Chemiewaffenfabrik hielt, schadete Al-Qaida militärisch kaum, machte Bin Laden allerdings weltweit noch bekannter. In den Augen extremistischer Muslime war er der »wahre Verteidiger« des Islam, der als Erster »erfolgreich« den großen Satan USA angegriffen hatte; für die Amerikaner hingegen wurde er zur Inkarnation des Bösen. Al-Qaida gelang es außerdem, an etwas zu rütteln, was Abu Bakr Naji, einer der führenden Medientheoretiker und Strategen des Dschihadismus, später als das »verlogene mediale Echo der USA«[54] bezeichnete: am Bild der unangreifbaren Supermacht USA.

Die darauf folgenden Attentate verstärkten die Bekanntheit Al-Qaidas und Bin Ladens weiter: So rammten im Jahr 2000 Selbstmordattentäter mit einem mit Sprengstoff beladenen Motorboot vor der jemenitischen Küste den Zerstörer USS Cole und hätten das hochmoderne Kriegsschiff fast versenkt – 17 Seeleute der U.S. Navy starben.[55] Eigentlich sollte der Angriff von Al-Qaida gefilmt werden, doch der Kameramann war am Strand eingeschlafen.[56]

In Propagandavideos brüstete sich die Organisation mit ihren Erfolgen und kündigte noch spektakulärere Angriffe an: »Wir bitten Allah, dass die nächste Operation zum Schock für sie wird«, heißt es darin; man werde die USA und ihre ungläubigen Verbündeten dort schlagen, »wo sie es am wenigsten erwarten. Die Liebe zum Märtyrertum auf dem Wege Gottes ist die Waffe, mit der Amerika und der Unglaube zerstört wird.«[57]

Der unerwartete, von Al-Qaida von langer Hand vorbereitete »Schock« folgte ein Jahr nach der Attacke gegen den US-Zerstörer: die Anschläge auf das World Trade Center in New York und das Pentagon in Washington am 11. September 2001, die fast 3000 Menschen das Leben kosteten und die Welt verändern sollten.

London, Herbst 2007. Ich treffe den Mann, der wie wohl kein anderer neutraler Zeitzeuge über Al-Qaidas Perspektive auf die Anschläge und Details der Planung sprechen kann: Yosri Fouda. Der engagierte, weltlich gesinnte ägyptische Journalist wurde in der arabischen Welt bei *Al Jazeera* zum Star. Seine Sendung *Top Secret*, ein investigatives Magazin, für das er 2003 noch von London aus arbeitete, war eine der meistgesehenen Sendungen in der arabischen Welt. Er hat mehrere Tage mit Chalid Scheich Mohammed, dem mutmaßlichen Chefplaner, und Ramzi Binalshibh, der als einer der führenden Köpfe der Hamburger Terrorzelle um Mohammed Atta gilt, verbracht. »Bin Laden und Co. wollten mit dem 11. September ja vor allem eines bezwecken, dass die US-Armee in Afghanistan einmarschiert, um sie dann wie die Rote Armee in einem Abnutzungskrieg zu besiegen«, erläutert Fouda. »George W. Bush hat Bin Laden dann noch einen zusätzlichen Gefallen getan, indem er von einem Kreuzzug sprach.«

Im Juni 2002 hatte Fouda gerade eine Sendung über die Gefangenen des »Kriegs gegen den Terror« in Guantánamo produziert, als ein anonymer Anruf auf seinem Handy einging. Die Verbindung war schlecht, der Mann am anderen Ende wollte seinen Namen nicht nennen und schlug eine »ultrageheime Geschichte« vor; Fouda solle ihm eine sichere Faxnummer geben.

Vier Tage später erhielt Fouda tatsächlich ein Fax – ein langes und etwas überhebliches Exposee für einen dreiteiligen Dokumentarfilm über den Terroranschlag. Das Dokument gab genauen Einblick, wie Al-Qaida den 11. September bewertete und wie die Organisation den »Angriff« dargestellt wissen wollte. Im Mittelpunkt des Films sollten die Flugzeugentführer und ihr »vorbildliches« Leben stehen. Die Dokumentation sollte mit Bildern dieser »19 glorreichen Märtyrer« beginnen; dann sollte ein von Bin Laden selbst verfasstes Gedicht über den Segen des Dschihad folgen. Anschließend sollte die berühmt-berüchtigte Rede von George W. Bush vom Kreuzzug gegen den Terrorismus zitiert werden, und die darauffolgende Sequenz sollte mit einer historischen Analyse verdeutlichen, dass das Christentum den Islam schon immer bekämpft habe.

Al-Qaida hatte eine Liste von Interviewpartnern beigefügt, durch deren Beteiligung eine gewisse Objektivität vorgetäuscht werden sollte: zum einen »muslimische Gelehrte«, von denen keiner die Organisation unterstützte, zum anderen sollten weltlich gesinnte arabische Intellektuelle über die Israelpolitik des Westens und die von den USA weltweit begangenen »Verbrechen« etwa in Chile, in Vietnam und natürlich im Irak und in Palästina sprechen.

Um passende Antworten zu provozieren und sich zudem die Überzeugung bestätigen zu lassen, bei den Anschlägen habe es sich um eine legitime Militäroperation gehandelt und nicht um blinden Terror gegen Zivilisten, hatten Al-Qaidas Propagandisten eine Reihe suggestiver Interviewfragen formuliert. Fouda nennt ein Beispiel: »Werden die Angriffe des 11. September von politischen Analysten und Militärspezialisten als militärische Aktion bewertet, wenn die Auswahl der Ziele, das Timing, die zahlreichen Warnungen und im Speziellen die Tatsache, dass Bin Laden den Krieg erklärt hat, mit einbezogen werden?«

Fouda reiste nach Pakistan. In Karatschi wurde er diskret kontaktiert, musste aus öffentlichen Telefonzellen Anrufe tätigen, nachts im Hotel obskure Mittelsmänner treffen, um schließlich – nach stundenlangen Irrfahrten mit verbundenen Augen – in ein Apartment irgendwo in einem Vorort der 13-Millionen-Metropole geführt zu werden. Als man ihm die Augenbinde abnahm, standen Chalid Scheich Mohammed und Ramzi Binalshibh vor ihm.

Auf Chalid, der in den USA Ingenieurwissenschaften studiert hatte, bevor er in Afghanistan und im Bosnienkrieg kämpfte, hatte das FBI bereits ein Kopfgeld von fünf Millionen Dollar ausgesetzt: Er wurde verdächtigt, in das erste Attentat auf das World Trade Center im Jahr 1993 verwickelt gewesen zu sein. Seine Rolle bei den Anschlägen des 11. September war jedoch noch nicht bekannt.

Kurz nach Beginn des Interviews brachte Binalshibh einen kleinen grauen Koffer in den Raum – »Souvenirs« aus Hamburg, von den Vorbereitungen zum 11. September. Stück für Stück bekam Fouda den Inhalt vorgeführt: »Handbücher des Flugzeugtyps, Flugkarten des Ostens der USA, CD-ROMs mit Programmen zur Flugsimulation sowie detaillierte Notizen und Zeichnungen zur Anschlagsplanung. Aufzeichnungen mit zahlreichen Details für die Vorbereitung, etwa dass diese zweieinhalb Jahre gedauert hat und dass es vor allem schwierig gewesen war, Rekruten zu finden, die sich perfekt in ein westliches Umfeld einfügen könnten« – ein Problem, das der sogenannte Islamische Staat ein Jahrzehnt später aufgrund der Tausenden von europäischen Dschihadisten nicht mehr hatte.[58]

Die beiden Männer waren, wie Fouda sich erinnert, sehr darauf bedacht, ihre Rollen bei den größten Terroranschlägen der Geschichte ins Licht zu rücken. Chalid Scheich Mohammed, der ältere Al-Qaida-Mann, habe versucht, vor der Kamera ein Charisma wie Bin Laden zu entfalten, sich – wie viele der späteren »Emire« des IS – als Religionsgelehrter und Führer zu präsentieren, der die absolute Wahrheit verkündet. Dabei beherrschte er vermutlich nicht einmal die Grundlagen des Koran; bereits bei dem Versuch, ein paar Verse korrekt in klassischem Arabisch zu zitieren, sei er gescheitert. Der Jüngere, Binalshibh, habe hingegen recht eloquent den »Heiligen Dienstag«, die Anschläge des 11. September, mit den historischen Schlachten des Propheten verglichen.

Die sachliche Dokumentation, die Fouda produzierte, fand auf der ganzen Welt Beachtung, denn im August 2002 waren noch kaum Details über Al-Qaida und die Männer hinter dem Terroranschlag bekannt. Natürlich hielt sich Fouda nicht an das von den Dschihadisten gewünschte Skript. Al-Qaida setzte es vier Jahre später selbst um: in einer »Dokumentation« mit dem Titel *Razzia auf Manhattan*.[59] Der Propagandastreifen zeigt die Flugzeugentführer bei ihren Beratungen mit Bin Laden in den afghanischen Bergen, dazu der Kommentar: »Die glorreichen Attacken wurden nicht an Computern oder Radarschirmen geplant, sondern im Schutz der Berge auf dem Sand.«

Die Al-Qaida-Doku beinhaltet weitere Details zu den Anschlägen wie Flugpläne und das gruselige Training zur Ermordung der Piloten der gekaperten Jets – mit Cuttern wurde ihnen die Kehle durchgeschnitten. Da Bin Ladens Propagandisten die im Skript vorgesehenen Interviews nicht selbst führen konnten, entnahmen sie ihnen genehme Ausschnitte aus Foudas Film und meinem eigenen Dokumentarfilm über Bin Laden. Auch meine Arbeit wurde also im Detail von Al-Qaida beobachtet. Kein schönes Gefühl.

Als der ägyptische Journalist die Drahtzieher des Terrors im Jahr 2002 traf, schien Bin Ladens Strategie des globalen Dschihad nicht aufgegangen zu sein. Zwar hatten die Amerikaner und ihre Alliierten bereits wenige Wochen nach dem 11. September mit der Invasion Afghanistans begonnen, aber der von den Dschihadisten erhoffte »Abnutzungskrieg«, in dem die Amerikaner wie die Sowjets vor ihnen geschlagen werden sollten, fand zunächst nicht statt. Das »Islamische Emirat Afghanistan« unter Führung von Bin Ladens Gastgeber Mullah Omar wurde hinweggefegt, Kabul fiel im November, Bin Ladens Refugium in Tora Bora im Dezember; seine Führungskader wurden getötet oder in alle Winde verstreut, Al-Qaida stark geschwächt. Langfristig allerdings sollte Bin Laden recht behalten: Afghanistan ist bis heute, zwei Jahrzehnte nach dem 11. September, nicht befriedet und weiter eine Keimzelle des Dschihadismus.

Und ebenfalls im Jahr 2002 traf der damalige amerikanische Präsident George W. Bush eine folgenschwere Entscheidung, die den Dschihadisten in einem Maße in die Hände spielte, wie es sich Bin Laden selbst in seinen kühnsten Träumen nicht hätte erhoffen können: Bush beschloss, im Irak einzumarschieren. Der sogenannte Dritte Golfkrieg, der im März 2003 begann, verschaffte dem Dschihadismus einen unverhofften Aufschwung. Der Boden, auf dem dieser gedeihen konnte, war im Irak allerdings schon viel früher bereitet worden: in zwei Jahrzehnten von Kriegen und deren schlimmen Folgen für das Land und seine Menschen.

Brutstätte des *IS* –
das lange Leiden der Iraker

Bagdad, Februar 1998. Ein kleines Restaurant unter Bäumen am Ufer des Tigris. Ein Musiker spielt auf seiner Laute traditionelle arabische Musik. Das literarische, künstlerische und weltoffene Bagdad – hier, an der Abu-Nuwas-Straße, ist es zumindest noch zu erahnen. Ihr Namensgeber, einer der bis heute am meisten verehrten Poeten der arabischen Welt, lebte bis ins frühe 9. Jahrhundert, zur Zeit des legendären abbasidischen Kalifen Harun al-Raschid, eine der Hauptfiguren aus *Tausendundeiner Nacht.* Bagdad war damals die vielleicht bedeutendste Stadt der Welt. Und natürlich gilt die berühmte, überwiegend homoerotische Poesie von Abu Nuwas bei den Dschihadisten als reines Teufelswerk.

Der beliebte *masgouf,* auf Holz gegrillter Karpfen aus dem Tigris, wird serviert, dazu Bier und Arak, wohlgemerkt in Tassen, denn die wirken unverdächtig. Alkohol darf offiziell nicht mehr getrunken werden, seit die eigentlich weltliche Baath-Partei Anfang der neunziger Jahre begann, Religion als Mittel zum Machterhalt einzusetzen.

Die beiden Männer, die uns begleiten, tragen Einheitslook: einen Saddam-Hussein-Schnauzbart, zu eng sitzende Polyesterhemden, dunkle Anzüge. Sie versuchen, mit den beiden Journalistinnen aus Frankreich und Italien, die mit am Tisch sitzen, zu flirten. Offiziell arbeiten sie als »Führer« für das Informationsministerium Husseins, de facto bewachen sie meine Kolleginnen und mich auf Schritt und Tritt. Es sind recht wohlerzogene Spione und Zensoren des irakischen Geheimdienstes. Es gelingt uns, einen halbwegs angenehmen Abend miteinander zu verbringen und für einige Stunden die bedrückende Lage im Land, das Elend infolge des vor nunmehr sechs Jahren verhängten UN-Handelsembargos zu vergessen.

Wir westlichen Journalisten haben im Irak lediglich darunter zu leiden, dass wir in heruntergekommenen Hotels untergebracht sind, ständig abgehört werden und tagelang in schäbigen Büros herumsitzen müssen, bis wir – oft mithilfe kleiner »Geschenke« – von Geheim- und Sicherheitsdienstleuten die Genehmigung für selbst triviale Aktivitäten wie den Besuch des berühmten Straßenmarktes für Bücher erhalten.

Das Leiden der irakischen Bevölkerung ist damit nicht zu vergleichen. Viele Iraker leben am Rande des Existenzminimums. Schwarz verschleierte Kriegswitwen betteln auf den Straßen, um zu überleben. Selbst in den modernen Wohnblocks direkt neben dem Außenministerium verdingen sich Prostituierte. Um Nahrung und Medikamente für ihre Kinder kaufen zu können, verramschen Angehörige der unteren Mittelschicht alles, was sie nicht unbedingt zum Überleben brauchen.

Unsere »Führer« aus dem Informationsministerium zeigen uns bereitwillig die einstmals bestens ausgerüsteten Krankenhäuser. Für die medizinischen Geräte wie Brutkästen gibt es keine Ersatzteile mehr. In den Operationssälen müssen Eingriffe unterbrochen werden, wenn der Strom ausfällt, weil die meisten Notstromaggregate ebenfalls aus Mangel an Ersatzteilen nicht funktionieren.

Die Schätzungen zu den Auswirkungen des Embargos schwanken, aber es kostete vor allem einer entsetzlich hohen Anzahl irakischer Kinder das Leben. Der Unicef-Direktorin Carol Bellamy zufolge wären »zwischen 1991 und 1998 eine halbe Million Kinder weniger gestorben [...], wenn sich die beträchtliche Verringerung der Kindersterblichkeit, die im Irak in den 80-er Jahren erreicht wurde, auch in den 90-er Jahren fortgesetzt hätte.«[60]

»Die Ägypter schreiben, die Libanesen drucken und die Iraker lesen«, so lautet ein arabisches Sprichwort. Neben Kairo und Beirut galt Bagdad bis in die fünfziger und sechziger Jahre als eine der wichtigsten Metropolen arabischer Kultur und Bildung. Die kultivierte, gebildete irakische Gesellschaft eines der einstmals reichsten arabischen Länder wurde seitdem fortwährend zerstört. Wer es sich leisten konnte, wanderte aus. Die große Mehrheit der Iraker, die bleiben musste, litt und war gezwungen mit anzusehen, wie ihr Land und vor allem ihre Gesellschaft verfiel.

Es begann bereits in den sechziger Jahren mit der Diktatur der Baath-Partei, die Saddam Hussein allmählich zum mächtigsten Mann des Landes und schließlich im Juli 1979 zum Präsidenten machte. Nur ein Jahr später überfiel er den Iran. Im sogenannten Ersten Golfkrieg, der bis 1988 wütete, starben nach konservativer Schätzung mindestens 350 000 Menschen – rund 250 000 Iraner und 100 000 Iraker.[61] Doch dem Land war keine Atempause vergönnt: 1990 marschierte Saddam Hussein in Kuwait ein; der Zweite Golfkrieg begann: Allein im Nachbarland Saudi-Arabien wurden 500 000 GIs stationiert. In der Operation »Desert Storm« schlug eine von den USA geführte und durch eine UN-Resolution legitimierte Militärkoalition aus 22 Staaten die irakische Armee, damals in den Medien als zweitgrößte der Welt bezeichnet, und befreite Kuwait. Mindestens 200 000 Menschen, überwiegend Iraker, sollen infolge des Krieges gestorben sein.[62]

Während der Niederlage von Husseins Truppen erhoben sich die Kurden im Norden und die Schiiten im Süden. Im Norden verhängten die Vereinten Nationen eine Flugverbotszone – den Kurden gelang es so, eine autonome Region zu schaffen. Die Schiiten hingegen, die im Irak die Bevölkerungsmehrheit stellen, erhielten trotz aller Versprechen vor allem seitens der USA keine Unterstützung. Ihr Aufstand wurde blutig niedergeschlagen. Zudem litten auch sie unter dem weiterhin bestehenden Handelsembargo. 1998 reiste ich in die Region, um einen Film über die historischen Stätten des Iraks zu drehen und dabei auch mehr über die Lage der Schiiten zu erfahren.

Sunniten, Schiiten und der Dschihadismus

Nadschaf, Herbst 1998. Nadschaf und das eine Autostunde entfernte Kerbela im Zentrum des Iraks sind – für schiitische Muslime fast ebenso bedeutend wie Mekka und Medina – heilige Orte. In Nadschaf steht die Imam-Ali-Moschee mit dem Schrein des vierten islamischen Kalifen Ali und in Kerbela der seines Sohnes Hussein – die beiden Gründerväter der Schiiten.

In Nadschaf herrscht im Vergleich zu anderen irakischen Städten regelrecht Trubel, vor allem um die Moschee. Pilger strömen zum Schrein, zahlreiche Geschäfte um das goldene Heiligtum herum verkaufen Souvenirs, Silberschmuck, aber auch Amulette und Postkarten, auf denen Ali und Hussein mit Heiligenschein abgebildet sind. Doch die Atmosphäre ist trotz des ersten Eindrucks von Lebendigkeit bedrückend. Wenn es in Bagdad schwierig ist, Gespräche mit Menschen zu führen, weil sie Angst vor den Bewachern des Informationsministeriums haben, so ist es hier geradezu unmöglich. Sobald man auch nur die einfache Frage stellt, wie das Leben in Nadschaf ist, kommen angstvoll vorgestanzte Kurzantworten: »Uns geht es sehr gut, und das haben wir unserem großen Präsidenten Saddam Hussein zu verdanken«, dann wird das Gespräch schnell unter einem Vorwand beendet: »Entschuldigung, ich muss nach Hause, mich um meine Kinder kümmern.« Niemand möchte mit uns reden. Die Bevölkerung ist terrorisiert, nachdem Saddam Hussein den schiitischen Aufstand mit brutalster Gewalt, schweren Kampfpanzern, Massenhinrichtungen niedergeschlagen hat. Tausende von Menschen sind spurlos verschwunden.[63]

Hier, in Nadschaf und in Kerbela, entstand das Schiitentum in den Bürgerkriegen des 7. Jahrhunderts, im Streit um die Nachfolge Mohammeds, der in den Jahrzehnten nach dessen Tod im Jahre 632 ausgebrochen war.

Das Wort *shia,* auf das die Bezeichnung »Schiiten« zurückgeht, bedeutet auf Arabisch »Partei« oder »Anhängerschaft«: Wie die heutigen Schiiten waren die Anhänger des vierten Kalifen Ali – Cousin und Schwiegersohn Mohammeds – überzeugt, dass nur Mitglieder der Familie des Propheten berechtigt sind, dessen Nachfolge anzutreten, da nur an sie die Erleuchtung Gottes weitergegeben würde. Für die Vorfahren der heutigen Sunniten hingegen reichte es aus, Mitglied der Quraisch, des Stammes des Propheten Mohammed, zu sein – sie unterstützten Vertreter der zukünftigen Umayyaden-Dynastie.

Ali wurde im Jahr 661 in der Stadt Kufa unweit von Nadschaf beim Freitagsgebet ermordet und seinem Wunsch gemäß – aus Furcht vor der Schändung seiner Leiche – in einem anonymen Grab bestattet. Sein Sohn Hussein, der Enkel des Propheten, versuchte die Nachfolge seines Vaters anzutreten, wurde aber von seinen Anhängern im Stich gelassen und von den Umayyaden in der Schlacht von Kerbela 680 ermordet.

Die Schiiten sind weltweit mit etwa 15 Prozent die zweitgrößte Religionsrichtung des Islam hinter den Sunniten mit 85 Prozent. Im Irak, im Iran und in Bahrain stellen sie die Mehrheit der Bevölkerung. Der immer wieder anschwellende Glaubenskampf zwischen Sunniten und Schiiten wird bis heute instrumentalisiert und bestimmt vermutlich mehr denn je die Konflikte in der islamischen Welt, etwa die Rivalität zwischen Saudi-Arabien und dem Iran oder den blutigen Stellvertreterkrieg im Jemen. Auch der Dschihadismus wäre im Irak nie so weit vorgedrungen, gäbe es die Spannungen zwischen Sunniten und Schiiten nicht.

Für die Entwicklung des sunnitischen Dschihadismus seit den siebziger Jahren spielt paradoxerweise das Gefühl der historischen schiitischen kollektiven Mitschuld am Märtyrertod von Ali und mehr noch am Verrat an seinem Sohn Hussein eine große Rolle. Es drückt sich seit Jahrhunderten unter anderem in kollektiver Selbstgeißelung aus, etwa bei den jährlichen Aschura-Prozessionen, wo sich allein im Irak Zehntausende Menschen selbst blutig peitschen. Die starke emotionale Dimension des Märtyrertums und der Mitschuld wandelten die Ajatollahs in Teheran im Ersten Golfkrieg in eine machtvolle asymmetrische Kriegswaffe um.

Ein Jahr bevor der ehemalige arabische Nationalist Saddam Hussein den Iran überfiel, war dort der letzte Schah gestürzt worden. Ajatollah Chomeini kehrte aus seinem französischen Exil zurück, landete am 1. Februar 1979 an Bord einer Air-France-Maschine in Teheran und übernahm die Macht. Der Iran wurde zur Islamischen Republik.

Die arabische Welt müsse vor der schiitischen Bedrohung aus Teheran geschützt werden, so lautete die offizielle Begründung des irakischen Diktators – der sich als neuer Saladin sah, jenen Freund von Richard Löwenherz und zugleich mythisch verklärten »Befreier« der arabischen Welt zu Zeiten der Kreuzzüge – für seinen Angriff auf den Iran. Tatsächlich ging es ihm darum, die Kontrolle über die Mündung von Euphrat und Tigris, den Grenzfluss Schatt al-Arab, drei noch unter dem Schah annektierte Inseln im Persischen Golf und vor allem über die rohstoffreiche, mehrheitlich von Arabern bevölkerte Provinz Chuzestan im Süden des Irans zu erlangen. Da die iranischen Streitkräfte durch »Säuberungen« im Offizierskorps nach der Revolution und ein internationales Waffenembargo stark geschwächt waren, erwartete er einen schnellen Sieg.

Während die irakische Armee dank der Unterstützung durch den Westen mit einer erdrückenden Überlegenheit an modernem Kriegsgerät auftrumpfen konnte, war die iranische Bevölkerung mit damals 39 Millionen Einwohnern dem Irak mit 13 Millionen Einwohnern zahlenmäßig überlegen. Um diesen Vorteil militärisch ausnutzen zu können, startete das iranische Regime einen großangelegten Infanteriekrieg. Dazu appellierten die Ajatollahs in Teheran insbesondere an jenes Gefühl der kollektiven Mitschuld am Tod von Ali und Hussein. Die Propagandamaschinerie von Chomeini verzerrte die große mythische Erzählung des Schiitentums in eine Eloge des Leidens als Beweis für den »wahren Glauben«, die sie zur Mobilisierung der Massen nutzen konnte.

In dieser neuen Parabel sollten iranische Männer, um die Kollektivschuld zu sühnen, den Tod auf dem Schlachtfeld suchen. Der so entstehende Märtyrerkult der Selbstopferung, propagiert von den staatlichen iranischen Medien, wurde geschaffen – ein absolutes Novum in der Geschichte des Islam. Er infizierte die iranische Gesellschaft so weit, dass sich 16- oder 17-Jährige mit einem schwarzen Bandana um den Kopf, einer Granate in der Hand und dem Koran vor der Brust unter irakische Panzer warfen. Ihnen war nach dem Tod im Kampf der sofortige Eintritt ins Paradies – ohne den Umweg über das Jüngste Gericht – versprochen worden, weil sie als Märtyrer ihre historische Schuld sühnten.[64] Auch Abdallah Azzam wurde dadurch zu seinem sunnitischen Märtyrerkult inspiriert. Mit iranischer Hilfe führten die Vorläufer der schiitischen Hisbollah-Miliz Anfang der achtziger Jahre im Libanon die ersten Selbstmordattentate durch: 1982 und 1983 explodierten im Libanon mehrere mit Sprengstoff beladene Laster – im Hauptquartier der israelischen Besatzungstruppen, auf dem Stützpunkt der U.S. Marines und in der Kaserne der französischen Fallschirmspringer. 103 israelische, 241 US-amerikanische und 58 französische Soldaten starben. Die Israelis zogen sich daraufhin in den Südlibanon zurück, die amerikanischen und französischen Truppen verließen das Land. Es war die Effizienz dieser Attentate, die wiederum Bin Laden und andere, zeitgleich im Nachbarland Afghanistan kämpfende sunnitische Dschihadisten später dazu inspirierte, den schiitischen Märtyrerkult abzuwandeln und in ihre Strategien des Terrors auch durch Selbstmordattentate zu integrieren.

Unter der irakischen Bevölkerung löste die Entschlossenheit der Kämpfer der Islamischen Republik Zweifel am eigenen weltlichen Staatsmodell aus; die Folge war eine Islamisierungswelle, die alle Gesellschaftsschichten und Sunniten sowie Schiiten gleichermaßen betraf. Selbst die ursprünglich panarabische, sozialistische und laizistische Baath-Partei zeigte plötzlich religiösen Eifer. Saddam Hussein begann seine Reden mit der *basmala*, der Formel »Im Namen des allbarmherzigen und gnädigen Gottes«, die (bis auf eine Ausnahme) am Anfang jeder Sure des Koran steht, und die Worte *Allahu Akbar* – Gott ist größer – wurde 1991 schließlich auf die irakische Staatsflagge geschrieben.

Diese Re-Islamisierung ebnete verschiedenen dschihadistischen Gruppen den Weg: Die Hydra des Dschihadismus hatte bereits vor der US-Invasion 2003 im Land Fuß fassen können – aber nicht durch eine Zusammenarbeit des irakischen Diktators mit Al-Qaida, wie die Bush-Regierung behauptete, um ihren Einmarsch zu rechtfertigen. Vielmehr war im Norden des Iraks, auf dem Gebiet der Autonomen Region Kurdistan, die seit dem Ende des Zweiten Golfkriegs 1991 faktisch unabhängig war, eine dschihadistische Enklave entstanden. Hier sammelten sich Kämpfer verschiedener Gruppierungen, darunter dann auch 2002 aus Afghanistan geflüchtete Kader von Al-Qaida. In den Bergen Kurdistans formierten sich diese Gruppen neu, trainierten und schlossen Bündnisse, die zunächst zu »Al-Qaida im Irak«, dann zum »Islamischen Staat im Irak« und schließlich zum IS werden sollten.

Kurz vor der amerikanischen Invasion verbrachte ich in der Bergregion zwei Tage mit Dschihadisten. Der Trip begann in der nordirakischen Stadt Sulaimaniyya, die im von der Partei Patriotische Union Kurdistans (PUK) kontrollierten südöstlichen Teil der kurdischen Gebiete des Iraks liegt, in einem Verbindungsbüro einer irakischen dschihadistischen Gruppierung zur PUK.

Dschihadistische Enklave
in den Bergen: Kurdistan

Kurdistan, Anfang März 2003. Die Fahrt in dem alten russischen Geländewagen ist unangenehm. Mein Kameramann und ich sitzen auf der Rückbank des zweitürigen Lada Niva zusammengepfercht neben einem bärtigen Mann, der quer vor seinem dicken Bauch eine Panzerfaust hält. Unser Übersetzer entschied sich für den Laderaum. Die Kalaschnikows von Fahrer und Beifahrer ragen aus den geöffneten Vorderfenstern nach draußen. Im Fußraum des Autos rollen Handgranaten hin und her.

Richtig ungemütlich wird es an den Checkpoints der Peschmerga, der PUK-Milizen. Gerade herrscht ein äußerst fragiler Waffenstillstand zwischen ihnen und den dschihadistischen Kämpfern – deshalb existiert auch das Verbindungsbüro. Nur wenige Monate zuvor haben Letztere unter dem Vorwand, sie wollten verhandeln, eine »Delegation« zu einem Treffen mit der Peschmerga-Führung entsandt: Selbstmordattentäter, die zahlreiche kurdische Offiziere mit in den Tod rissen. *Taqiyya,* Dissimulation, heißt das islamische Konzept, das Dschihadisten für solch infame Täuschungsmanöver missbrauchen. Eigentlich besagt es, dass Muslime ihren Glauben verleugnen dürfen, wenn sie sich in lebensbedrohlichen Situationen befinden. Die Dschihadisten aber haben *taqiyya* zum Freibrief für all ihre Lügen und Verschleierungstaktiken umgedeutet. An den Checkpoints ist der Hass der Peschmerga auf die Dschihadisten deutlich spürbar – eine falsche Bewegung, und sie würden das Feuer eröffnen.

Durch die grüne Hügellandschaft Kurdistans geht die Fahrt weiter Richtung Halabdscha. Die Stadt erlangte 1988 durch Giftgasangriffe von Saddam Husseins Luftwaffe gegen die aufständischen Kurden traurige Berühmtheit. Drei- bis fünftausend Menschen starben – zwei Drittel davon Frauen und Kinder. Bilder von Opfern, die auf offener Straße von dem Angriff überrascht worden waren, gingen um die Welt. Die Empörung im Westen war groß – und blieb ohne Folgen. Saddam Hussein wurde in seinem Kampf gegen die Mullahs von Teheran weiter mit Kriegsgerät und Rüstungsgütern unterstützt.[65] Auch die Anlagen, die Grundsubstanzen und die Bombenbehälter zur Herstellung der chemischen Waffen für den Giftgasangriff, der erst Jahre später als Völkermord bezeichnet wurde, stammten zu großen Teilen aus Europa – auch aus Deutschland.[66]

Von dem inzwischen wieder bewohnten Halabdscha fahren wir höher und höher in die Berge und durchqueren die kleine Ortschaft Biyara. Die Landschaft und der Ausblick sind beeindruckend, fast paradiesisch. »Kurdistan ist der Garten Gottes über den Wolken«, soll Saddam Hussein einmal gesagt haben. Aber die Straßen von Biyara sind verlassen, die meisten Geschäfte geschlossen. Vereinzelt patrouillieren Kämpfer, ansonsten sind nur alte Männer zu sehen, keine einzige Frau. Es herrscht bedrohliche Stille. Selbst in den Teehäusern – es sind eher Schuppen – am Straßenrand läuft kein Fernseher, keine Musik ist zu hören, niemand raucht Zigaretten oder Wasserpfeife wie sonst überall im Irak. Wir sind in »Dschihadistan« angekommen.

Der kleine Ort ist so etwas wie dessen Hauptstadt, noch höher in den Bergen befinden sich die Lager der verschiedenen Gruppen, allen voran die kurdische dschihadistische Organisation Ansar al-Islam (»Gefährten des Islam«). Sie wird wenig später zum wichtigen Partner von »Al-Qaida im Irak« und des IS werden. Ihr geistiges Oberhaupt und Gründer Mullah Krekar lebt seit 1991 in Norwegen, reist aber häufig ins irakische Kurdistan.[67]

Es beginnt bereits zu dämmern, als wir Biyara passieren. Kurz vor Einbruch der Dunkelheit fahren wir über Bergwege und erreichen schließlich unser Ziel: das Hauptquartier der Bewegung »Islamische Gemeinschaft in Kurdistan«, die gute Beziehungen zu Ansar al-Islam unterhält.

Wir halten vor einem der typischen Bauernhäuser, ein kleiner, rechteckiger Steinbau mit Flachdach. Ali Bapir, der Gründer der Bewegung, begrüßt uns mit der traditionellen islamischen Umarmung und bittet uns hinein. Die Wände stehen voller Regale mit ledergebundenen Büchern, deren Titel in eindrucksvoller arabischer Kalligrafie auf die Rücken geprägt sind. Es sind vor allem Sammlungen von Hadithen, den Überlieferungen des Propheten.

Biryani, ein Reisgericht mit Lamm, wird serviert. Wir nehmen auf Teppichen auf dem Boden Platz. Bapir will reden. Er hat eine Botschaft an den Westen: Der Irak sei in einer katastrophalen Lage, weil das Baath-Regime das Land vom wahren Islam fernhalte; seine Bewegung wolle diesen Werten wieder Geltung verschaffen, die verteidige sich nur und greife niemanden zuerst an! So geht es die halbe Nacht.

Irgendwann betten wir uns, in Wolldecken gewickelt, auf den harten Boden. Unser Übersetzer macht vor Angst kein Auge zu: »Das sind skrupellose Wahnsinnige«, raunt er, »jetzt wollen sie reden, damit sie nicht von den Amerikanern bombardiert werden, aber wenn sie auf den Gedanken kommen, wir sind gegen sie oder Spione, schneiden sie uns die Köpfe ab.«

Am nächsten Morgen, bei einem Spaziergang durch die Berge, wird klar, warum Bapir uns überhaupt eingeladen hat – wir sollen eine Art Warnung überbringen: »Schwarzes muss man mit Schwarzem bekämpfen, den Teufel mit dem Teufel. Wenn die Amerikaner herkommen, um Saddam Hussein zu stürzen, dann sind sie herzlich willkommen. Wenn sie aber bleiben, das Land besetzen und uns angreifen, dann werden wir sie bekämpfen.«[68]

Solche Drohungen hielten die USA nicht auf. Am 22. März 2003, zwei Tage nach der Bombardierung Bagdads, griffen sie die Lager rund um Biyara an, mit Tomahawk-Missiles und der Hilfe von sechstausend kurdischen Peschmerga am Boden. Dabei zerstörten sie angeblich die wichtigsten Kommandozentralen und Unterkünfte der Dschihadisten, auch der »Islamischen Gemeinschaft in Kurdistan«.

Kurz darauf fahre ich mit meinem Kamerateam nochmals in die kurdischen Berge zur mittlerweile zerbombten Hochburg der Dschihadisten. Wir wollen uns ein Bild vom Zustand ihrer Lager und vom Verbleib ihrer Ausrüstung machen, vor allem der von Ansar al-Islam, der radikalsten Gruppe. Ihr Hauptquartier haben wir bislang nicht besuchen können, die Mitglieder hätten uns wohl als Geiseln genommen oder umgebracht.

Bei unserer Ankunft bergen Peschmerga und Mitglieder von US-Spezialeinheiten gerade verkohlte Festplatten und Dokumente aus den Trümmern und laden sie in ihre Militärfahrzeuge. Wir erkunden einige abgelegene Bauernhöfe im Tal. Auf dem Weg entdecken wir eine improvisierte Luftabwehrstellung mit einer Roland-Rakete deutscher Fertigung, vermutlich aus Saddam Husseins Beständen erbeutet.

Peschmerga führen uns zu einem flachen Steinbau, der von außen wie ein Ziegenstall wirkt: eine Werkstatt zur Herstellung von Westen für Selbstmordattentäter. Die mit Sprengstoff, Metallteilen und Zündschaltern versehenen Mordinstrumente sind fein säuberlich aufgehängt. Im Nachbarraum befindet sich ein Labor mit Gasmasken aus deutscher Produktion und vor allem Chemikalien, darunter der Kampfstoff Rizin. Die selbsternannten »Gotteskrieger« haben offenbar versucht, chemische Waffen herzustellen. Am beunruhigendsten ist jedoch: Hunderte dschihadistischer Kämpfer sind spurlos verschwunden. Bei dem Angriff haben die Peschmerga nur einige wenige festgesetzt oder getötet, der Rest ist unauffindbar.

Wir treten die Rückfahrt über Halabdscha an – hier wurden in einer weiteren Unterkunft von Ansar-al-Islam-Mitgliedern Dokumente gefunden, die Verbindungen der Dschihadisten nach Deutschland – zu Metin Kaplan, dem »Kalifen von Köln« – aufzeigen.[69]

Unsere Fahrt wird abrupt unterbrochen. Peschmerga rennen auf die Landstraße, die von Halabdscha nach Sulaimaniyya führt, geben uns Zeichen anzuhalten. Wir steigen aus und laufen in Richtung Checkpoint. Auf dem Asphalt liegen Gedärme, im Gras daneben ein abgetrennter Arm. Ein aus den Lagern um Biyara verschwundener Kämpfer hat sich nur Minuten vor unserem Eintreffen in die Luft gesprengt. Ich werde diese Bilder nie vergessen. Im Rückblick erscheinen sie mir wie ein weiteres grausames Vorzeichen für das, was dem Irak noch bevorstehen sollte.

Bei den in den Bergen verschwundenen Kämpfern handelte es sich nicht nur um kurdische Dschihadisten, sondern auch um in Afghanistan kampferprobte Araber. Zeitweise sollen sich etwa Abu Musab al-Suri und der spätere Anführer von »Al-Qaida im Irak«, Abu Musab al-Zarqawi, in Biyara aufgehalten haben, einer der erbarmungslosesten Dschihadisten überhaupt.

Die Kämpfer hatten den US-Luftangriff erwartet und waren über Bergpässe und Schmugglerwege in den nahen Iran geflüchtet. Wenig später kehrten die meisten in den Irak zurück, um vor allem in sunnitischen Städten wie Ramadi, Mossul, Tikrit, aber auch in Bagdad neue Rekruten anzuwerben und Zellen aufzubauen.

Chaos als Auftakt zum Kalifat des Schreckens

»Mission accomplished«, erklärte George W. Bush am 1. Mai 2003 auf dem Flugzeugträger USS Abraham Lincoln triumphierend: »Die Hauptkampfhandlungen im Irak sind beendet. In der Schlacht um den Irak haben die Vereinigten Staaten und ihre Alliierten sich durchgesetzt.«[70]

Auch bei den Irakern herrschte zunächst hoffnungsvolle Stimmung, fast alle hatten den Sturz Saddam Husseins gewollt. Vor und selbst während der Invasion habe ich mit Ausnahme von hohen

Regierungskadern kaum jemanden getroffen, der den Einmarsch nicht begrüßt hätte – ob Schiiten, Sunniten oder Kurden, sogar Mitglieder der Republikanischen Garde, der Saddam Hussein vermeintlich bis in den Tod ergebenen Eliteeinheiten. In der nordirakischen Ölstadt Kirkuk, in der wir kurz vor den US-Truppen im März 2003 eintrafen, kamen uns Hunderte irakische Soldaten in Zivil entgegen, die uns immer wieder zuriefen: »*Shukran, Amrika*«, »Danke, Amerika«. Sie berichteten, ihre Stellungen seien von den US-Kampfflugzeugen vor der Bombardierung erst umkreist worden, damit sie Zeit hatten wegzulaufen, ihr Leben zu retten.

Doch eine weitere Szene ist mir besonders im Gedächtnis geblieben, denn sie illustriert im Kleinen, wie gänzlich unvorbereitet die USA und ihre Truppen auf das waren, was sie im Zweistromland erwartete.

In der Nähe des früheren Sommerferienortes Dschamdschamal in den kurdischen Bergen liegt Baschur, einst wichtiger Stützpunkt von Saddams Luftwaffe. Als wir am frühen Morgen des 26. März 2003, sechs Tage nach Beginn der US-Invasion, darauf zufahren, zeichnen sich die Silhouetten der ersten Hundertschaften amerikanischer Luftlandetruppen gegen den Horizont ab. Die GIs der 173rd Airborne Brigade sind von einem Stützpunkt in Deutschland aus gestartet und hier abgesprungen. Im tiefen Matsch neben der Landebahn versuchen die Männer, sich von ihren Schirmen zu befreien, um ihr Material ins Trockene zu bringen. Viele wirken verblüfft, auf die Gegebenheiten des Landes nicht vorbereitet: »Die Offiziere haben uns erklärt, der Irak sei ein Wüstenland, aber hier sieht es ja aus wie in Österreich!« Auch die Literatur, in der später die GIs in der Mittagssonne schmökern, scheint heute wie ein Vorbote. *Last Man Out* liest einer der Milchbubis. Es handle sich um ein Buch über Vietnam, »über Kerle wie mich«, erklärt er.

Ihren Kredit bei den Irakern verspielten die Amerikaner innerhalb weniger Tage. Ein neuer grausamer Akt des irakischen Dramas begann. Bei der »Operation Iraqi Freedom«, so der offizielle Name der US-Invasion, ignorierten die Falken der Regierung Bush, allen voran Vizepräsident Dick Cheney und Verteidigungsminister Donald Rumsfeld, sämtliche Vorschläge und Pläne, die die Irakspezialisten aus dem Außenministerium für den Wiederaufbau und die Stabilisierung des Landes nach der Invasion empfohlen hatten.[71] Sie stürzten das Land ins Chaos und machten die Hoffnungen der Bevölkerung zunichte.

Entgegen allem, was die Militärgeschichte lehrt, verhängten die US-Kommandeure keine Ausgangssperre. Massenhafte Plünderungen waren die Folge. Die irakische Polizei hatte den Dienst quittiert. Das Ölministerium in Bagdad wurde von schwerbewaffneten US-Elitetruppen geschützt, nicht aber das irakische Nationalmuseum mit seinen einmaligen Kulturschätzen oder die Krankenhäuser. In der gesamten Stadt war niemand mehr sicher, in Wohnvierteln nahm die Bevölkerung die Dinge selbst in die Hand, um sich gegen Diebe zu schützen. Die Inkompetenz und der totale Mangel an Verständnis der Besatzer ließen sich überall beobachten, wo man in Bagdad auf GIs traf. Hunderte von Irakern wurden von amerikanischen Soldaten mit *trigger happy fingers* – die also ständig den Finger am Abzug hielten, um schon beim kleinsten Verdacht zu schießen – umgebracht, oftmals ohne irgendwelche rechtlichen Folgen.

Im Mai 2003 war ich erneut dort und wurde Zeuge einer Szene, die Sekunden später in einem der tödlichen Zwischenfälle hätte enden können, die viele Iraker so gegen die USA aufbrachten.

Bagdad, Mai 2003. Ich stehe mit meinem Fahrer vor Saddam Husseins ehemaligem Hauptwohnpalast am Tigrisufer. Ein junger Lieutenant bewacht mit einem Dutzend GIs das Eingangsportal und schreit mit breitem New-Jersey-Akzent eine Menschenmenge an, die sich vor dem Palast versammelt hat. Er hebt seine Maschinenpistole: »One step closer and you are all dead!«

Die Amerikaner werden immer nervöser. Ein Schützenpanzer richtet sein Maschinengewehr auf die Menge. Mein kurdischer Fahrer und ich rufen den Irakern zu, sie sollen ein paar Meter zurücktreten. »You speak Arabic?«, fragt uns der US-Offizier. Ich übersetze ein wenig, versuche den Amerikanern zu erklären, dass sie nicht bedroht sind, und den Irakern, dass sie jetzt nicht in den Palast können – im Groben: dass sich alle mal entspannen sollen.

»Okay«, sagt der Lieutenant in sein Funkgerät, und die GIs, die gerade noch aus Angst und Nervosität das Feuer auf die Iraker hatten eröffnen wollen, ziehen sich ohne Erklärung innerhalb weniger Minuten mit ihren sandbraunen Humvees zurück. Die Iraker stürmen in den Palast.

Während die Plünderer damit beschäftigt sind, alles, was ihnen in die Hände gerät, von teuren Couchgarnituren bis hin zu Steckdosenabdeckungen und Elektrokabeln, an sich zu reißen und jeden Raum quasi zu entkernen, dringe ich mit meinem Fahrer tiefer in den Präsidentenpalast vor. Saddam Hussein, damals der neben Bin Laden wohl meistgesuchte Mann der Welt, hatte tatsächlich bis zur US-Invasion hier gewohnt. Es liegen noch die *Vogue*-Magazine seiner Frau und die halb geöffneten Eminence-Slips-Kartons des Diktators selbst herum. Wir besichtigen Saddams private Zahnklinik, seinen Friseursalon, die große Schwimmhalle. Und der Diktator besaß nicht nur einen solchen Luxuspalast, sondern Dutzende davon, im ganzen Land verteilt. Während er sein Volk folterte, es in Kriege trieb und zusah, wie sich die irakische Gesellschaft auflöste, lebte er wie die abbasidischen Kalifen Bagdads aus *Tausendundeiner Nacht*.

Am folgenden Tag fahre ich zum Sitz des gefürchteten Muchabarat, des irakischen Geheimdienstes. Er ist in hochmodernen Büros untergebracht, die gerade von Hunderten verzweifelter Iraker durchforstet werden, darunter zahlreiche Frauen in traditionellen schwarzen Gewändern. Sie hoffen auf Informationen über den

Verbleib ihrer Söhne, Brüder, Väter, deren Vermisstenfotos überall an den Mauern Bagdads hängen. Viele sind in Saddams Folterkerkern gelandet und spurlos verschwunden. 250 000 Iraker sollen von den Schergen des Regimes umgebracht worden sein.[72]

Gemeinsam mit Kollegen suche ich nach Unterlagen aus der Auslandsabteilung und solchen, die sich mit den Dschihadisten befassen. Ein offizieller Grund für die US-Invasion war ja der Vorwurf, das irakische Regime habe mit Al-Qaida zusammengearbeitet. Aber die akribisch geführten Akten, die wir nach Stunden mithilfe von Irakern in Stahlschränken aufspüren, sprechen dagegen. Bei der Durchsicht Hunderter Dokumente finden wir immer wieder Belege dafür, dass die hochprofessionellen Geheimdienstschergen Saddam Husseins nach ersten Kontakten strikt davor gewarnt haben: Jedwede Zusammenarbeit mit Al-Qaida gefährde das Regime sowohl im Innern als auch außenpolitisch noch weiter.

Auch später fanden sich nirgendwo Beweise für eine solche Kooperation. Ebenso wenig wie für den zweiten offiziellen Hauptgrund des US-Einmarschs, das angeblich weiterhin bestehende irakische Chemiewaffenarsenal.

Das Schreckensregime Saddam Husseins ist unentschuldbar, das steht außer Frage. Doch während der Diktator wortwörtlich in den Untergrund verschwand – er wurde einige Monate später in einem Erdloch festgenommen und drei Jahre darauf hingerichtet –, setzten die neokonservativen US-Politiker um George W. Bush ihren Plan für einen »Neuen Mittleren Osten« mit einer Reihe ebenso arroganter wie katastrophaler Fehlentscheidungen fort. Die USA tragen mindestens ebenso viel Verantwortung für den Zerfall des Iraks wie Saddam Hussein; sie gaben Al-Qaida und Daesch erst den entscheidenden Auftrieb.

Zu den schlimmsten Fehlern der Amerikaner gehörte, dass die Bush-Regierung das Zweistromland zunächst mithilfe schiitischer Exilpolitiker managte, die über keinen Rückhalt in der Bevölkerung verfügten. Noch schlimmer war, dass sie den neuen Machthabern erlaubten, die bisher regierenden Sunniten aus dem politischen Leben auszuschließen und auch auf andere Arten Rache an ihnen zu nehmen. Der vermutlich größte Fehler der Besatzer aber bestand darin, dass sie die irakische Armee – die einzige funktionierende nationalistisch ausgerichtete und von fast allen Irakern respektierte Institution – per Dekret auflösten. Die Amerikaner fürchteten, die von Sunniten und Mitgliedern von Saddam Husseins Baath-Partei dominierten Streitkräfte könnten zum Herd des Widerstands gegen die Besatzer werden.

Hunderttausende Soldaten, Zehntausende hochqualifizierte und kampferfahrene, zumeist sunnitische Offiziere verloren so ihren Broterwerb und konnten ihre Familien nicht mehr ernähren. Viele wurden damals in die Arme der über das ganze Land verteilten dschihadistischen Gruppen getrieben – sie ließen sich bereitwillig rekrutieren, um zu überleben.

Einige ehemalige Offiziere der Streitkräfte und des Kaders der Baath-Partei gründeten zunächst eigene, oft weltlich orientierte Widerstandsgruppen. Zahlreiche ihrer Kämpfer wurden von den Amerikanern inhaftiert – in Saddam Husseins Foltergefängnis Abu Ghraib, das die US-Truppen übernommen hatten und das später zum Schauplatz des weltweit für Erschütterung sorgenden Folterskandals werden sollte, oder in Sammellagern wie dem berüchtigten Camp Bucca im Süden des Landes. Die Amerikaner hatten nichts aus den Erfahrungen der Algerier eine Dekade zuvor gelernt: Diese Lager, insbesondere Camp Bucca, wurden zu »Dschihad-Akademien«. Die Insassen, darunter hochqualifizierte ehemalige Mitglieder von Saddam Husseins Sicherheitsapparat, ursprünglich weltlich orientierte Baathisten, stießen hier auf radikale Islamisten wie Abu Bakr al-Baghdadi, den späteren Anführer und »Kalifen« des IS.

Die militärischen, geheimdienstlichen und administrativen

Fähigkeiten und die Netzwerke der Militärs waren das, was den Dschihadisten zur Entwicklung und zum Ausbau ihrer Terrororganisation gefehlt hatte. Den ehemaligen Anhängern Saddam Husseins wiederum war ihre einst mobilisierende Ideologie endgültig abhandengekommen; ihr weltlicher, vermeintlich sozialistischer Baathismus war durch den jahrzehntelangen Missbrauch Saddam Husseins nun völlig diskreditiert. Und der irakische Nationalismus war angesichts der gewaltsamen Spannungen zwischen den Hauptbevölkerungsgruppen Schiiten, Sunniten und Kurden nicht als identitätsstiftende Weltanschauung geeignet.

Der Dschihadismus konnte das Vakuum mit seinen Heilsversprechen füllen – der Aufnahme in die »einzig wahre« Glaubensgemeinschaft und dem direkten Weg ins Paradies durch den Kampf im Namen Gottes und den Märtyrertod. So wurden die Allianzen geschmiedet, die fast ein Jahrzehnt später, im Jahr 2014, in der Ausrufung des IS-Kalifats münden sollten.

Nur wenige Monate nach der US-Invasion verübten die Dschihadisten die ersten folgenschweren Anschläge: Am 19. August 2003 fuhr ein Selbstmordattentäter einen Lkw mit Bomben aus irakischen Armeebeständen ins Canal Hotel, das Hauptquartier der Vereinten Nationen in Bagdad. 22 Menschen starben, darunter Sérgio Vieira de Mello, der Sondergesandte des UN-Generalsekretärs im Irak.[73] Die Vereinten Nationen zogen sich daraufhin aus dem Irak zurück, mit dramatischen Folgen für die Stabilisierung und den Wiederaufbau des Landes.

Zu dem Anschlag bekannte sich Abu Musab al-Zarqawi. Im Dezember 2004 ernannte Bin Laden ihn zu seinem Stellvertreter im Irak. Auf den ehemaligen Kleinkriminellen wurde ein ebenso hohes Kopfgeld ausgesetzt wie auf Bin Laden, mehr als 25 Millionen US-Dollar. Zu diesem Zeitpunkt hatte seine Organisation, die sich nun »Al-Qaida in Mesopotamien« nannte, bereits durch Ermordungen westlicher Geiseln vor laufender Kamera für weltweites Entsetzen gesorgt – die Enthauptungen hatte Al-Zarqawi selbst vorgenommen. Sein Ziel war es, das Land in den Abgrund zu stürzen und zu spalten, um unter den verzweifelten Irakern neue Rekruten gewinnen zu können. Alle Ausländer, deren Anwesenheit für den Wiederaufbau des Landes so wichtig war, sollten mit der Strategie des totalen Terrors aus dem Land getrieben werden.

Und so kam es: Ob türkische Lastwagenfahrer oder japanische Ingenieure – gemäß der Maxime »die Herzen der Feinde terrorisieren« ermordeten die Dschihadisten, wen sie in ihre Gewalt bekommen konnten, und inszenierten die Exekutionen in Horrorvideos für ihre Propagandamaschinerie, die Daesch ein Jahrzehnt später bis zum Unfassbaren perfektionieren sollte. Doch vor allem richtete sich der Terror gegen die Iraker selbst: Jeder, der mit der neuen irakischen Regierung oder den Amerikanern »kollaborierte« und in die Hände der Dschihadisten gelangte, wurde umgebracht.

Eines der Hauptziele von »Al-Qaida in Mesopotamien« war zudem die totale Spaltung zwischen den Schiiten – den sogenannten *rafida*, was so viel wie »Ketzer« oder »Abtrünnige« bedeutet – und Sunniten, um das Land in den Bürgerkrieg zu treiben. Hierzu organisierten die Dschihadisten immer mehr Anschläge gegen Ziele mit hoher Symbolkraft, etwa den Al-Askari-Schrein in Samarra, die sogenannte Goldene Moschee, eine der heiligsten Stätten der Schiiten. Direkt danach brachen landesweite Unruhen aus. Aus Vergeltung wurden 168 sunnitische Moscheen von empörten Schiiten und deren Milizen angegriffen – mehrere hundert Sunniten kamen ums Leben.[74]

Trotz Verhängung einer Ausgangssperre starben bei weiteren Anschlägen vermutlich Tausende von Menschen. Allein in Bagdad wurden Zehntausende Sunniten aus gemischten Wohnvierteln vertrieben. Während das Land zerfiel und Bagdad durch Mauern in schiitische und sunnitische Bezirke getrennt wurde, verschanzten sich die Amerikaner in Saddam Husseins ehemaligem Regierungsbezirk in der sogenannten Grünen Zone.

Die Dschihadisten begannen, ganze Städte und Landesteile einzunehmen. Die Lage eskalierte vor allem auch in der Dreimillionenmetropole Mossul: Sie wurde zu einem der gefährlichsten Orte des Iraks.

Mossul, ursprünglich eine kleine Siedlung am Ufer des Tigris unweit von Ninive, der bereits im Alten Testament erwähnten Hauptstadt der Assyrer, ist Jahrtausende alt. Seine Bewohner waren immer stolz auf ihre Geschichte. Und sie haben es nie ganz verwunden, dass 1920, nach der Gründung des modernen Irak, Bagdad zur wichtigsten Stadt des Landes wurde. Doch Mossul blieb voller Leben und war selbst unter Saddam Hussein noch ausgesprochen multiethnisch: arabische Sunniten, Kurden, Chaldäer und aramäische Christen, Jesiden – sie alle lebten dort.

Als Provinzhauptstadt der Osmanen stellte die sunnitische Herrscherschicht Mossuls seit Jahrhunderten Offiziere für die Vielvölkerarmee ihres Reiches, das sich zeitweise bis nach Algerien im Westen und nach Ungarn im Norden erstreckte und auch den heutigen Irak umfasste. Nach Gebietsverlusten, Reformen und der Abschaffung des Sultanats wurde auf dem verbliebenen Gebiet 1923 die türkische Republik gegründet.

Nach dem Ende der osmanischen Herrschaft und der Gründung des modernen Irak mit Großbritannien als Mandatsmacht, beruhend auf dem Sykes-Picot-Abkommen von 1916 zwischen Briten und Franzosen, dienten Mitglieder der großen sunnitischen Familien aus Mossul weiterhin in der neu geschaffenen irakischen Armee. Auch unter Saddam Hussein stellten sie einen beträchtlichen Anteil des Offizierskorps. Im Gegensatz zur Mehrheit der Iraker empfanden sie daher die US-Invasion von Anfang an nicht als Befreiung. Noch weniger gefiel ihnen die Einsetzung einer mehrheitlich schiitischen Zentralregierung in Bagdad.

So wurde Mossul zu einer der Hochburgen des Widerstands gegen die Amerikaner und die neuen, schiitischen Machthaber. Dschihadistische Organisationen, darunter die Vorgänger von Daesch, unterwanderten die Stadt, erpressten Schutzgelder und bildeten Widerstandszellen. Sie schmiedeten Allianzen mit den ehemaligen Offizieren der irakischen Armee und verübten Anschläge auf die von den Amerikanern unterstützten, vorwiegend schiitischen Sicherheitskräfte, die häufig mit ebenso großer Gewalt, willkürlichen Verhaftungen und Folter reagierten – in den Augen der Bevölkerung wurden sie immer mehr zur Besatzungsmacht. Der Hass auf die Zentralregierung in Bagdad wuchs. Es herrschten bürgerkriegsähnliche Zustände.

Al-Zarqawi, wurde im Juni 2006 durch einen US-Luftschlag getötet, doch im selben Jahr schlossen sich »Al-Qaida im Irak« und andere dschihadistische Gruppen zum ersten sogenannten Islamischen Staat im Irak (ISI) zusammen und riefen in Mossul, obwohl sie die Stadt nicht wirklich kontrollierten, ein »Islamisches Emirat« aus.

Erst 2007 reagierten die USA konsequent auf die Bedrohung. Mit dem sogenannten Surge – übersetzbar mit »Welle« – begann eine strategische Neuausrichtung: Die amerikanischen Truppen im Irak wurden um 30 000 Soldaten aufgestockt, und die irakische Regierung war durch massiven US-Druck gezwungen, Zugeständnisse an die Sunniten zu machen. Sunnitische Stämme und Milizen wurden mit Waffen versorgt und erhielten große Geldzahlungen für ihre »Loyalität«. Die Dschihadisten gerieten in die Defensive. Die Lage im Irak beruhigte sich, der Bürgerkrieg schien zu enden – eine trügerische Illusion. Die Saat des Kalifats des Schreckens war bereits gesät. Al-Qaida und die anderen dschihadistischen Gruppen verbargen sich lediglich im Untergrund.

»Die größte Tugend unserer Kämpfer ist Geduld«, propagierten die »Gotteskrieger« selbst immer wieder. Lange mussten sie allerdings nicht warten. Schon drei Jahre später, 2010, zog ein Ereignis im mehr als dreitausend Kilometer entfernten Tunesien eine Kettenreaktion nach sich, die schließlich die machtvolle Rückkehr des IS ermöglichen sollte – ein Schmetterlingseffekt mit bis heute nicht abschätzbaren historischen Folgen.

Dschihad reloaded –
vom Arabischen Frühling zu Daesch

Am 17. Dezember 2010 setzte sich im tunesischen Sidi Bouzid der Gemüsehändler Mohamed Bouazizi in Brand. Gründe waren Polizeiwillkür und Demütigungen – mehrfach war sein Gemüsestand wegen einer fehlenden Genehmigung geschlossen worden. Die Selbstverbrennung löste jene folgenschwere Kettenreaktion aus.

Nach landesweiten Unruhen und Protesten gegen die Regierung von Staatsoberhaupt Zine el-Abidine Ben Ali (1936-2019) dankte dieser ab und musste fliehen. Nur wenige Wochen später, im Februar 2011, nahmen sich ägyptische Aktivisten Tunesien zum Vorbild und stürzten den ägyptischen »Pharao« Husni Mubarak nach mehr als drei Jahrzehnten an der Macht. Die Ereignisse im bevölkerungsreichsten der arabischen Länder wurden zum Signal: In den folgenden Wochen griff die »Arabellion« auf etliche Staaten in Nordafrika und dem Nahen Osten über. Es war eine Zeit der Hoffnung.

Als ich im Frühjahr 2011, kurz nach den Protesten auf dem Tahrir-Platz, in Kairo mit jungen Aktivisten sprach, erlebte ich schwindelerregende, euphorisierende Momente. »Wir werden die arabische Welt für immer verändern!« – »Soziale Gerechtigkeit und Demokratie werden endlich Einzug halten!« Trotz des großen Enthusiasmus, der auch in Europa herrschte, und dem Glauben, alles würde sich zum Besseren wenden, war jedem, der sich mit der Region beschäftigt, klar, wie schwierig es werden würde, die Kernforderung nach »Brot, Würde und sozialer Gerechtigkeit« und dauerhafte Reformen umzusetzen. Doch die wenigsten fürchten ein Wiedererstarken des Monsters Dschihadismus.

Wenig später beschrieb ich in einem Artikel für ein Berliner Forschungsinstitut die durch die Ereignisse möglich gewordenen Szenarien.[75] Unter dem polemischen Titel »Arabischer Frühling –

eine ›goldene Chance‹ für den globalen Jihad?« argumentierte ich, dass sich im Sinai in Ägypten dschihadistische Gruppen ausbreiten könnten und dass in der Sahelzone, im Norden Malis, eine westliche Militärintervention bevorstehen könnte, um solche Kräfte zurückzudrängen. Und vor allem, dass in Syrien dschihadistische Gruppen das Land in einen echten Bürgerkrieg treiben könnten. Experten in Deutschland hielten das für extrem unwahrscheinlich, fast wurde es belächelt. Als der Artikel erschien, fand ich meine Szenarien selbst etwas übertrieben, aber sie sollten als Weckruf für die Politik Deutschlands und der EU bewusst schwarzmalen.

Doch alles kam innerhalb der nächsten zwei Jahre noch viel schlimmer. Auf die als »Arabischer Frühling« bezeichneten historischen Umbrüche folgte ein Arabischer Winter. In Ägypten wurde eine autoritäre Militärdiktatur restauriert; im Norden des Sinai bekämpften zum Dschihadismus »konvertierte« Beduinen die ägyptische Armee. Als ich 2013 das letzte Mal dorthin und in die Provinzhauptstadt al-Arisch fuhr, hatte ich das Gefühl, in einem Kinofilm à la *Mad Max* zu sein: Sämtliche staatlichen Gebäude – Polizei, Geheimdienst, Einwohnermeldeamt, selbst das Kulturzentrum – waren ausgebrannt oder geplündert.

Im Jemen sowie in Libyen herrschte Bürgerkrieg, es gab keine Zentralregierung mehr, Al-Qaida beziehungsweise der »Islamische Staat« kontrollierte ganze Landstriche. Auch im Norden Malis eroberten Dschihadisten weite Gebiete. Nur in einem der an der »Arabellion« beteiligten Länder gab es Grund zur Hoffnung: In ihrem Ursprungsland Tunesien regierte eine demokratisch gewählte Koalitionsregierung, an der gemäßigte Islamisten beteiligt waren. Doch auch in Tunesien kam es zu Anschlägen. Und Tausende von Tunesiern schlossen sich dem IS im Nachbarland Libyen und vor allem im Irak und in Syrien an – dort überstieg das Ausmaß des Krieges und des Terrors schnell alles, was ich mir damals an Schwarzmalerei hätte ausdenken können. Der Syrien-Krieg war die große Chance der Dschihadisten. Endlich hatten sie ein Schlachtfeld, auf dem sie maximale Landgewinne erzielen und internationale Aufmerksamkeit erregen konnten.

Rückkehr des IS: Der syrische Bürgerkrieg

Nachdem die erste Version des IS, der »Islamische Staat im Irak«, 2007 niedergeschlagen worden war, hatten die Dschihadisten im Untergrund jahrelang weiter rekrutiert und Pläne geschmiedet – bis sich im Nachbarland Syrien die Gelegenheit auftat. Nirgendwo wütete die Hydra nach Beginn des Arabischen Frühlings so wie hier. Umso bitterer, dass ein Zündfunke des Krieges – in dessen Verlauf das Machtvakuum entstand, in dem sich der IS entfalten konnte – vermutlich ein Schuljungenstreich war. Oder vielmehr die erbarmungslose Reaktion des syrischen Regimes darauf.

»Das Volk will den Sturz des Regimes«, lautete eine der wichtigsten Losungen der ägyptischen und der tunesischen Revolution im Arabischen Frühling. Als Schulkinder in Syrien sich davon inspirieren ließen und diesen Slogan am 6. März 2011 an mehrere Gebäude und Mauern in der syrischen Provinzhauptstadt Daraa sprühten, ließ der örtliche Geheimdienstchef Atef Najib, ein Cousin des syrischen Präsidenten, sie verhaften.[76] Die Kinder blieben zunächst spurlos verschwunden. Als sich die Eltern nach ihnen erkundigten, soll Najib mit menschenverachtender Arroganz sinngemäß geantwortet haben: »Vergesst eure Kinder. Ich zeig euch, wie man neue macht.«[77] Die etwa 15 Schüler sollen von den Schergen des Assad-Regimes schwer gefoltert worden sein.

In Daraa kam es daraufhin zu gewalttätigen Zusammenstößen zwischen Demonstranten und Sicherheitskräften; die ersten Menschen starben. Im ganzen Land hatten zwar zuvor bereits Massenproteste stattgefunden, in denen vor allem eine Reform des autoritären Regimes in Syrien verlangt wurde; sie zielten aber keineswegs auf einen Umsturz. Die Verhaftung und Misshandlung der Kinder jedoch löste eine Kette von Ereignissen aus, die zu einer Eskalation der Gewalt und schließlich zum Bürgerkrieg führten.

Syriens Präsident Baschar al-Assad versprach wenig später Aufklärung und politische Reformen, setzte aber zugleich auf brutalste Repression. Daraufhin ging die vornehmlich weltlich orientierte syrische Opposition aus jungen Aktivisten, Intellektuellen, ehemaligen Ministern des Regimes und desertierten syrischen Generälen eine Allianz mit gemäßigten Islamisten der Muslimbrüder ein und gründeten eine Gegenregierung, den Syrischen Nationalrat. Deren Freie Syrische Armee, die zunächst überwiegend aus Deserteuren der Streitkräfte des Assad-Regimes bestand, nahm den bewaffneten Kampf auf und eroberte zahlreiche wichtige syrische Städte oder zumindest große Stadtteile, auch in der Wirtschaftskapitale Aleppo.

Das Assad-Regime in Damaskus reagierte darauf mit immer größerer Gewalt, etwa massivem Artilleriebeschuss und Luftangriffen auf Wohnviertel. Die Freie Syrische Armee, als zunächst stärkste bewaffnete Oppositionsgruppe, suchte Hilfe beim Westen, allen voran natürlich den USA und der ehemaligen Kolonialmacht Frankreich. Beiden Staaten, aber auch Deutschland, war das Assad-Regime schon lange ein Dorn im Auge wegen seiner mutmaßlichen Verwicklung in den internationalen Terrorismus, etwa der Ermordung des damals sehr mächtigen ehemaligen libanesischen Ministerpräsidenten Rafiq al-Hariri im Jahr 2005, und wegen seiner antiisraelischen Rhetorik.

Der Westen wünschte sich zwar einen Regimewechsel in Damaskus, ließ jedoch auf Worte keine Taten folgen: Selbst als 2013 eindeutige Beweise auftauchten, dass Damaskus völkerrechtlich verbotene Chemiewaffen einsetzte – US-Präsident Barack Obama hatte zuvor gedroht, damit wäre »eine rote Linie« überschritten[78] –, diskutierten Amerikaner und Europäer zwar über Luftschläge oder die Option, über den damals von moderaten syrischen Rebellen kontrollierten Gebieten eine Flugverbotszone einzurichten, aber nichts geschah, trotz eindringlicher Bitten von Frankreichs Präsidenten François Hollande, der sich einen französischen Alleingang nicht zutraute.

So waren die moderaten Rebellen der Freien Syrischen Armee fast völlig auf sich gestellt – ein fataler Fehler, darüber sind sich mittlerweile fast alle Nahostspezialisten einig: Die Untätigkeit des Westens hatte eine katastrophale Signalwirkung, sie trieb letztlich Zehn-, wenn nicht Hunderttausende von Syrern in die Hände dschihadistischer Gruppen, darunter die Al-Nusra-Front, ein Ableger von Al-Qaida, der sich bereits Ende 2011, Anfang 2012 formiert hatte und aus dem sich später der IS abspalten sollte.[79] Assad soll in der zweiten Hälfte des Jahres 2011 zudem in einem machiavellistischen Plan Tausende von Dschihadisten aus seinen Kerkern entlassen und in Gebiete transportiert haben, die die Opposition kontrollierte, darunter vermutlich den gefährlichen Strategen Abu Musab al-Suri. Sie sollten Chaos und Terror verbreiten, die eher weltlichen Oppositionskräfte militärisch schwächen und das Regime zugleich gegenüber dem Westen und vor allem Teilen der syrischen Bevölkerung als letztes Bollwerk gegen dschihadistischen Terror erscheinen lassen. Die Angst der Minderheiten vor den Extremisten sollte geschürt werden.

Die Bevölkerung Syriens ist wie die des Iraks ein fragiles religiöses und ethnisches Mosaik. Von den etwa 20 Millionen Syrern sind rund drei Viertel sunnitische Muslime, mehr als ein Zehntel Alawiten und etwas weniger als ein Zehntel Christen, der Rest Drusen und Jesiden. Unter den Sunniten gibt es neben Arabern als größter Bevölkerungsgruppe auch Kurden – etwa ein Zehntel der Bevölkerung – und Turkmenen, unter den Christen finden sich Armenier und Assyrer.[80]

Die Alawiten, die in Damaskus an der Macht sind, werden oft dem Schiitentum zugerechnet. Das geschieht jedoch aus politischem Kalkül. Es geht dabei nicht um eine wirkliche Glaubenszugehörigkeit, sondern um die Rechtfertigung der für das Regime überlebenswichtigen Allianz mit dem Iran und der Schiitenmiliz Hisbollah im Libanon. Die Alawiten verehren zwar, wie die Schiiten, den vierten Kalifen Ali, doch ist ihre Religion stark von neoplatonischen, zoroastrischen und christlichen Elementen geprägt; sie glauben an eine Form der Dreifaltigkeit und zelebrieren religiöse Rituale mit Wein – Gott erscheint in sieben verschiedenen Gestalten. Jahrhundertelang wurden die Alawiten von Muslimen sogar als nichtislamisch betrachtet.

Während der Zeit des französischen Mandats, mit dem der Völkerbund 1922 die zuvor getroffenen Absprachen zwischen Großbritannien und Frankreich über die Aufteilung der Machtbereiche im Mittleren Osten bestätigt hatte, benutzte Frankreich die Minderheit der Alawiten, um die sunnitische Mehrheit in Schach zu halten. Auch Jahrzehnte nach der 1946 erklärten Unabhängigkeit Syriens dominierten die Alawiten die Armee. So konnte sich schließlich 1970 der alawitische Luftwaffenoberst und Verteidigungsminister Hafis al-Assad an die Macht putschen. Er regierte das Land wie Saddam Hussein im Irak mit der arabisch-sozialistischen Baath-Ideologie und mit eiserner Hand.

1982 ließ Assad den Aufstand eines bewaffneten Flügels der Muslimbrüder in der syrischen Stadt Hama mit schwerer Artillerie niederschlagen. Dabei sollen zwischen 10 000 und 40 000 Menschen getötet worden sein.[81] Dem war eine Attentatskampagne der extremistischen Muslimbrüder vorausgegangen, die in mancher Hinsicht dem Terror der heutigen Dschihadisten glich. Alawitische Regierungsfunktionäre wurden getötet, aber auch Mitglieder der Zivilgesellschaft wie der Rektor der Universität von Damaskus. Christen wurden angegriffen und ihre Geschäfte niedergebrannt. In der Folge stellte die Propaganda des Regimes alle Oppositionellen als Marodeure dar, die den Mitgliedern von Minderheiten, Alawiten und Christen, aber auch liberalen Sunniten nach dem Leben trachten. Das Prinzip »teile und herrsche« wurde unter den Assads zu »spalte total und terrorisiere«. So gelang es dem Regime, sich über Jahrzehnte an der Macht zu halten – auch nachdem Baschar al-Assad 2000 die Nachfolge seines Vaters angetreten hatte.

Damaskus, April 2006. Pärchen schlendern Hand in Hand durch die Altstadt. Junge Syrer und Studenten aus Europa sitzen in Cafés und rauchen Wasserpfeife. Damaskus, eine der ältesten bewohnten Städte der Welt und Unesco-Weltkulturerbe, ist einer der beliebtesten und günstigsten Orte, um Arabisch zu lernen. Überall Sehenswürdigkeiten: die Ruinen des Jupitertempels, die Zitadelle, die Stadtmauern, das Mausoleum Saladins, Dutzende von Moscheen und Kirchen, darunter die Umayyaden-Moschee aus dem 7. Jahrhundert mit ihren prachtvollen Mosaiken – um nur einige zu nennen. Wie Bagdad und Kairo war Damaskus einmal die Hauptstadt eines Großreiches, das der umayyadischen Kalifen.

Ich habe eine exzellente Stadtführerin, Bushra. Die Mittdreißigerin trägt ihr langes blondes Haar offen und ist modern gekleidet. Bei unserem Spaziergang geht es weniger um Historie als um Aktuelles. Die Alawitin Bushra ist Journalistin und Sprecherin im syrischen Staatsfernsehen. Ich will von ihr wissen, ob sich Syrien verändert hat, seit Baschar al-Assad, der mehrere Jahre in England lebte und dort seine Ausbildung zum Augenarzt absolvierte, an der Macht ist. Ich erwarte regimetreue Antworten, doch Bushra erklärt ohne Umschweife: »Auch ich hatte gehofft, dass es echte Reformen geben würde, und im ersten Jahr sah es auch so aus. ›Frühling von Damaskus‹ wurde das genannt. Kritische Stimmen wurden geduldet, aber ganz schnell war dann damit Schluss.« Dem Assad-Klan waren Rufe nach politischen Reformen zu gefährlich. »Dann haben die nur noch auf wirtschaftliche Liberalisierung und Modernisierung gesetzt. Das Land ist offener geworden. Schau dich um: Touristen kommen. All das hat aber nur einige wenige

Menschen reich gemacht und viele, vor allem auf dem Land, noch ärmer.«

Mitbestimmung, echte Freiheit – das wollen viele Alawiten; auch Bushra wünscht sich im Prinzip einen Regimewechsel, ein Ende der Herrschaft der Assads: »Sie schaden unserer Gemeinschaft – aber was danach?« Und dann bricht es aus ihr heraus: »Hier gibt es so viele Fanatiker, das haben wir in den achtziger Jahren gesehen. Die wollen uns ins Mittelalter zurücktreiben. Dann dürfen wir Frauen nicht mehr arbeiten. Die werden alle ermorden, die nicht so denken wie sie! Auch Muslime, aber vor allem uns Alawiten und die Christen – die wollen uns aus unserem Land vertreiben.«

Letztlich glaubt auch die kritische Bushra an die Propaganda des Regimes und ist wie Millionen von Syrern Opfer der Angstmache-Politik. Und wenn tiefsitzende Furcht nicht reicht, dann muss die Bedrohung eben zur Realität werden – wie in Form der Dschihadisten, die Assad 2011 aus den Kerkern holen sollte und die so den beispiellosen Aufstieg von Daesch beförderten.

Damals, 2006, lernten nicht nur westliche Studenten Arabisch. Mit aktiver Unterstützung der Regierung organisierten dschihadistische Netzwerke Reisen von Kämpfern, darunter zahlreiche Europäer, ins Nachbarland Irak. Der syrische Geheimdienst soll sie mit Geld, Pässen und Waffen ausgestattet haben. Innerhalb von 12 Monaten sollen mindestens 600 ausländische Kämpfer über Syrien zu »Al-Qaida im Irak« gelangt sein.[82] Die Syrer wollten so die amerikanischen Besatzungstruppen im Nachbarland schwächen. Die Assads fürchteten, dass Präsident George W. Bush mit seiner Politik des »neuen Mittleren Ostens« nach Saddam Hussein auch sie von der Macht vertreiben wollte.

Nach Beginn des Konflikts in Syrien im Jahre 2011 begünstigte nicht nur das Assad-Regime den Aufstieg des Dschihadismus. Das komplexe geopolitische Machtspiel, in dem zahlreiche Staaten und

Milizen versuchten, ihre Interessen durchzusetzen, half dem IS, die Kontrolle über weite Teile Syriens und des Iraks zu erlangen. Dazu gehörten Bestrebungen schiitischer und sunnitischer Staaten, die Vorherrschaft in der Region zu erlangen. Die daraus sich ergebenden Spannungen erleichterten es den Dschihadisten, sich als die einzigen wirklichen Verteidiger der Sunniten zu präsentieren und weitere Anhänger zu gewinnen.

Auf der Seite von Damaskus standen der Iran und die Hisbollah: Die Islamische Republik unterstützte das Assad-Regime mit Waffen und Militärberatern, die kampferprobte libanesische Schiitenmiliz, die vom Iran mit aufgebaut worden war, bildete für das Regime in Damaskus eine unverzichtbare Hilfsgruppe. Zu den Assad-Gegnern gehörten die sunnitischen Staaten Saudi-Arabien, Katar und die Türkei sowie weitere Golfstaaten, die vor allem mit Finanzhilfen in den syrischen Bürgerkrieg eingriffen; Herrscherhäuser und wohlhabende Familien aus der Region unterstützten dschihadistische Gruppen und trugen zu deren Bewaffnung bei.

Die Türkei unter Premierminister Erdoğan garantierte jahrelang freien Grenzverkehr für Dschihadisten aus aller Welt – mehr als 30 000, darunter Tausende Europäer, soll Ankara allein im Jahre 2013 ins Nachbarland Syrien gelassen haben; die türkische Regierung soll sogar direkt Waffen an den IS geliefert haben.[83] Sie wollte durch Unterstützung dschihadistischer Gruppierungen das Assad-Regime stürzen, hatte aber ein zweites, mindestens ebenso wichtiges Ziel: zu verhindern, dass die – mit der Arbeiterpartei Kurdistans (PKK) verbündete – syrische Kurdenmiliz Yckîneyên Parastina Gel (YPG) eine autonome Region in Syrien etablierte, die als Basis für kurdische Unabhängigkeitsbestrebungen in der Türkei hätte dienen können.

Russland, einer der wichtigsten Alliierten des Assad-Regimes, legte dem Westen sein Nichteingreifen als Schwäche aus und nutzte die Gunst der Stunde, um seine Position im Nahen Osten zu stärken. 2015 begann der Kreml eine militärische Intervention an der Seite von Damaskus, zunächst nur gegen die Freie Syrische Armee und nicht gegen die Dschihadisten. Russland unterhält seit Langem seine einzige Flottenbasis am Mittelmeer im syrischen Hafen Tartus, doch die Intervention mischte die geopolitischen Karten in der Region vermutlich für Jahrzehnte neu und sollte für den Machterhalt der syrischen Diktatur entscheidend sein.

Unter dem geopolitischen Machtspiel um die Herrschaft in Syrien litt – und leidet noch immer – wie so oft am meisten die Zivilbevölkerung. Bislang hat der Krieg in Syrien über eine halbe Million Todesopfer gefordert.[84] Nach wie vor ist etwa jeder zweite der rund 20 Millionen Syrer auf der Flucht, die Mehrheit innerhalb des Landes. Deutschland gewährte 770 000 Syrern Schutz[85] – weit mehr aber flohen in die Nachbarstaaten, 3,5 Millionen in die Türkei,[86] 1,5 Millionen in den kleinen Libanon:[87] Fast jeder Vierte der rund 7 Millionen Menschen, die dort leben, stammt aus Syrien, und die Syrer hier haben ihre eigenen Einsichten und Erklärungsversuche für die Katastrophe in ihrem Heimatland.

Beirut, Frühling 2016. Der 30-jährige Mann mit dem nach hinten gekämmten Haar raucht eine Zigarette nach der anderen und weint. Wir sitzen im schicken Beiruter Stadtviertel Aschrafiyya auf zwei kaputten Bürostühlen, mitten auf einem leeren Behelfsparkplatz. Mahmoud – so nenne ich ihn, seinen wahren Namen will er nicht preisgeben – verdient hier als Parkplatzwächter und Autoreiniger ein paar Dollar am Tag.

Wollte auch er einen Wandel in seiner Heimat in Syrien, frage ich ihn, damals, als alle noch an den Arabischen Frühling glaubten? »Ja«, sagt er, »nachdem ich gesehen hatte, was in Ägypten und Tunesien passiert war, habe ich im März 2011 für ein besseres Leben demonstriert, für bessere Jobchancen, weniger Willkür und Korruption. Wenn ich geahnt hätte, was danach geschieht, hätte ich sicher nicht mitgemacht.«

Mahmoud kommt aus der vom IS kontrollierten syrischen Provinz Deir al-Sor. Seine Frau und seine sieben Kinder leben noch immer dort. Jeden Monat schickt er ihnen über Mittelsmänner ein- bis zweihundert Dollar. Der Mann, der in Syrien ein kleines Transportunternehmen besaß, weint wieder. Er hat seine Familie seit drei Jahren nicht gesehen. Wenn er in die Heimat fahren würde, käme er höchstwahrscheinlich nicht mehr in den Libanon zurück. Und ohne das Geld, das er hier verdient, könnte er seine Familie nicht ernähren. Vielleicht würde der IS ihn sogar verpflichten zu kämpfen, oder aber er würde als Spion verdächtigt, verhaftet und umgebracht. Nachrichten von zu Hause erhält Mahmoud nur sporadisch. Manchmal, sagt er, komme eine schlechte Telefonverbindung zustande, man versuche auch über das Internet zu reden. Die Lage daheim sei schlecht, die Preise für Grundnahrungsmittel hätten sich verzehnfacht.

In dieser ausweglosen Situation weiß Mahmoud gar nicht mehr, wem er die Schuld geben soll. Assad müsse weg, sagt er ganz offen. Noch mehr hasst er den IS und das Unheil, das er über sein Land gebracht hat. Die größte Schuld allerdings tragen für ihn Ausländer: Er ist überzeugt, die Syrer müssten leiden, weil die Israelis, die USA, die Türkei und andere Mächte das Land zerschlagen wollen. Außerdem kämen viele der falschen Muslime des IS, der fanatischen Anhänger von Daesch, ebenfalls aus dem Ausland: Führungskader seien meist Tunesier, und dann seien da noch die saudischen, tschetschenischen und europäischen Schergen, die sich kein bisschen für das Wohl der Syrer interessierten, sondern nur für den Irrglauben des Märtyrertods fürs Kalifat. Weshalb sie auch so barbarisch gegenüber der lokalen Bevölkerung seien.

Als Ende 2012 der IS kam, habe er der Terrormiliz zunächst abwartend, ja sogar wohlwollend gegenübergestanden – so wie viele andere, die wollten, dass das Chaos des Bürgerkriegs endlich endet. Doch Korruption und Willkürherrschaft verschwanden dort, wo die Truppen Assads vertrieben waren, keineswegs. Hatten die eroberten Ortschaften den IS-Kämpfern keinen Widerstand geleistet, gaben diese sich erst einmal freundlich und sogar versöhnlich. In der syrischen Stadt Raqqa am Euphrat etwa, die Daesch 2013 zur Hauptstadt seines Phantomstaats erkoren hatte – bis dahin hatte sie in der Geschichte nur einmal eine Rolle spielte, nämlich an der Wende vom 8. zum 9. Jahrhundert, als sie kurzzeitig Sitz der abbasidischen Kalifen war –, wurden zunächst alle Aktivisten und einflussreichen Einwohner zu einem Treffen eingeladen. Die Dschihadisten sollen ihnen ruhig und gelassen begegnet sein, sogar Widerspruch hingenommen haben. Gleich anschließend aber wurden die Kritiker eliminiert. Versuchten andere Gruppierungen, sich Daesch entgegenzustellen, brach der totale Terror aus: Selbstmordattentate, öffentliche Enthauptungen, Steinigungen – die Bevölkerung Raqqas musste schnell erkennen, dass es sich um besonders grausame Wölfe im Schafspelz handelte.

Auch in Deir al-Sor und der gleichnamigen Provinz, der Heimat des Parkplatzwächters Mahmoud, zeigte die Terrormiliz schnell ihr wahres Gesicht. Wer sich ihr nicht beugte, wurde schwer bestraft, selbst für kleinere Vergehen wie das Rauchen oder das zu lockere Tragen eines Schleiers.

Die Strategie des Terrorkalifats

Wie akribisch und zugleich kreativ der IS sein Terrorkalifat mithilfe ehemals baathistischer Militär- und Geheimdienstoffiziere plante, konnte mein *Spiegel*-Kollege Christoph Reuter im Detail belegen;[88] er gilt als einer der weltweit besten Kenner von Daesch und war trotz der großen Gefahren fast überall in Syrien unterwegs. Nach langen Verhandlungen bekam er die Dokumente eines Chefplaners von Daesch in die Hände. Haji Bakr ließ sich der Mann nennen – »Haji« ist der Ehrentitel eines Mannes, der die große Pilgerfahrt nach Mekka unternommen hat –, mit bürgerlichem

Namen hieß er Samir Abd Muhammad al-Khlifawi. In seinem früheren Leben war er Oberst beim Geheimdienst der irakischen Luftwaffe.

Haji Bakr wurde am 14. Januar 2014 in der Kleinstadt Tall Rifaat in Syrien in seinem Haus erschossen, von Rebellen der Freien Syrischen Armee. Zum Zeitpunkt seines Todes, bei dem er noch mit einer Kalaschnikow auf die Männer feuerte, die ihn ergreifen wollten, war er einer der höchsten Kader von Daesch, vermutlich der Architekt der Eroberung weiter Teile Syriens. In seinem Haus fanden sich präzise, fast pedantische handschriftliche Aufzeichnungen, die zeigen, mit welchen Methoden der IS die Städte und Dörfer in seine Gewalt brachte.

Wie penibel irakische Geheimdienstler vorgehen, hatte ich schon einmal selbst erfahren, bei meinem letzten Aufenthalt in Bagdad vor der US-Invasion im Jahr 2003. Damals las mir ein Mitarbeiter des Informationsministeriums sämtliche Orte vor, die ich bei meinen bisherigen Reisen in den Irak besucht hatte, gleichgültig, ob es sich um einen touristischen Ausflug zum Basar gehandelt hatte oder um ein Gespräch mit einem irakischen Intellektuellen. Jetzt arbeiteten die ehemaligen Schergen Saddam Husseins für den IS, und Haji Bakr führte in Syrien noch wesentlich detailliertere, gefährlichere Listen und Diagramme. Für jeden einzelnen Ort hielt er fest, welche Familien und Clans über das größte Ansehen verfügten, wer die einflussreichsten Händler, Militärchefs der syrischen Rebellion, Aktivisten und muslimische Geistliche waren, wer jeweils welcher religiösen und politischen Orientierung folgte.

In verschiedenen Ortschaften Syriens, über die das Regime in Damaskus die Kontrolle verloren hatte, wurden zunächst sogenannte Dawa-Büros eröffnet. *Dawa* bedeutet auf Arabisch »der Ruf« – gemeint ist ursprünglich der Ruf zum Islam. Beim Ruf der Missionsbüros des IS aber handelte es sich eher um den Ruf zum Dschihadismus. Die Männer der Dawa-Büros waren ausnehmend höflich, sie ließen niemals auch nur durchscheinen, dass sie irgendeine Verbindung zur Terrormiliz »Islamischer Staat« hatten.

Die als Missionare getarnten Spitzel versuchten mögliche Bündnispartner und Gegner zu identifizieren. Vor allem interessierten sie sich dafür, wer welche Laster hatte, wer homosexuell war, wer wen mit wem betrog, wer trank oder Drogen nahm – kurz, wer erpressbar und korrumpierbar war. Manche hatten, noch bevor Daesch sich offen zeigte, in einflussreiche Familien und Stämme eingeheiratet und konnten so von innen Kontrolle ausüben. So manches führende Clanmitglied verschwand einfach; oftmals tauchte nicht einmal die Leiche wieder auf.

Erschien den zumeist irakischen Strategen des Terrors im syrischen Machtvakuum ein Ort sturmreif, kamen die Kämpfer. In rasender Geschwindigkeit brachten sie Dutzende von syrischen Ortschaften unter ihre Kontrolle, häufig ohne dass die Bevölkerung wagte, irgendeine Form von Widerstand zu leisten.

Lange dachte ich, Ziel der irakischen Dschihadisten sei lediglich, Druck auf die Regierung in Bagdad auszuüben, um eine autonome sunnitische Provinz um das nordirakische Mossul zu erzwingen. Seit dem Konflikt in Syrien ist mir klar, dass sie viel ehrgeiziger waren: »*Baqiyya wa tatamaddad*«, »Verbleiben und expandieren«, lautete eine ihrer Maximen. Die IS-Strategen wollten nicht nur nach dem Vorbild der heutigen Herrscher Saudi-Arabiens und der Wahhabiten ein eigenes Reich gründen, sondern die Herrschaft über den gesamten Islam erringen.

Am 5. Juli 2014 bestieg ein Mann im schwarzen Gewand und mit schwarzem Turban die Kanzel der Großen Moschee von Mossul: der Kalif des Terrors. Er hielt dort eine Predigt, die fast ausschließlich vom Dschihad handelte – vom globalen Dschihad. Es war das erste Mal, dass die Welt diesen Mann zu Gesicht bekam, gefilmt von den Propagandaexperten des IS.

Abu Bakr al-Baghdadi, mit bürgerlichem Namen Ibrahim

Awwad Ibrahim Ali Mohammed al-Badri al-Samarrai, war bereits seit 2010 Anführer der Terrororganisation und hatte sich wenige Tage zuvor zum Kalifen Ibrahim ernannt. Wenn Osama bin Laden sich mit der Aura eines weisen Obi-Wan Kenobi umgab, so inszenierte sich Al-Baghdadi als dschihadistischer Darth Vader.

Mit der Ausrufung des »Kalifats« schien der Terrormiliz »Islamischer Staat im Irak und in der Levante«, wie sie sich inzwischen nannte, einer ihrer größten Coups gelungen zu sein: Sie beanspruchte für sich, einen legitimen Nachfolger des Propheten Mohammed zu stellen, das politische, militärische und religiöse Oberhaupt aller Muslime.

Viele Muslime bedauern, dass die sunnitisch-muslimische Glaubensgemeinschaft seit der Abschaffung des Amtes und Titels durch Atatürk nach dem Ende des Osmanischen Reiches und der Absetzung des letzten Sultans und Kalifen kein geistiges und bis zu einem gewissen Grad vereinigendes Oberhaupt mehr hat.[89] Auch wenn heute alle Rechtsgelehrten sowie die große Mehrheit der Muslime die Selbsternennung zum Kalifen für eine Farce halten, war die Ausrufung des Kalifats ein Paukenschlag, den weltweit kein Muslim überhören konnte.

Knapp einen Monat zuvor, Anfang Juni 2014, war es wenigen tausend, vielleicht sogar nur mehreren hundert Kämpfern der Terrormiliz gelungen, die Kontrolle über Mossul zu gewinnen. Die irakischen Truppen desertierten aus Angst vor dem dschihadistischen Terror, nachdem sich das Gerücht verbreitet hatte, ihr ohnehin desorganisiertes Oberkommando sei bereits geflohen.

Daesch fiel mit der Drei-Millionen-Stadt Mossul seine größte Beute in die Hände: Fabriken, Ölraffinerien; mehr als 400 Millionen Dollar[90] aus den Tresoren der irakischen Zentralbank; Waffen und schweres Gerät der geflohenen Armee im Wert von ebenfalls Hunderten Millionen, wenn nicht Milliarden Dollar. Amerikanischen Schätzungen zufolge sollen die Dschihadisten Panzer und Panzerfahrzeuge sowie Geschütze erbeutet haben, mit denen sich drei Armeedivisionen ausrüsten ließen.[91] So war der weitere Eroberungsfeldzug überhaupt erst möglich.

Große Teile der Bevölkerung begrüßten den Einmarsch der Dschihadisten. Warum, das wollte ich aus eigener Anschauung besser verstehen. Ich begab mich 2019 im befreiten Mossul auf Spurensuche.

Mossul, September 2019. Ich stehe am östlichen Tigris-Ufer und schaue auf das westliche. Es scheint nicht besiedelt zu sein, ein Geröllberg mit einer Handvoll verlassener Häuser – Ruinen. Erst bei genauerem Hinblicken entdecke ich kunstvolle Bögen aus Marmor und weiter entfernt die Reste von Kuppelbauten. Wer Mossul nicht kennt, würde nie vermuten, dass die Trümmerlandschaft einstmals das Zentrum der über 2000 Jahre alten Metropole am Tigris war; das Herz eines Handelszentrums mit prunkvollen Stadtschlössern, jahrhundertealten Kirchen, Synagogen und weltberühmten Moscheen. Es wurde in der Befreiungsschlacht gegen den IS im Frühling und im Sommer 2017 verwüstet. Mehr als 29 000 Geschosse, darunter schwere Artillerie, Fliegerbomben und Raketen, soll allein die US-Armee auf die Altstadt gefeuert haben.[92] Der Kampf um Mossul gilt als die verheerendste Schlacht um eine Stadt seit dem Zweiten Weltkrieg, vergleichbar mit der um Stalingrad – mehr als 100 000 Häuser wurden laut UN zerstört oder beschädigt.[93]

In der verwinkelten Altstadt leisteten einige hundert Dschihadisten erbitterten Widerstand gegen die Zweckkoalition aus irakischen Streitkräften und Milizen, kurdischen Peschmerga und den Nato-Staaten USA, Frankreich, Großbritannien, Australien, Kanada, Belgien und Niederlande.[94] Die IS-Kämpfer gruben Tunnel zwischen Häusern, verminten selbst kleinste Gassen, Selbstmordattentäter mischten sich unter fliehende Zivilisten, Scharfschützen nahmen die angreifenden Truppen unter Beschuss.

Die von der monatelangen Offensive ermüdeten irakischen

Streitkräfte, die bereits hohe Verluste im Kampf gegen die Dschiha-disten erlitten hatten, riefen amerikanische Luftunterstützung herbei, sobald sie eine Position des IS ausmachten. So sollte ein noch längerer Häuserkampf vermieden werden. Den Preis für die Befreiung zahlte die Bevölkerung. 9000 bis 11 000 zivile Opfer soll die Schlacht um Mossul gefordert haben.[95] Offizielle Zahlen gibt es weder von irakischer noch von US-amerikanischer Seite.

Auch die Al-Nuri-Moschee aus dem 12. Jahrhundert, in der Abu Bakr al-Baghdadi die Kanzel bestieg und sich der Welt als Kalif präsentierte, liegt in Trümmern. Sie wurde allerdings nicht durch amerikanische Bomben zerstört: Kurz vor der Rückeroberung Mossuls hatte der IS die Moschee mit ihrem berühmten schiefen Minarett gesprengt.

Nur einen Steinwurf entfernt davon, im Innenhof eines der wenigen erhaltenen Gebäude der historischen Altstadt, treffe ich Ahmed, einen 35-jährigen Lastwagenfahrer mit Dreitagebart. Er zieht nervös an seiner Zigarette – fürs Rauchen hätte er unter dem IS Peitschenhiebe erhalten – und nickt auf die Frage, ob es unter dem IS zunächst besser war. Nach dem fast widerstandslosen Ein-marsch von Daesch war er anfangs tief beeindruckt. Die Straßen waren auf einmal richtig sauber, zum ersten Mal seit Jahren funk-tionierte die Müllabfuhr wieder. »Das lag vor allem daran, dass der IS einen Franzosen als Stadtverwalter eingesetzt hatte.« Die Checkpoints der irakischen Armee und der schiitischen Milizen, die ständig Schmiergelder verlangt hatten, waren verschwunden, und die Dschihadisten hätten die Frauen nicht belästigt: »Sie wa-ren respektvoll, nicht wie die irakische Armee oder die Polizei. Es gab Arbeit, und um welche zu finden, musste man niemanden bestechen.«

Die schiitischen Machthaber in Bagdad hatten ihre 2007 nach dem ersten Aufstand in Mossul gegebenen Versprechen gebrochen und keine Anstalten gemacht, die sunnitische Bevölkerung am po-litischen oder wirtschaftlichen Leben Iraks teilhaben zu lassen. Im

Gegenteil: Die Gräueltaten der schiitischen Milizen standen denen der Dschihadisten zu oft in kaum etwas nach. Sie ermordeten, entführten, folterten und erpressten sunnitische Zivilisten.[96] »Nach Jahren des Bürgerkriegs konnten die Mossulis die Misshandlungen durch die von Schiiten dominierte Zentralregierung, deren Armee und Milizen nicht mehr ertragen«, erklärte mir ein befreundeter Journalist aus Mossul: »Viele sahen den Daesch als ›sunnitische Befreiungsarmee‹.« Der IS verhandelte geschickt mit Stammes- und Clanführern, um sich deren Unterstützung zu sichern, versprach ihnen Häuser und Jobs. Dabei machte sich Daesch auch Ressentiments und Neid gegen Minderheiten zunutze, vor allem gegen Christen – viele alteingesessene christliche Familien aus Mossul gehörten einer relativ wohlhabenden Mittelschicht an. Vor allem verstand es der IS, Teile der ärmeren Bevölkerung für sich zu gewinnen.

Ein Randbezirk im Westen der Stadt, ein Villenviertel. Direkt daneben ein Slum, ungeteerte Straßen voller Müll, kleine, einstöckige Häuser, oder besser Hütten, mit Behelfsdächern. Ein irakischer Kampfhubschrauber überfliegt meinen lokalen Führer und mich. In der Umgebung von Mossul sind immer noch vereinzelte IS-Zellen aktiv. Heute greift die irakische Armee mit schwerem Gerät eine Insel im Tigris an. Wir klopfen an eine Tür aus Blech. Drei halbnackte und ungewaschene Kinder machen auf. Sie holen ihre Mutter.

Karima ist Witwe und war mit einem Dschihadisten verheiratet. In gewisser Weise hat sie Glück, im Gegensatz zu den meisten Frauen von Dschihadisten wurde sie nicht mit ihren Kindern in einem Lager interniert. Vermutlich weil alte dschihadistische Bekannte aus Mossul sie beschützen. Den IS befürwortet sie immer noch.

Vor der IS-Invasion arbeitete Karimas Mann als Tagelöhner auf dem Bau. Dann kam das Angebot, sich für dreimal mehr Geld plus

Lebensmittelrationen dem IS anzuschließen. Karima betont, er sei nur Wächter einer Fabrik gewesen und kein Kämpfer. Er wurde jedoch bei einem Luftangriff schwer verwundet und verbrachte Monate im Krankenhaus. Der IS kümmerte sich um seine Frau und seine Kinder und zahlte sein Gehalt weiter, umgerechnet um die 300 Euro monatlich, während weit über die Hälfte der Iraker von weniger als fünf Euro am Tag lebten und unter Nahrungsknappheit litten. Nach seiner Genesung war er wieder für die Dschihadisten tätig. In der Endschlacht um Mossul starb er, seine Leiche wurde nie gefunden.

Weder Karima noch ihre drei Kinder erhalten von der irakischen Regierung Unterstützung. Dazu müsste sie sich bei den Behörden registrieren lassen; Karima fürchtet, dann verhaftet und interniert zu werden. Ihre Kinder können deshalb auch nicht zur Schule gehen.

Zwei Menschen, die den IS unterstützt haben – einfach um ein klein wenig besser zu leben. So banal ist das oftmals, was als Radikalisierung und Rekrutierung bezeichnet wird.

Die Niederlage von Daesch

»Die letzte Stunde wird nicht kommen, bevor die Römer [...] in Dabiq landen. Eine Armee aus den besten Menschen der Welt wird aus Medina kommen, um sich ihnen entgegenzustellen«[97], lautet eine von den IS-Propagandisten immer wieder zitierte Überlieferung des Propheten Mohammed. In der IS-Interpretation dieses *Hadith* wurde das Städtchen Dabiq in Syrien Ort der apokalyptischen Endschlacht zwischen Gut und Böse. Die »besten Menschen« waren natürlich sie selbst, und die Römer das Sinnbild für die »Kreuzzügler«, den Westen und alle anderen »Ungläubigen«, die hier besiegt werden würden. *Dabiq* nannte der IS sogar sein englischsprachiges Online-Magazin.

Den symbolträchtigen Ort konnte Daesch allerdings nur knapp zwei Jahre halten, von 2014 bis 2016, dann eroberte ihn ohne großen Widerstand und mit türkischer Unterstützung die Freie Syrische Armee. Und die Endschlacht, die den Untergang des Pseudokalifats als territoriale Macht besiegeln sollte, fand entgegen allen apokalyptischen Prophezeiungen des IS 400 Kilometer entfernt statt: In der syrischen Ortschaft Baghus am Euphrat und in einer Reihe von umliegenden Dörfern an der Grenze zum Irak besiegten Anfang 2019 vor allem kurdische Kämpfer der Demokratischen Kräfte Syriens (Syrian Democratic Forces, SDF) mit US-amerikanischer Luftunterstützung mehrere hundert fanatische Anhänger des »Kalifats«. Die letzten verzweifelten Verteidiger des IS waren vor allem Ausländer – aus Europa, aber auch aus dem Kaukasus und aus Zentralasien. Eine Flucht war ausgeschlossen; im Gegensatz zu Syrern oder Irakern konnten sie sich aufgrund ihres Aussehens nicht unter die einheimische Bevölkerung mischen. So kam es trotz der massiven Luftangriffe, vor allem der U.S. Air Force, wie zuvor in Mossul und Raqqa, zu einem brutalen Endkampf mit allen Mitteln: Sprengfallen, Autobomben und Selbstmordattentaten.

Am 23. März 2019 endete in Baghus die territoriale Schreckensherrschaft des »Kalifats«. Es war die bisher letzte einer langen Reihe von Schlachten gegen den IS im Irak und in Syrien.

Nur zehn Monate hatte der IS nach dem Auftauchen aus dem Untergrund gebraucht für seinen beispiellosen Eroberungszug, beginnend mit der Besetzung Raqqas im August 2013 bis zur Eroberung Mossuls im Juni 2014, um ein Territorium von der Größe Großbritanniens zu beherrschen und um sein Kalifat auszurufen. Fast fünf Jahre hingegen kämpften oft untereinander verfeindete Kräfte – Staaten und deren lokale Bündnispartner, allen voran die mächtige libanesische Hisbollah sowie die syrische Kurdenmiliz YPG, aber auch christliche, jesidische und arabische Stammesmilizen –in wechselnden und sich teilweise überlagernden Koalitionen gegen Daesch.

Wann genau der Anfang vom Ende des IS begann und welche Ereignisse für dessen Niederlage entscheidend waren, damit mögen sich künftige Historiker und Militärspezialisten beschäftigen. Bereits heute steht fest: Viele Stärken des IS waren gleichzeitig seine größten Schwächen – die rasante territoriale Expansion; seine extreme Grausamkeit, die anfangs seine Feinde verschreckte; und selbst seine so erfolgreiche Propaganda. Das Pseudokalifat ist an seinem Größenwahn als territoriale Macht zugrunde gegangen.

Als im Juni 2014 Abu Bakr al-Baghdadi die Wiederauferstehung des Kalifats verkündete und sich selbst zum Kalifen ernannte, hielten das viele Beobachter für einen geschickten strategischen und propagandistischen Schachzug, ich selbst übrigens auch. In der Tat lockte die Verheißung eines wiederauferstehenden Kalifenreichs Zehntausende junge Menschen aus der ganzen muslimischen Welt und aus Europa an, darunter den Erkenntnissen des Bundesverfassungsschutzes zufolge mehr als tausend Deutsche.[98] Zugleich zwang die Ausrufung des Kalifats die gesamte islamische Welt, sich zu positionieren – für den IS oder dagegen.

Sich für den IS zu entscheiden oder ihn walten zu lassen hieß nicht weniger, als die Terrororganisation als legitime religiöse Führung der gesamten muslimischen Glaubensgemeinschaft anzuerkennen. Diese Anmaßung war für die überwältigende Mehrheit der Muslime und vor allem für muslimische Staatsführer inakzeptabel: nicht nur für die regionalen Erzrivalen Iran und Saudi-Arabien, die ihrerseits den Führungsanspruch und die Deutungshoheit über den Islam erhoben, sondern auch für alle anderen mehrheitlich islamischen Staaten und deren Religionsgelehrte. So machte sich Daesch auf globaler, auf regionaler und auf lokaler Ebene unversöhnliche Feinde. Anders als gegenüber Al-Nusra, Al-Qaida oder den Taliban wurde eine Grauzonenpolitik der Tolerierung oder gar Unterstützung unmöglich. Selbst Staaten, unter deren Bevölkerung Sympathien für die Dschihadisten und speziell für den Kampf gegen das Assad-Regime existierten – etwa Saudi-Arabien oder die Golfstaaten –, wendeten sich von Daesch ab. Schließlich rang sich auch der Westen unter Führung der USA in der »Internationalen Allianz gegen den Islamischen Staat« dazu durch, den IS entschlossen zu bekämpfen. Der Koalition gehörten zeitweise 59 Länder an.

Das erste Drittland, das Daesch militärisch herausforderte, war die Islamische Republik Iran. Als der IS nach der Eroberung Mossuls Anfang Juni 2014 immer mehr sunnitische Städte im Irak unter seine Kontrolle brachte und sich der Hauptstadt Bagdad näherte, begann das Ajatollah-Regime die von Schiiten dominierte Regierung im Irak und deren schiitische Milizen, die sogenannten Volksmobilmachungskräfte, *Hasched al-Schaabi,* massiv militärisch zu unterstützen. Bis Ende 2015 waren wichtige Städte wie Tikrit oder Ramadi befreit.

Eines der entscheidenden Ereignisse für das Eingreifen des Westens war der Angriff auf das Sindschar-Gebirge mit den darauffolgenden Massakern an den dort lebenden Jesiden im August 2014.[99] 40 000 bis 50 000 Jesiden sollen geflüchtet, 10 000 getötet und 7000 jesidische Frauen und Mädchen zu Sexsklavinnen gemacht worden sein.[100] Die Vereinten Nationen verurteilten die Verbrechen der Terrormiliz an den Jesiden als Völkermord.[101]

Im September 2014 ordnete der damalige US-Präsident Barack Obama gezielte Luftangriffe gegen IS-Stellungen an und ließ Hilfsgüter für die eingekesselten Jesiden abwerfen. Der Terror des IS führte schließlich Anfang Dezember 2014 zur Formierung der »Internationalen Alllanz«, in der neben den USA auch Frankreich, Großbritannien und arabische Staaten wie Jordanien eine wichtige Rolle spielten. Das militärische Engagement Frankreichs und die Entschlossenheit des Landes, Daesch in die Knie zu zwingen, wuchsen nach den Attentaten 2015 auf *Charlie Hebdo* und 2016 auf das Konzerthaus Bataclan, die die französische Republik bis ins Mark erschütterten. Deutschland beteiligte sich unter anderem mit Aufklärungsflügen und bildete kurdische Sicherheitskräfte aus. Die Befreiung Sindschars im November 2015 war von großer strategischer Bedeutung: Wer Sindschar besaß, kontrollierte auch die Autobahn von Mossul ins syrische Raqqa, die Hauptstadt des »Kalifats«.

Als letzte wichtige Regionalmacht nahm 2016 schließlich die Türkei den Kampf gegen Daesch auf – eine politische Kehrtwende nach der Unterstützung der Dschihadisten, die erst erfolgte, nachdem die Türkei selbst zum Opfer einer blutigen Anschlagswelle geworden war.[102] Russland hatte, wie beschrieben, bereits 2015 im Syrienkonflikt interveniert, zunächst mit dem Ziel, den Machterhalt der Assad-Diktatur zu sichern: Die ersten Bombenangriffe galten den für das Regime bedrohlichen Kräften der Freien Syrischen Armee, die zu diesem Zeitpunkt die zweitgrößte Stadt und Wirtschaftsmetropole Aleppo kontrollierte. Erst als die wichtigsten syrischen Städte von den gemäßigten syrischen Oppositionskräften befreit waren, wandten sich die Russen dem Kampf gegen die Dschihadisten zu. Russische Kampfjets sollen Hunderte von Angriffen gegen Ziele des IS geflogen haben. Ein entscheidender Beitrag im Kampf gegen Daesch war die Befreiung der historischen Oasenstadt Palmyra 2017. Russland wurde durch seine massive Intervention zu einem wichtigen Machtfaktor in der Region.

Mit welchen Ereignissen auch immer das Ende des IS eingeläutet wurde – ob bereits 2014 mit der Rückeroberung des Mossul-Damms oder 2015 mit der Befreiung der Jesiden im Sindschar-Gebirge –, weitere militärisch wichtige Etappen waren jedenfalls die Vertreibung des IS aus der Sunnitenhochburg Falludscha im Juni 2016 durch die irakische Armee und die Niederlage des IS im August in der Stadt Manbidsch in Syrien nach Gefechten mit den Demokratischen Kräften Syriens (SDF), die von

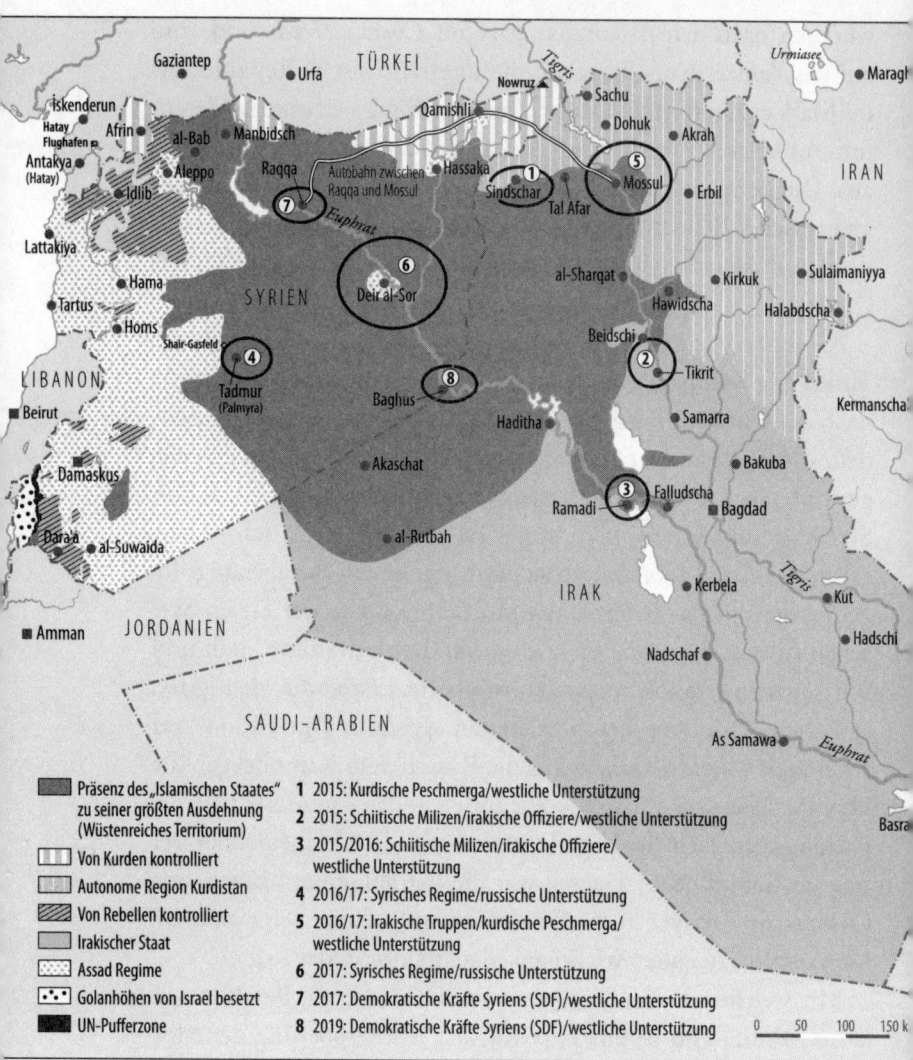

Maximale Ausbreitung des IS (2015) und wichtige Etappen bei seiner Zurückdrängung als Territorialmacht.

den kurdischen YPG dominiert sind und von den USA unterstützt wurden.[103]

Es folgte das entscheidende Wendejahr im Kampf gegen Daesch: Im Juni 2017 befreiten irakische Militäreinheiten nach monatelangen Gefechten Mossul; im September gelang es dem syrischen Regime, große Teile der Provinz Deir al-Sor mit ihren wichtigen Ölfeldern und die gleichnamige Stadt zurückzugewinnen und bis zum Euphrat vorzustoßen; im Oktober vertrieben die SDF den IS aus der »Hauptstadt des Kalifats« Raqqa. Und Anfang 2019 fand schließlich die bereits erwähnte Endschlacht um Baghus im Osten Syriens statt: Der IS verlor seine letzte Bastion.

Nicht nur militärisch, auch wirtschaftlich überschätzte sich Daesch in seinem Größenwahn. In einem Propagandavideo aus dem Jahr 2015 ist zu sehen, wie das »Kalifat« aus dem westlichen, »von Juden dominierten« globalen Wirtschaftssystem aussteigen will: Golddinare sollten laut dem »Finanzminister« des IS den Dollar des Feindes USA als die in Syrien und im Irak wichtigste Währung ersetzen.[104] Das Vorhaben verlief lange vor dem Ende des IS im Sande.

Zunächst verstand es der IS jedoch überaus erfolgreich, seinen Dschihad zu finanzieren. Er wurde als reichste Terrororganisation aller Zeiten beschrieben. Auf dem Höhepunkt seines Eroberungsfeldzugs im Jahre 2014 soll er fast 1,5 Milliarden Euro eingenommen haben. Als der IS noch im Untergrund operierte, waren vor allem Spenden von reichen Sympathisanten aus den Golfstaaten sowie erpresserische Schutzgelder die Haupteinnahmequellen.

Nach der Eroberung großer Landesteile des Iraks und Syriens wurde der Verkauf von Rohstoffen, in erster Linie Erdöl, aber auch Erdgas und Phosphat, zu wichtigen Geldquellen. Durch eine geschickte Einkommensumverteilung bei der Erdölausbeutung sicherte sich der IS sogar anfänglich Sympathien in der Bevölkerung: Syrisches Erdöl, das zuvor staatliche Raffinerien verarbeiteten, wurde an Kleinunternehmer verkauft, die es in hochgefährlichen Prozessen, in improvisierten Raffinerien mit Fässern über offenem Feuer, in Benzin und Diesel umwandelten. Doch die Ölförderung kam nach massiven Luftangriffen zum Erliegen.

Anfangs erhob der IS in den Gebieten unter seiner Kontrolle hohe Abgaben auf die vom irakischen Staat weiter bezahlten Gehälter von Beamten, Ärzten und Lehrern – die Zahlungen wurden jedoch 2015 gestoppt. Händler und Bauern wurden mit der Begründung, die Almosenabgabe *zakat* sei eine der Säulen des Islam, immer höher besteuert. Minderheiten wie die Christen mussten die *dschizya*, eine islamische Kopfsteuer für Andersgläubige, als Schutzgeld zahlen. Hab und Gut von geflüchteten Syrern und Irakern wurde beschlagnahmt und an IS-Kämpfer vergeben oder verkauft; so konnten auch europäische Kämpfer in komfortablen Villen leben.[105]

In Propagandafilmen erklären europäische Kämpfer, *ghanim*, Beute aus Plünderungen, sei im Dschihad legitim, auch um damit weitere gewaltaffine und bereits kriminelle Rekruten aus Europa anzulocken. Geiselnahmen waren für das »Kalifat« ebenfalls ein einträgliches Geschäft. Millionen Euro soll die französische Regierung für die Befreiung französischer Journalisten, darunter mein Bekannter Nicolas Hénin, bezahlt haben, damit ihnen nicht dasselbe Schicksal widerfuhr wie US-amerikanischen Geiseln – etwa dem Journalisten James Foley –, die von den Schergen des IS vor laufender Kamera für schauerliche Propagandavideos hingerichtet wurden, da die Vereinigten Staaten jedwede Lösegeldzahlung an Terroristen weltweit ablehnen.[106] Wie erwähnt, scheute der IS auch vor dem Handel mit jesidischen Frauen als Sexsklavinnen nicht zurück.

Über eine weitere Einnahmequelle der Dschihadisten wurde viel berichtet: den Kunsthandel. Als ich 1998 für die erwähnte Dokumentation über die historischen Stätten des Iraks die Region bereiste, bot sich mir ein unvergesslicher Anblick: Mitten in der

Wüste wurde mein Auto vor der Kulisse der parthischen Stadt Hatra von einer riesigen Herde Kamele blockiert. Auch an die monumentale geflügelte Stierskulptur mit Menschenkopf, den Lamassu, Schutzgott eines Tores von Ninive, das heute zum Stadtgebiet von Mossul gehört, erinnere ich mich sehr genau, allerdings mit getrübter Freude. Große Teile Ninives wurden 2016 mit Bulldozern dem Erdboden gleichgemacht. Bei meinem letzten Besuch dort im Jahr 2019 waren fast nur noch Stein- und Sandhügel zu sehen. Hatra wurde – ebenso wie die präislamische arabische Oasenstadt Palmyra in Syrien oder die Überreste der Assyrerhauptstadt Nimrud – in medienwirksam gefilmten Inszenierungen mit Presslufthämmern und Sprengungen stark zerstört.[107] Im dschihadistischen Zerrbild des Islam gelten die Reliefs und Statuen wie die geflügelten Götter als Götzen, und Götzenverehrung ist strikt verboten.

Tatsächlich ging es Daesch, wie bereits den Taliban mehr als zwei Jahrzehnte zuvor, vor allem um den globalen medialen Effekt. Denn gleichzeitig betrieb die Terrororganisation aktiv Antiquitätenschmuggel – die Routen führten hauptsächlich durch die Türkei – mit den offiziell als Teufelswerk verdammten Kulturschätzen, und zwar gut organisiert. Konzessionen für Raubgrabungen wurden vergeben. Verkauft wurde vor allem an den von Daesch verteufelten Westen. Allein bis 2014 soll der Antiquitätenraub der Terrormiliz 36 Millionen Dollar eingebracht haben.[108] Dass dabei unwiederbringlich Weltkulturerbe zerstört wurde, war der internationalen Kundschaft gleichgültig.

In Mossul fielen den dschihadistischen Bilderstürmern nicht nur Zeugnisse der vorislamischen Kultur zum Opfer; schon 2014 hatten sie den Stolz der Stadt gesprengt, die Moschee mit dem Schrein des Propheten Jonas, weil auch sie angeblich der Götzenverehrung diente. Daraufhin hatten sich im Übrigen viele Muslime, die dem IS zunächst positiv gegenüberstanden, von diesem abgewandt. Unter dem Schutt des Heiligtums unterhielt der IS im

Geheimen ein komplexes Tunnelsystem – erneut zum Plündern. Hier verbarg sich der bis dahin unerforschte Palast des assyrischen Königs Asarhaddon aus dem 7. vorchristlichen Jahrhundert.[109] Während die monumentalen Schutzgötter von Ninive vor laufenden Kameras zerstört wurden, ließ der IS hier die geflügelten Löwen und Stiere intakt, vermutlich um sie im richtigen Moment ebenfalls unbemerkt zu verscherbeln.

Daeschs Propagandavideos zeigen üppige Märkte und Läden voll mit Zuckerwerk und Softdrinks in Mossul. Einige dieser Videos hat der Brite John Cantlie gedreht. Sie wirken wie objektive Reportagen über den ganz normalen Alltag unter dem IS, sind jedoch in Wirklichkeit ein Höhepunkt der Perfidität: Cantlie war professioneller Journalist, bis er zur IS-Geisel wurde – er filmte, um nicht ermordet zu werden.

Die wirtschaftliche Realität des Scheinkalifats war selbst auf dem Höhepunkt seiner Macht eine andere als die in den Videos gezeigte: Der IS hat nie in wirtschaftliche Produktivität investiert, auch wenn die Dschihadisten versuchten, bestehende Industriebetriebe weiterzuführen, und das sogar mit westlicher Hilfe. Ein Beispiel ist das Zementwerk der französischen Gruppe Lafarge im nordsyrischen Jalabiyeh: Mitarbeiter des Konzerns handelten mit Daesch den Weiterbetrieb der Fabrik aus. Der Konzern musste sich hierfür vor der Justiz in Paris wegen Unterstützung einer terroristischen Vereinigung verantworten.[110]

Fast die gesamten Einnahmen der Terrororganisation flossen in den Dschihad – für Sold, Waffen und Munition. Priorität hatte der Sicherheitsapparat: die Geheim- und Religionspolizei sowie der »Dienst für Aktionen«, zuständig für Terroranschläge im Ausland. Und der IS entwickelte und produzierte Waffen, darunter Drohnen, und versuchte sogar Flugzeuge zu bauen. Dies waren jedoch die einzigen »produktiven« Investitionen. Ansonsten bestand die »IS-Wirtschaft« aus Raub und Erpressung. Der »Islamische Staat«

konnte sich nur finanzieren, wenn er weiter expandierte, ständig neue Gebiete unter seine Herrschaft brachte und deren Bevölkerung ausbeutete. Als der Raubzug militärisch aufgehalten wurde und Daesch territoriale Verluste hinnehmen musste, brach auch das Finanzierungssystem zusammen. Mochte das »Finanzministerium« mit Sitz in Mossul auch immer wieder beteuern, der Bevölkerung stünden eine kostenlose Gesundheitsversorgung und Sozialdienste zur Verfügung, so sank der Lebensstandard unter dem IS doch beständig. Die Nahrungsmittel wurden knapp, die Preise explodierten, der Unmut unter der Bevölkerung wuchs.

»Sie haben viel versprochen und wenig gehalten – die haben den Leuten ein volles Glas Wasser und Essen gezeigt, ihnen aber nichts gegeben, außer wenn man ihnen den Treueeid schwor und bereit war, für sie zu sterben«, berichtet Ahmed, der Lastwagenfahrer, den ich neben der zerstörten Großen Moschee traf. »Der IS war einfach größenwahnsinnig, und das haben die Leute gemerkt.«

Kurz vor der Schlacht um Mossul flüchtete Ahmed mit seiner Frau und seinen zwei Kindern aus der Stadt. Dafür musste er viel Geld in der Währung des Satans an den IS zahlen: 700 Dollar. Ansonsten hätten die Dschihadisten seine Familie wie die vieler anderer Mossulis als menschliche Schutzschilde benutzt.

»Der Dschihad wird weitergehen bis zum Tag des Jüngsten Gerichts. Gott hat uns den Dschihad befohlen, nicht den Sieg. Der Kampf des Islam gegen die Kreuzfahrer wird lang sein.« Dieses Zitat stammt vom IS-Führer Abu Bakr al-Baghdadi nach der Schlacht um Baghus, die der territorialen Herrschaft der Terrororganisation – rund fünf Monate vor seinem Tod – ein Ende setzte. Es ist mehr als eine Durchhalteparole. Die Dschihadisten sind tatsächlich überzeugt, dass sie in einem Krieg sind, der bis zum Tag des Jüngsten Gerichts weitergeführt werden muss. Für sie ist lediglich eine Schlacht verloren. Allein die Existenz des »Kalifats«, auch wenn seine Dauer beschränkt war, bleibt für sie ein Erfolg.

Die Verfechter des globalen Dschihad sind bereits dabei, ihre Niederlage in einen Propagandasieg umzumünzen, schließlich war ihr Pseudostaat weltweit bekannt und über Jahre täglich in allen Medien. Der IS möchte weiter rekrutieren. Und wie die Hydra des Dschihadismus vor allem junge Menschen – Männer und zunehmend auch Frauen – verführt, das möchte ich im folgenden Teil des Buches diskutieren.

II. Schleichwege der Hydra
Woraus bezieht der Dschihadismus seine Kraft?

Über die Frage, weshalb sich Menschen radikalisieren, zerbrechen sich seit Jahren Politiker, Vertreter von Sicherheitsbehörden, aber natürlich auch Psychiater und Psychologen, Islam- und Sozialwissenschaftler den Kopf – alle, die verhindern wollen, dass sich Menschen weiterhin dem Dschihadismus zuwenden, und jene, die überall auf der Welt versuchen, die bereits von der Ideologie Verführten zum Gewaltverzicht zu bewegen. Muss man, um zu verstehen, warum der Dschihadismus so viele in seinen Bann gezogen hat, die Geopolitik der arabisch-islamischen Welt kennen? Liegt der Schlüssel im Islam und seinen verschiedenen Auslegungen? Sind Analysen der gesellschaftlichen Verhältnisse entscheidend? Oder sind psychologische Kenntnisse wichtiger?

Ich habe das Gefühl, dass die Debatte sich in einer Endlosschleife dreht. Viele der daran Beteiligten schaffen es nicht, über den Tellerrand zu schauen. Zu oft versteifen sich Spezialisten, die sich mit dem Dschihadismus beschäftigen, auf die Perspektive ihres Fachgebiets. Sicherheitsbehörden, aber auch Politiker haben ihn lange lediglich als neue »technische Herausforderung« bei der Terrorismusbekämpfung bewertet. Psychologen neigen dazu, ihn auf individuelle Probleme, etwa psychische Störungen oder Traumata, zu reduzieren. Soziologen konzentrieren sich oft zu sehr auf gesellschaftliche Ausgrenzungen, Islamwissenschaftler auf die »religiösen« Aspekte von Radikalisierung. Politikwissenschaftler haben die Tendenz, vor allem die Geopolitik und Konflikte in den Vordergrund zu stellen. Umgekehrt wird das Problem in Deutschland zu oft als ein rein deutsches betrachtet, das nichts mit der arabisch-islamischen Welt zu tun hat. Dabei ist die Hydra ja dort entstanden und nährt sich aus den dortigen Missständen.

Nur wenn man versteht, warum Menschen dem Dschihadismus verfallen und wie die Hydra verführt, kann man ihrer zerstörerischen Kraft entgegentreten. Um das zu analysieren, halte ich die Unterscheidung von *fünf Faktorengruppen* für sehr nützlich: Da sind erstens *sozioökonomische* und *soziokulturelle* Faktoren – sie betreffen zumeist die Ausgrenzung von Menschen. Zweitens *psychologische* Faktoren, etwa persönliche Traumata und Sinnsuche. Drittens *ideologische* Faktoren: ein relativ neutraler Begriff, unter den sich politische Überzeugungen wie eine antiwestliche Haltung, aber auch das Versprechen eines »wahren Islam« einordnen lassen. Viertens *lokale* Faktoren, Nährböden, auf denen dschihadistische Netzwerke sich entwickeln können. Und schließlich die *geopolitischen* Faktoren sowie die daraus resultierenden Konflikte, aufgrund derer der Dschihadismus überhaupt erst entstanden ist und sich verbreitet hat. Die lokalen und die globalen Faktoren beeinflussen sich wechselseitig, der Dschihadismus ist »glokal«. Alle Faktoren überschneiden sich zudem natürlich und haben bei der Radikalisierung eine unterschiedliche Gewichtung – ich werde darauf in den folgenden Kapiteln immer wieder zurückkommen.

Aus all diesen Faktoren speist sich die Propaganda, die das Heilsversprechen der Ideologie nährt. Sie ist auf vermeintliche und reale Missstände ebenso wie auf individuelle Wünsche und Hoffnungen fein abgestimmt. Propaganda ist eine der mächtigsten Waffen der Hydra des Dschihadismus – ihr giftiger Atem. Über die Propagandamaschine des Terrors möchte ich daher zunächst berichten.

Der giftige Atem – Propaganda

Berlin-Charlottenburg, November 2007. Die Szenerie im abgedunkelten Wohnzimmer ist morbide. Zwei Monitore eines Videoschnittplatzes, an der Wand hängt das schwarze Banner des Islam. Auf einem der Bildschirme läuft ein Video. Es zeigt den Kopf eines toten Mudschahid, der mit einem Lächeln auf den Lippen in den Wolken schwebt. »Er lächelt, weil er während des Sterbens schon das Paradies gesehen hat und glücklich ist«, erklärt unser Gastgeber, »das gibt es bei keiner anderen Armee.«

Der Mann, der meinen Kameramann und mich in seine Wohnung in Berlin-Charlottenburg eingeladen hat, ist der gebürtige Ägypter Reda Seyam, einer der führenden dschihadistischen Propagandisten und späteres IS-Mitglied. Wir drehen gerade die Dokumentation *Die Sprache von Al-Qaida*, einen Film über die Bildpropaganda des globalen Dschihad, und bei diesem Thema will Seyam unbedingt mitreden – die Dschihadisten von damals waren alles andere als pressescheu, erst recht nicht jene, die selbst Propaganda machten, so wie Seyam.

Schon seit Jahren hatte er auf diesem Gebiet Erfahrung. 1994 war er mit seiner deutschen Frau nach Bosnien gereist, um sich dort als »Journalist des wahren Islam«, wie er erklärte, nützlich zu machen: »Mit Bosnien haben wir das westliche Informations- und Medienmonopol durchbrochen, dann kam der Irak. Wir haben die USA mit ihren eigenen Waffen geschlagen – der Kamera. Nicht nur Hollywood kann Bilder von dauersiegenden Rambos zeigen, um junge Amerikaner zu rekrutieren. Wir haben unsere eigenen Filme, um jungen Muslimen ein Beispiel zu geben, und reißen die hübsche Maske herunter, die sich die Vereinigten Staaten aufsetzen, wir zeigen Wahrheit, echte islamische Informationen.«[1]

Auch wenn für Seyam der Mediendschihad in Bosnien ein voller Erfolg war – militärisch seien die Mudschaheddin verraten worden.

Das Friedensabkommen von Dayton sei eben eine Verschwörung gewesen, Amerikaner, Europäer und Israelis hätten den Sieg des Islam verhindern wollen: »Ein Komplott der Kreuzfahrer, die Rache wird kommen.«

Die deutschen Dienste hatten Seyam schon lange im Verdacht, Mitglied Al-Qaidas zu sein und in Asien Anschläge geplant zu haben. Allerdings konnte ihm nie etwas nachgewiesen werden. Er selbst behauptete immer, er sei schlicht ein muslimischer Medienarbeiter. So konnte er fast unbehelligt in Berlin für den Dschihadismus werben und Nachwuchs in Deutschland »fördern«.

Wahrscheinlich 2012 reiste er über Ägypten nach Syrien, um dort seine »Medienarbeit« für den IS fortzusetzen. Er soll zeitweilig sogar »Bildungsminister« des IS und somit ranghöchstes deutsches Mitglied der Terrororganisation gewesen sein. Vermutlich wurde er bei der Befreiung von Mossul 2017 getötet.[2]

»Der Tod ist unser Ziel, wir lieben es zu schlachten und kriegen nie zu viel.« Diese gruselige Zeile singt der in Berlin-Kreuzberg geborene Denis Cuspert in einem IS-Video, in dem er gegen Leichen tritt. Seyam und der 15 Jahre jüngere Cuspert waren gute Bekannte, sie trafen sich häufig in derselben Moschee in Berlin-Wedding. Cuspert, dessen Karriere als Gangsta-Rapper Deso Dogg in Deutschland nicht gerade von Erfolg gekrönt war, begab sich 2013 ebenfalls nach Syrien. Der Sohn einer deutschen Mutter und eines ghanaischen Vaters wollte immer berühmt werden.[3] Als Abu Talha al-Almani wurde er schließlich zum Hauptdarsteller brutalster Videos und zu einem der wichtigsten deutschen IS-Propagandainstrumente. So brachte er es bis zu seinem Tod 2018 zu einer gewissen traurigen Bekanntheit – zumindest unter deutschen Dschihadismus-Fans.

Cuspert ist nur einer von vielen Europäern, die ab 2012 vom IS rekrutiert und Kämpfer in dessen Propagandakrieg wurden. Mit den Horrorvideos gelangte die Propagandamaschinerie zur vollen

Entfaltung. Dass es ihr gelang, die ganze Welt zu überschwemmen und eine so verheerende Wirkung zu entfachen, liegt nicht zuletzt daran, dass sie nicht über Nacht entstanden ist. Von Anfang an setzten die Dschihadisten auf die neuesten Technologien, erst auf Audio- und VHS-Kassetten, dann auf CD-ROMs und DVDs bis zum heutigen Full-HD der sozialen Medien. Die Propagandamaschine des IS baute auf Bildern und Methoden auf, die Al-Qaida und andere dschihadistische Organisationen bereits produziert und entwickelt hatten. Schließlich war ja auch Bin Laden kein Mann, der in einer Höhle hauste, sondern ein brillanter Kommunikator, der sein Image mit großem Aufwand pflegte.

Ikonen, Märtyrer, der 11. September und Rap: Die Geschichte der Propaganda

Vor 40 Jahren begann mit der Bewegung am Hindukusch auch ihr Propagandakrieg. »Afghanistan war das Laboratorium für die Medien«, erklärte mir Abdallah Anas, der ehemalige Kampfgefährte von Bin Laden und Schwiegersohn des Ideologen Abdallah Azzam, als ich ihn in London besuchte. »Wir haben *al-Jihad,* ein von uns in den USA verbreitetes Magazin, hergestellt und Videos unter dem Label ›Spiegel des Dschihad‹ produziert.« Die Filme seien zwar zunächst noch »amateurhaft und experimentell« gewesen, doch der für den Dschihadismus so zentrale Märtyrerkult mit seinem Heilsversprechen wurde während des Afghanistankriegs der achtziger Jahre zum ersten Mal filmisch in Szene gesetzt.

Schon diese frühen Videos, etwa *Die Karawane der Märtyrer* – der Titel verweist auf die Schrift *Folgt der Karawane!* von Abdallah Azzam –, enthalten Fotomontagen von gefallenen Kämpfern, die lächelnd über den Wolken schweben, weil sie bereits im Garten Eden weilen. So kitschig sie aus heutiger Sicht erscheinen mögen: Mit ihnen begann der visuelle »Märtyrerkult« – seither eine der wichtigsten Propagandawaffen der Dschihadisten –, und sie dienten allen späteren Produktionen als Vorlagen.

Weitere damals eingeführte Elemente gehören ebenfalls seitdem zum Standardrepertoire des audiovisuellen Dschihad: die gekreuzte Kalaschnikow vor dem Koran oder *naschids*, A-cappella-Schlachtgesänge, die mittlerweile durch »Dschihad-Rapper« wie Denis Cuspert in fast allen europäischen Sprachen existieren.

Nach dem Ende des Krieges am Hindukusch 1989 begann die dschihadistische Medienschlacht erst richtig. Vor allem in jenen beiden Ländern, in denen sich viele Dschihadisten der ersten Stunde niederließen, wurde die Propaganda professionalisiert: in Großbritannien und Bosnien. »Londonistan« war die mediale Drehscheibe, das nötige Propagandamaterial stammte aus dem Bosnienkrieg. In ihrem Hauptquartier im bosnischen Zenica produzierte die »Mudschaheddin-Brigade« hochprofessionell Kampf- und Märtyrervideos. Technische Neuerungen, leichte, kostengünstige VHS-Kameras und CDs erleichterten die Verbreitung in immer mehr Sprachen: »Seine Waffe war die Kamera«, heißt es in einem Propagandafilm, in dem ein gefallener Dschihadist aus Deutschland neben seinem durchschossenen Aufnahmegerät zu sehen ist. Die Medienmacher des Dschihad wurden den Kämpfern gleichgestellt.

Das effizienteste Rekrutierungsinstrument des globalen Dschihad wurde zur selben Zeit in »Londonistan« von einem »Bosnienveteranen« geschaffen: das dschihadistische Internet. Babar Ahmad, 24 Jahre alt, kreierte 1996 die erste dschihadistische Website. Er nutzte dafür den Server seiner Hochschule, des renommierten Imperial College. Auf www.azzam.com, benannt nach dem geistigen Vater des Dschihadismus, konnten Interessenten aus der ganzen Welt Videos zum »Heiligen Krieg« in Bosnien, Tschetschenien oder Afghanistan suchen und bestellen. Mit dieser Seite begann der Online-Dschihad.

Der globale Mediendschihad war bereits 1994 eingeläutet worden: Nach seiner Rückkehr nach Afghanistan organisierte Bin Laden über Mittelsmänner in London seine erwähnten Interviews für internationale Satellitensender, in denen er auch seine ihm zufolge zu wenig beachtete Kriegserklärung an den Westen überbrachte. Und zeitgleich mit den Anschlägen auf die US-Botschaften in Nairobi und Daressalam 1998, die ihn global bekannt machten, produzierte das Medienkomitee Al-Qaidas viel beachtete Videos: großangelegte Inszenierungen mit Hunderten von Kämpfern. Die Truppen Al-Qaidas – wie die des IS mehr als ein Jahrzehnt später – präsentierten sich darin als Erlöser, die gemäß einer obskuren Überlieferung des Propheten von Afghanistan aus in die Endschlacht ziehen, um dem Islam zum Sieg zu verhelfen: »Männer mit langen Bärten werden ihre Banner entrollen. Sie kommen aus dem Khorasan.«[4]

Die Filme suggerieren zudem, Bin Laden und seine Truppen hätten sich dem Beispiel des Propheten folgend ins Exil – in die *hidschra* – begeben, um wie Mohammed und seine Gefährten in der einzig wahren Glaubensgemeinschaft zu leben. Die Symbolik der *hidschra* wird in Videos auf die Spitze getrieben, in denen Bin Laden in Grotten oder vor Bergen posiert – beides Orte, die im Islam für die göttliche Offenbarung stehen. Auch mit seiner Kleidung versuchte Bin Laden, den Propheten zu imitieren und dessen einzigartige Stellung im Islam zu usurpieren: als oberster Heerführer – symbolisiert durch Militärjacke und Kalaschnikow –, als politischer Führer mit dem traditionellen Gewand saudischer Notabeln, der *abaya*, und als Religionsführer mit dem weißen Gewand muslimischer Gelehrter. Bin Laden entfaltet in den Videos sein volles Charisma.

In Kairo zeigte ich 2007 einer Gruppe junger Männer Videos von Bin Laden. Sie hatten zuvor noch nie Aufnahmen von ihm gesehen:»Der Mann hat einfach eine Wahnsinnsausstrahlung und ist dabei immer so bescheiden und redet so höflich. Das nimmt einen schon mit«, so die Reaktion von Mohammed, ein 20-jähriger Student der Betriebswirtschaft. »Wenn man sich mal vorstellt, er hätte als reicher Saudi im größten Luxus leben können, stattdessen ist er in den Krieg gezogen«, fügte sein Freund Karim, der Tourismus studiert, hinzu, beides große Fans westlicher Popmusik, die am liebsten in die USA oder nach Kanada auswandern würden. In diesen und anderen Gesprächen musste ich immer wieder feststellen, dass selbst junge Muslime, die keinerlei Sympathien für den Terror und die Barbarei der Dschihadisten hegten, von Bin Ladens jahrelang einstudiertem Auftreten beeindruckt waren. Er hat Tausende verführt. Bin Laden als Symbol war für die Verbreitung des Dschihadismus entscheidend.

Die ersten aufwendig inszenierten Videos von Al-Qaida hatten vor allem das Ziel, neue Rekruten anzuwerben, nicht zuletzt für die Anschläge, welche die Welt verändern sollten: die des 11. September 2001. Bin Laden hatte sie von Anfang an als Medienspektakel geplant. »Die einstürzenden Zwillingstürme erschufen ein Bild, das so neuartig für die Welt war wie der Anblick des Atompilzes für diejenigen, die ihn als Erste sahen«, schrieb der amerikanische Journalist Mark Danner.[5] Nach den Attentaten stellte die französische Philosophin Marie-José Mondzain die Frage *Können Bilder töten?*[6] Auch wenn nicht die Bilder des 11. September einen Krieg auslösten, sondern die Attentate, bei denen fast 3000 Menschen starben: Ohne die Bilder hätte George W. Bush wohl nicht so leicht den Kampf gegen den Terror mit einer Konfrontation zwischen Gut und Böse gleichsetzen können: »Unsere Verantwortung gegenüber der Geschichte ist eindeutig, wir müssen auf die Angriffe reagieren und die Welt vom Bösen befreien.«[7]

Dass seine polarisierende Kriegserklärung, die letztlich den Dschihadisten in die Hände spielte, weltweit kaum Entsetzen auslöste, liegt auch daran, dass die Bilder des 11. September bis in die hintersten Winkel der Erde vorgedrungen waren. Die Aufnahmen wurden innerhalb weniger Stunden zum Symbol des Horrors der blinden Gewalt, eine Form des Fanatismus, der die »zivilisierte« Welt mitten ins Herz traf und mit allen Mitteln bekämpft werden musste; für die Dschihadisten hingegen wurden sie zum Symbol ihres Sieges: über die arrogante amerikanische Übermacht, die Kreuzritter, die Besatzer der arabischen Welt, das absolute Böse.

Das nächste Kapitel des Epos begann mit der amerikanischen Invasion im Irak 2003. Massive Menschenrechtsverletzungen und Erniedrigungen durch US-Truppen spielten den dschihadistischen Medienmachern ebenfalls in die Hände. Eines der größten medialen Desaster für die USA waren die Misshandlungen in dem bereits zu Saddam Husseins Zeiten berüchtigten Gefängnis Abu Ghraib: Die Bilder von GIs, darunter Frauen, die Hunde auf nackte Iraker hetzten und diese sexuell missbrauchten, lösten besonders in der muslimischen Welt Entsetzen aus. In gleichem Maße befeuerte Guantánamo die Propaganda des globalen Dschihad, das US-Gefangenenlager auf Kuba, in dem mutmaßliche Dschihadisten aus aller Welt außerhalb internationaler und amerikanischer Gerichtsbarkeit interniert wurden.

Die Bilder aus Abu Ghraib und Guantánamo spiegelten die Dschihadisten in ihren Produktionen zurück. Sie steckten ihre Gefangenen in orangefarbene Overalls – um sie dann vor laufender Kamera zu enthaupten. »Unsere größte Angst war, in so einen Overall gesteckt zu werden – wir wussten, dann ist es aus, dann schneiden sie uns die Kehle durch«, berichtete mir der Journalist Georges Malbrunot, der 2004 vier Monate lang von einer dschihadistischen Gruppe im Irak als Geisel festgehalten und zur Herstellung von Propaganda gezwungen worden war, bis ihn die französische Regierung freikaufte. Malbrunot schilderte weiter, wie ein Dschihadist, der bereits in Afghanistan und Bosnien gekämpft hatte, ihn und seinen ebenfalls entführten Kollegen Christian

Chesnot in ihrem Verlies aufsuchte. »Er wollte, dass wir in einem Video folgende Nachricht an die westliche Welt übermitteln: Der Westen hat uns in den Krieg getrieben, unsere Antwort ist, dass wir jetzt bei euch Angst und Schrecken verbreiten werden.«[8]

Die geschickte propagandistische Ausschlachtung amerikanischer Missbräuche gepaart mit der ohnehin großen Unbeliebtheit der US-Invasion trieb den Dschihadisten im Irak eine beachtliche Menge an Rekruten zu, darunter zahlreiche Europäer, auch die zukünftigen Attentäter der Anschläge des Jahres 2015 in Frankreich. Der Österreicher Mohamed Mahmoud wurde zum Mitbegründer des deutschsprachigen Arms der Globalen Islamischen Medienfront (GIMF), eines der wichtigsten internationalen Propagandaorgane. Die GIMF war Online-Portal, Übersetzungsbüro und Produktionsstudio zugleich.

2007 übernahm der damals 17-jährige Deutsche Irfan Peci vorübergehend die Leitung der deutschsprachigen GIMF. Er veröffentlichte zunächst vor allem Übersetzungen aus dem Arabischen. Das Material lieferte die GIMF-Zentrale, die sich vermutlich in Waziristan, einem Rückzugsgebiet verschiedener dschihadistischer Gruppen in Nordpakistan, befand. Daneben wurden Eigenproduktionen hergestellt, »Drohvideos« gegen Deutschland und Österreich. Man ließ den deutschen Medienmachern große Freiräume, um die Propaganda des Terrors zielgruppengerecht aufzubereiten. Die einzige Direktive lautete: »Einfach machen. Ihr kennt das deutsche Publikum am besten und auch die innenpolitischen Themen.«[9]

Gruppierungen wie die GIMF brachten Elemente westlicher Pop- und Jugendkultur ein. Aus dieser Verschmelzung entstand über die Jahre eine Gegenkultur des Dschihad, die sich vor allem auch in Europa verankerte und die Brutalität des Dschihadismus mit den Codes junger Menschen im Westen verband.

Unter dem Titel *Dirty Kuffar* (»Dreckige Ungläubige«) wurde 2004 das erste dschihadistische Musikvideo, der sogenannte Al-

Qaida-Rap, in London produziert. Darin fordert ein schwarz vermummter, mit Pistole und Schwert bewaffneter Sänger dazu auf, die Ungläubigen ins Feuer zu werfen. Mit *Die Weltmeisterschaft der Mudschaheddin*, einem Video und zugleich Wettbewerb, versuchten die Dschihadisten ein Jahr später zeitgleich mit der Fußballweltmeisterschaft 2006 junge Muslime davon zu überzeugen, dass Fußballstars oder Kandidaten aus dem Reality-TV nicht als Vorbilder taugen, sondern nur die brutalsten Kämpfer des Dschihad. Siegestrophäe war eine goldene Kalaschnikow.[10]

Propagandamaschine des totalen Terrors: Daesch

All dies war nur der Vorgeschmack auf die Entfaltung des Propagandaapparats der »schwarzen Macht« Daesch.[11] Mit den Wirkmechanismen unserer Mediensysteme bestens vertraut, wurden die Dschihadisten zu Experten der Manipulation. Der »Islamische Staat« hatte die weltweite Berichterstattung genau im Blick. War die internationale Nachrichtenlage ruhig, veröffentlichte Daesch Videos von globaler Medienwirksamkeit: grausame Morde oder die Zerstörung des Weltkulturerbes in Ninive, Hatra oder Palmyra.

Die friedlichen Massenproteste zu Beginn der Umbrüche in der arabischen Welt Ende 2010 und Anfang 2011 hatten den Dschihadisten vor Augen geführt, welche bislang ungekannte »asymmetrische Ressourcenmobilisierung« die sozialen Netzwerke ermöglichten: Mit minimalem Aufwand konnten die IS-Propagandisten mit Hunderttausenden Menschen in Kontakt treten und letztlich Zehntausende rekrutieren. Sie nutzten Facebook, Youtube, Twitter und Co. Sobald ein Anbieter stärker kontrolliert und zensiert wurde, wechselten sie zu neueren, verschlüsselten und schwerer kontrollierbaren Messenger-Apps wie Whatsapp oder Telegram. Die sozialen Medien ließen das bereits erwähnte Konzept des Strategen Abu Musab al-Suri »System statt Organisation« Wirklichkeit werden – jene dschihadistische Matrix, die jedem Sympathisanten überall auf der Welt zugänglich wurde, der sie wiederum für eigene Produktionen nutzen konnte.

Ab 2014 überschwemmte Daesch die Welt mit seinen HD-Produktionen des totalen Terrors und perfektionierte die Rekrutierungsmaschinerie. Europäische Medienmacher des IS, darunter ehemalige Rapper wie Denis Cuspert alias Deso Dogg oder Abdel-Majed Abdel Bary alias L Jinny, später »Jihadi John« genannt, ergänzten die Propaganda mit den Codes und der Ästhetik ihres Herkunftskontinents. Das symbolische Inventar des Dschihadismus wurde etwa um den zum Himmel gestreckten Zeigefinger bereichert, der auf Selfies vor Kampfpanzern oder zu Hause im Wohnzimmer Einzug fand. Offiziell soll die Geste das Konzept der Einheit Gottes, *tauhid*, und die Gemeinschaft der Muslime, *umma*, symbolisieren, aber vor allem handelt es sich wohl um einen Code der sozialen Netzwerke, eine Variante des Facebook-Likes des erhobenen Daumens, und ein Bandenzeichen sowie um eine gegen den Westen gerichtete Drohgebärde. Als Symbol der Zugehörigkeit zur dschihadistischen »Community« ist die Geste auf Hunderten von Bildern oder Videos zu sehen.

Im aktualisierten Repertoire der dschihadistischen Bildsprache fehlten selbst die in den sozialen Netzwerken so beliebten Memes nicht – etwa die sogenannten Lolcats, Bilder von Katzen mit mehr oder weniger humoriger Beschriftung. Die Katze soll einer unsicheren Überlieferung zufolge eines der Lieblingstiere des Propheten Mohammed gewesen sein, und wer eine Katze quält, gehe »ins Höllenfeuer«.[12] In der Geschichte des Islam ist die Katzensymbolik jedoch nahezu inexistent. So waren die unzähligen Fotos von Kämpfern mit Kärzchen vor allem ein zeitgemäßes Propagandainstrument: Sie sollten vortäuschen, die Mitglieder der IS-Mörderbanden seien ganz normale und sympathische junge Menschen. Ein Klick weiter, und es war Schluss mit den netten Dschihadisten von nebenan und ihren Kätzchen – willkommen in der Welt der Ultragewalt.

Hatten die Dschihadisten 2004 im Irak das »Todesurteil« und die Hinrichtung der US-Geisel Nicholas Berg noch mit statischer Kamera gefilmt, nach Art offizieller Verlautbarungen im irakischen Staatsfernsehens unter Saddam Hussein, so inszenierte Daesch zehn Jahre später den Mord an dem amerikanischen Journalisten James Foley nach dem Vorbild der Schlussszene des Hollywood-Thrillers *Seven* von David Fincher.

Die obszöne Ultragewalt der Terrorstudios von Daesch appellierte mit Nahaufnahmen des totalen Horrors an die niedersten voyeuristischen Instinkte. Die mordenden Hauptdarsteller und Produzenten waren junge Menschen aus Afrika, Asien, Europa oder den arabischen Ländern, die von Gewalt und Trash aus Hollywood oder von europäischen Reality-Shows dauerberieselt wurden. Diese Stoffe kannten sie vermutlich besser als den Koran, genauso wie sie als Digital Natives ihre Tablets und Smartphones besser beherrschten als ihre Kalaschnikows. Sie brachten die dschihadistische Unkultur zur vollen Entfaltung. Um endlich jemand zu sein, vielleicht sogar berühmt zu werden, spielten sie uns das Schlimmste zurück, was unsere Gesellschaften produzieren. Mit einem großen Unterschied: Daesch ließ die Gewaltfantasien Wirklichkeit werden – grausame Morde, bis ins kleinste Detail inszeniert.

Die für die sozialen Netzwerke adaptierten Demonstrationen der Ultragewalt sollten zugleich Gegner in Angst versetzen und westliche Rekruten mit pathologischen Gewaltfantasien anziehen. Wie Mehdi Nemmouche: Der damals 29-Jährige ermordete 2014 im Jüdischen Museum in Brüssel vier Menschen. Zuvor hatte er in IS-Kerkern gefoltert. Für den Journalisten Nicolas Hénin, als IS-Geisel Opfer von Nemmouches Folter, ist klar, dass dessen Neigung zu Gewalt auch ein Produkt unserer westlichen Gesellschaft war. Der IS gab ihm die Gelegenheit, sie auszuleben.[13]

Den »Cineasten« der IS-Terrorstudios Al-Furquan – was höhnischerweise »die Rettung« bedeutet[14] – standen fast unbegrenzte finanzielle Mittel zur Verfügung, um in der Türkei nach Belieben neueste HD-Kameras, Kamerakräne und selbst Drohnen zu erwerben; sie waren der höchsten Führungsebene des »Kalifats« direkt unterstellt und konnten über Leben und Tod entscheiden.[15] Das Drehbuch war ausschlaggebend dafür, wie viele Menschen bei den Daesch-Snuff-Movies sterben sollten und auf welche Weise. *Flames of War* lautet der Titel einer solchen Produktion: Darin befiehlt »Jihadi John« gefangenen syrischen Soldaten, ihre eigenen Gräber zu schaufeln. Einer der jungen Männer muss sich als Sühne für seine »Sünden« und die des Assad-Regimes selbst geißeln. In dem Moment, da er hofft, begnadigt zu werden, wird er ermordet.

Crossmedia-Effekte, die entstehen, wenn klassische westliche Medien wie TV-Kanäle zwar die schlimmsten Szenen der IS-Propagandavideos zensieren, aber diese doch in Teilen senden, vergrößerten ungewollt die Reichweite der Propaganda, indem sie Neugier weckten. Immer wieder berichteten mir Studierende in meinen Vorlesungen, sie hätten in den Hauptnachrichten Ausschnitte von IS-Videos gesehen und im Internet dann aus Neugier nach den vollständigen Produktionen gesucht.

Zudem wurde über die sozialen Netzwerke nach dem Schneeballprinzip rekrutiert: Auf Plattformen wie Facebook oder Twitter konnten Dschihadisten jeden beliebigen Nutzer direkt oder indirekt erreichen. Sie mussten lediglich Statusmeldungen über ihr Leben als »Gotteskrieger« an ihre Follower senden. Wenn diese sie weiterposteten, wurden häufig Hunderte, wenn nicht Tausende von Internetnutzern angesprochen, auch Menschen, die sich zuvor für den Dschihadismus nicht interessierten und für ihn keine Sympathien hegten.

Rekrutiert wurde in den sozialen Netzwerken vor allem auch durch direkte Ansprache mit präzisen Strategien. Hier war Facebook lange Zeit das wichtigste Instrument. Zum Aufspüren ihrer

Opfer klinkten sich Rekrutierer in Diskussionsgruppen ein, in denen das Leid von Muslimen wie das der Syrer oder der Palästinenser kommentiert wurde. Wer bereits gewisse Sympathien mit der leidenden Bevölkerung oder eine antiwestliche Haltung zum Ausdruck gebracht hatten, wurde angesprochen.

Oftmals begann der Rekrutierungsversuch mit harmlos anmutenden Chats, um Vertrauen zu gewinnen. Ganz allmählich wurde dann die Unterhaltung auf den Islam, auf das von Muslimen erlittene Unrecht und die angebliche Weltverschwörung gegen den Islam gelenkt. Wenn die Rekrutierungsspezialisten glaubten, ihre Opfer seien reif, wurden die Chats von öffentlich zugänglichen sozialen Netzwerken auf passwortgesicherte Foren oder auf verschlüsselte Apps verlagert. Dort wurde dann ein anderer Ton angeschlagen: Glaube allein helfe den unterdrückten Muslimen nicht, für den wahren Gläubigen sei es Pflicht, in den Dschihad zu ziehen. Dschihadisten in Syrien oder im Irak aus Wolfsburg, Dinslaken, Toulouse oder Ostlondon konnten über die sozialen Medien direkt mit jungen Menschen aus ihren Heimatorten kommunizieren. Sie sprachen dieselbe Sprache und beherrschten die Codes der Jugendkultur. »Das war genauso ein Typ wie ich, wie aus meiner Vorstadt. Da habe ich gedacht, wenn der es nach Syrien schafft, bekomme ich das auch hin«, berichtete mir ein junger Franzose, der an einem Ausreiseversuch gehindert worden war, als ich ihn 2018 im Gefängnis traf.

Propaganda hat viele Funktionen. Rekrutierung ist, wie beschrieben, eine der bedeutendsten. Der norwegische Forscher Petter Nesser, der Dutzende Profile von Dschihadisten analysiert hat, konstatierte bereits 2007, dass jeder einzelne davon sich mit dschihadistischen Streifen dauerberieselt hatte.[16] Auch mir gegenüber haben Dschihadisten in Europa und der arabischen Welt immer wieder betont, wie stark der Einfluss vor allem der Videos und später der sozialen Netzwerke war.

Propaganda trägt zudem Angst und Schrecken in Gesellschaften – auch der deutschen –, um dort die Spaltung zwischen Ungläubigen, den *kuffar*, und den Muslimen gezielt voranzutreiben. Und: Mit ihrer Hilfe beschaffen sich die Dschihadisten Finanzmittel. Jeder Terrorakt wird seit langer Zeit medial mitgedacht – der Sprengstoff wird nach der Größe der Flammen für die Videos und nicht aufgrund seiner Zerstörungskraft ausgesucht, die Kämpfer werden akribisch in Szene gesetzt.

Löschen, Beobachten und Infiltrieren

Seit dem bedrohlichen Erfolg der IS-Propaganda ist die Bekämpfung der Verbreitung dschihadistischen Gedankenguts – mit viel Verspätung – zu einem prioritären Anliegen der Regierungen fast aller betroffenen Länder geworden. Doch es ist ein schwieriges und langwieriges Unterfangen: Für jedes Video, jede Website und jeden Eintrag in den sozialen Netzwerken, die gelöscht werden, gehen fast sofort wieder neue online. »Wenn Youtube oder Facebook uns sperren, nehmen wir eben ein neues Pseudo oder suchen nach neuen Kanälen, kein Problem. Das Internet ist eine unserer wichtigsten Kriegswaffen, und es sichert alle unsere Infos«, erzählte mir der erfahrene Propagandist Omar Bakri mit demselben Stolz, mit dem die Minister verschiedener Regierungen ihre Gegenmaßnahmen vorstellen.[17]

Zahlreiche westliche Staaten versuchten seit Längerem, die Technologiegiganten des Silicon Valley in die Pflicht zu nehmen – allen voran Google (zu dem Youtube gehört), Facebook (mit der Messenger-App Whatsapp) und Twitter –, damit sie helfen, die schlimmsten Auswüchse dschihadistischer Propaganda einzudämmen. Die Verwendung verschlüsselter Messaging-Dienste, etwa der in Russland entwickelten App Telegram, erschwert diese Bemühungen weiter. Die Gesetze in vielen europäischen Ländern sind verschärft worden, um Online-Durchsuchungen und Vorratsdatenspeicherung zu erleichtern.[18] Schon der Besitz oder die Konsultation dschihadistischer Propaganda im Internet ist in einigen europäischen Ländern strafbar, was jedoch auch wieder problematisch ist, weil so in Demokratien wichtige Freiheiten eingeschränkt werden.

Die Betreiber der sozialen Netzwerke haben sich bei der Eindämmung der Internetpropaganda lange Zeit nur sehr langsam und unter hohem politischem und öffentlichem Druck bewegt. Im Rahmen der EU-Initiative »Clean IT« sprach ich bereits 2012 in mehreren europäischen Ländern mit Vertretern von Facebook und Google, aber auch kleinerer Unternehmen über das Thema Internet-Dschihad. Meine Kollegen und ich versuchten ihnen nahezubringen, dass – wenn es schon nicht möglich ist, die dschihadistische Webpräsenz gänzlich zu löschen – der Zugang so weit wie möglich erschwert werden müsse, damit junge Menschen nicht mit nur zwei Klicks mitten im Mediendschihad sind – eines der Ergebnisse einer Studie, die ich gerade veröffentlicht hatte.[19] Harmlose Suchbegriffe wie *umma* führten lange Zeit fast sofort auf salafistische oder dschihadistische Websites. Wir betonten gegenüber den Vertretern der Internetindustrie, dass sie es seien, die Aufrufe zum Dschihad oder grausame Mordvideos leicht und öffentlich zugänglich machen, dass sie deshalb stärker Verantwortung übernehmen und gegen die Propaganda vorgehen sollten, indem sie Inhalte überprüfen und gegebenenfalls entfernen. Sie hörten höflich zu, doch der Einwand, der uns entgegenschlug, war jedes Mal der gleiche: Die Meinungsfreiheit im Netz dürfe nicht gefährdet werden.

Der Schutz der Meinungsfreiheit ist natürlich ein wichtiges Gut, er wurde und wird aber ohnehin von den Webriesen nicht konsequent befolgt, wenn sie etwa wie oft in den USA Nacktheit zensieren, nicht aber Gewalt. Das Argument schien vorgeschützt, um der personalintensiven, rechtlich komplizierten und somit teuren Aufgabe zu entgehen. Zumal dieselben Giganten Zensurdeals mit Ländern wie China machen.

Die massive Anwerbung europäischer IS-Rekruten und die Terroranschläge von Paris, Brüssel und Berlin 2015 und 2016 stellten einen Wendepunkt dar. Der politische Druck wuchs: Im Oktober 2017 verabschiedete Deutschland das Netzwerkdurchsetzungsgesetz, auch »Facebook-Gesetz« genannt. Es sieht Strafen von bis zu 50 Millionen Euro für Betreiber von Plattformen vor, wenn diese strafbare Inhalte nicht innerhalb von 24 Stunden nach Eingang einer Beschwerde aus dem Netz entfernen.[20]

Eine diskrete Methode zur Einschränkung der Verbreitung ist das sogenannte Hiding: Suchmaschinen wie Google machen extremistische Websites schwerer auffindbar, indem sie diese im Page Ranking – der Hierarchie der Suchergebnisse – ganz am Ende auftauchen lassen. Effizienter ist das Löschen von Inhalten. Allein für Facebook sind hierzu weltweit 15 000 Content-Moderatoren im Einsatz, die sogenannten Cleaner.[21] Eine gewaltige Schattenindustrie, oft mit schlechten Löhnen, langen Arbeitszeiten und vor allem hoher psychischer Belastung. Ich kann diese Belastung gut nachvollziehen, musste ich mir doch im Laufe der Jahre für meine Recherchen unzählige der schlimmsten und grausamsten Machwerke anschauen. Die Cleaner sichten in Barcelona und Berlin, aber auch im philippinischen Manila das Grauen der Welt – bis zu 2000 Beiträge pro Tag. Die »Wächter des Internets« bewerten, was im Netz bleiben darf und was entfernt werden muss. Hierzu müssen sie die Symbole und Sprache der Terroristen kennen. Die Internetgiganten stellen sogar Dschihadismusspezialisten als Berater ein. Dennoch, Irrtümer sind keine Seltenheit: Videos, die darüber aufklärten, wie Zivilisten Opfer von Angriffen des Assad-Regimes oder die Darstellungen von Häftlingen in orangefarbenen Overalls aus Guantánamo wurden mit Daesch-Propagandavideos verwechselt. Umgekehrt blieben Videos, die Attacken der Dschihadisten zeigten, im Netz, weil sie als Nachrichtenbeiträge eingestuft wurden.

In Deutschland wurde zum »Monitoring« bereits 2007 unter Federführung des Verfassungsschutzes das Gemeinsame Internetzentrum (GIZ) eingerichtet. Beamte des Bundeskriminalamts, die Nachrichtendienste, der Militärische Abschirmdienst und die Generalbundesanwaltschaft arbeiten hier zusammen.[22] Experten durchkämmen das Internet und die sozialen Netzwerke auf »islamistische und terroristische« Propaganda, auf Kommunikation zwischen Extremisten und Rekrutierungsversuche. Bald darauf startete die europäische Polizeibehörde Europol die interne Plattform »Check the Web«.[23] Hier werden verfügbare Informationen zu dschihadistischen Internetseiten und terroristischer Kommunikation aus allen EU-Mitgliedstaaten gesammelt und ausgetauscht. Im Juli 2015 wurde »Check the Web« durch die »Internet Referral Unit« (IRU) erweitert, eine europäische Meldestelle für Internetinhalte.

Paradoxerweise ist ein Minimum an Webpräsenz des globalen Dschihad sogar wichtig. Forscher und Analytiker können so ideologische Entwicklungen und strategische Ziele der Gruppen verfolgen. Auch mir wäre es ohne das Internet des Dschihad nicht möglich, an wichtige Quellen heranzukommen. Über ihre Internetpräsenz können Schlüsselpersonen identifiziert werden.

Videos und Fotos liefern Journalisten, Militärs, Geheimdiensten und Strafverfolgungsbehörden oft unschätzbare Hinweise. So behaupteten zahlreiche Rückkehrer mir gegenüber: »Ich war gar nicht in Syrien oder im Irak, ich habe in der Türkei nur humanitäre Hilfe geleistet.« Oder: »In Syrien habe ich Wachdienst geschoben und Nahrungsmittel verteilt. Ich war Krankenwagenfahrer. Ich weiß nicht mal wirklich, wie eine Kalaschnikow aussieht, ich habe nicht gekämpft und niemandem etwas getan.« Solche Behauptungen können mithilfe von Einträgen und Fotos in den sozialen Netzwerken überprüft werden. Häufig lässt sich nachweisen, dass die Person sich sehr wohl in Syrien oder im Irak aufgehalten hat. Entsprechende Fotos dienten in einigen Fällen bereits als Beweis für die Beteiligung an Kämpfen und sogar an Morden.

Militärspezialisten können mithilfe der Propagandafilme zudem die operativen Fähigkeiten und die Bewaffnung der Dschihadisten bewerten. Vor allem der Gebrauch der sozialen Netzwerke durch junge europäische Dschihadisten gab militärisch wertvolle Informationen preis, denn sie sind zwar als Digital Natives mit dem Internet aufgewachsen, gingen jedoch oft dilettantisch vor, indem sie etwa bei Postings auf Facebook versäumten, auf ihren Smartphones die Funktion »Geolokalisierung« auszuschalten. So konnten einige von westlichen Militärs geortet und aufgespürt werden.

Die professionell organisierte Führung des »Islamischen Staats« hatte schließlich von der dilettantischen Social-Media-Kommunikation der europäischen Rekruten genug. 2015 gab sie einen Leitfaden mit Hinweisen zur »sicheren« Benutzung der sozialen Netzwerke heraus und untersagte später den europäischen IS-Jüngern die Nutzung der sozialen Medien völlig.

Aber auch IS-Kader begingen grobe Fehler. So gelang es 2016 einem französischen Geheimdienstler mit dem Tarnnamen Odysseus, die Telegram-Gruppe eines IS-Führungsoffiziers in Syrien zu infiltrieren.[24] Der für »Auslandsoperationen« zuständige Dschihadist suchte Waffen für Anschläge in Europa. Die »Generaldirektion für Innere Sicherheit«, Frankreichs Inlandsgeheimdienst, stellte den mutmaßlichen Attentätern eine Falle – drei von ihnen konnten in Frankreich festgenommen werden, darunter ein erfahrener IS-Kämpfer, der unerkannt quer durch Europa gereist war. Dies ist eines der wenigen öffentlich gemachten Beispiele für gelungene Infiltration, geheime existieren weit mehr.

Löschen, Beobachten und Infiltrieren sind notwendig, aber keineswegs ausreichend, um dem Internet-Dschihad und seiner Propaganda die Wirkungsmacht zu nehmen. Den Strategen des »Mediendschihad« ist es in vier Jahrzehnten gelungen, ein Epos oder, wie es Kulturwissenschaftler nennen, eine »Große Erzählung« zu schaffen. Sie wird mittlerweile weltweit in allen wichtigen Sprachen propagiert. Die Dschihadisten haben sich eine Welt zurechtgebastelt, in der das absolut Gute – sie – gegen das absolut Böse kämpft: den Erzfeind USA und deren Verbündete und letztendlich den ganzen »ungläubigen« Rest der Welt. Sie haben eine Art dschihadistisches *Star Wars* mit Helden, Heiligen, Prinzen und Quasipropheten produziert.

Für dieses Epos schufen die Dschihadisten eine eigene Bildsprache mit komplizierten Kostümen und Dekors – etwa die schon oben erwähnte Höhle, in der sich Bin Laden gern filmen ließ in Anspielung auf den Ort, an dem der Prophet Mohammed die göttliche Offenbarung empfing. Islamische Konzepte und Symbole wurden geraubt und umgedeutet wie das »IS-Logo«, ein weißer Kreis mit arabischem Schriftzug auf einer schwarzen Flagge. Der Schriftzug ist in Wirklichkeit das Siegel des Propheten Mohammed und die schwarze Flagge eines seiner Banner. Mit seiner immensen Symbolkraft wurde das Logo den Dschihadisten zum Symbol für den Endkampf zwischen Gut und Böse – kaum ein internationaler Konzern könnte sich eine Werbekampagne dieser Größenordnung leisten und sein Markenzeichen in so kurzer Zeit global etablieren.

Eine Möglichkeit, die Macht der dschihadistischen Propaganda und ihrer »Großen Erzählung« zu brechen, besteht darin, ihr Gegenerzählungen, sogenannte *counter narratives*, entgegenzustellen: zum einen plausibel zu machen, dass der Dschihadismus im Gegensatz zu unseren freiheitlich-rechtsstaatlichen Gesellschaften außer Zerstörung und Tod nichts zu bieten hat, zum anderen zu zeigen, wie er gegen seine eigenen Kerndoktrinen verstößt und Grundprinzipien des Islam ignoriert, pervertiert und verfälscht.

Die Lügen der Propaganda entlarven

»Wir sind in einem Krieg, der zur Hälfte auf dem Schlachtfeld der
Medien stattfindet«, schrieb der heutige Al-Qaida-Chef Ayman
al-Zawahiri 2005 an Abu Musab al-Zarqawi, den Führer des ersten
»Islamischen Staates im Irak«. Und in diesem Krieg gehe es darum,
»die Herzen und Gedanken der muslimischen Gemeinschaft« zu
gewinnen.[25] Es war eine Warnung: Al-Zarqawi war dabei, durch
seine brutalen Enthauptungsvideos selbst Menschen, die zunächst
den Dschihadisten positiv gegenübergestanden waren, gegen sich
aufzubringen. Der Al-Qaida-Chef schlug vor, Menschen lieber mit
einer Pistole zu erschießen, wenn »Exekutionen« notwendig seien.

Im »Krieg um die Herzen und Gedanken« ist die Propaganda
ein zweischneidiges Schwert – vor allem die Bildpropaganda ist
neben der größten Stärke der Dschihadisten zugleich eine ihrer
größten Schwächen, denn sie widerspricht ihren eigenen religiösen Prinzipien, schließlich dürfen Gottes Geschöpfe und vor allem
das Paradies nach salafistischer und dschihadistischer Auslegung
nicht bildlich dargestellt werden. Der visuelle Todeskult, mit dem
die Dschihadisten ihre »Märtyrer« zu Heiligen erklären, steht im
Widerspruch zu dem sunnitischen und salafistischen Grundprinzip, nach dem niemand außer Gott verehrt werden darf. Zudem
präsentieren sich in der Propaganda Dschihadistenführer wie Bin
Laden, Al-Zawahiri oder Al-Baghdadi als Überbringer des vermeintlichen Willens Gottes, als Propheten – ein Sakrileg im Islam.
Überdies maßen sich die »Emire« des globalen Dschihad nahezu
gottgleiche Gewalt an, indem sie sich zu Richtern aufschwingen,
die den Eintritt in den Garten Eden gewähren. Es ist somit ein
Leichtes, sie innerhalb der muslimischen Glaubensgemeinschaft
als *ghulat* – ketzerische Übertreiber – zu entlarven.

In der dschihadistischen Propaganda existiert nur die goldene Zeit
des Propheten Mohammed, seiner Gefährten, der ersten vier Kali-

fen und der frommen Altvorderen. Die verfälschte und idealisierte mythische Zeit reicht von 622 bis etwa 660 und ist die einzige Historie, auf der der Dschihadismus versucht seine Legitimität zu begründen. Dass damals bereits Bürgerkriege unter Muslimen wüteten und drei der vier ersten Kalifen umgebracht wurden, wird geflissentlich verschwiegen.

Die Periode der Entfaltung der islamischen Hochkultur in den Künsten und den Wissenschaften vom 8. bis zum 13. Jahrhundert wird von Dschihadisten ebenfalls totgeschwiegen. Granada, Kairo, Damaskus oder Bagdad wurden zu Zentren der islamischen Weltkultur, weil die Muslime den Einflüssen des christlich-griechischen Byzanz, der persischen Sassaniden und des Judentums gegenüber eine große Offenheit zeigten. Doch das wird ständig verleugnet, deren Denkmäler wie die Jonas-Moschee in Mossul werden zerstört.

Die Verfechter des globalen Dschihad spiegeln in ihren Propagandavideos vor, sie lebten in der *hidschra*, dem freiwilligen Exil des Propheten Mohammed in Medina, wo dieser die erste muslimische Glaubensgemeinschaft gründete. »Oh wahrlich, die glorreiche Zeit des Propheten ist wiederauferstanden«, schrieb ein saudischer Religionsgelehrter an Bin Laden. Der »Emir« Bin Laden besaß jedoch noch ein Mindestmaß an Bescheidenheit, zumindest im Vergleich mit IS-Chef Al-Baghdadi, der sich – ganz in Schwarz, die Farbe der Rebellion, gehüllt – selbst zum Nachfolger des Propheten, zum Kalifen im Namen Gottes ernannte.

Für diesen dreisten Geschichtsraub – die Behauptung, einen mythischen Ur-Islam nach dem Vorbild des Propheten Mohammed zu leben – bedienen Dschihadisten sich in ihrem Mediendschihad sämtlicher Register und Requisiten. Sie tragen ihre Hosen nur bis zu den Knöcheln, weil Mohammed das angeblich so wollte. Oder Turbane, von denen sie behaupten, der Prophet habe ähnliche besessen. Sie usurpieren die Kampfnamen seiner Gefährten und machen sein Schwert und sein Siegel zum Logo ihrer Terrorbanden. Ansonsten gibt es für den IS, Al-Qaida und Dutzende andere dschihadistische Gruppierungen keinerlei Historizität und stattdessen das Verbot, Geschichte als eine Analyse oder Neuinterpretation der Vergangenheit zu verstehen, in der jeder Moment trotz großer Zusammenhänge einmalig ist, und damit auch das Jetzt. Gemäß der dschihadistischen Retrotopie ist es *haram*, verboten, den Propheten in einen historischen Kontext einzuordnen und ihn als Sozial- und Gesellschaftsreformer anzusehen. Dabei garantierte Mohammed Frauen erstmals das Recht auf Erbschaft, was ein Argument dafür wäre, die Emanzipation muslimischer Frauen voranzutreiben. Gleiches gilt für das Streben nach sozialer Gerechtigkeit: Der Prophet führte die Almosensteuer, *zakat*, ein, Muslime sind verpflichtet, einmal pro Jahr einen Teil ihres Vermögens Bedürftigen zu spenden.

Die Dschihadisten geben vor, in der mythischen Gründungszeit zu leben, in Wirklichkeit brechen sie mit ihr und schreiben sehr wohl die Geschichte weiter – eine Geschichte, die kaum etwas mit dem Islam zu tun hat. Und hier sind nicht nur profane Neuerungen gemeint wie der Dschihad in den sozialen Medien mit seinen Lolcats, sondern vor allem der visuelle Totenkult mit Darstellungen vom Paradies mit plätschernden Wasserfällen, üppigen Gärten und vermeintlichen Märtyrern mit Heiligenscheinen, der im sunnitischen Islam bisher Tabu war. Derjenige, der vorzugsweise durch ein Selbstmordattentat den Tod sucht, muss in der Großen Erzählung des Dschihadismus nicht einmal mehr auf den Tag des Jüngsten Gerichts warten im Gegensatz zu allen anderen Muslimen, sondern bekommt sofortigen VIP-Zugang zum Garten Eden.

Die Dschihadisten verleugnen, wie bereits betont, das strikte Selbstmordverbot des Islam – keiner der Gefährten des Propheten hat je aktiv den Tod gesucht. Solchen Einwänden begegnen sie mit haarsträubenden Argumenten: Es habe zur Zeit des Propheten keinen Sprengstoff oder keine Flugzeuge gegeben. Eine absurde Erklärung – aber der Dschihad von Daesch und Co. heiligt alle Mittel und macht auch vor der Verfälschung der göttlichen Offenbarung nicht halt. Und eine der größten Irreführungen ist die verzerrte Interpretation des Begriffs »Dschihad« selbst, der ja im Konsens der islamischen Rechtsgelehrten in erster Linie eine innere Glaubensanstrengung und nicht den bewaffneten Kampf bezeichnet.

Der nächste Widerspruch: Die selbsternannten Kämpfer Gottes behaupten, Koran und Sunna, die Überlieferungen des Propheten, seien die einzig zulässigen Quellen des Glaubens und daher ohne Interpretation wörtlich zu nehmen. So werden sie zu leblos kruden Annalen der mythischen Zeit gemacht. Mehr als ein Jahrtausend an Interpretationen und Reflexionen muslimischer Denker und Gelehrter werden als unverzeihliche Neuerungen ausradiert. Dabei interpretieren die Verfechter des globalen Dschihad Suren und Verse des Koran ihrerseits nach Gutdünken, amputieren und verfälschen sie. Beispiel ist die Sure 47: »Wenn ihr auf diejenigen, die ungläubig sind, im Kampf trefft, dann tötet sie, bis ihr sie niedergeschlagen habt« – so wird in der Propaganda der Dschihadisten der vierte Vers kolportiert. Er lässt sich aber auch ganz anders lesen: »Wenn ihr nun [im Verlaufe eines Verteidigungskriegs] auf die Ungläubigen stoßt, schlagt sie auf den Nacken, bis ihr sie niedergerungen habt.« Die Sure enthält keine Aufforderung zum Töten, und der direkt nachfolgende Vers fünf wird verschwiegen: »Danach gebt sie frei, entweder aus Gnade oder gegen Lösegeld, damit der Krieg aufhört, euch zu belasten.«

Die Komplexität des Koran, der wie die Bibel oft widersprüchliche Passagen enthält und in dem einzelne Worte völlig unterschiedlich gedeutet und übersetzt werden können, wird von den »Kriegern Allahs« gänzlich missachtet. Gottes Wort zitieren sie selektiv und ignorieren die wichtigsten und oft schönsten Verse: »Wer einen Menschen tötet, ohne dass dieser einen Mord begangen oder Unheil auf der Erde angerichtet hat, so ist es, als hätte er die ganze Menschheit ermordet. Und wer ein Leben erhält, so ist es, als hätte er die ganze Menschheit gerettet.« (Sure 5, Vers 32) Es könnte keine deutlichere Mahnung an die Mörder des IS und von Al-Qaida und Konsorten geben.

Ein weiterer Schwachpunkt der Dschihadisten muss zu jeder Zeit und in jeder Argumentation hervorgehoben werden: Sie zeigen keinerlei Lösung für die gewaltigen sozialen, wirtschaftlichen und politischen Probleme in der muslimischen Welt auf und eröffnen keinerlei Perspektive für die jungen Europäer, die von ihnen verführt wurden. Sie leisten keinen Beitrag zur Weltkultur, zur Literatur, Architektur oder Malerei, auch nicht zur Wissenschaft oder Forschung. Außer ihrem falschen Heilsversprechen haben sie nichts zu bieten.

Die Propaganda hat den Dschihadismus erst zu dem gemacht, was er heute ist: eine weltweite Bedrohung. Ohne ihre einigende, identitätsbildende Wirkung bestünde er heute vermutlich nicht mehr. Über Sprach- und Landesgrenzen hinweg schafft sie das Gefühl, einer weltweiten Gemeinschaft anzugehören. Es ist ihr gelungen, die dschihadistische »Heilslehre« mit den zwei Kernbotschaften an junge Menschen zu bringen: »Kommt zu uns, und all eure Sünden werden vergeben«, und: »Wenn ihr im Kampf den Tod sucht oder euch vorzugsweise bei Selbstmordattentaten in die Luft sprengt, gelangt ihr direkt ins Paradies, alle anderen Muslime müssen auf den Tag des Jüngsten Gerichts warten.«

Die folgenden Lebenswege veranschaulichen exemplarisch, was Menschen empfänglich für diese Botschaft – das Gift der Hydra – macht. Nur wenn wir die Werdegänge und Profile von einzelnen Dschihadisten, ihre Motive und ihr Umfeld verstehen, können wir verhindern, dass die Hydra noch mehr Menschen verführt, und sogar einige aus ihren Fängen befreien.

Lebenswege

»Oh einsame Wölfe des Kalifats, das Fest der Kreuzfahrer naht: Sie werden sich in Scharen vor euch drängen. Bereitet euch vor und zeigt ihnen, was Terrorismus wirklich bedeutet. Bringt sie um und spart nicht an eurem Blut. Die Belohnung ist das Paradies.«[26] So lautet der Begleittext einer posterähnlichen Internetseite, die zu Weihnachten 2019 erschien. Darauf ist ein schwer bewaffneter Kämpfer zu sehen, der mit dem Rücken zum Betrachter auf einem Hügel stehend – neben ihm ein Wolf – auf den Petersplatz in Rom hinabschaut.

Die Fotomontage ist nur eine von vielen neuen Aufrufen, die IS-Sympathisanten zu Attentaten in Europa ermutigen sollen. Die Medienschlacht der Dschihadisten ist noch lange nicht zu Ende.

Wir haben es heute bereits mit der fünften heranwachsenden Generation von Dschihadisten zu tun. Jede dieser Generationen wurde von den im historischen Teil dieses Buches beschriebenen geopolitischen Konflikten geprägt. Die *erste Generation* ist die der Gründerväter aus dem Afghanistankrieg gegen die Sowjets: Abdallah Azzam, Bin Laden oder die Hassprediger von »Londonistan« wie Abu Musab al-Suri. Die meisten dieser »historischen« Dschihadisten sind inhaftiert oder verstorben – mit wenigen Ausnahmen wie dem Ägypter Ayman al-Zawahiri, dem heutigen Al-Qaida-Chef, oder dem Dschihadstrategen Abu Musab al-Suri.

Der Bosnienkonflikt, der Bürgerkrieg in Algerien und die Rückkehr Bin Ladens nach Afghanistan prägten die *zweite Generation*. Sie fand ihre »Helden« in den Luftpiraten des 11. September. Auch der ehemalige Charlottenburger und IS-»Bildungsminister« Reda Seyam gehört ihr an. Die folgenschwere US-Invasion 2003 im Irak radikalisierte eine *dritte Generation* nicht nur von ausgegrenzten sunnitischen Irakern, sondern zunehmend auch von Europäern wie Irfan Peci. Die Kämpfer von Daesch und des »Kalifats«, das Zehntausende junger Menschen nach Syrien und in den Irak lockte, sind Teil der *vierten Generation*: Vertreter einer Antikultur des Dschihad wie der ehemalige Gangsta-Rapper Denis Cuspert. Die aufwachsende *fünfte Generation* beunruhigt mich besonders, denn es handelt sich um Zehntausende von Kindern und Jugendlichen vor allem in Syrien und im Irak, aber auch in Europa, die von dschihadistischen Eltern erzogen wurden und zum Großteil nichts anderes kennen als die von diesen vertretene Gewaltideologie.

Aufgrund ihrer Kampferfahrung besitzen Dschihadisten der älteren Generationen in den Augen der jüngeren historische Legitimität und Charisma. Sie werden häufig zu Mentoren des Dschihad, wie Reda Sayam für Denis Cuspert.

Über die Jahre habe ich viele Mitglieder der ersten vier Generationen von Dschihadisten getroffen – in Tripoli im Libanon und im irakischen Teil Kurdistans, in London, in Bosnien und in Pariser Gefängnissen, aber auch in Deutschland. Dabei sind mir immer wieder ähnliche Sehnsüchte, Ängste, Krisen und biografische Brüche begegnet, wie sie sich bei Khaled Kelkal, dem ersten europäischen Dschihadisten, finden.

Dietmar Loch, heute Professor für Soziologie an der Universität Lille, hat 1992 lange mit ihm gesprochen – drei Jahre vor der von Kelkal verübten ersten europäischen Anschlagsserie, darunter das Attentat in meiner Pariser Nachbarschaft auf die Metrostation Saint-Michel, das mich als jungen Journalisten so ratlos zurückließ. Für die Recherchen zu seiner Dissertation ist der deutsche Soziologe damals in das Milieu der Vorstadtjugendlichen eingetaucht, lebte mehrere Monate im selben Viertel wie Kelkal und bekam dort den Spitznamen »Deutschmark«. Sein Porträt von Kelkal ist ein einzigartiges historisches Dokument – das erste über einen Dschihadisten und über das gesellschaftliche Versagen in Europa.[27]

Khaled Kelkal:
Europas erster Dschihadist

Kelkals Geschichte liest sich zunächst wie die vieler anderer Einwandererkinder: Im Alter von zwei Jahren kam er, der zwei Jahrzehnte später zum meistgejagten Mann Frankreichs werden würde, 1973 mit seiner Mutter zur Familienzusammenführung von Algerien nach Frankreich, genauer gesagt nach Vaulx-en-Velin bei Lyon. Sein Vater arbeitete dort als Facharbeiter in einer Fabrik. Die Familie, zu der noch vier Schwestern und drei Brüder gehörten, lebte in einem Sozialbau aus den sechziger Jahren.

In der Grundschule war Khaled ein guter Schüler. Der Unterricht machte ihm Spaß, er war der Liebling seiner Lehrer. Auch in der Mittelstufe, im Collège Les Noirettes, gab es noch keine ernsthaften Probleme. »Wir waren eine gemischte Klasse. Es gab die Typen aus der Sozialbausiedlung und die aus dem Dorf. Wir haben alle unsere Eltern- und Kurshefte gefälscht und uns miteinander durchgeschummelt. Wir Schüler haben uns aber gut mit den Lehrern verstanden. Wir arbeiteten, und wir hatten Spaß. Das konnten wir uns erlauben, weil wir gute Noten hatten.«

Dann aber, als er als einer der ganz wenigen aus seinem Vorort auf eines der besten Gymnasien von Lyon wechselte, kam es bei Kelkal zum Bruch: »Das war nicht mehr dasselbe, und es hat mir nicht gefallen. Ich fühlte mich nicht an meinem Platz, weil ich mir selbst sagte: Das ist totale Integration.« Damit meinte das Einwandererkind Kelkal das französische Integrationskonzept, das vor allem Assimilierung und Anpassung voraussetzt: »Aber das ist unmöglich; meine Kultur vergessen, Schweinefleisch essen, das kann ich nicht. Die anderen hatten noch nie einen Araber in der Klasse gehabt, und das machten sie mir immer wieder klar: Du bist der einzige Araber hier. Du bist die Ausnahme.«

Die Atmosphäre an der Schule mit fast ausschließlich französischstämmigen neuen Schulkameraden empfand er als kalt, und auch wenn er sich mit einigen ganz gut verstand, hatte er das Gefühl der Selbstverleugnung: »Mein Stolz und meine Persönlichkeit verschwanden, ich musste sie unterdrücken. Aber ich war nicht gut darin und fand meinen Platz nicht. Also fing ich an, den Unterricht zu schwänzen; einmal, zweimal. Ich schlitterte da so rein.« Kelkal entwickelte sich allmählich zum Kleinkriminellen. Angestiftet wurde er von dem Bekanntenkreis, mit dem er sich außerhalb des Gymnasiums traf. In diesem Umfeld fühlte er sich wesentlich wohler – »es wird nicht ständig über dieses und jenes geurteilt. In meinem Viertel stehlen 70 Prozent der jungen Leute. Die Eltern können sich selbst nichts leisten, und wenn sie dann noch sechs Kinder haben … Ein junger Typ von hier möchte eben auch eine schicke Jeans haben wie andere in seinem Alter.« Auch spätere europäische Dschihadisten wie die Attentäter von Paris und Brüssel oder der aus Tunesien stammende Anis Amri, der Terrorist vom Berliner Breitscheidplatz, begannen als Kleinkriminelle.

Kelkals Eltern reagierten zutiefst verärgert, als er das Gymnasium praktisch abbrach, obwohl er es nach seinen Leistungen durchaus hätte abschließen können: »Ich fühlte mich von meiner Familie total abgeschnitten. Und da bin ich richtig auf die schiefe Bahn gekommen. Ich konnte nur noch auf mich allein zählen, war also gezwungen zu stehlen. Aber es war vor allem auch eine Frage der Rache.« Seine Rachegefühle richteten sich vorrangig gegen Frankreichs Gesellschaft, von der Kelkal sich ausgeschlossen fühlte, aber eben auch gegen die Familie.

Ein solcher Bruch findet sich in den Lebensläufen vieler Dschihadisten. Eine voranschreitende Isolierung macht junge Menschen für neue Vorbilder und Bindungen an neue Gruppen empfänglicher. Kelkal suchte und fand Halt bei seiner neuen Bande. Zudem habe ihm das Stehlen »ein Gefühl der Freiheit und Kontrolle« gegeben.

Kelkal war bei drei sogenannten Rammbockdiebstählen beteiligt – Einbrüche, bei denen die Täter mit dem Auto in die vergitterten Schaufenster von Geschäften fahren, um sie anschließend zu plündern. Nach seiner Verhaftung musste er das Gymnasium endgültig verlassen. 1991 wurde er schließlich zu vier Jahren Haftstrafe ohne Bewährung verurteilt. Im Gefängnis fand er zum Glauben: »Ich habe angefangen, die Religion wieder zu praktizieren.« Der damals 20-Jährige traf schnell auf extremistische Islamisten. Auf der Suche nach seinen Wurzeln, seiner Identität und einer Gemeinschaft nahm er vermutlich sogar bewusst Kontakt mit ihnen auf.

»Vorher konnte ich weder Arabisch schreiben noch lesen. Im Gefängnis habe ich mir gesagt: Ich darf meine Zeit nicht verschwenden, hier ist ein muslimischer Bruder bei uns, von dem werde ich Arabisch lernen. Innerhalb weniger Wochen konnte ich es lesen, ja, das ging schnell. Weil es mir gefiel.«

Der suchende junge Mann fand hier in der salafistischen Auslegung des Islam ein klares, einfaches Weltbild: »Es gibt einen Schöpfer. Es gibt keinen Zufall. Jede Sache ist an ihrem Platz. Alle Dinge haben eine Bedeutung.« Bis heute sind Gefängnisse Brutstätten des Extremismus. Das gilt besonders für die überfüllten französischen Haftanstalten. Hier wird der Anteil an Häftlingen muslimischer Herkunft auf über 70 Prozent geschätzt. Oft kommen suchende Menschen wie Kelkal in Kontakt mit Dschihadisten, und es entstehen Netzwerke, die auch über die Haftzeit hinaus Bestand haben.

Dass Khaled sich im Gefängnis radikalisiert habe, bestreitet er jedoch im Interview mit Dietmar Loch 1992 nach seiner Freilassung auf Bewährung. Im Gegenteil, sagte er, sein Wandel zum Glauben habe ihn zu einem gelasseneren Menschen gemacht: »Ich habe durch den Islam meinen Geist wirklich geöffnet. Ich betrachte das Leben heute nicht als einfacher – aber als kohärenter.« Kelkal behauptete auch, seine Gewaltbereitschaft sei durch den Islam gesunken. War dies schon eine für Dschihadisten typische Verstellung, genannt *taqiyya*? Schwer zu sagen. Tatsache ist, dass er – wie fast alle Extremisten heute – begonnen hatte, seine Identität auf den Islam zu reduzieren: »Ich bin weder Araber noch Franzose, ich bin Muslim. Es gibt keine Rassen mehr, gar nichts, alles verschwindet, das ist die Einheit, wir sind vereint.« Zunehmend mied er den Umgang mit christlichen Franzosen, gemäß dem salafistischen und dschihadistischen Kernkonzept von *al-wala wal-bara*, das besagt, dass Loyalität und Freundschaft nur Muslimen gelten können.

Ein Jahr nach seiner Freilassung reiste Kelkal nach Algerien, vermutlich auf Anregung eines seiner neuen »Brüder« – extremistischen Islamisten aus der Gegend von Lyon. Laut seinem ehemaligen Weggefährten, dem französischen Exdschihadisten David Vallat, soll Kelkal tief beeindruckt von einem Besuch seiner Geburtsstadt Mostaganem zurückgekehrt sein.[28] In Algerien wütete damals der Bürgerkrieg zwischen sich immer weiter zum Dschihadismus radikalisierenden Islamisten und dem Militärregime. Kelkal habe Kämpfer gesehen, die gerade aus den Bergen kamen, und den Wunsch verspürt, sich ihnen anzuschließen. Wie bei vielen jungen Männern, die dem Dschihadismus verfallen sind, vermengen sich hier geopolitische Faktoren mit Abenteuerlust und dem Wunsch, für die »wahre muslimische Glaubensgemeinschaft«, die *umma*, in den Kampf zu ziehen. In Algerien gelang dies Khaled nicht, nach seiner Rückkehr nach Frankreich suchte er jedoch im Jahre 1994 Kontakt zu algerischen Extremisten im Exil.

Kelkal wurde zum Dschihadisten der zweiten Generation. Er war, wie beschrieben, an den Anschlägen im Sommer 1995 beteiligt. Auf der Bombe, die im August auf der TGV-Strecke zwischen Paris und Lyon gerade noch rechtzeitig entschärft werden konnte, fanden sich seine Fingerabdrücke. Die französische Polizei stellte ihn Ende September in einem Waldstück in der Nähe von Lyon. Er leistete bewaffneten Widerstand und wurde erschossen.

Wie Dietmar Loch betont, mit dem ich lange über Kelkal gesprochen habe, reagieren zahlreiche Jugendliche aus den Vorstädten bis heute auf das, was sie als gesellschaftliche und staatliche Gewalt gegen sich empfinden, selbst mit Gewalt; entweder mit massiven Ausschreitungen – wie bei den ersten Vorstadtrevolten, die 1990 auch in Kelkals Heimatort ausbrachen, oder bei den Unruhen im Herbst 2005 – oder aber mit Kriminalität: »Die Ausgeschlossenheit aus der Gesellschaft, die Diskriminierungen gegen die Kinder von Einwanderern – seit Jahrzehnten hat sich kaum etwas getan. Die jungen Leute haben das Gefühl, dass sich ohne Gewalt nichts ändern würde, das ist auch heute bei den IS-Rekruten nicht viel anders.« In den Worten Khaled Kelkals: »Man spricht nur über uns, wenn es Gewalt gibt, also werden wir gewalttätig.«

War also Khaled Kelkal in erster Linie ein vom Dschihadismus irregeleiteter Mörder? Oder doch vor allem ein Spiegel unserer Gesellschaft? Dietmar Lochs und meiner Meinung nach war er natürlich beides. Unser gesellschaftliches Versagen trägt eine Mitschuld an Kelkals Schicksal und dem vieler Dschihadisten nach ihm. Für Loch war Khaled Kelkal ein Franzose mit Wurzeln im Maghreb, der nach Anerkennung und Würde suchte, und erst als er diese nicht fand, wurde er zum Gewaltverbrecher. Die Tatsache, dass viele Einwandererkinder in Frankreich, aber auch in Deutschland benachteiligt sind und diskriminiert werden, reicht natürlich nicht aus, um ihre Wandlung zu dschihadistischen Mördern zu erklären, ist jedoch oft ein wichtiger Faktor.

Der Fall von Khaled Kelkal wurde in Frankreich ausgiebig diskutiert, es wurde sogar ein Theaterstück über ihn inszeniert. Geändert hat sich für die meisten Einwandererkinder über die Jahrzehnte jedoch kaum etwas.

Peter Cherif:
Generation Irakkrieg

Paris, Dezember 2004. Myriam zeigt auf das Foto eines strahlenden Jungen, das im Regal steht. Die gepflegte schwarzhaarige Frau hat seit Monaten Angst um ihren Sohn. Angst um den Jungen, der vom Foto lächelt. Zu diesem Zeitpunkt ist Peter Cherif 22 Jahre alt und sitzt in Camp Bucca, dem bekannten US-Gefangenenlager im Süden des Iraks. In gewisser Weise ist das für Myriam eine Beruhigung: So weiß sie wenigstens, dass ihr Sohn lebt. Wie aber konnte Peter von diesem freundlichen Zuhause im 19. Arrondissement, wo ich Myriam an diesem Vormittag gegenübersitze, in einem Gefangenenlager im Irak landen?

Das Viertel *Buttes-Chaumont* liegt im Nordosten von Paris, ist also noch keine *Banlieue à problèmes*, kein Problem-Vorort, sondern eine Gegend, die einiges zu bieten hat und im letzten Jahrzehnt teilweise sogar sehr chic geworden ist. Hier stehen ehemalige Arbeitersiedlungen mit kleinen Häusern und Gärten, die mittlerweile von sogenannten Bobos, den bourgeoisen Bohemiens, bewohnt werden, ebenso wie Mehrfamilienhäuser am Canal Saint-Martin, der das Viertel durchquert. Einer der größten und schönsten Parks der Stadt, der Parc des Buttes-Chaumont, und der weltbekannte Friedhof Père Lachaise, auf dem Jim Morrison beerdigt liegt, befinden sich ebenfalls hier. 35 Prozent des Wohnbestands sind Sozialwohnungen. Im reichen Paris verweisen Lokalpolitiker gern auf diesen Bezirk als Beispiel für die *mixité sociale*, die »soziale Durchmischung«, die dort aber praktisch genauso wenig existiert wie im Rest der Stadt. Auf der Avenue de Flandre, einer der wichtigsten Zufahrtsstraßen von der Ringautobahn um Paris in die Stadt hinein, reihen sich 20-stöckige Wohnblocks aneinander. Hier leben vor allem Franzosen mit ausländischen Wurzeln. Die meisten stammen aus den ehemaligen Kolonien. Sie und die schicken Bobos treffen nur selten aufeinander.

Nervös zieht Myriam an ihrer Zigarette. Ihr Sohn sei schon einmal im Gefängnis gewesen, sagt sie, als Jugendlicher war er in mehrere bewaffnete Raubüberfälle verwickelt, aber, betont Myriam, nur mit einer Spielzeugpistole. Dafür mit 14 Jahren ins Gefängnis gesteckt zu werden? Das sei hart. »Zugegeben, etwas turbulent war es schon mit ihm, aber vor allem lustig und lebhaft.« Er sei auch immer ein intelligenter Schüler gewesen, selbst im Knast. Sein katholischer Vater, der aus der französischen Karibik stammte, war kurz zuvor verstorben.

Als knapp 20-Jähriger habe Peter dann zum Islam gefunden. »Er kam eines Tages zu mir und bombardierte mich mit Fragen über Religion, den Islam, ob ich dieses und jenes kennen würde. Ich konnte darauf nicht richtig antworten.« Sie selbst ist nicht wirklich gläubig, aber dass ihr Sohn zum Islam konvertierte, begrüßte sie zunächst – die Religion gab ihm offenbar Halt und ließ ihn ernsthafter werden. Er erschien ihr ruhiger, weniger gewalttätig, sogar glücklich. Schon bald sei er allerdings nicht mehr nur ernsthaft, sondern regelrecht verschlossen gewesen. Er blieb stundenlang in seinem Zimmer, schaute Videos über den Irak und das Leiden der Muslime dort – zum großen Teil dschihadistische Propaganda.

»In dem Moment, als er praktizierender Muslim wurde, ist mir aufgefallen, dass es eine ganze Gruppe Jugendlicher im Viertel gab, die alle diese langen Gewänder trugen, das *Kamiz*, und runde Kappen auf dem Kopf. Sie gingen gemeinsam zur Moschee oder standen vor dem Hauseingang herum und diskutierten über Religion. Peter verlor sein Lächeln in dieser Zeit, er wirkte traurig und gequält; er hatte keinen Hunger mehr und schlief kaum noch.«

Was war innerhalb weniger Monate mit dem jungen Mann geschehen? Peter war in den Bann eines damals erst 22 Jahre alten schmächtigen Mannes und selbsternannten Imams geraten, Farid Benyettou. Auch er lebte und »predigte« im 19. Arrondissement. Er schürte Schuldgefühle in Peter für dessen weltlichen Lebenswandel und die Angst vor der ewigen Verdammnis der Ungläubigen.

»Manchmal«, erinnert sich Myriam, »weckte er mich um vier Uhr morgens auf, indem er mich am Arm zog, dabei fast weinte und bettelte: ›Mama, komm und bete, ich helfe dir aufzustehen. Ich bringe dich ins Badezimmer, damit du die Waschungen vor dem Gebet machen kannst.‹ Er hatte Angst, dass ich in die Hölle käme, weil ich zwar als Muslima geboren bin, die Religion aber nicht praktiziere.« In den Augen ihres Sohnes ist sie tatsächlich eine Sünderin: Sie war mit einem Nichtmuslim verheiratet, sie raucht und trinkt: »Ihm wurde erklärt, dass selbst die eigenen Eltern das Böse darstellen und man sich von alldem befreien müsse.«

Für Myriam trägt vor allem der »Rattenfänger« Farid Benyettou die Schuld daran, dass ihr Sohn zum Dschihadisten wurde. »Peter war sehr leicht beeinflussbar. Er konnte nicht Nein sagen. Er war zu naiv, vertrauensvoll; genau das haben Farid und die anderen ausgenutzt. Dauerhafte Gehirnwäsche über Wochen, über Monate.« Benyettou beschreibt sie wie einen Sektenführer: »Er hatte ein engelsgleiches Gesicht und eine sanfte Stimme, und er schien sehr nett zu sein. Mit seinen langen blonden Haaren, seinem zum Turban gelegten Tuch und der sanften Stimme umgab ihn die Aura eines Propheten, man folgte ihm leicht in die Falle.«

Farid Benyettou wurde 2008 wegen »Bildung einer kriminellen Vereinigung in Verbindung mit einer terroristischer Unternehmung« zu 6 Jahren Gefängnis verurteilt.[29] Der Mann, den sie »Emir« nannten, radikalisierte neben Peter Cherif weitere Menschen, unter anderem die Kouachi-Brüder, die 2015 das Attentat auf die Redaktion von *Charlie Hebdo* verüben sollten.[30]

Ich treffe eine andere Frau, die Peter Cherif ebenfalls sehr liebte. Wir sind an einer Straßenkreuzung verabredet. Sie will das Gespräch nicht in einem Bistro oder gar bei sich zu Hause führen. Als sie zu mir ins Auto steigt, ist ihr Gesicht kaum zu sehen – nicht etwa, weil sie strenggläubige Muslima wäre und einen Schleier trüge, sondern weil sie ihre Basecap tief in die Stirn gezogen hat:

Sie will nicht erkannt werden. Wir fahren durch das 10. und das 11. Arrondissement, immer im Kreis, den Boulevard Voltaire entlang, wo Jahre später die schrecklichen Anschläge auf verschiedene Bars und Cafés und das Bataclan begangen werden sollen.

Sie sei Cherifs Freundin gewesen, erzählt sie, und spricht immer noch mit Liebe in der Stimme über den späteren Dschihadisten. »Er machte ständig Witze, war sehr lustig, hat mir aber auch einiges über seine schwierige Kindheit anvertraut. Wie er beispielsweise darunter gelitten hat, dass sein Vater so früh verstorben ist.«

Darüber hat Peter immer wieder gesprochen, es ließ ihn nicht los. Bei vielen europäischen Dschihadisten waren die Väter der jungen Männer innerhalb der Familien schon sehr lange nicht mehr präsent, oder das Verhältnis zu ihnen war extrem problematisch. Ursprünglich schien mir die Hypothese einer befreundeten Psychologin, die lange mit Dschihadisten in Haftanstalten gesprochen und ihre Profile analysiert hat, etwas gewagt: dass sich die von der Heilslüge verführten Dschihadisten durch den Tod als vermeintliche Märtyrer im Paradies Gott als einem Ur- und Übervater nähern. Heute halte ich sie keinesfalls mehr für abwegig.[31]

Seinen neu gefundenen Glauben schätzte Peters ehemalige Freundin zunächst: »Ich hatte mich schon immer über seine Zigaretten beschwert, und plötzlich sagte er: ›Montag höre ich auf zu rauchen.‹ Und er tat es! Ich freute mich, es schien, als wollte er sein Leben in die Hand nehmen. Er ließ die Finger vom Alkohol, hörte auf, im Gettoslang zu reden, und benutzte keine Schimpfwörter mehr. Er fand einen Job, unsere Beziehung wurde ernsthafter. Wir machten Pläne. Er legte jeden Monat Geld zur Seite, um ein Auto zu kaufen. Und wenn er betete, dachte ich mir: Jetzt hat er endlich einen Sinn in seinem Leben entdeckt. All diese Details zeigten mir, dass er sich in seiner Haut wohler fühlte, dass es ihm gut ging.«

Doch ihre Hoffnungen wurden enttäuscht. Ein paar Monate nachdem er sich dem Glauben zugewandt hatte, habe er jeden Tag von den Strafen im Jenseits und von Sünde gesprochen. Auch habe er sich ständig gewaschen, um sich von sündigen Gedanken zu reinigen. »Er war wie traumatisiert. Erst wollte er nicht mehr ins Kino, da dort sündige Frauen zu sehen seien, dann fürchtete er, auf die Straße zu gehen, aus Angst, eine Werbung mit einer Frau in Unterwäsche zu sehen. Dann sagte er mir: ›Wir müssen aufhören uns zu berühren. Wir dürfen das nicht, wir sind nicht verheiratet.‹« Sie war so verliebt, dass sie bereit war, Opfer zu bringen, Kompromisse einzugehen. »Wir müssen uns nicht trennen«, erklärte sie ihm, »wir werden uns einfach nicht mehr anfassen.« Danach hätten sie bei ihm nebeneinandergesessen, ohne Körperkontakt. Immer habe seine Mutter dabei sein müssen, und irgendwann wollte er selbst das nicht mehr. »Er hatte nur noch Angst. Das war kein Leben mehr.« Dabei habe Peter immer weiter beteuert, wie sehr er sie liebe. Sie sei die Frau seines Lebens, trotzdem müsse er sie verlassen. Die junge Frau schüttelt den Kopf. »Ich trenne mich, aber ich liebe dich? Das war für mich unerträglich.«

Als Nächstes eröffnete er seiner Freundin, er werde nicht mehr mit ihr telefonieren, sein Imam habe das so verfügt, und der kenne den Koran. Sie gingen also dazu über, SMS zu schreiben, bis Peter auch das nicht mehr gestattete.

Das Gefühl, man habe Schuld auf sich geladen, bewirkt oft eine traumatische psychische Belastung. Dschihadistische Prediger nutzen das gezielt aus. Im Koran gibt es etliche Stellen, die die endlosen Qualen der Sünder beschreiben. Sie dienen immer wieder dazu, Muslime zu radikalisieren, sie von Intoleranz und der Ablehnung aller anderen, aller Andersdenkenden zu überzeugen. Die Botschaft der Toleranz und Barmherzigkeit des Koran wird hingegen komplett ignoriert.

Als Myriam klarwurde, dass ihr Sohn sich radikalisierte, tat sie alles, was mit ihren bescheidenen Mitteln möglich war, um ihn vom Extremismus abzubringen. Sie schaltete einen Imam aus der Nachbarschaft ein, einen kleinen Mann aus dem Senegal. Auch mit ihm spreche ich über Peter Cherif. »Er war ein netter Junge, ehrlich und nie aggressiv.« Der Imam habe versucht, ihm zu erklären, wie komplex der Koran sei und wie man die Offenbarung verfälschen könne: »Wir haben gemeinsam gelesen, ich habe ihm erklärt, dass der Islam sich nicht auf einen Schlag verstehen lässt und man ihn langsam und gründlich studieren muss. Nicht so, wie es manche Konvertiten heute tun.« Es sei leicht, einen Jugendlichen zu manipulieren, der Arabisch nicht lesen und schreiben könne, ihm zu diktieren, was im Koran stehe, zumal der sich ohnehin schwer übersetzen lässt: »Diese selbsternannten Prediger sind eigentlich Banditen, die nur behaupten, Muslime zu sein. Es ist ganz einfach, Kindern Blödsinn zu erzählen von der Hölle und der Vergebung im Paradies.« Der Mann sagte Peter immer wieder, dass *dschihad* bedeutet, das eigene Selbst zu verbessern, und nicht, andere zu töten.

Zu Peter Cherif drangen diese Worte nicht mehr durch. Im Mai 2004 reiste er in die syrische Hauptstadt Damaskus, um Arabisch zu lernen. Außerdem gebe es dort die besten Koranschulen. Er wolle wissen, wie es sich in einem islamischen Land unter Muslimen lebt. Darin baden, die Gebetsrufe der Moscheen hören, sich vom Islam durchtränken lassen. Dieses Leben leben, anstatt es nur auf dem Computer zu sehen. Dass Syrien damals mit Billigung des Assad-Regimes das Haupttransitland für den Dschihad im Irak war und einige Koranschulen ideologisch auf den Kampf vorbereiteten, wusste Myriam nicht. Aber sie sorgte sich um ihren Sohn.

Peter meldete sich aus Syrien noch einmal per Webcam. Er versprach seiner Mutter, in wenigen Wochen wieder zu Hause zu sein. Erst als er sie bat, für ihn zu beten, wurde Myriam bewusst: Ihr Sohn würde zwar nicht in Syrien bleiben, aber auch nicht zurückkommen. Von da an lebte sie in ständiger Angst, er werde sich im Irak bei einem Selbstmordattentat in die Luft sprengen.

Peter Cherif kämpfte tatsächlich für die Terrormiliz »Al-Qaida in Mesopotamien«. Im Dezember 2004 wurde er in der Schlacht um Falludscha schwer verwundet. Als Myriam 2004 mit mir sprach, hatte sie soeben eine Postkarte des Roten Kreuzes erhalten – unterschrieben von ihrem Sohn: Er war von den Amerikanern festgenommen worden und in Camp Bucca inhaftiert, wo nach Saddam Husseins Sturz ehemalige baathistische Offiziere auf hochrangige Al-Qaida-Mitglieder trafen und gemeinsam die ersten Pläne für das »Staatsbildungsprojekt« von Daesch schmiedeten.

2007 wurde Peter Cherif nach Mossul verlegt und beim Angriff eines Dschihadistenkommandos auf das Gefängnis befreit. Er tauchte in Syrien unter, nahm dann aber Kontakt mit den französischen Behörden auf. Nach Frankreich überstellt, kam er zunächst in Untersuchungshaft, wurde dann aber bis zur Gerichtsverhandlung entlassen und begann eine Ausbildung zum Lkw-Fahrer. Aus dieser Zeit existieren Pressefotos, die einen gepflegten jungen Mann im Anzug zeigen. Er soll viel Sport getrieben haben. Fast schien es, als sei das der Anfang seiner Resozialisierung. Doch es sollte anders kommen.

Bei seinem Prozess 2011 muss Cherif geahnt haben, dass die Richter nicht die zunächst erwartete Milde walten lassen würden. Am Tag der Urteilsverkündung – er wurde zu fünf Jahren Haft verurteilt – verschwand er. Monate später fand sich seine Spur im Jemen wieder. Der Sicherheitsrat der Vereinten Nationen listete ihn als Al-Qaida-Mitglied.[32]

Den Kontakt zu seinen ehemaligen Gesinnungsgenossen aus der sogenannten Buttes-Chaumont-Gruppe hatte er wohl nie wirklich verloren. Drei der zwölf jungen Männer wurden im Irak getötet. Den meisten anderen gelang es gar nicht erst, dorthin zu reisen. Unter ihnen die Kouachi-Brüder. Chérif Kouachi wurde 2005 von der Polizei an seiner Ausreise in den Irak gehindert und kam in Untersuchungshaft. Im Gefängnis traf er seinen neuen

Mentor Djamel Beghal, der wegen Al-Qaida-Mitgliedschaft ein-saß, und den späteren Mitattentäter Amedy Coulibaly.

2008 wurde Chérif Kouachi wegen der Bildung einer terroristi-schen Vereinigung zu einer mehrjährigen Haftstrafe verurteilt. Da seine Strafe durch die Untersuchungshaft bereits abgegolten war, kam er sofort frei. Er heiratete und schien ein normales Leben zu führen. 2011 soll er jedoch bei Peter Cherif im Jemen gewesen sein, um das Attentat auf die Satirezeitschrift zu planen und finanzielle Unterstützung sowie ein Al-Qaida-Training zu erhalten. Den An-schlag verübte er dann im Namen von »Al-Qaida im Jemen«.

Ein dunkelhäutiger Mann, seine Frau und ihre beiden kleinen Kinder wurden am 16. Dezember 2018 im populären Stadtviertel Balbala von Dschibuti von der örtlichen Polizei in Gewahrsam ge-nommen. In dem gleichnamigen Land am Horn von Afrika hatte der 36-Jährige seine Familie zuletzt mit verschiedenen Gelegen-heitsjobs ernährt. Fünf Tage später wurde er mit einer Linienma-schine von Air France, begleitet von zwei französischen Polizisten, nach Paris geflogen und dort sofort inhaftiert. Es war Peter Cherif. Fast acht Jahre lang hatte der Mann, der auf Fotos seiner Ausliefe-rung nach Frankreich am Flughafen von Dschibuti mit einer roten Basecap zu sehen ist, allen westlichen Geheimdiensten entkom-men können, obwohl er auf der US-Liste ausländischer terroristi-scher Kämpfer stand.

Ich spreche darüber mit einem Freund. Henri arbeitet in einer Einheit, die auch »Le Bureau des légendes« genannt wird, nach einer von ihr inspirierten erfolgreichen französischen TV-Serie. Sie ist als Geheim- und Aktionsdienst direkt dem französischen Präsidenten unterstellt. Henri führt Agenten und Spione, die Al-Qaida und Daesch infiltrieren, spürt für Frankreich gefährliche Dschihadisten auf und »eliminiert« sie in Kommandoaktionen.

Lange hat Henri versucht, Peter Cherif ausfindig zu machen. Manchmal sei er ihm dicht auf den Fersen gewesen, dann sei der

Dschihadist aus dem 19. Pariser Arrondissement wieder vom Radar der französischen Dienste verschwunden. Henri hat seine eigene Theorie, was Peter Cherif betrifft: Dschibuti, eine ehemalige französische Kolonie direkt gegenüber dem Jemen, ist eine wichtige französische und US-amerikanische Flottenbasis; auch die deutsche Marine ist hier im Kampf gegen die Piraten am Horn von Afrika aktiv. Es wimmelt dort nur so von Geheimdienstlern. Unentdeckt zu bleiben, sei quasi unmöglich. Henri vermutet, dass Cherif einfach nicht mehr konnte, dass er gefasst werden und seine Familie außerhalb des Jemen in Sicherheit bringen wollte. Nach UN-Angaben wurden in dem Bürgerkriegsland 2018 jede Woche etwa 100 Zivilisten verletzt und getötet.

Bei seiner Festnahme und Überführung soll er redselig gewesen sein. Henri stellt sich die Frage, ob Peter Cherif wirklich ein wichtiger Kader Al-Qaidas und ein gefährlicher Feind Frankreichs war oder schlicht ein weiterer verlorener Sohn der Republik.

In Frankreich wird Cherif zunächst seine fünfjährige Haftstrafe von 2011 absitzen. Gleichzeitig wird ihm für seine Mitgliedschaft bei Al-Qaida im Jemen erneut der Prozess gemacht. Zumindest seine Mutter kann erleichtert sein: Peter ist am Leben und auch seine ihr unbekannte Familie. Seine frankoalgerische Frau soll er 2012 in einem dschihadistischen Internetforum kennengelernt haben. Ihre Kinder, deren Alter oder sonstige Angaben die Behörden aus Jugendschutzgründen geheim halten, haben in Frankreich wenigstens Großeltern.

Die Generation Daesch

Nizza, Juni 2015. »Ich halte es im Land der Ungläubigen nicht aus, überall ist Sünde! Überall Alkohol, die Frauen barbusig hier am Strand – ich möchte ins Kalifat.« Kevin mit dem flaumigen Bärtchen, das nicht zu dem von Dschihadisten vorgeschriebenen Vollbart werden will, hat bereits versucht, mit seinem älteren Bruder von Frankreich nach Syrien auszureisen. Die Mutter verständigte die Polizei, als sie die gepackten Taschen in der Wohnung sah. Die beiden Brüder kamen nur bis zum Flughafen, dort wurden sie verhaftet. Kevin will jedoch immer noch nach Syrien, deshalb bin ich heute hier.

Als mit der arabischen Welt vertrauter Politologe bin ich von einem Verein, der sich um Kevins Familie kümmert, nach Nizza gebeten worden, um dem Jungen einen erneuten Ausreiseversuch auszureden und ihm zu erklären, dass das Kalifat kein paradiesischer islamischer Staat ist, sondern das Konstrukt einer Terrororganisation. »Nein, das stimmt nicht!«, er schüttelt aufgebracht den Kopf, »sie halten sich auch an die islamische Rechtsprechung.« Der blonde Kevin aus Nizza mit dem Engelsgesicht ist Konvertit.

Menschen, die zum Islam übergetreten sind, machen ungefähr ein Fünftel der europäischen Dschihadisten aus. Wie Khaled Kelkal oder Peter Cherif fühlt Kevin sich von der Gesellschaft, in der er lebt, ausgeschlossen. In Syrien hingegen glaubte er sich einer Gemeinschaft anschließen zu können, die ihn akzeptiert, dort lebe man unter Brüdern und Schwestern, die wahre Gläubige seien.

Keine dschihadistische Organisation hat jemals so erfolgreich rekrutiert wie der »Islamische Staat«. Die geografische Nähe zu Europa, die langen Jahre der einfachen Einreise durch die Türkei und die Konflikte im Irak und in Syrien haben auch bei den europäischen Jüngern von Daesch eine wichtige Rolle gespielt. Vor allem die Ausrufung des »Kalifats« als territorialer »Staat« hat viele Europäer angelockt, die darin die Erfüllung einer islamischen Utopie zu erkennen glaubten – statt einer Dystopie, die es tatsächlich war.

Anfänglich strömten nicht wenige von ihnen in der Überzeugung nach Syrien, für eine gerechte Sache zu kämpfen; schließlich war das Assad-Regime der Feind aller, im Westen ebenso geächtet wie in der islamischen Welt. Auch in Syrien selbst gaukelten die Dschihadisten einer verzweifelten Bevölkerung vor, sie kämpften als Einzige wirklich gegen das Assad-Regime und nur sie könnten für Schutz sorgen.

Menschen aus weiteren arabischen Ländern hatten wiederum andere Motive, sich den Extremisten anzuschließen: Die enttäuschten Revolutionäre des »Arabischen Frühlings« aus Ägypten und Tunesien sahen sich autoritärer staatlicher Willkür ausgeliefert und sahen keine Chance mehr auf friedlichen Wandel. Stattdessen setzten sie nur mehr auf eine apokalyptische Katharsis, oftmals aus schlichter Verzweiflung.

Der tunesische Star-Rapper Emino etwa, mit bürgerlichem Namen Marwan al-Dwiri, sang lange für Freiheit und rauchte einen Joint nach dem anderen. Wegen des Besitzes einer kleinen Menge Marihuana verbrachte er 2012 fast ein Jahr im Gefängnis. Emino empfand das Urteil als ungerecht und politisch motiviert, da er als Identifikationsfigur für junge Revolutionäre galt. Er kam zu der Überzeugung, dass sich in Tunesien trotz des Sturzes Ben Alis und freier Wahlen nichts ändern würde, und radikalisierte sich. Im Jahre 2015 schloss sich die Rap-Ikone dem IS in Syrien an.

Bei den meisten arabischen, aber auch den europäischen Kämpfern kamen natürlich noch ganz andere Motive ins Spiel. Nur geben sich die, mit denen man heute in Haftanstalten oder nach ihrer Haftentlassung sprechen kann, in der Regel äußerst wortkarg über das, was sie wirklich bewogen hat, in den Dschihad zu ziehen. Es waren zum Teil schnöde materielle Versprechen, die sie zusätzlich zur Erlösung lockten. Daesch machte nämlich auch sehr profane Angebote mit in den sozialen Netzwerken verbreiteten Erlebnisberichten aus Syrien und dem Irak. Da posierten Dschihadisten am Steuer protziger Geländewagen und vor schönen Villen. Der IS konfiszierte Häuser von geflüchteten Syrern und verteilte sie an die eigenen Kämpfer. In solchen Beiträgen ging es auch weniger um »heldenhaften Kampf« als um das Gehalt von mehreren hundert Dollar im Monat; ein kleines Vermögen, mit dem es sich im Irak und in Syrien leben ließ.

Immer wieder wurde außerdem die Möglichkeit angepriesen, im *Bilad al-Sham*, wie die Levante auf Arabisch heißt, eine »wahre Muslima« zu heiraten oder sich mit jesidischen Sklavinnen zu »vergnügen«. Die Psychologin Hélène Basex, die Dutzende von radikalisierten jungen Franzosen in Haftanstalten betreut – darunter Syrienrückkehrer –, ist im Übrigen der Ansicht, dass viele der Männer ein gestörtes Verhältnis zu ihrer Sexualität haben. Allerdings muss auf diesem Gebiet noch viel geforscht und diskutiert werden abseits von sterilen Polemiken. Interessant ist jedoch, dass Fälle von homosexuellen IS-Kämpfern belegt sind. Die grausam vertrackte Denkweise dahinter: Indem man Schwule von Hochhäusern stürzt, verleugnet und sühnt man die eigene »Todsünde«.

Und natürlich versprach der IS den »wahren Islam« und die strikte Anwendung der Scharia – doch achtete man bei den Rekruten selbst kaum darauf, ob sie wirklich gläubig waren, nicht einmal, ob sie überhaupt Grundkenntnisse des Islam besaßen. Im Gegenteil: Je weniger sie wussten, desto leichter waren sie manipulierbar, desto besser konnte man sie belügen und als Kanonenfutter gebrauchen oder zu willigen Selbstmordattentätern formen. Und je mehr man sie zu Skrupellosigkeit und Brutalität anhielt, desto besser für die Terrororganisation.

Während die syrische Zivilbevölkerung wegen »Delikten« wie dem Rauchen von Zigaretten, »Hexerei«, Drogen- oder Alkoholkonsum, Ehebruch und natürlich Homosexualität ausgepeitscht, gesteinigt, von Hochhäusern geworfen und Dieben die Hand abgehackt wurde, war IS-Kämpfern fast alles erlaubt. Plündern war im Dschihad von Daesch mehr als erwünscht: Selbst armen syrischen Bauern durften das Vieh, die Maschinen und die Ernte gestohlen werden. In Propagandamagazinen wie *Dabiq* wurde dies mit zumeist an den Haaren herbeigezogenen Interpretationen von Überlieferungen des Propheten gerechtfertigt, etwa damit, er habe gesagt, der Dschihad erlaube jede Untat.

Und damit sind wir bei einem weiteren entscheidenden Motiv einiger junger IS-Rekruten: Hinter ihrem vermeintlich gefundenen Glauben und den verformten islamischen Konzepten verbirgt sich oftmals ein pathologischer Hang zu exzessiver Gewalt. Sie geben dem rechtsfreien Morden den Anstrich des Legalen, Gewalt erhält höhere Weihen. Die europäischen Rekruten haben zumeist mehr Horror-, Splatter- und Katastrophenfilme gesehen als Seiten im Koran gelesen. Von fast allen europäischen, aber auch von vielen arabischen Dschihadisten weiß man, dass sie vor ihrer Radikalisierung täglich stundenlang vor brutalen Videospielen gesessen haben. Diese erhöhen Gewaltbereitschaft, die Unterschiede zwischen virtueller Brutalität und realem Mord verschwimmen.[33] Viele Folterer sind die Kinder unserer westlichen Gesellschaften, sie hatten schon vorher eine Neigung zur Gewalt – und Daesch bot ihnen die Gelegenheit, ihr freien Lauf zu lassen.

Die Attentäter der Anschläge von Paris, Brüssel und Berlin 2015 und 2016 waren oftmals bereits für Gewaltverbrechen verurteilt, lange bevor sie sich dem Dschihadismus zugewandt hatten. Mein Freund Nicolas Hénin erlebte seinen Folterer Mehdi Nemmouche als psychopathischen Sadisten, der seine Gewaltfantasien nicht nur ausleben, sondern durch sie auch berühmt werden wollte.[34] Daesch brauchte solche Menschen: Fast alle Attentäter der Anschläge von Paris im November 2015 hatten, wie Propagandavideos aus Syrien zeigen, dort bereits Menschen enthauptet – vermutlich wie bei der Mafia als Initiationsritus und Treueverbrechen und als Vorbereitung für die IS-Morde in Europa.

Bisher habe ich nur von den Wegen und Motiven junger Männer berichtet, die zu Dschihadisten wurden, doch die Antikultur des Dschihad zieht in der vierten Generation zunehmend auch junge Frauen an. Sie sind erst spät in den Blick der Öffentlichkeit geraten.

Frauen im Dschihadismus

Von den rund tausend Deutschen, die dem IS-Kalifat den Treue-eid geschworen haben, sind mehr als ein Viertel Frauen – das ist ein relativ hoher Anteil im Vergleich zu anderen Ländern; viele von ihnen, ob muslimischer oder nichtmuslimischer Herkunft, betrachten die Hinwendung zum Dschihadismus als Möglichkeit, ihre Unabhängigkeit zu behaupten.[35] Ein Mitarbeiter des Landes-kriminalamts Berlin, der die Berliner Extremistenszene verfolgt, berichtete mir von zwei jungen Frauen, die zu Sympathisantinnen wurden: »Es mag zunächst merkwürdig erscheinen, aber ein Fak-tor bei der Radikalisierung der Mädchen war ein gewisser Wunsch nach Emanzipation.« Beide stammten aus einer traditionellen türkischen beziehungsweise kurdischen Familie. Den eher volks-tümlichen, aber konservativen Islam ihrer Eltern lehnten sie ab. Vor allem hätten sie sich gegen das Verbot gesperrt, außerhalb der eigenen Volksgemeinschaft zu heiraten. Ihre Hinwendung zum Salafismus und dann zu Dschihadismus habe ihnen erlaubt, den Eltern zu zeigen: »Seht, das ist moderner Islam: Unsere Prediger sprechen anders als eure wenigstens gut Deutsch, und in Syrien können wir, wenn wir wollen, auch einen großen, blonden, deut-schen Dschihadisten heiraten, was ihr hier verbietet, und unsere eigene Familie gründen.«

Eine andere Form von Auflehnung gegen das Elternhaus begegnete mir, als ich in Nizza – neben dem blonden Kevin, der nach Syrien ausreisen wollte – verzweifelte Eltern traf, deren Kinder sich Dschihadisten angeschlossen hatten, darunter eine Mutter, deren 17-jährige Tochter 2014 nach Syrien verschwunden war. Die sehr moderne und bürgerliche Französin machte sich Vorwürfe, weil sie ihre Tochter zu stark bedrängt und zu viel Anpassung an gesellschaftliche Normen gefordert habe: »Geh mal aus dem Haus!« – »Zieh dich doch etwas schicker an.« Stattdessen habe sich ihre Tochter in ihrem Zimmer eingesperrt, stundenlang im Internet gesurft und gechattet. Nicht zuletzt aus Protest gegen ihre dominante Mutter konvertierte sie im Schnellverfahren zum Islam, legte umgehend den Vollschleier an und brach den Kontakt zu ihren nichtmuslimischen Freunden ab. Fortan weigerte sie sich, in die Schule zu gehen, wo Vollverschleierung verboten ist. Schließlich tat sie sich über das Internet mit anderen jungen Frauen zusammen und reiste mit zwei weiteren Teenagern über Istanbul nach Syrien aus. Die meisten von ihnen waren von erfahrenen Rekrutierern in sozialen Netzwerken angelockt worden.

Zweifel an der Zugehörigkeit zur westlichen Kultur mit ihrer Auflösung von klassischen Geschlechterrollen scheint bei in Europa aufgewachsenen Muslimas, aber auch bei Konvertitinnen eine wichtige Rolle gespielt zu haben. Sie fühlen sich angesichts der komplexen gesellschaftlichen Erwartungen an die »moderne Frau« überfordert oder als Muslima diskriminiert. Der Dschihadismus verspricht klare Rollenbilder und eine »entscheidende Position« als Mutter und Ehefrau in der angeblich einzig wahren Gemeinschaft der Muslime, eine Rolle, die der »wahren Natur« der Muslima gerecht werde. Dabei wird speziell die Vollverschleierung als Emanzipation und Befreiung verkauft: Dschihadistinnen würden so im Gegensatz zu »westlichen Frauen« nicht durch ihr Äußeres zum Sexualobjekt degradiert, sondern in ihrer Persönlichkeit respektiert und müssten sich nicht mehr den perversen Regeln des ungläubigen, dekadenten Westens unterwerfen.

Hinter dieser »Emanzipation« steckt jedoch das genaue Gegenteil: Im Dschihadismus dienen Frauen vor allem als Gebärmaschinen, deren wichtigste Aufgabe es ist, ihre Kinder mit der Ideologie des Terrors zu indoktrinieren. Ähnlich wie die Nazis wollen die Dschihadisten einen neuen Menschen erschaffen – zwar nicht »rassisch«, aber ideologisch rein im Sinne des verzerrten Islambildes von Daesch.

Gelockt werden die Frauen mit dem Versprechen von Liebe, Romantik und Abenteuer. Zuweilen erfüllt es sich sogar zeitweilig. Eine Freundin berichtete mir von zwei Dschihadistinnen, die sie als Sozialarbeiterin in einem Gefängnis in Frankreich betreute. Diese schwärmten davon, dass man in Raqqa »sexy Dessous« einkaufen konnte und ihre Ehemänner richtige Kämpfer, echte Männer gewesen seien. In der Regel aber entpuppen sich solche Versprechen als Lügen. Die Frauen müssen sich der Willkür der Männer unterordnen, Nebenfrauen erdulden und Zwangsheiraten akzeptieren, wenn ihre Männer im Kampf gestorben sind.

»Ich bin nach Syrien gekommen wegen meinem Mann. Ich habe ihn mit 15 kennengelernt [...]. Nach drei Jahren hat er sich schlagartig entschieden, nach Syrien zu gehen. Ich wusste nichts davon. Als ich das erfahren habe – natürlich, eine Frau ist emotional –, dachte ich mir einfach: Okay, ich gehe nach, weil das für mich unerträglich war ohne ihn.«[36] Wie die Deutsche Merve Aydin, Witwe eines IS-Kämpfers, beteuern Dschihadistinnen nach ihrer Festnahme oder Internierung häufig, sie seien vor allem unschuldige Anhängsel ihrer Männer gewesen. Das entspricht eher selten der Wahrheit. Auch sie beteiligten sich zunehmend aktiv am Dschihad. Im Internet und in den sozialen Netzwerken etwa kommt Frauen seit Längerem eine große Bedeutung zu, sie bauen Netzwerke auf oder vermitteln Ehepartner. Über die Aktivitäten im Internet hinaus sind sie wertvolle Instrumente für männliche Propagandisten: Durch sie können weitere junge Männer aus Europa und der islamischen Welt angelockt werden.

Im Irak und in Syrien übernahmen Frauen darüber hinaus wichtige Aufgaben beim Aufbau und bei der Verwaltung des »Kalifats« – gerade weil der IS eine strenge Geschlechtertrennung durchsetzte, musste er für seine weibliche Bevölkerung Versorgungs- und Kontrollstrukturen aufbauen. IS-»Behörden« erhielten spezielle Abteilungen für Frauen.[37] Je mehr der IS expandierte und staatsähnliche Strukturen zu entwickeln versuchte, desto mehr brauchte er Lehrerinnen, Krankenschwestern und Ärztinnen. Qualifizierten Ausländerinnen wurde im Gegensatz zu Syrerinnen und Irakerinnen sogar gestattet zu arbeiten, wenn sie nicht verheiratet waren. Ein Mindestmaß an schulischer Bildung und medizinischer Versorgung sollte so für Mädchen und Frauen gewährleistet werden.

Dschihadistinnen registrierten frisch eingereiste Frauen und brachten sie, sofern sie keinen Ehemann oder keine Familie besaßen, in »Frauenhäusern« unter. Hier mussten sie genauso wie bereits vor Ort lebende ledige, geschiedene und verwitwete Frauen bis zu einer arrangierten Heirat oder Wiederheirat verbleiben.

In Raqqa und Mossul kontrollierten Dschihadistinnen als gefürchtete und bewaffnete Mitglieder der Al-Khansaa-Brigade, einer Art Sittenpolizei, das »islamkonforme« Verhalten anderer Frauen. Vergehen wurden hart geahndet – Frauen etwa, die es wagten, Schuhe mit Absätzen zu tragen, erhielten 40 Peitschenhiebe.[38] Europäische IS-»Sittenpolizistinnen« sollen besonders brutal gewesen sein.

Der IS lehnte zunächst gemäß der Ansicht seiner »Rechtsgelehrten« die Beteiligung von Frauen am bewaffneten Kampf ab. Sie erhielten zwar eine rudimentäre Schießausbildung, durften aber in der Öffentlichkeit – mit Ausnahme von Mitgliedern der »Sittenpolizei« – keine Waffen tragen. Dies änderte sich 2017, als dem »Kalifat« die militärische Niederlage drohte: Nun wurde der bewaffnete Kampf auch für Frauen Pflicht.[39] Zwar beteiligte sich nur eine Minderheit tatsächlich daran, aber es existieren schlimme Beispiele. In Mossul sollen Scharfschützinnen aus dem Kaukasus, aber auch aus Deutschland, bis ihre Positionen endlich ausgemacht werden konnten, im Endkampf um die Millionenstadt über 20 irakische Soldaten getötet haben.[40]

In Europa waren zwischen Januar 2014 und August 2018 Dschihadistinnen an 33 geplanten oder ausgeführten Terroranschlägen beteiligt.[41] Der Messerangriff der 15-jährigen Safia S. auf einen Polizisten in Hannover im Februar 2015 ist ein Beispiel. Im Jahr darauf scheiterte ein Attentatsversuch auf die Pariser Kathedrale Notre-Dame, weil es den fünf Französinnen nicht gelang, ein mit Gasflaschen vollgepacktes Auto zu entzünden. Statt mit Benzin hatten sie den Kanister für die improvisierte Sprengladung mit schwer entflammbarem Diesel gefüllt.

Seit der Zerschlagung des »IS-Kalifats« ist Deutschland wie viele andere Länder nicht nur mit in ihrer Heimat radikalisierten und verbliebenen Dschihadistinnen konfrontiert. 30 bis 40 ins IS-Gebiet ausgereiste Frauen waren bereits bis zum Juli 2018 nach Deutschland zurückgekehrt. Sie wieder in die Gesellschaft einzugliedern wird große Anstrengungen erfordern. Zudem sind viele dieser Frauen Mütter – Sorgen um das Wohl ihrer Kinder sind mehr als berechtigt.

Kinder zu Mördern machen

Wie stark Kinder vom Hass und feindlichen Verhalten Erwachsener, die sie täglich erleben müssen, beeinflusst werden, wurde mir erstmals vor 20 Jahren in Hebron bewusst. Für eine Reportage über israelische Siedler begleitete ich damals eine Gruppe jüdischer Kinder im Alter von sechs bis zehn Jahren, die im Freien unter dem Schutz von Soldaten mit Holzgewehren spielten. Wir trafen auf eine Gruppe gleichaltriger palästinensischer Kinder. Die jüdischen Kinder zielten auf die palästinensischen und schrien: »Tod den

Arabern, wir bringen euch alle um!« Die palästinensischen Kinder nahmen Steine in die Hand und schrien ihrerseits: »Tötet die Juden!« – »Treibt sie zurück ins Meer!«

Das Verhalten der Kinder war für mich unfassbar. Doch welches Ausmaß die Erziehung zur Feindschaft oder gar zum Terror annehmen kann, verstand ich erst allmählich, etwa nachdem ich 2016 in Beirut mit Mahmoud gesprochen hatte, dem syrischen Flüchtling aus Deir al-Sor, und er mir erklärte, wie sehr er sich um die Zukunft seiner sieben Kinder sorge, die in Syrien geblieben waren; keines von ihnen gehe mehr zur Schule: »Mein ältester Sohn ist jetzt 13. Er schämt sich, weil er nicht einmal mehr meine SMS lesen kann. Er sagt, er habe vergessen, wie das geht. Dabei konnte er früher so gut lesen und schreiben.« Die meisten Lehrer waren aus den von Daesch besetzten Teilen Syriens geflüchtet, das verbliebene weibliche Lehrpersonal durfte nicht mehr arbeiten.

Mahmoud fragte sich damals, ob es nicht ohnehin besser wäre, wenn seine Kinder gar nicht in die Schule gingen, als auf eine IS-Schule, in der sie mit einem fanatischen Islamismus indoktriniert würden. Im Geschichtsunterricht werde nichts als eine einseitige Darstellung des Propheten Mohammed gelehrt. Naturwissenschaften, soweit sie nicht der Theorie der göttlichen Schöpfung widersprechen, gebe es erst nach der Grundschule. Tatsächlich wurde selbst das Abc unter dem IS mit Abbildungen von Waffen und Raketen unterrichtet: der Buchstabe B mit dem Wort *bunduqqiyyah,* arabisch für Gewehr, der Buchstabe S mit *sayf,* Schwert, oder der Buchstabe D mit *dabbabah,* Panzer. In Mathematik errechneten die Kinder die Menge an Sprengstoff, die eine Fabrik herstellen kann, oder die Anzahl der Schiiten und anderer »Ungläubiger«, die bei einem Selbstmordanschlag getötet werden können.[42]

Produkte zur Indoktrination der Kinder werden übrigens auch in Deutschland verbreitet, etwa *jundullah,* »Soldaten-Gottes«-Puppen. Gesichtslose männliche Erwachsenenpuppen tragen Bärte, die weiblichen Vollschleier und die Kinderpuppen Kopftücher, damit »unsere kleinen Löwen und Löwinnen bereits beim Spielen die natürliche Schamhaftigkeit kennenlernen«, schreibt die Herstellerin.[43] Der IS bezeichnete junge Menschen als »Löwenkinder«, die zu starken und mächtigen »Löwen« heranwachsen sollten, um den Kampf gegen die *kuffar*, die »Ungläubigen«, fortzusetzen.

Der IS hat Kinder in kaum je dagewesener Grausamkeit ausgenutzt und missbraucht. Dschihadisten instrumentalisieren sie zwar schon lange für ihre Propaganda und präsentieren sie als heranwachsende Generation des zukünftigen Dschihad – ich erinnere mich an Bilder aus Bosnien von kleinen Jungen mit Pistolen, an Aufnahmen der Söhne Bin Ladens beim Kampfschwimmen oder bei Schießübungen –, doch dies war nichts im Vergleich zu dem Kindesmissbrauch durch Daesch. Das wurde mir vor Augen geführt, als ich mir für eine TV-Produktion über die Propagandamaschine von Daesch wieder einmal Videos anschauen musste, in denen die Kinder Opfer der schlimmsten Machwerke von Daesch und gleichzeitig zu Tätern gemacht wurden: In der Nachahmung einer französischen Reality-Show namens *Fort Boyard* steht eine Gruppe von Jungen vor einer historischen Festung in der syrischen Wüste. Ihre Aufgabe: in der Zitadelle nach »Spionen« suchen – Gefangene von Daesch. Die Kinder mussten sie mit einem Schuss in den Kopf töten.

In Trainingslagern der Terrorbande wurden Heranwachsende, auch gefangene junge Jesiden, einer militärischen Ausbildung unterzogen, an der Waffe geschult und auf Selbstmordanschläge vorbereitet, dabei läuft ein solcher Kindesmissbrauch dem Islam völlig zuwider: Kinder und Jugendliche dürfen gemäß islamischer Rechtsauffassung an Kampfhandlungen – gleich welcher Form – nicht teilnehmen.

Auch Kinder und Jugendliche, die nicht die IS-Trainingslager durchlaufen mussten, haben großes Leid erfahren. In der ohnehin traumatisierenden Kriegssituation mit Mangelernährung, schlechter medizinischer Versorgung und Kampfhandlungen mussten sie mitansehen, wie nach angeblich islamischen Gerichtsurteilen Körperteile amputiert, Menschen gesteinigt, ausgepeitscht und enthauptet wurden. Nach einer Schätzung des Bundesamts für Verfassungsschutz sollen etwa dreihundert deutsche Kinder und Jugendliche zeitweise in Syrien oder im Irak gelebt haben oder dort geboren worden sein.[44]

Auch in der Bundesrepublik selbst wurden Kinder von der dschihadistischen Gewaltideologie radikalisiert. Genaue Zahlen existieren derzeit nicht. Dafür aber erschreckende Beispiele wie die bereits erwähnte Safia S., die von ihrer eigenen Mutter in den Dschihadismus getrieben wurde. Schon als Siebenjährige musste das Mädchen mit Pierre Vogel Koransuren zitieren; der salafistische Prediger veröffentlichte ein Video davon auf Youtube.[45]

Kinder und Jugendliche aus dschihadistischen Familien sind eine große gesellschaftliche Herausforderung. Es sind oftmals stark traumatisierte Jungen und Mädchen, die Hilfe brauchen, um die Gewalterfahrungen verarbeiten zu können. Sie sind alle Opfer, auch wenn einige durch die totale Menschenverachtung des IS zu Tätern gemacht wurden. Das volle Ausmaß der Indoktrinierung wird wohl erst in den nächsten Jahren sichtbar werden, wenn die Kinder heranwachsen. Deshalb müssen wir bereits jetzt mit allen Mitteln verhindern, dass die vielen Kinder – im Irak, in Syrien und in Europa –, die von Daesch und ihren eigenen Eltern missbraucht worden sind, zu einer fünften Generation von Dschihadisten werden. Einer Generation, die zahlenmäßig größer sein könnte als alle vorhergehenden.

Menschen aus den Fängen
der Hydra befreien – Prävention

Die vorgestellten Lebenswege zeigen, wie eng die erwähnten fünf Faktorengruppen – die geopolitischen, die sozioökonomischen und -kulturellen, die ideologischen, psychologischen und lokalen Faktoren – bei der Radikalisierung von Menschen und der Verführung zum Dschihadismus zusammenwirken.

Welche *geopolitischen Faktoren* für alle fünf Generationen von Dschihadisten prägend waren, habe ich bereits erwähnt. Die Wirkung von *sozioökonomischen* und *soziokulturellen Faktoren* zeigt sich bei den IS-Anhängern Karima und Ahmed in Mossul ebenso wie bei Khaled Kelkal. Auf individueller Ebene spielen *psychologische Faktoren* eine wichtige Rolle: Dschihadismus als Identitätsstiftung – Kelkal hatte das Gefühl, er verleugne sich selbst, als er sich im französischen Gymnasium anzupassen versuchte. Auch Peter Cherif begab sich auf eine Identitäts- und Sinnsuche, die ihn schließlich in den Irak führte. Für die junge Konvertitin aus Nizza war der Dschihadismus eine Form der Auflehnung gegen ihre dominante Mutter. Sie alle glaubten, der Dschihadismus erfülle ihren Wunsch nach Würde und Anerkennung und einer klaren, einfachen Weltsicht. Oft kommen persönliche Traumata hinzu, bei Peter Cherif etwa der Schmerz durch den frühen Tod des Vaters. Und es ist nur schwer vorstellbar, was die Erfahrungen im Gebiet des IS bei Kindern an Traumata hervorrufen. Einige Radikalisierte haben einen pathologischen Hang zur Ultragewalt, etwa Mehdi Nemmouche, Folterer des Journalisten Nicolas Hénin, oder Denis Cuspert. Die Gewaltbereitschaft ist häufig gepaart mit dem Wunsch, um jeden Preis berühmt zu werden.

Unter die *ideologischen Faktoren* fallen die verzerrten Islamauslegungen der Dschihadisten. Es war oftmals der Wunsch nach einem klaren Weltbild, der die häufig noch Jugendlichen in die

Fänge der Extremisten trieb. In den Worten Khaled Kelkals: »Es gibt einen Schöpfer. Es gibt keinen Zufall. Jede Sache ist an ihrem Platz. Alle Dinge haben eine Bedeutung.« Klare Regeln und Prinzipien als Resultat der Hinwendung zu einem Glauben sind an sich kein Grund zur Sorge. Die Mutter und die Freundin von Peter Cherif begrüßten aufgrund seines chaotischen Lebens anfänglich diese Entwicklung. Doch das schwarz-weiße salafistische, die Vielfalt und Toleranz im Islam verneinende Weltbild führt schnell zu dschihadistischen Kernkonzepten, etwa dem *takfīr*, der Exkommunikation – die Welt wird in Gläubige und Ungläubige geteilt, und Letztere gilt es zu bekämpfen. Zum Versprechen eines vermeintlich wahren Islam und der Erlösung treten weitere ideologische Beweggründe hinzu, die wiederum durch geopolitische Ereignisse beeinflusst wurden, etwa antiwestliche Ressentiments durch die Invasionen in Afghanistans und dem Irak.

Die ideologische Saat der Dschihadisten kann jedoch nur aufgehen, wenn geeignete Nährböden mit dschihadistischen Netzwerken existieren. Gefängnisse werden allzu häufig zu »Dschihad-Akademien«, etwa bei Khaled Kelkal in Frankreich, Emino in Tunesien und im großen Stil in den Lagern des Iraks, wo führende Dschihadisten wie der IS-»Kalif« Al-Baghdadi gemeinsam mit hohen sunnitischen Armeeoffizieren einsaßen. Auch Anis Amri soll sich bei einem Gefängnisaufenthalt in Italien radikalisiert haben. Doch lokale Nährböden können sich überall dort, wo die Bedingungen dafür gegeben sind, ausbilden – ob in Mossul, Ostlondon oder den Vorstädten Frankreichs, in Wolfsburg, Hildesheim oder Dinslaken-Lohberg.

Dinslaken-Lohberg und der Breitscheidplatz:
Nährböden und Netzwerke

Im August 2014 sprengte sich der 27-jährige Konvertit Philip Bergner in der Nähe von Mossul am Steuer eines Geländewagens in die Luft. Mit ihm starben mehr als 20 Menschen. Der ehemalige Pizzabote, der den Namen Abu Usama al-Almani angenommen hatte, stammte aus Dinslaken-Lohberg. So wie Nils Donath: Bei seinem ersten Prozess 2016 in Düsseldorf gestand der damals 24-Jährige, dass er im Irak Mitglied einer Einheit war, die »Deserteure« aufspürte – zuvor hatte er behauptet, er sei nur »Reinigungskraft und Koch« in Gefängnissen des IS gewesen. Donath wurde, auch weil er sich bereit erklärte, gegen andere Dschihadisten als Kronzeuge auszusagen, zu einer relativ milden Haftstrafe von viereinhalb Jahren verurteilt. 2019 wurde jedoch ein weiteres Verfahren gegen Abu Ibrahim al-Almani, so Donaths Kampfname, eröffnet. Er soll, laut der Aussage eines ehemaligen Gefangenen, gefoltert und drei Menschen zu Tode geprügelt haben.[46]

Der »Fall Lohberg« ist exemplarisch und der in Deutschland am besten dokumentierte. Er zog großes mediales Interesse auf sich, da er mit einmal deutlich machte: Dschihadistischer Terror wird auch zunehmend von Deutschen verübt.

Lohberg, eine ehemalige Zechensiedlung, ist ein Vorort der 67 000-Einwohner-Stadt Dinslaken. Eine beschauliche, grüne Gegend mit Einfamilienhäusern. Heute leben hier vor allem türkischstämmige Familien.

Das Ende der Kohleförderung 2005 hatte eine hohe Arbeits- und Perspektivlosigkeit gerade für junge Menschen zur Folge. Weniger als ein Zehntel der Schüler aus Lohberg besucht nach der Grundschule das Gymnasium – im restlichen Dinslaken sind es weit über die Hälfte.

Innerhalb weniger Jahre wurde der Vorort zu einer Hochburg

des Dschihadismus *made in Germany*. Ab 2013 zogen insgesamt 13 junge Männer in zwei Gruppen in den Irak und nach Syrien – die sogenannte Lohberger Brigade hatte sich zum Teil unter dem Deckmantel eines Bildungsvereins zusammengeschlossen.

Schon 2006 soll der ehemalige Boxer und salafistische Prediger Pierre Vogel in einer Dinslakener Moschee einen Vortrag gehalten haben. Die »Lohberger Brigade« stand zudem in engem Kontakt zur Solinger Gruppe Millatu Ibrahim (»die Sekte Abrahams« oder »der Glaube Abrahams«), einem der wichtigsten Wegbereiter des Dschihadismus in Deutschland. Dort waren zwei der global einflussreichsten Propagandisten und spätere IS-Kämpfer aktiv, der bereits erwähnte Mitgründer der »Globalen Islamischen Medienfront« Mohamed Mahmoud und der ehemalige Berliner Gangsta-Rapper Denis Cuspert alias Deso Dogg.

In dem 2011 gegründeten »Dinslakener Institut für Bildung« bereiteten Lohberger wie Yassin Topal und sein Bruder Mustafa, der Vorsitzende und Sprecher des Vereins, junge Männer auf den Dschihad vor. Der Verein lockte auch Konvertiten aus der ganzen Bundesrepublik an wie David Gäbler aus dem Allgäu. Der ehemalige Elektrikerlehrling starb 2014 in Syrien; er stand seinerseits in Kontakt mit dem Umfeld des nach dem Bosnienkrieg gegründeten und 2005 verbotenen Neu-Ulmer »Multikulturhaus« – das erste wichtige dschihadistische Zentrum Deutschlands. In einem der IS-»Märtyrervideos« ist Gäblers Leiche zu sehen.

Von Syrien aus kommunizierten die bereits ausgereisten nordrhein-westfälischen Dschihadisten mit den Daheimgebliebenen. Über Facebook und andere soziale Netzwerke versuchten sie, weitere Jünger anzuwerben. Bei den jungen Männern aus Dinslaken erzeugte die Propagandamaschine des Pseudokalifats so einen noch direkteren und unmittelbareren Sog als andernorts in Deutschland.

Lange wurde im Übrigen die Bedeutung europäischer Netzwerke unterschätzt. Die Dschihadistengruppe aus dem Westfälischen unterhielt enge Kontakte zu einem der wichtigsten Drahtzieher der Attentate von Brüssel und Paris, Abdelhamid Abaaoud. Hüseyin Diler, ein weiteres Mitglied der »Lohberger Brigade«, und der Belgier Abaaoud sollen in Syrien im selben Haus gewohnt haben und sind gemeinsam auf einem Foto zu sehen.[47]

Die muslimische Religionspädagogin und Islamwissenschaftlerin Lamya Kaddor unterrichtete von 2003 bis 2016 in Lohberg »Islamkunde in deutscher Sprache«, einen Vorläufer des Islamunterrichts in Nordrhein-Westfalen. Sie hatte bereits 2005 ein ungutes Gefühl – 70 Prozent ihrer 14- bis 16-jährigen Schüler waren mit dem Gesetz in Konflikt geraten, ähnlich viele hatten bereits ein Bordell besucht. Schon damals war sie überzeugt, die soziale Ausgrenzung in Lohberg werde zu einer Katastrophe führen, auch wenn noch nicht abzusehen war, wie genau diese sich manifestieren werde. Die schreckliche Antwort kam dann 2013, als sich fünf ihrer Schüler dem IS in Syrien anschlossen. Lamya hat darüber geschrieben[48] und mit mir viel darüber gesprochen.

Warum wurde gerade Lohberg zur Dschihadistenhochburg? Ähnliche wirtschaftliche und soziale Probleme wie in der ehemaligen Zechensiedlung existieren an vielen anderen Orten Deutschlands. Doch Menschen radikalisieren sich dort nur – und das gilt für die vernachlässigten Vorstädte Frankreichs, den Osten Londons, ebenso wie für Mossul oder Tripoli –, wenn dort auch dschihadistische Hassprediger oder gar Netzwerke aktiv sind. Mein Kollege Hugo Micheron hat gezeigt, dass in verschiedenen Pariser Vorstädten zwar dieselben Probleme herrschen – eine extrem hohe Arbeitslosenquote, ein hoher Zuwandereranteil und sogar eine identische Kriminalitätsrate –, der Grad der Radikalisierung aber völlig unterschiedlich ist.[49] Aus der Pariser Vorstadt Trappes reisten 67 junge Menschen in den Terror des Dschihad; aus dem nur 20 Kilometer entfernten und sonst vergleichbaren Ort Chanteloup-les-Vignes kein einziger.

Mein Freund Christoph Erhardt von der *Frankfurter Allgemei-*

nen Zeitung hat in Lohberg intensiv recherchiert. Er stimmt mir zu, dass das Gefühl der Ausgeschlossenheit in Dinslaken wie bei den französischen Dschihadisten der zweiten und dritten Generation Khaled Kelkal und Peter Cherif eine große Rolle bei der Radikalisierung spielte: Was sie alle gemeinsam haben, ist das Gefühl, Fremde in ihrer Gesellschaft zu sein. Und zwar, weil sie sich von ihr unverstanden, ausgeschlossen oder benachteiligt fühlen. Sie suchen nach Zugehörigkeit. Dieses Bedürfnis nutzen dann salafistische und dschihadistische Agitatoren aus, wenn es sie im Umfeld gibt, um entsprechende Netzwerke aufzubauen. In Lohberg gab es sie.

Und Dinslaken-Lohberg ist nur *ein* Nährboden, *ein* Sumpf der Hydra in Deutschland. Zu nennen sind ebenfalls – und die Liste ist keineswegs komplett – Dortmund-Nordstadt, Duisburg-Marxloh, Hildesheim, Mönchengladbach, Neu-Ulm oder Wolfsburg und Berlin. Ohne diese Nährböden und Netzwerke wäre wohl auch der größte dschihadistische Anschlag in Deutschland – der vom Breitscheidplatz im Dezember 2016 – nicht möglich gewesen.

Viel ist über die Pannen im Fall des Attentäters Anis Amri geschrieben worden. Untersuchungsausschüsse des Berliner Abgeordnetenhauses, des nordrhein-westfälischen Landtags und des Bundestags beschäftigen sich damit. Wie konnte der Mann unter mindestens 14 Identitäten in Deutschland versuchen, Asyl zu beantragen?[50] Warum wurde er nicht stärker überwacht, obwohl er als gefährlich galt und diese Gefahr auf höchster Ebene der Sicherheitsbehörden diskutiert wurde? Warum wurden wiederholte Warnungen eines V-Mannes, der Amri gut kannte, nicht ernst genommen? Wieso wurde Amri nicht inhaftiert und ausgewiesen, obwohl er bereits festgenommen worden war und die für seine Abschiebung notwendigen Papiere vorlagen? Ich möchte mich jedoch hier auf die Problematik der deutschen Nährböden und Netzwerke konzentrieren, denn ohne sie hätte Amri wohl nie 11 Menschen ermorden und 60 weitere verletzen können.

Im Sommer 2015 reiste Amri über die Schweiz nach Deutschland. Der damals 23-Jährige wurde im Deutschsprachigen Islamkreis Hildesheim e.V. (DIK) mit offenen Armen aufgenommen. Der unumstrittene Führer dieser konspirativen Gruppe – der aus dem irakischen Kirkuk stammende Prediger Abu Walaa beziehungsweise Ahmad Abdulaziz Abdullah (so sein eigentlicher Name) – soll der ranghöchste IS-Vertreter in Deutschland gewesen sein. Auf den zahlreichen Videos, die von ihm kursierten, zeigte er nie sein Gesicht. Der ehemalige Besitzer eines Modeladens organisierte bundesweit Seminare zur ideologischen Indoktrinierung sowie die Reisen junger deutscher Dschihadisten in den Irak und nach Syrien. Im November 2016, einen Monat vor Amris Anschlag, wurde der »IS-Emir« für Deutschland wegen Unterstützung einer ausländischen terroristischen Vereinigung festgenommen. Im Februar 2021 wurde er wegen Unterstützung und Mitgliedschaft in einer terroristischen Vereinigung schuldig gesprochen und zu einer Freiheitsstrafe von zehneinhalb Jahren verurteilt.

Mitglieder seines Netzwerks wie der Reisebürobesitzer und Veranstalter von Dschihad-Seminaren Hasan Celenk beherbergten Amri in Duisburg; in Dortmund konnte Amri bei Boban Simeonovic unterschlüpfen, der Arabischkurse und Trainingsmärsche im Sauerland organisierte. Personen aus dem Hildesheimer Netzwerk müssen Amri wohl auch Tipps für seinen Sozialhilfebetrug gegeben haben und halfen ihm, an weiteren Orten unterzutauchen.

In Berlin fand der tunesische Attentäter in der Fussilet-Moschee Anschluss. Nur 20 Minuten Fußweg vom Bundesinnenministerium entfernt, gingen hier jahrelang Salafisten und Dschihadisten ein und aus, die den Kampf des IS oder Al-Qaida-naher Organisationen in Syrien und im Irak unterstützten. Gut eine Stunde vor dem Anschlag wurde Amri von Kameras der Sicherheitsbehörden vor der Moschee gefilmt. Wenige hundert Meter entfernt ermordete er den Polen Lukasz Urban, um dessen Lastwagen für das Attentat auf dem Weihnachtsmarkt zu stehlen. Erst im Februar 2017, zwei Monate nach den Morden auf dem Breitscheidplatz, wurde der Moscheeverein verboten.

Was in Dinslaken ebenso wie beim Fall Amri hervorsticht, ist das Versagen von Gesellschaft, Politik und Sicherheitsbehörden. All jene, die den Zusammenschluss der »Lohberger Brigade« hätten verhindern können, haben selbst dann nichts unternommen, als es schon deutliche Vorzeichen gab. Der türkisch-muslimische Verband Ditib wollte die Radikalisierung ebenso wenig wahrhaben wie der Bürgermeister, der selbst nach der ersten Ausreisewelle noch behauptete, seine Stadt habe kein Extremismus- oder Terrorismusproblem. Der Integrationsrat der Stadt saß in Räumen gleich neben dem »Bildungsverein«, der Keimzelle der Brigade. Die Sicherheitsbehörden des Landes Nordrhein-Westfalen unternahmen zu wenig, um die Ausreise der Lohberger zu verhindern, obwohl ihnen bekannt war, dass die Jugendlichen in Dinslaken sich radikalisiert hatten, und obwohl besorgte Lohberger Muslime ihre Ängste wegen der Radikalisierung der jungen Menschen mehrfach der Polizei mitgeteilt haben sollen.[51]

Und Lohberg ist kein Einzelfall. Wie mir eine befreundete Pädagogin erzählte, die in einer mittelgroßen westfälischen Stadt unterrichtet, spielte man auch dort das Problem herunter: »Die Moscheevereine hielten das Thema Dschihadismus für nicht relevant. Der Psychologische Dienst der Schulen verwies auf das Jugendamt. Die Jugendamtsmitarbeiter teilten mir jedoch mit, bei uns gebe es keine extremistischen Islamisten oder auch Radikalisierung zum Dschihadismus.«

Vergeblich versuchte sie, für das Schulamt Fortbildungen über Radikalisierung zu organisieren. Doch die Suche nach lokalen Partnern als Anlaufstelle scheiterte. Nur bei der örtlichen Polizei fand die Pädagogin einen Ansprechpartner zum Thema Radikalisierung. Dieser erklärte ihr jedoch, er sei lediglich aufgrund seiner Abstammung – seine Eltern kamen aus der Türkei – in diese Position gesetzt worden. Seine Vorgesetzten gingen offenbar davon aus, er kenne sich mit Islam und Radikalisierung aus – beides traf nicht zu.

Dabei war die Diagnose, es gebe in der katholischen Stadt keine Dschihadisten, schlicht falsch. Einer von ihnen hatte einen Anschlag auf eine lokale Moschee geplant mit der Begründung, sie werde von einem dem türkischen Staat nahestehenden Verein und somit von »ungläubigen Götzenanbetern« betrieben.

Ein weiterer Fall, bei dem die Untätigkeit der Behörden das Leben von Menschen gefährdete, ist der von drei Jugendlichen aus Essen, die im April 2016 einen Sprengstoffanschlag auf eine Hochzeitsfeier der örtlichen Sikh-Gemeinde verübten.[52] Kurz zuvor hatte die Mutter eines der Jungen durch eine Meldung beim Ordnungsamt ihrem Sohn seinen Reisepass entziehen lassen, da sie erkannt hatte, dass er sich dem IS in Syrien und im Irak anschließen wollte. Seine Ausreise wurde verhindert, seine Radikalisierung war somit bekannt. Das Jugendamt jedoch bot keine Betreuung, keine Hilfestellung bei der Erziehung an. So konnte der Jugendliche, nachdem seine Ausreisepläne gescheitert waren, mit seinen Gesinnungsgenossen unbeachtet den Anschlag in Deutschland planen. Die jungen Männer sollen sogar Kontakte zur »Lohberger Brigade« und zu Abu Walaa aus Hildesheim gepflegt haben, auf dessen Netzwerk sich später auch Anis Amri stützte. Aufgrund einer solchen Untätigkeit gab es »plötzlich« ein Problem, dessen man kaum noch Herr werden konnte.

Dschihadisten: Eliminieren, internieren
oder reintegrieren?

Nach der Ausrufung des »Kalifats« 2014 herrschte Verunsicherung, wie man mit den Dschihadisten in Europa umgehen soll. »Erst mal ziehen lassen« war eine Option, die auch Mitglieder der Sicherheitsdienste befürworteten: abwarten, Zeit gewinnen. Ein Beamter des Bundesamts für Verfassungsschutz erklärte mir im September 2015 am Rande einer Fachtagung der Sicherheitsdienste in Berlin: »Man hätte all die Irren in den Dschihad nach Syrien und in den Irak ziehen lassen sollen, damit sie dort erschossen werden, eine Bombe auf den Kopf kriegen oder sich selbst in die Luft sprengen – ein Sicherheitsproblem weniger daheim, das erspart uns enorm viel Arbeit.« Und er war mit dieser Auffassung nicht allein – zahlreiche seiner Kollegen teilten sie, ob in Deutschland, Frankreich oder Großbritannien. Dass die Ausgereisten von der Levante aus über soziale Netzwerke weiter Tausende junge Menschen verführen und dass hochtrainierte Dschihadisten nach Europa zurückkehren würden, um dort Attentate zu begehen, kurz, dass sich das »Sicherheitsproblem« auf diese Weise nicht auflösen, sondern nur noch verschärfen würde, erwogen damals so einige nicht.

Anschließend setzte die Politik westlicher Staaten, auch in Deutschland, parallel auf drei unterschiedliche und teilweise improvisierte Strategien gegenüber Dschihadisten aus Europa: erstens deren physische Eliminierung, zweitens deren Internierung und Verurteilung vor Ort, insbesondere im Irak, und drittens – nach der Zerschlagung des »Kalifats« Anfang 2019 – die allmähliche Rückführung in die Herkunftsländer, um sie dort vor Gericht zu stellen.

Die Strategie der gezielten Tötung verkündeten die USA, aber auch Frankreich öffentlich und komplexfrei. »Der Kampf muss so lange fortgesetzt werden, bis ein Maximum an Dschihadisten neutralisiert ist«, erklärte die französische Verteidigungsministerin Florence Parly im Oktober 2017 unverhohlen. »Dies tun wir bereits seit Monaten. Das müssen wir zu Ende bringen.«[53] Wichtige Dschihadistenführer, einflussreiche europäische Propagandisten und Kämpfer, vor allem die der *Amn al-Kharji* – der für Attentate in Europa zuständigen IS-Abteilung – wurden mit allen Mitteln aus dem Weg geschafft: *Targeted killings* sollten nicht nur die Gefahr von Terroranschlägen reduzieren, sondern auch aufwendige Gerichtsprozesse vermeiden, die Daesch vermutlich eine noch größere öffentliche Aufmerksamkeit und Werbung beschert hätten.

Die deutschen Sicherheitsdienste waren nicht unglücklich darüber, ja sie förderten dieses Vorgehen sogar, indem sie anregten, deutsche Dschihadisten auf die US-Liste der meistgesuchten Terroristen zu setzen,[54] und damit die »Ziele« mit auswählten. So wurde der wichtigste deutschsprachige Propagandist von Daesch, Denis Cuspert, vermutlich im Januar 2018 durch einen US-Luftschlag in Syrien getötet; er stand ebenso auf der Liste wie der »Bildungsminister« des IS, Reda Seyam, der vermutlich bei der Vertreibung des IS aus Mossul ums Leben kam.

Von der Strategie der gezielten Tötung können die Dschihadisten allerdings auch profitieren, wenn dabei Zivilisten zu Tode kommen, wie – ein Beispiel von vielen – beim US-Drohnenangriff im Januar 2017 auf Jakla im Jemen, bei dem neben 30 Kämpfern auch sieben Frauen und drei Kinder starben. Bilder von getöteten Kindern und Frauen lassen sich von der dschihadistischen Propaganda leicht verwenden, um die »feigen Morde« aus der Luft anzuprangern und die »Scheinheiligkeit« des Westens in Sachen Menschenrechte zu demonstrieren. Die US-Basis Ramstein in Deutschland ist übrigens eine wichtige Relaisstation für den amerikanischen Drohnenkrieg.[55]

Die zweite Strategie – europäische Dschihadisten dort, wo eine staatliche oder fast staatliche Gerichtsbarkeit besteht, vor Ort zu internieren und von der dortigen Justiz richten zu lassen – betrifft heute vor allem den Irak und die Autonome Region Kurdistan im Norden des Landes. Anders als in den kurdischen Gebieten verhängen die Gerichte in den Landesteilen unter Kontrolle der Zentralregierung von Bagdad für Daesch-Mitglieder fast systematisch die Todesstrafe – ein Problem für Deutschland und andere europäische Staaten. So wurden 2019 elf Franzosen zum Tode verurteilt.[56] Europäische Regierungen diskutieren deshalb intensiv mit der Regierung in Bagdad, um ihre Bürger von der Kapitalstrafe zu verschonen. Manche Staaten erwägen hingegen die Aberkennung der Staatsangehörigkeit, um eine Rückkehr zu verhindern, und nehmen somit auch Todesurteile in Kauf – in Großbritannien ist das bereits Praxis.

Von der Verurteilung von Dschihadisten in der arabisch-islamischen Welt erhoffen sich westliche Staaten einen Abschreckungseffekt auf junge Europäer, die mit dem Gedanken spielen, sich dschihadistischen Gruppen vor Ort anzuschließen. Zudem sparen sich westliche Staaten aufwendige Gerichtsverfahren und Deradikalisierungsmaßnahmen. Deshalb drängen sie fast nie auf Auslieferung. Die irakische Regierung und die des autonomen Kurdistan erwarten natürlich im Gegenzug dafür, dass sie die Dschihadisten nicht abschieben, finanzielle Hilfe oder politische Zugeständnisse. Zeitweise befanden sich 20 000 IS-Kämpfer und 2000 Frauen und Kinder im Irak in Haft. Zudem waren im November 2019 schätzungsweise 71 000 Menschen unter extrem schwierigen Bedingungen im syrischen Lager Al-Hol untergebracht,[57] darunter mehr als 100 Deutsche.

Die Internierung im Ausland ist keinesfalls eine Lösung. Es besteht das Risiko, dass irakische, aber auch kurdische Lager und Gefängnisse erneut zu »Dschihad-Akademien« werden, nicht zuletzt für die vielen Kinder, die im Irak und in Syrien geboren wurden oder teilweise dort aufgewachsen sind. Von mehr als tausend Dschihadisten und Dschihadistinnen, die von Deutschland aus ins Kampfgebiet gereist sind, waren 2019 bereits ein Drittel wieder im Lande.[58] Der Umgang mit diesen häufig gefährlichen und zugleich traumatisierten Menschen wird noch lange eine Herausforderung für Justiz, Sicherheitsbehörden, Politik und für unsere Gesellschaft im Allgemeinen bleiben.

Das gilt ebenso für jene, die sich innerhalb Europas radikalisiert haben, darunter rund 700 Deutsche, die – auch wenn sie nie ausgereist sind – als Gefährder gelten.[59] Vorwiegend junge Menschen, die keine engen Kontakte mit Dschihadisten in der arabisch-islamischen Welt pflegten, sondern auf ganz unterschiedlichen Nährböden in Europa zu Dschihadisten wurden – in Dinslaken, in Ostlondon oder den Vorstädten von Toulouse. Sie stellen eine spezifische Bedrohung dar, weil sie häufig unerkannt bleiben und in kleinen Zellen oder als Einzeltäter – als sogenannte einsame Wölfe – tödliche Anschläge verüben wie Arid Uka in Frankfurt.[60] Das Phänomen wird auch als endogener Dschihadismus bezeichnet. Angesichts der steigenden Zahl der Rückkehrer, aber auch der in Europa radikalisierten Menschen ist Deradikalisierung essenziell.

Deradikalisierung wird in einer schwer verständlichen Fachsprache auch als »tertiäre Prävention« bezeichnet. Das Konzept der Prävention, das ursprünglich aus dem Gesundheitsbereich stammt und dort Maßnahmen zur Vorbeugung oder Verhütung von Krankheiten bezeichnet, wird mittlerweile auch im Bereich der Extremismusbekämpfung angewendet. Dabei unterscheiden Sozialwissenschaftler zwischen primärer, sekundärer und tertiärer Prävention. Die Grenzen zwischen den verschiedenen Ebenen sind fließend.

Bei der *primären Prävention* sollen Radikalisierungsprozesse bereits im Vorfeld verhindert werden. Die entsprechenden Maßnahmen zielen darauf ab, positive Haltungen zu Demokratie, Vielfalt und Rechtsstaatlichkeit zu stärken und Kompetenzen zu fördern. Als gesamtgesellschaftliche Aufgabe soll dem Extremismus der Nährboden entzogen werden. Die *sekundäre Prävention* soll eine bereits einsetzende oder drohende Radikalisierung frühzeitig unterbrechen. Ihre Maßnahmen sind spezifischer. Verwundbarkeiten und Risikofaktoren bei einzelnen Menschen oder Gruppen sollen verringert, Schutzfaktoren erhöht und die sogenannte Resilienz, die Widerstandsfähigkeit gegenüber dem Extremismus, gestärkt werden. Bei der *tertiären Prävention* oder *Deradikalisierung* geht es darum, Menschen, die bereits dem Dschihadismus verfallen sind, aus den Fängen der Hydra, der todbringenden Ideologie, zu lösen.

Auf all diesen Präventionsebenen gibt es keine Patentrezepte. Und es wurden vor allem bei der Deradikalisierung immer wieder Irrwege beschritten und nach Ad-hoc-Lösungen gesucht – gerade in meiner Wahlheimat Frankreich.

Guantánamos an der Loire

Paris, Mai 2016. Der Palais Beauharnais an der Seine ist eines der schönsten und luxuriösesten Stadtschlösser in Paris – Orginaldekor im Empirestil, darunter eine Badewanne, in die schon Otto von Bismarck stieg. Es ist die Residenz des deutschen Botschafters, und an einem strahlenden Frühlingstag findet hier eine eher außergewöhnliche Veranstaltung statt. Experten aus Deutschland und Frankreich kommen mit französischen Funktionären zusammen wie dem für Deradikalisierung und Prävention zuständigen Präfekten oder dem Geheimdienstkoordinator des französischen Präsidenten. Die Botschaft hat geladen, weil das politische Personal das Gefühl hat, dass – um es diplomatisch zu formulieren – die Franzosen von den deutschen Erfahrungen profitieren können.

Star der Veranstaltung ist die Berlinerin Claudia Dantschke. Die Islamwissenschaftlerin hat in Leipzig Arabistik studiert, ist eine Pionierin der Deradikalisierung in Deutschland und eine führende europäische Spezialistin auf diesem Gebiet.

Der Lunch findet in kleinem Kreis statt, unter einem riesigen

Kronleuchter, mit Blick auf die Seine, gegenüber hängt ein Portrait Ludwigs XIV., ein Original, und überall ist Gold. Dantschke fühlt sich in diesem vornehmen Umfeld etwas unbehaglich, dafür läuft sie bei den flankierenden Debatten zur Höchstform auf.

Bereits am Morgen im größeren Kreis hat Claudia entsetzt gegen ein neues Projekt der französischen Regierung argumentiert, das wohl dem Geiste des Präfekten entsprungen ist: die Errichtung von Camps in der französischen Provinz für jugendliche Extremisten, die Frankreich nie verlassen haben, und für junge Syrien-Rückkehrer, die dort eine Berufsausbildung und psychologische Betreuung erhalten. In diesen Bootcamps, so die Idee, sollen sie Uniformen tragen und allmorgendlich zum Fahnenappell antreten. Ein US-Nachrichtenmagazin bezeichnete die Camps als »Guantánamos an der Loire«.

Für Claudia Dantschke ist das französische Projekt ein absurder und gefährlicher Plan. Im Gegenteil, die jungen Menschen sollten aus gefährlichen Gruppendynamiken herausgenommen und in ihrer Individualität gefördert werden. Sie müssten auf jeden Fall einzeln betreut werden. Und insbesondere das Tragen der Uniformen und die Fahnenappelle könnten sie noch radikaler werden lassen. Als sie ihre Bedenken vor dem deutschen Botschafter und dem zuständigen Präfekten vorbringt, erwidert Letzterer, die Republik strecke diesen jungen Menschen, die auf den falschen Weg geraten sind, schließlich die Hand entgegen. Da sie vor dem schwarzen IS-Banner salutiert hätten, könnten sie das ja auch vor der Trikolore tun.

Die Spezialisten aus dem Publikum, auch die französischen, schweigen betreten, denn die Gefahr liegt nicht allein darin, dass dort Dschihad-Akademien entstehen könnten, sondern auch darin, dass man, indem man junge Muslime stigmatisiert, unsere Gesellschaften polarisiert. Und wir somit wieder in die Falle tappen, die die Dschihadisten uns gestellt haben: Sie wollen spalten, um besser rekrutieren zu können.

Der Präfekt versteigt sich an diesem Nachmittag in immer größere Absurditäten. Er habe Singapur besucht, ein Land, das viel früher als Deutschland mit Deradikalisierung Erfahrung gesammelt und die Dschihadsympathisanten interniert habe. Claudia Dantschke reißt fast der Geduldsfaden: Wie kann man auf Erfahrungen einer Diktatur zurückgreifen, die noch dazu das Land entlang strenger ethnischer und religiöser Trennlinien regiert?

Nachdem die französische Republik schon in den neunziger Jahren durch den Konflikt in Algerien als erstes europäisches Land Opfer von dschihadistischem Terror geworden war, wiegte sie sich lange Zeit in Sicherheit. Tatsächlich blieb das Land zwei Jahrzehnte lang von Großanschlägen wie dem 11. September 2001 oder denen gegen die Vorortzüge von Madrid 2004 oder in London 2005 verschont. Frankreich vertraute zum einen seinem Sicherheitsapparat, zum anderen wurde Radikalisierung in den Vorstädten als vorwiegend sozioökonomisches Problem gesehen.

Erst als Hunderte von jungen Franzosen nach Syrien und in den Irak gezogen waren und bereits straffällig gewordene, in den Gefängnissen noch weiter radikalisierte Dschihadisten die schrecklichen Anschläge von 2015 und 2016 in Paris und Nizza begingen, wurde auch französischen Politikern allmählich klar, dass umgedacht werden muss. »Wir sind sehr spät aufgewacht und haben erst mal nur improvisiert.« So fasst eine befreundete französische Psychologin den Beginn der Deradikalisierungsarbeit in Frankreich nach den Anschlägen von 2015 zusammen.

Besonders die Situation in den französischen Haftanstalten erwies sich zunehmend als prekär. Hunderte Häftlinge legten 2016 Europas größtes Gefängnis Fleury-Mérogis mit Pro-IS-Demonstrationen für Stunden lahm. In den Folgejahren kam es zu mehreren Mordversuchen an Wärtern durch Dschihadisten. Die Frau eines im Gefängnis Radikalisierten schmuggelte ihm bei einem Besuch ein Keramikmesser zu, mit dem er zwei Wärter schwer verletzte. Beim Zugriff von Sondereinheiten der Polizei wurde der Angreifer angeschossen und seine Frau getötet.[61] Von den rund 500 angeklagten oder verurteilten Dschihadisten, die sich 2020 in Haft befanden, werden fast 300 bis 2022 ihre Strafe verbüßt haben.[62]

Deutschland war Frankreich in Sachen Dschihadismusprävention aus traurigem Anlass etwas voraus: Die Vorbereitungen zu den Anschlägen am 11. September 2001 waren von den Sicherheitskräften völlig unbemerkt geblieben, die sieben Terroristen der sogenannten Hamburger Zelle um den Ägypter Mohammed Atta, der in der Hansestadt Städtebau und Stadtplanung studierte, tauchten nicht auf den Radaren der deutschen Dienste auf. Atta steuerte das erste Flugzeug in das World Trade Center. Die Al-Quds-Moschee war damals ein Treffpunkt der dschihadistischen Szene, hier kamen drei der Attentäter des 11. September zusammen, und der in Spanien später zu 30 Jahren Haft verurteilte Hassprediger Mohammed al-Fazazi konnte im Jahr 2000 zwei Wochen lang seine dschihadistischen Sermone halten, ohne dass dies die Behörden alarmierte.

Aufgrund der Versäumnisse wuchs der Druck auf die Sicherheitsbehörden und die Politik. Vor allem Verfassungsschutzämter starteten auf Landes- und Bundesebene erste Präventions- und Deradikalisierungsmaßnahmen und versuchten sich einen Überblick über bereits bestehende Präventionsprojekte in Deutschland zu verschaffen. Damals existierten nicht mal eine Handvoll Initiativen, die sich in Ballungsräumen wie Berlin, Hamburg und dem Ruhrgebiet mit dem salafistischen und dschihadistischen Milieu befassten. Dennoch hatte Deutschland einen gewissen Startvorteil: Diese Initiativen – etwa das Zentrum Demokratische Kultur, aus dem die Initiative Hayat hervorging, bei der Claudia Dantschke lange Jahre tätig war, oder das Violence Prevention Network (VPN) – hatten zuvor wertvolle Erfahrungen mit dem Rechtsextremismus gesammelt, die sie nun auf den Bereich des Dschihadismus übertragen konnten.

»Fragezeichen in die Köpfe streuen«

Cuma Ülger ist wie Claudia ein Pionier auf dem schwierigen Arbeitsfeld. Er arbeitet im Strafvollzug in Hessen, besucht dort inhaftierte Dschihadisten als Mentor. Der Sohn türkischer Eltern ist in der Nähe von Frankfurt aufgewachsen. Er hat Islamwissenschaften, Jüdische und Christliche Theologie sowie Pädagogik studiert. Bereits als Teenager war er in verschiedenen muslimischen Gemeinden seines Heimatorts sozial aktiv und als Vorbeter, nicht nur in der türkischen, auch zum Beispiel in der bosnischen.

Ülger und Dantschke sind sich einig, dass die zumeist jungen Dschihadisten und Dschihadistinnen umfassend betreut werden müssen. Sie brauchen Hilfe von Sozialarbeitern, von Psychologen und Menschen, die ihre Suche nach einem Sinn im Leben verstehen. Zugleich versuchen beide, deren familiäre Bindungen aufrechtzuhalten oder wiederherzustellen. Heute nennt man das systemische Beratung. »Die jungen Menschen brauchen Halt«, so Ülger, »je mehr sie sich von der Familie ausgeschlossen fühlen, desto höher ist die Gefahr ihrer Radikalisierung.«

Besonders stolz ist er darauf, dass es ihm gelungen ist, zwei minderjährige Jugendliche mithilfe ihrer Familien zu bewegen, aus Syrien nach Deutschland zurückzukehren. Er konnte die deutschen Sicherheitsbehörden davon überzeugen, die beiden Jungen nach ihrer Ankunft zunächst in ihre Familien zurückkehren zu lassen. »Da konnten sie sich ausruhen und ein wenig sammeln.« Erst danach wurden sie verhört. Nach zähen Verhandlungen ist es ihm sogar gelungen, die Zustimmung der Lehrerschaft zu erhalten, die beiden Exdschihadisten wieder in ihre Schulen aufzunehmen. Sie sollen inzwischen in unsere Gesellschaft integriert sein.

Ülger berichtet mir auch von dem Fall eines jungen Mannes Anfang 20, der sich, ermutigt durch seinen Freundeskreis, dem Dschihadismus zuwandte, ohne auch nur in irgendeiner Form solides Wissen über den Islam zu besitzen. Nach seiner Deradikalisierung war ihm seine Religion immer noch sehr wichtig, gleichzeitig ließen ihn seine alten extremistischen Freunde nicht los. Ülger half ihm beim Umzug in eine andere Stadt, bei der Suche nach einem Job und nach einer neuen Moscheegemeinde.

Auch wenn im Bereich der Deradikalisierung ganz unterschiedliche Ansätze erfolgreich sein können, gibt es doch einige wichtige Grundkriterien. Claudia Dantschke und Cuma Ülger betonen, dass sie als Mentoren den jungen Dschihadisten gegenüber vor allem *Glaubwürdigkeit* ausstrahlen müssen, um Vertrauen zu schaffen. Aber wie vermittelt man die? Oft ganz intuitiv. Ülger etwa beschreibt, wie er den Besucherraum eines Gefängnisses betrat, wo ihm der junge Mann, den er besuchen sollte, mit eisiger Miene begegnete – aber sofort auftaute, als Ülger ihn mit der traditionellen islamischen Umarmung begrüßte.

Entscheidend für Mentoren ist zudem *Neutralität*. Sie müssen als unvoreingenommene Mittler zwischen den zumeist jungen Extremisten, den staatlichen Behörden und den Sicherheitsdiensten fungieren und nicht etwa als Spitzel, was leider so nicht in allen europäischen Ländern praktiziert wird. Ülger macht den von ihm betreuten Dschihadisten eindeutig klar, dass alles, was sie ihm berichten, vertraulich ist. Nur wenn es um Informationen geht, ohne deren Weitergabe man Menschenleben gefährden könnte, meldet Ülger dies sofort an die zuständigen Behörden. Seinen »Klienten« scheint dieser Deal fair. Sie vertrauen ihm sehr persönliche Dinge an, sprechen über existenzielle Ängste, selbst ihre Sexualität, ebenso wie über ihre Sorgen um die eigene Familie oder politische Meinungen.

Letztere sind natürlich oftmals recht extrem, Ülger muss dschihadistische Gemeinplätze über sich ergehen lassen: »Der Westen und die Deutschen sind an allem schuld, an all dem Leiden unter den Muslimen und in der arabischen Welt.« Darüber diskutiert er dann mit seinen Schützlingen. »Wenn die jungen Menschen sich aus ideologischen und damit meine ich aus pseudo-religiösen Gründen radikalisiert haben, dann ist meine Aufgabe relativ leicht. Die haben vom Islam meist keine Ahnung, ihnen wurden irgendwelche verfälschten Konzepte eingebläut. Wenn ich frage, was eigentlich ein Dschihad ist, dann wissen die nicht, dass das Wort vor allem die innere Glaubensanstrengung bedeutet.« Oft hört er auch einfach nur zu und versucht »Fragezeichen in ihre Köpfe zu streuen – das ist oft der erste Schritt. Die Jungs müssen begreifen, dass es nicht nur Schwarz und Weiß gibt, genauso wenig wie die *eine* Auslegung des Islam. Vor allem müssen die erkennen, dass Dschihadisten kein Recht haben, den wahren Islam für sich zu beanspruchen, sondern dass eine ungeheure Stimmenvielfalt unter Muslimen existiert und immer existiert hat. Wenn sie das anerkennen, dann ist schon mal ein erster, wichtiger Schritt getan, auf dem man aufbauen kann.«

Wenn ein Schützling sich tatsächlich auf einer spirituellen Sinn-suche befindet, kann Ülger ein entscheidendes Argument anfüh-ren: Im Gegensatz zu fast allen Ländern der islamischen Welt, wo Religionsauslegung und -praxis zumeist von staatlicher Seite vor-geschrieben werden, kann man in der Rechtsstaatlichkeit und To-leranz Europas seinen Glauben viel freier leben. Ülger bezeichnet sich selber als Verfassungspatriot.

Für die Deradikalisierung gibt es, wie gesagt, kein Patentrezept, kein Wundermittel – man trifft auf sehr unterschiedliche Ansätze, die alle erfolgreich sein können. Einer der originellsten, die mir begegneten, ist der von Usman Raja in London.[63] Der Brite pa-kistanischer Abstammung, kahlköpfig und mit modisch kurz getrimmtem schwarzem Vollbart, ist eine eindrucksvolle Erschei-nung, nicht besonders groß und doch ein Koloss oder besser ge-sagt: ein einziges Muskelpaket.

Usman ist gläubiger Muslim und kennt seine Religion sehr gut. Vor allem ist er auch Kampfsportler, ein Cage Fighting Champion, und einer der angesehensten Mentoren für britische Dschihadisten, besser gesagt für deren Deradikalisierung. Besonders bei einer Art von Dschihadisten hat er viel Erfolg: bei jungen, zornigen, gewaltbereiten Männern, die ihr Machotum unter Beweis stellen wollen. Usman trainiert sie und fordert sie immer wieder zum Kampf heraus. *Anger Management* nennt er das. Die jungen Männer lernen bei ihm, dass sie sich abreagieren können, ohne andere dadurch zu schädigen.

Als der überlegene Kämpfer genießt Usman sofort Respekt. Hinzu kommt seine Versiertheit in Sachen Koran und Islam. Er kann die pseudoislamischen Interpretationen des Dschihadismus ohne große Mühe entkräften. All dies verschafft ihm große Glaubwürdigkeit bei den zumeist jungen Extremisten. Auch er betont, dass Glaubwürdigkeit überhaupt das Schlüsselwort zur Deradikalisierung ist. Ohne sie sei es unmöglich, einen Zugang zu der Person zu bekommen, der man helfen möchte. Bei der Deradikalisierung können vor allem auch Aussteiger eine wichtige Rolle spielen.

Irfan Peci, ein deutscher Aussteiger

Irfan Peci, 1989 im Sandschak Serbiens geboren, in der Oberpfalz aufgewachsen und, wie erwähnt, als Leiter der deutschsprachigen Abteilung der Globalen Islamischen Medienfront einer der führenden deutschen Propagandisten des »globalen Dschihad«, wurde im September 2008 im bayerischen Weiden verhaftet. Mit nur 19 Jahren landete er in Nürnberg in Untersuchungshaft.

Ganz allmählich vollzog sich hier ein erneuter Gesinnungswandel. Peci begann nachzudenken darüber, »dass alles so bergab geht, mit Schule und Familie, und dann noch die Haft, alles ging drunter und drüber und alles hat sich verschlechtert«. Auch weil die Gefängniswärter ihn gut behandelten, wurden seine Feindbilder aufgeweicht. Er merkte, die dschihadistische Behauptung, alle Ungläubigen seien schlecht, kann so nicht stimmen.

Erstaunlicherweise war gerade die Isolationshaft die Wende. Eine schlimme Zeit, aber die Isolierung trennte ihn eben auch von seinem dschihadistischen Umfeld. »Wenn man sich radikalisiert, pflegt man ja nur noch Kontakt zu Gleichgesinnten und schottet sich gegenüber allen anderen ab – bekommt dann nur noch diesen einen Einfluss zu spüren. Und in Isolationshaft war das Gute, dass ich komplett allein war, ich hatte keinen Zugriff zu Propaganda, zu islamistischer Literatur.«[64]

Im Gefängnis entdeckte Peci eine neue Leidenschaft: klassische Literatur – am meisten beeindruckten ihn Tolstoi und Dostojewski – und Geschichtsbücher aus der Gefängnisbibliothek: »Ich habe viel über den Nahostkonflikt, Israel und Palästina gelesen. Das hat mir bewusstgemacht, dass alles viel komplizierter ist und eben nicht so schwarz-weiß. Ich hatte mein ganzes Wissen vorher immer nur durch islamistische Propaganda.« Er begann die Welt aus einem neuen Blickwinkel zu betrachten. »Wenn man die politischen Hintergründe kennt, die einen das eher differenzieren lassen, dann kommt nicht gleich dieser Hass.« Ihm dämmerte mehr und mehr, dass die dschihadistische Weltanschauung »sowohl ideologisch als auch islamtheologisch« falsch sei. Er fragte sich, ob Kampf und Gewalt die richtigen Mittel sind, um einen islamischen Staat zu errichten, und ob nicht die Strategie der Muslimbrüder, mittels Teilhabe am politischen System etwas zu verändern, die bessere sei. Dann stellten sich auch Zweifel ein, ob ein islamischer Staat überhaupt erstrebenswert sei. Vor allem wurde dem jungen Deutschen der blinde Hass der Dschihadisten auf den Westen unerträglich: die allgemeine Verteufelung und die Behauptung, alles dort sei dekadent, krank, pervers und schlecht.

Nach einem Jahr in U-Haft kam Peci frei – nicht zuletzt weil er sich bereit erklärte, als Informant für den Verfassungsschutz zu arbeiten.

Er wurde vor allem in Berlin eingesetzt. Dort war nach Ansicht der Behörden die gefährlichste Gruppe aktiv.[65] »Ich hatte einen tiefen Einblick, wer wann ausreist. Wir haben dann Reisen etwa nach Pakistan verhindert.« Dort, in der Region Waziristan, befand sich ein Rückzugsort der Taliban. »Dann hatte die Gruppe einen Anschlag in Berlin grob geplant, jemanden ausgewählt aus Berlin, der das machen sollte. Das konnte auch verhindert werden.«

Als er in die Berliner Szene eintauchte, wurde ihm bewusst, dass zahlreiche junge Menschen, die sich von der Ideologie des Terrors verführen lassen, selbst Opfer sind. Als Beispiel nennt er einen deutschen Konvertiten mit einem »kaputten Elternhaus und schlechter Schulbildung«, der »von den Ausländern als scheiß Deutscher, scheiß Kartoffel« gemobbt wurde. Durch die Konversion zum Islam endete das schlagartig: »Auf einmal akzeptieren ihn alle, und er gehört dazu.«

Einige Extremisten aus dem Umfeld der »Berliner Gruppe« schlossen sich ab 2013 Daesch an. Zwei Jahre zuvor hatte Peci seine Arbeit für den Verfassungsschutz allerdings bereits beenden müssen – er war enttarnt worden. Anschließend wurde er in der Präventionsarbeit aktiv, spricht in Vorträgen für Jugendliche über die Gefahren des Dschihadismus, seine Haft und die Folgen für ihn und seine Familie: »So viel Schaden, eine Katastrophe nach der anderen. Wie schwer es für mich auch danach war, ein normales, geordnetes Leben zu führen, dass es einen immer wieder verfolgt und man für den Rest seines Lebens irgendwie gebrandmarkt ist, dass man nie abschließen kann.«

Peci ist außerdem im Internet aktiv, um der dschihadistischen Propaganda die bereits erwähnten *counter narratives* entgegenzusetzen und ein Islamverständnis zu vermitteln, das nicht zum Extremismus führt. Dabei müsse man auch Gelehrte und liberale Muslime in die Pflicht nehmen und sie anhalten klarzustellen, dass in einer modernen »demokratischen und multikulturellen Gesellschaft« jeder seine Religion frei leben kann. »Es gibt Religionsfreiheit, es gibt universale Menschenrechte, kurz, veraltete, vermeintlich islamische Prinzipien werden heute nicht mehr gebraucht.«

Deradikalisierung bewegt sich oftmals in einer Grauzone. Manchmal verzichten Menschen zwar auf Gewalt und verlassen ein Extrem – aber nur, um sich einem anderen anzunähern. Das scheint auch bei Peci der Fall zu sein: Wie der *Spiegel* im Oktober 2019 berichtete, habe der »Vorzeigeaussteiger« einer Konvertitin, die sich an ihn gewandt hatte, rassistische Chatnachrichten geschickt über »dreckige Nigger« und »Dreckszigeuner«, die sich nie in Deutschland integrieren ließen.[66] Peci, der in Wien lebt, steht wohl auch der rechtspopulistischen FPÖ nahe. Er warnte etwa auf einer ihrer Veranstaltungen vor einer Islamisierung Europas.[67] Immerhin ist Peci gewaltlos und bekennt sich bis auf Weiteres zur Demokratie – ein Minimalziel wurde erreicht.

Natürlich leben in Europa auch weiterhin Ideologen, Propagandisten und Hassprediger, bei denen alle Versuche einer Deradikalisierung erfolglos bleiben. Menschen, die nicht nur als Täter andere in persönliches Unheil gestürzt haben, sondern auch indirekt für den Tod Hunderter Unschuldiger verantwortlich sind. Menschen, die so geschickt agieren, dass ihnen legal kaum beizukommen ist. Menschen wie Anjem Choudary.

Die ewigen Jünger:
Manchen ist nicht beizukommen

London, April 2016. »Wenn der IS US-Geiseln umbringt, ist das die Schuld der Amerikaner und ihrer Außenpolitik. Jahrzehntelang wurden Muslime gefoltert, Massenmorde in islamischen Ländern begangen. Und das hat Konsequenzen«, sagt der Mann, mit dem ich zu pakistanischem Gebäck und Tee in einer Feinbäckerei im Osten Londons verabredet bin.

Anjem Choudary, einer der einflussreichsten und gefährlichsten europäischen Dschihadisten, ist pünktlich. Er erscheint im schwarzen *kamiz*, dem traditionellen pakistanischen Gewand, mit grünem Käppi. Seit ich ihn vor mehr als zehn Jahren zum ersten Mal traf – damals in Begleitung seines Mentors Omar Bakri, der ihn heute als seinen würdigen, charismatischen Nachfolger betrachtet –, ist sein Bart ergraut, und er trägt eine Brille. Er redet allerdings immer noch mit jugendlichem Elan, und es ist schwierig, ihn zu bremsen. Die Sprache ist seine effektivste Waffe. Selbst die schlimmsten Gräueltaten des IS relativiert er geschickt mit politischen Argumenten oder verweist auf ungewisse Überlieferungen des Propheten zu Enthauptungen, die der IS gewaltpornografisch in Szene gesetzt hat – und die gegen jegliche Auslegung islamischen Rechts verstoßen.

Die britischen Behörden beobachten Choudary schon lange, trotzdem operiert er unbehelligt in den Grenzbereichen des Legalen und nutzt seine Kenntnissen als ausgebildeter Jurist. Seit Jahren gelingt es ihm, formelle und informelle Gruppen von Dschihadismussympathisanten zusammenzuführen und zu indoktrinieren. Gemeinsam mit Omar Bakri hat er die Organisation Al-Muhajiroun gegründet, was im Arabischen so viel heißt wie »Die Emigranten« und auf die *hidschra* anspielt, das freiwillige Exil des Propheten in Medina. Al-Muhajiroun wurde von der britischen Justiz ebenso verboten wie die nachfolgenden Gruppierungen »Sharia4Britain« und »Islam4UK«. Choudary soll mit einem Viertel aller britischen dschihadistischen Attentäter, inhaftierten Extremisten, Irak- und Syrien-Ausreisenden Kontakt gehabt und bei deren Radikalisierung eine wichtige Rolle gespielt haben. Auch mit einem der beiden Mörder, die im Mai 2013 den jungen britischen Soldaten Lee Rigby in London am helllichten Tag erstachen.

Auf dem europäischen Festland waren Choudarys Zöglinge ebenfalls aktiv. In der Dschihadistenhochburg Belgien wurde 2010 die von ihm inspirierte Gruppe »Sharia4Belgium« als terroristische

Vereinigung eingestuft. Zahlreiche Mitglieder schlossen sich dem IS an. Nach dem Vorbild der »Sharia4«-Gruppen gründeten Mohamed Mahmoud und Denis Cuspert 2011 die bereits erwähnte Organisation Millatu Ibrahim. Abdul Lathief Jameel Mohamed, einer der Drahtzieher der Attacken auf christliche Kirchen und Hotels am Ostersonntag 2019 in Sri Lanka, soll während eines Studienaufenthalts in London 2006 von Choudary radikalisiert worden sein.[68]

Seine Londoner Dschihadismusmissionare waren hochprofessionell organisiert – ich begleitete sie mehrmals bei ihren Zügen durch Ostlondon. Sie verteilten Flugblätter, betrieben Stände vor U-Bahn-Stationen und skandierten in Megafone: »Der Islam und der Dschihad sind die Lösung, ein Siegeszug über die ganze Welt – ein Kalifat von Washington bis Bombay.« Gelang es ihnen, Kontakt mit Passanten aufzunehmen, wurden diese zu »Islamkursen« eingeladen und dort von den Gelehrten des Terrors auf den Dschihad eingeschworen.

Nachdem Choudary im Juli 2014 dem IS und seinem »Kalifen« Abu Bakr al-Baghdadi den Treueeid geleistet hatte, nutzte ihm auch seine Berufung auf das Recht auf freie Meinungsäußerung nichts: 2016, ein Jahr nach unserem Gespräch, wurde er wegen Unterstützung des »Islamischen Staates« zu fünf Jahren und sechs Monaten Haft verurteilt.[69] Im Gefängnis verweigerte er sämtliche Angebote zur Deradikalisierung. Gemäß britischem Recht musste er im Oktober 2018, nach Verbüßung der Hälfte seiner Strafe, aus der Haft entlassen werden – allerdings unter strengen Auflagen. So musste er sich regelmäßig bei den Behörden melden und eine elektronische Fußfessel tragen, er durfte London nicht verlassen, ohne Genehmigung keine Predigten halten, nur ein Handy benutzen, das ständig überprüft werden konnte, und nicht mit Kindern oder Jugendlichen reden. Bei Verstoß gegen eine der insgesamt 25 Auflagen würde er sofort wieder im Gefängnis landen.

Sie endeten jedoch im Juli 2021. Seitdem kann er wieder Hass

predigen – so rief er die Taliban zu Steinigungen bei Ehebruch auf –
und sein Netzwerk pflegen. Das ist umso besorgniserregender, als
seine »Schüler« nie aufgehört haben, seine »Lehre« umzusetzen:
Am 3. Juni 2017 töteten drei seiner Gefolgsmänner auf der London Bridge mit einem Kleintransporter und Küchenmessern acht
Menschen. Im November 2019 ermordete dann Usman Khan, ein
weiterer Jünger Choudarys, der zehn Jahre zuvor als 17-Jähriger
der jüngste »Redner« auf dessen »Islamkunde«-Veranstaltungen
war, zwei Menschen unweit der Tower Bridge. Die Opfer waren
Mitarbeiter eines an die Universität Cambridge angeschlossenen
Rehabilitierungsprojekts für Dschihadisten.[70] Der Mörder hatte
zuvor wegen der Planung eines Terroranschlags sechs Jahre im Gefängnis verbracht und dort auf eigenen Wunsch an einem Deradi-
kalisierungsprogramm teilgenommen. Zum Zeitpunkt der Morde
war er seit elf Monaten auf Bewährung auf freiem Fuß.

Die ideologische Blindheit von Anjem Choudary und seiner Anhänger gibt Kritikern der tertiären Prävention Aufwind. Die Not-
wendigkeit von Deradikalisierungsarbeit wird immer wieder bezweifelt. Auch weil sie eben nicht immer funktioniert. Aber wie ein
britischer Terrorismusexperte von Scotland Yard mir eindringlich
sagte: »Es gibt keine Alternative zur Deradikalisierung – wir wollen doch keine Guantánamos in Europa, oder etwa doch?« Wenn
wir die Grundlagen unserer Demokratien nicht in Gefahr bringen
wollen, müssen Dschihadisten nach Verbüßung ihrer Haftstra-
fen wieder aus dem Gefängnis entlassen werden. Und bis dahin
sollten wir alle Anstrengungen unternehmen, sie zu »deradikalisieren«. Egal wie aufwendig solche Versuche sind – der Aufwand
wird immer gering sein im Verhältnis zur Wiederholungsgefahr,
zu der Gefahr, dass sie in Freiheit andere radikalisieren, oder zu
den Kosten für ihre Überwachung. Zur Veranschaulichung: Zur
Überwachung eines einzelnen mutmaßlichen Extremisten sind
in Deutschland 25 Beamte der Polizei oder anderer Sicherheits-

dienste notwendig. Dies verursacht Kosten von über 100 000 Euro pro Monat – pro Gefährder.[71] Und wenn durch Deradikalisierung auch nur ein Attentat verhindert und ein Menschenleben gerettet werden kann, dann ist sie allen Aufwand wert.[72]

Sekundäre Prävention

Deradikalisierung ist eine notwendige Maßnahme auf individueller Ebene. Sie bleibt jedoch Symptombehandlung. Um zu verhindern, dass der Dschihadismus weiter um sich greift, sind weit umfassendere Maßnahmen nötig, etwa die Beseitigung wirtschaftlicher und sozialer Ungerechtigkeiten. Denn Radikalisierung findet nicht in einem Vakuum, sondern in einem gesellschaftlichen Rahmen statt. Dabei ist, wie der norwegische Politikwissenschaftler und Dschihadismusexperte Thomas Hegghammer betont, die sozioökonomische Ausgrenzung ganzer Bevölkerungsgruppen ein wesentlicher Faktor: Ein zunehmender Teil der Einwanderer muslimischer Herkunft oder ihrer Kinder lebe in Europa unter prekären Bedingungen, besitze im Vergleich zur Gesamtbevölkerung oftmals ein niedriges Bildungsniveau und wohne zumeist in armen Problemvierteln,[73] in Ostlondon, den französischen *Banlieues* – oder, um nochmal auf dieses Beispiel zurückzukommen, in Dinslaken-Lohberg. 2013, zu Beginn der Ausreisewelle der »Lohberger Brigade« nach Syrien und in den Irak, lag dort die Arbeitslosenquote bei fast 25 Prozent, fast dreimal so hoch wie im Landesdurchschnitt von Nordrhein-Westfalen.[74]

Zur sozioökonomischen kommt die soziokulturelle Ausgrenzung. Lohberg wurde wie zu viele andere Teile europäischer Städte zu einem Getto: Ein Drittel der Menschen dort waren Ausländer – dreimal so viel wie im Bundesdurchschnitt. Es gab kaum noch Freizeit- und Kulturangebote, Jugendzentren wurden geschlossen. Auch die lokale islamische Gemeinde unternahm zu wenig. Sie unterhielt einen Jugendtreff im Keller der Moschee, »da gab es einen Billardtisch und eine Playstation, aber sonst keinerlei wirkliches Veranstaltungs- und Betreuungsangebot«, berichtet Lamya Kaddor. Statt mit jungen radikalisierten Lohbergern in einen Dialog zu treten, um sie davon zu überzeugen, dass der Dschihadismus ein Zerrbild des Islam ist, wurden sie der Moschee verwiesen. In diese generelle Leere konnten »salafistische und dschihadistische Rattenfänger grätschen« und ihre Netzwerke als Gegenangebot aufbauen: Sie spielten mit den Jugendlichen Fußball, interessierten sich für deren Belange und »machten in gewisser Weise einfach bessere Sozialarbeit und Gesprächsangebote für eine marginalisierte Jugend«. Lamya Kaddors Urteil ist schonungslos: Salafismus und Dschihadismus seien in Dinslaken zur Jugendbewegung geworden, weil die Integration komplett gescheitert sei.[75]

Ähnlich wirft der Politologe Gilles Kepel mit Blick auf die französischen Vorstädte der Politik Totalversagen vor: Die französische Republik habe zwar Milliarden Euro in Beton gegossen, aber nicht in die Menschen investiert.[76] Tatsächlich ist die wichtigste, auch kurzfristig realisierbare Investition die in »menschliches Kapital«: in Jugend- und Sozialarbeiter, Lehrer, aber auch in Mitglieder der Zivilgesellschaft und Imame, die mit der Problematik der Radikalisierung vertraut sind. Es gilt, attraktive zeitgemäße Angebote für Jugendliche in allen Bereichen zu schaffen – Bildung, Sport und Kultur – und ihnen das Gefühl zu geben, dass sie wirklich Teil unserer Gesellschaft sind. All dies ist Bestandteil der sekundären Prävention.

Um gezielt gegen Radikalisierung vorgehen zu können, muss auch auf lokaler Ebene das zur Erkennung gefährdeter Gruppen und extremistischer Netzwerke notwendige Wissen vermittelt werden, und zwar bei allen relevanten Akteuren: Sicherheitskräften und insbesondere Lehrern, Sozial- und Jugendarbeitern. Allerdings birgt die Identifikation gefährdeter Gruppen zugleich das Risiko einer Stigmatisierung und Ausgrenzung, die wiederum zur Radikalisierung von Menschen beitragen kann.

Es gibt eine rege Debatte über die sogenannten Indikatoren. Rein statistisch lassen sich marginalisierte Gruppen anhand von Bildungsgrad, Einkommen und generellen Lebensbedingungen relativ leicht identifizieren. Dann wird es jedoch kompliziert – nur die wenigsten Menschen, die solchen vulnerablen Gruppen angehören, verfallen dem Extremismus und im Speziellen dem Dschihadismus, und nicht alle Extremisten kommen aus diesen Gruppen. Junge Menschen, die sich dem Islam zuwenden, werden nur selten zu Dschihadisten. Und es existieren keine einzelnen Indikatoren, die als eindeutige Zeichen von Radikalisierung zu interpretieren sind. Sich einen Bart wachsen zu lassen oder kein Schweinefleisch zu essen, weil das *haram* ist, sagt nichts über Radikalisierung aus.[77] Hunderte Millionen von Muslimen tun dies.

Eine Ansammlung unterschiedlicher Indikatoren kann jedoch wichtige Hinweise geben: die Isolation von der Familie und dem bisherigen sozialen Umfeld; der Versuch, anderen die eigenen religiösen und ideologischen Überzeugungen aufzudrängen; eine Rhetorik der Gewalt und des Todes; Kampfsport- oder gar paramilitärische Trainings; und natürlich der Kontakt zu bekannten Rekrutierern oder Extremisten.[78]

Wenn vulnerable Gruppen identifiziert sind, können gezielte Zuwendungen der sekundären Prävention organisiert werden, darunter klassische Sozialarbeit, aber auch islamische Jugendarbeit. Um bei marginalisierten Jugendlichen das Vertrauen in die Gesellschaft herzustellen und sie zu integrieren, müssen vor allem auch Aktivitäten angeboten werden und Begegnungsräume geschaffen werden, in denen Menschen ganz unterschiedlicher Milieus aufeinandertreffen.

Eines der für mich vielversprechendsten Projekte der sogenannten gezielten Intervention, die auch in Dinslaken-Lohberg hätte wirksam sein können, habe ich 2016 im Ostlondoner Stadtteil Walthamstow besucht,[79] dem Viertel, in dem Omar Bakri und Anjem Choudary auf Menschenfang gingen.

London-Walthamstow, April 2015. Beim Betreten des etwas heruntergekommenen, für London typischen Backsteinhauses aus dem
19. Jahrhundert habe ich den Eindruck, in einem ganz normalen
Jugendzentrum zu sein – Bücherei, Tischtennisplatte, Billardtisch,
Internetcafé, Kantine und einen großen Sportraum gibt es. Um
die 30 junge Männer und Frauen sind heute hier, alle Hautfar-
ben vertreten, repräsentativ für Ostlondon. Es handelt sich jedoch
nicht um ein »ganz normales« Jugendzentrum. Zum einen, weil
in dem sozial benachteiligten Stadtteil kaum Jugendeinrichtun-
gen existieren. Zum anderen hat sich das Zentrum vor allem eines
zur Aufgabe gemacht: Jugendliche vor der Radikalisierung in der
Dschihadisten-Hochburg Ostlondon zu schützen.

Die Jugend- und Sozialarbeiter, die zumeist selbst aus der Gegend stammen, kennen die Probleme der Teenager. Sie sprechen
sie auf der Straße an, laden sie zum Sport, zum Box- und Basket-
balltraining, oder einfach zum Spielen und Malen ein. Die Teams
betreuen die Jugendlichen auch bei schulischen und persönlichen
Problemen. Alle Aktivitäten sind kostenlos, es besteht nur eine einzige Bedingung: Die Teenager müssen an Workshops teilnehmen
zu Politik, Allgemeinbildung, aber eben auch Extremismus, speziell zu Daesch, zum Dschihadismus und zum Islam.

Die Resultate waren erstaunlich, wie der Gründer des Zentrums,
Hanif Qadir, betont: »Da kamen Gruppen von vier, fünf Jungen,
deren Familien etwa aus Pakistan und Bangladesch stammen und
die fanden, der IS sei der echte Verteidiger des Islam und das Kalifat das muslimische Paradies auf Erden. Wir forderten sie auf zu
erzählten, was sie über den IS wussten. Das wurde im Anschluss
hinterfragt und dekonstruiert, wir zeigten Filme über die Gräueltaten der Dschihadisten und diskutierten wichtige Grundprinzipien der Demokratie und des Islam. Danach empfand keiner mehr
den IS als Ideal.«[80]

Qadir verdankt sein Wissen über den Dschihadismus nicht allein einer intensiven Beschäftigung mit dem Thema, sondern auch

persönlicher Erfahrung: Er war selbst einst als Al-Qaida-Sympathisant nach Afghanistan gereist. Gewalt gegen Zivilisten schreckten ihn jedoch so sehr ab, dass er dem Terror den Rücken kehrte und fortan versuchte, Jugendliche davon abzuhalten, selbst ins Verderben zu stürzen.

Die britische Regierung stellte die finanzielle Unterstützung für sein Zentrum 2018 ein. Prävention war keine politische Priorität mehr. Eine in den Medien und der Forschung heftig kritisierte Entscheidung – solche Initiativen müssen dauerhaft erhalten bleiben, damit ihre Wirkung nicht verpufft. Hierzu muss auf politischer, aber auch auf gesamtgesellschaftlicher Ebene die Einsicht geschaffen werden, dass kurzfristige Pflasterbehandlungen beim Dschihadismus nicht helfen, auch weil er unsere Gesellschaften bereits tief gespalten hat und anderen Extremisten Auftrieb verschafft.

Unsere Gesellschaft,
wir und die »Anderen«

Die Maxime des Dschihadismus, »Angst in die Herzen der Feinde zu bringen«,[81] hat den Westen tiefgreifend verändert. Die Propagandamacher des Dschihad übertreiben, wenn sie behaupten, der Brexit und die Wahl von Donald Trump seien ihre Siege gewesen. Dennoch ist offensichtlich: Populismus, Ultranationalismus und Dschihadismus profitieren voneinander.

Es ist vermutlich auch die Angst vor dschihadistischem Terror, die viele Europäer veranlasst, für populistische und nationalistische Parteien zu stimmen. Versprechen von mehr Sicherheit und weniger Einwanderung finden Gehör. Schlimmer noch: Dschihadistischer und rechter Terror befeuern sich gegenseitig.

Der Norweger Anders Breivik, der 2011 in Oslo acht Regierungsbeamte und auf der Insel Utøya 69 junge Teilnehmer eines Sommercamps der Sozialdemokraten tötete, begründete seine Tat – in einem wirren, anderthalbtausend Seiten umfassendes Konvolut mit dem Titel *2083. Eine europäische Unabhängigkeitserklärung*[82] – mit dem »Kosmopolitismus« der Ermordeten, der den Weg für eine Islamisierung Europas ebne. Zugleich fordert Breivik, vom Dschihadismus zu lernen. Er bewundert das Konzept des »Märtyrertums« – also die Selbstmordattentate – und will ein »Al-Qaida für Christen« aufbauen.

Brenton Tarrant, der acht Jahre später im neuseeländischen Christchurch bei einer Attacke auf zwei Moscheen 51 Menschen erschoss, war nach eigenem Bekunden von dem Norweger inspiriert. Ein Motiv Tarrants war, Rache zu nehmen für die angeblich Tausende von Menschen, die durch dschihadistische Terroranschläge in ganz Europa ihr Leben verloren hätten.[83]

Die Massenmorde der selbsternannten Kreuzritter dienen anderen Rechtsextremisten als Vorbild. In der Woche nach den Morden in Christchurch wurden in Großbritannien fast einhundert islamfeindliche Taten verübt.[84] Die Terroranschläge, die Dschihadisten einen Monat später auf Kirchen und Hotels auf Sri Lanka begingen – mehr als 300 Menschen kamen dabei ums Leben –, wurden wiederum mit Vergeltung für das Attentat in Neuseeland begründet.[85]

Der Rechtsextremist Stephan Balliet, der im Oktober 2019 eine Passantin, einen Passanten und den Kunden eines Dönerimbisses in Halle an der Saale erschoss, nachdem es ihm nicht gelungen war, in die Synagoge im Paulusviertel einzudringen, hatte ursprünglich eine Moschee angreifen wollen, sich dann aber für die Attacke auf die Synagoge entschieden, denn die Juden seien ja schuld an der muslimischen Zuwanderung in Deutschland.[86] Der 43-jährige Tobias Rathjen, der im Februar 2020 neun Menschen im hessischen Hanau tötete und anschließend seine Mutter und sich selbst erschoss, war ebenfalls Antisemit und zugleich Muslimhasser.

Dschihadismus und Rechtsextremismus verbindet so einiges: ein autoritäres, rückwärtsgewandtes Weltbild, der Hass auf Juden und der Glaube an Verschwörungstheorien – bei den Rechtsextremisten die angeblich drohende Eroberung und Islamisierung des Abendlandes, bei den Dschihadisten die globale Konspiration zur Vernichtung des Islam. Rechtsextreme und Dschihadisten sind De-facto-Alliierte. Rechte Angstmachereien, Übergriffe und Attentate verschaffen den Dschihadisten Zulauf und umgekehrt.

Wir müssen vermeiden, in die Spaltungsfalle der Extremisten zu tappen. Ihr Hauptziel ist es, die europäischen Gesellschaften zu polarisieren – leider waren sie bisher ziemlich erfolgreich. In fast allen europäischen Ländern, den Kernländern der EU wie Deutschland, Frankreich, den Niederlanden, Österreich, aber auch in Ungarn und Slowenien waren und sind rechtsextreme oder rechtspopulistische Parteien – gleichgültig ob sie AfD, Rassemblement National,

FPÖ, PiS oder Jobbik heißen – auf dem Vormarsch, in den Parlamenten vertreten und zum Teil sogar an der Regierung. Ihr Zulauf verdankt sich nicht zuletzt der Angst vor der archaischen Gesellschaftsvorstellung und vor allem dem Terror der Dschihadisten.

Rechter Terror und eine empfundene oder ganz reale Islamfeindlichkeit haben junge Muslime ihrerseits empfänglicher für manipulative dschihadistische Diskurse gemacht. Wie die Radikalisierungsexperten David Meiering, Aziz Dziri und Naika Foroutan schreiben: »Subjektive Unrechtserfahrungen stellen sich im islamistischen Bereich etwa als Diskriminierung oder Marginalisierung durch die Mehrheitsgesellschaft oder den Staat dar; im rechten Bereich etwa als das Empfinden, durch erhöhte Aufmerksamkeit der Gesellschaft für Migrationsfragen übervorteilt zu werden. Diese Form von Unrechtserfahrung kann dazu führen, dass Individuen sich rächen wollen.«[87] Radikalisierungsprozesse seien »Ausdruck ungelöster gesellschaftlicher Konflikte«.[88] Deshalb kommt dem gesellschaftlichen Rahmen eine wichtige Bedeutung zu. Hier muss die primäre Prävention ansetzen.

Der Zusammenhang mit der gesamtgesellschaftlichen Ebene wird in der Konfrontation mit dem Dschihadismus meist jedoch nicht ausreichend berücksichtigt. Wie mir Menschen ganz unterschiedlicher Berufsgruppen immer wieder berichten, die in der Extremismusprävention arbeiten, werden in Diskussionen mit verschiedenen Behörden und Ministerien fast immer nur akute Probleme diskutiert: einzelne Personen, die sich radikalisiert haben, oder Personengruppen. Wie aber auf gesellschaftlicher Ebene Extremismus durch Ausgrenzung begünstigt wird, darüber spreche man zu selten und nur am Rande.

»Wer hat Angst vorm schwarzen Mann?«

»Es ist 1975 als mein Arsch die Welt erblickte
Mein Vater war nicht da als Gott mich in die Hölle schickte
Von 36 Silverblock direkt ins Verderben
Mutter was ich dir verschwieg ich wollte so oft sterben
Saß in meiner Haut fest wie Tookie Williams in San Quentin
Keine Identität wie sollte es denn enden
In einer weißen Welt voll Hass und Illusion
War die letzte Option oft Gewalt und Emotion
Auf dem Schulhof war ich oft der kleine Niggajunge
Mit kaputter Jeans dem bösen Blick und der frechen Zunge
Musste oft vor meinem Klassenzimmer vor der Tür stehen
Ich nutzte die Zeit und fing an zu stehlen
Für die Drecksbullen wurde ich ein Dorn im Auge
Der kleine schwarze Junge wurde groß und plante Raube«[89]

Diese Zeilen stammen aus dem Rap »Wer hat Angst vorm schwarzen Mann«.[90] Geschrieben hat sie der Berliner Denis Cuspert, alias Deso Dogg, einige Jahre bevor er als Abu Talha al-Almani im Namen des IS Gräueltaten verübte. Ein trauriges Dokument: Auch Cuspert fühlte sich – wie die europäischen Dschihadisten Khaled Kelkal, Peter Cherif und die Mitglieder der »Lohberger Brigade« – schon als Kind von der Gesellschaft ausgeschlossen: durch das Leben an einem bestimmten Ort (mit »36« meinte er einen schwierigen Teil von Berlin-Kreuzberg), durch die Hautfarbe oder durch Rassismus in der Schule. Bei den Ausgrenzungen, den Diskriminierungen und Benachteiligungen handelt es sich nur seltener um empfundene, sondern zumeist um ganz reale.

Was viele Deutsche mit »nichtdeutschem« Namen schon lange fühlten, bestätigte eine Studie der Universität Mannheim. Mehrere hundert Lehramtsstudierende »erhielten ein Schülerdiktat, das entweder durchschnittlich oder schlecht war und vermeintlich von einem Schüler ohne oder mit Migrationshintergrund stammte (Max vs. Murat).« Obwohl die Zahl der Fehler also identisch war, erhielt »Murat« deutlich schlechtere Noten als »Max«: »Im Mittel beurteilten die Versuchspersonen den Schüler ohne Migrationshintergrund bei mittlerem Leistungsniveau mit 1.93, während der Schüler mit Migrationshintergrund mit 2.27 bewertet wurde. Bei schlechtem Leistungsniveau wurde der Schüler ohne Migrationshintergrund mit einer 3.32 bewertet, während der Schüler mit Migrationshintergrund mit einer 4.22 bewertet wurde.«[91]

Unbewusste und bewusste Stereotype und Vorurteile erschweren so die Schullaufbahn zusätzlich zur Chancenungleichheit der sozialen Herkunft. Dass es Kinder aus benachteiligten Schichten ohnehin schwerer haben auf dem Weg zum erfolgreichen Schulabschluss, ist weiterhin eine der großen Herausforderungen für das deutsche Bildungssystem.[92] Auch weil sozioökonomisch benachteiligte Schulen – etwa in Lohberg – stärker mit Personalmangel konfrontiert sind als Schulen in wohlhabenderen Orten.[93] Zu wenige Lehrer bedeuten häufigen Unterrichtsausfall und weniger Zuwendung.

Kinder und Jugendliche aus Familien mit Migrationsgeschichte wohnen eher in benachteiligten Gemeinden als »deutschstämmige«. Häufig werden fehlende Deutschkenntnisse als Grund dafür genannt, dass etwa jedes zweite Kind mit türkischstämmigen Eltern auf die Hauptschule geht, Kinder mit »Migrationshintergrund« vor der Einschulung häufiger in den Kindergarten zurückgestuft werden und schneller auf Förderschulen verwiesen werden. Kinder, deren Eltern schwache Deutschkenntnisse besitzen, brauchen besondere Unterstützung – und daran mangelt es. Deutschland fällt bei der Lesekompetenz dieser Kinder weit hinter den OECD-Durchschnitt zurück. Zudem wird Mehrsprachigkeit eher als Lernhindernis denn als Ressource begriffen. Damit ist die Schule weit von der Lebensrealität entfernt.

»Auf dem Schulhof war ich oft der kleine Niggajunge / Mit kaputter Jeans dem bösen Blick und der frechen Zunge« – so beschreibt der spätere IS-Killer Denis Cuspert eine Form der Ausgrenzung, die man in der Fachsprache »Veranderung«, englisch *othering*, nennt: Kinder, die nicht als deutschstämmig betrachtet werden, werden zu »Anderen« gemacht, die sich von den »Deutschen« unterscheiden. Im Unterricht werden gerade muslimische Kinder sehr oft schon früh mehr oder minder subtil »verandert«, selbst in den Schulbüchern.

Die Islamwissenschaftlerin Riem Spielhaus, die sich mit Bildungsdiskriminierung beschäftigt, führt als Beispiel ein Sozialkundeschulbuch für die siebte und achte Klasse an. Auf zwei Doppelseiten über den Islam lautet die Aufgabenstellung: »1. Welchen Glaubensgemeinschaften gehören die Kinder in Deiner Klasse an? 2. Gibt es muslimische Mitschülerinnen oder Mitschüler in Deiner Klasse? Wenn ja, aus welchen Ländern stammen sie?« Damit wird nicht nur automatisch der Gedanke produziert: Muslim ist gleich Ausländer. Zudem richten sich zwar die Fragen an Muslime, das Buch selbst spricht sie aber nicht direkt an, sie werden zum Objekt: »Frage islamische Mitschülerinnen und Mitschüler, welche Vorschriften im Koran ihr tägliches Leben bestimmen.«[94]

Diese »Veranderung« findet sich laut Spielhaus in zu vielen Schulbüchern. In einem Ethikbuch etwa steht vor einem ausgewogenen Text von Lamya Kaddor zum Kopftuch die Aufgabe: »Befragt muslimische Schülerinnen zu ihrer Haltung zum Kopftuch.«[95] Auf einmal müssen sich die muslimischen Mädchen rechtfertigen, egal ob sie ein Kopftuch tragen, sich als religiös verstehen oder nicht. Und in einem Biologiebuch: Auf den ersten Seiten zur Sexualaufklärung findet sich unter einem Foto mit zwei kopftuchtragenden Mädchen und einem Jungen die Aufforderung: »Befragt Mitschülerinnen oder Mitschüler islamischen Glaubens, wie sich die Beziehung zwischen Mann und Frau im Islam gestaltet.«[96]

Die Lehrpläne an sich sind ein weiteres Problem. Der Islam werde fast ausschließlich mit Konflikten in Zusammenhang gebracht. Die Kreuzzüge, der israelisch-palästinensische Konflikt und die Kriege im Nahen Osten seien das Einzige, was im Geografie- oder Geschichtsunterricht über die islamisch-arabische Welt vermittelt werde. Die Errungenschaften der arabischen Wissenschaften und Künste würden nicht dargestellt und vor allem Gemeinsamkeiten wie das geteilte Kulturerbe nicht vermittelt.

Gerade in Anbetracht der von den Dschihadisten und Rechtsextremen betriebenen Spaltung zwischen dem christlichen Europa, dem Judentum und der islamisch-arabischen Welt gilt es immer wieder hervorzuheben, dass uns alle viel mehr verbindet, als uns trennt. Der Islam, das Christen- und Judentum – die drei großen monotheistischen Weltreligionen – haben sich zunächst rund um das Mittelmeer ausgebreitet. Auch für Musliminnen und Muslime ist Jerusalem eine heilige Stadt, was es im Zeitalter des vermeintlichen Zusammenpralls der Kulturen immer wieder zu betonen gilt. Die Religions- und Geistesgeschichte sowie die griechischen und römischen Kulturdenkmäler rund um das Mittelmeer sind Zeugen einer gemeinsamen Vergangenheit. Der Prunk gotischer Kathedralenarchitektur ist ohne arabischen Einfluss nicht vorstellbar. Und dass die europäische Philosophie nicht existieren würde, wenn arabische Philosophen das Vermächtnis Platons und Aristoteles' nicht in ihren Übersetzungen und Kommentaren bewahrt hätten, ist immer noch zu wenig bekannt.

Ebenso wichtig wie die gemeinsame Geistes- und Religionsgeschichte sind die Importe aus dem Mittelmeerraum in unsere Alltagskultur: Gebrannter Alkohol, ein arabischer Begriff, oder die Marmelade wurden durch die Kreuzzüge in den Okzident importiert. Rezepte wanderten rund um das Mittelmeer – sie veränderten sich, behielten manchmal den Namen, aber immer ihren gemeinsamen Ursprung. Spanische Tapas etwa gehen auf die levantinischen Mezze zurück. Marzipan und Torrone kommen ebenfalls von dort, vermutlich aus Syrien. Die Gitarre stammt von der Laute ab, und diese wiederum ist ein Instrument, das aus der arabisch-islamischen Welt nach Europa kam. Allein im Deutschen existieren Dutzende von Lehnwörtern aus dem Arabischen: von Admiral über Havarie und Matratze bis zum guten deutschen Sofa.

All dies sollte eigentlich zum Allgemeinwissen jedes Europäers gehören, zumal in unserer Gesellschaft die Mehrheit der Einwanderer aus dem westlichen und südlichen Mittelmeerraum stammt. Europas Zuwanderern könnte dieses Wissen ein wenig den Stolz auf ihre Herkunft zurückgeben – und helfen zu verhindern, dass extremistische Rattenfänger versuchen, ein Identitätsvakuum auszufüllen. Bei den »Eingesessenen« kann dieses Wissen ein Verständnis dafür schaffen, dass unsere Wurzeln auch auf der anderen Seite des Meeres liegen und unsere eigene Kultur entschieden durch diese bereichert wurde.

Nicht nur in der Schule werden die Gemeinsamkeiten vernachlässigt, auch im öffentlichen Diskurs sind sie kaum präsent, und die Medien haben vor allem ausgegrenzt, gespalten und sogar lange den Extremisten in die Hände gespielt.

Medien und ihre Zerrbilder

Die Medien haben viele Vorurteile und die allgemeine Verunsicherung verstärkt und damit zur Spaltung und Polarisierung beigetragen. Einerseits gaben sie dschihadistischen Organisationen wie Daesch viel Raum, andererseits verbreiteten sie Klischees und oftmals negative Bilder und Diskurse über Muslime in Europa und in Deutschland.

Vor allem Fernsehsender berichteten jahrelang über fast jedes Exekutionsvideo, natürlich mit den notwendigen, ethisch gebotenen »Vorsichtsmaßnahmen« – der eigentliche Mord wird nicht gezeigt, aber die Sequenz genau davor, und fast jedes neue Drohvideo einer dschihadistischen Gruppe wurde ausgiebig gefeatured. Ich erinnere mich an ein Video der somalischen Gruppe Al-Shabaab, das ich in einer Live-Sendung kommentieren sollte. Der Nachrichtensender zitiert aus dem Propagandastreifen alle Drohungen im Detail, Anschläge auf Shoppingmalls in Kanada, in den USA und auch in London, Berlin und Paris sowie auf Sehenswürdigkeiten rings um die Welt – die bloße Aufzählung dauert lange Minuten. Weder der Bürgerkrieg und die Misere in Somalia, das mittlerweile seit Jahrzehnten andauernde Leiden der Menschen dort, noch die brisante geopolitische Situation an dem für den Welthandel so wichtigen Horn von Afrika wurden erwähnt. Statt einzuordnen verunsicherte der Beitrag ein paar Menschen mehr und lieferte der somalischen Gruppe, die in puncto öffentlicher Aufmerksamkeit weit hinter dem IS und Al-Qaida lag, wieder eine Werbefläche. Medien können durch das Zeigen von Posen und Bildern aus ihrem Leben Mörder und Massenmörder des vermeintlichen Dschihad zu Helden oder besser zu Antihelden machen.

Sind sich Journalisten ihrer Verantwortung zu wenig bewusst? Gerade unter den deutschen, aber auch anderen europäischen Kollegen gibt es zumindest einige herausragende Spezialisten für die arabische Welt und den Dschihadismus. Dann wieder gibt es solche – und es sind auch nicht wenige –, die sich mit Vorliebe auf brennend heiße Themen stürzen, sie aber in kurze, kompakte Erklärungsmuster pressen wollen. Was leider mit dem Dschihadismus seriös nicht möglich ist. Und obwohl es seit vielen Jahren differenzierte Erklärungsversuche gibt, treten sie immer noch allzu oft hinter einer effekthascherischen, lauten, ungenauen Berichterstattung zurück, bei der Islam, Islamismus, Salafismus und dschihadistischer Terror in einen Topf geworfen werden. Auch lese ich immer noch Titelzeilen, in denen von »Muslimischem Terror« die Rede ist. Nachvollziehbarerweise fühlen sich dadurch viele Muslime stigmatisiert. Bewusst übersehen wird dabei, dass die überwiegende Mehrheit der Opfer dschihadistischer Barbarei selbst Muslime sind. Einem Attentat wie dem am 3. Juli 2016 in Bagdad, bei dem 324 Menschen durch die Explosion einer Autobombe starben, wird in Europas Medien keine Sondersendung gewidmet, zwei Wochen später der Axtattacke in Würzburg Dutzende.[97]

Zahlreiche Studien belegen seit über 20 Jahren, wie negativ Muslime bis heute dargestellt werden. »Beim Islam steht immer der Fokus auf Konflikt«, erklärt die Medienforscherin Sabrina Schmidt, »und auf diesen krisenhaften und konfliktbehafteten Mediendiskurs greifen die Menschen dann in ihrem Alltag zurück.«[98] Während beispielsweise in den Medien allgemein zu lange kaum über Gewalt gegen Frauen berichtet worden sei, werde das Thema in Bezug auf Muslime ständig betont. Außerdem würden generell Verdachtsmomente insbesondere gegenüber Moscheegemeinden aufgebaut, etwa durch die pauschale Aussage, dass Extremisten versuchten, über Predigten in Moscheen Einfluss zu nehmen, ohne zu erklären, dass dies nur verschwindend wenige Gebetshäuser betrifft.

Die strukturellen Ursachen der negativen und konfliktfokussierten Berichterstattung seien Medienlogiken, des Spektakulären und Ungewöhnlichen – *blood sells*, wie die angelsächsischen Journalisten sagen. Eine Berichterstattung über das alltägliche Leben von Muslimen oder deren Beitrag zur deutschen Gesellschaft dagegen bleibe die Ausnahme.

Dem vereinfachten, negativ gefärbten Islambild entspringen zahlreiche Vorurteile, mit denen Muslime im Alltag konfrontiert sind. So entstehe eine neue Form von Rassismus, »ein kultureller Rassismus, der nicht mehr mit genetischen Merkmalen operiert, sondern mit kulturellen Merkmalen: Muslime sind anders, weil sie aus einem anderen Kulturkreis stammen, der nicht veränderbar, statisch ist.«[99] Diese kulturellen Abgrenzungen, diese *Veranderung* suggeriert auch, Einwanderer aus muslimischen Ländern würden die »nationale Identität« bedrohen. Natürlich gibt es auch in Deutschland Stimmen, die versuchen, gegen die Stigmatisierung anzureden und sich damit auseinanderzusetzen, aufzuklären, aber die Medienlogiken seien »immer noch dominanter als der Wissenszuwachs und die Sensibilität des einzelnen Journalisten«, meint Sabrina Schmidt.

Erschwerend kommt hinzu, dass Redakteure mit sogenanntem Migrationshintergrund in deutschen Medienunternehmen nach wie vor stark unterrepräsentiert sind.[100] Nur wenige Sendungen in den öffentlichen Rundfunkanstalten und vor allem einzelne Akteure, kleinere Nischenmedien, zumeist im Internet, oder Organisationen wie der Verein »Neue deutsche Medienmacher*innen«, der zum Ziel hat, mehr Menschen mit Migrationsgeschichte in den Journalismus zu bringen, lassen eine rassismuskritische und auch selbstkritische Perspektive einfließen. Dazu gehört zum Beispiel der öffentlich-rechtliche Radiosender *Cosmo*, der nicht nur Musik aus aller Welt, sondern auch Nachrichten in neun verschiedenen Sprachen sendet.

Programme, die mit einem modernen und kritischen Ansatz Menschen zu Wort kommen lassen, über die sonst nur gesprochen wird, haben es häufig schwer. Die Talkshow *Karakaya Talk* etwa, in der die Gastgeberin Esra Karakaya mit ihren Gästen über Themen wie Kopftuch, Blackfishing, Psychotherapie und queere Muslime sprach, wurde nach nur sechs Monaten 2020 vom ZDF-Jugendformat *Funk* nicht mehr unterstützt – trotz Nachwuchspreises der Axel-Springer-Akademie und einer Grimme-Preis-Nominierung.[101]

Rassismuskritischer und ausgewogener Journalismus zum Islam ist die Ausnahme: Die meisten Medien spielen, wenngleich überwiegend unwillentlich, weiter einer Islamfeindlichkeit in unserer Gesellschaft und somit leider auch unwillentlich dem Dschihadismus in die Hände.

Islamfeindlichkeit in der Mitte der Gesellschaft

Der Islam ist, nach dem Christentum, die zweitgrößte Religion in Deutschland. Doch die Deutschen überschätzen den Anteil der Muslime enorm: Sie glauben, dass mehr als jeder Fünfte Muslim oder Muslima ist – bei einer Gesamtbevölkerung von 83 Millionen wären das über 17 Millionen Bürgerinnen und Bürger; in Wirklichkeit sind es 4 bis 5 Millionen, also jeder Zwanzigste.[102]

Rassistische und islamfeindliche Einstellungen sind in unserer »deutschen« Gesellschaft weit verbreitet. Fast jeder fünfte Deutsche stimmt fremdenfeindlichen Aussagen wie »Es leben zu viele Ausländer in Deutschland« zu,[103] wobei es schon problematisch ist, in diesem Zusammenhang von »fremdenfeindlich« zu sprechen, denn häufig geht es nicht um »Fremde«, sondern um »Nichtweiße« oder eben Muslime. Mehr als ein Drittel der westdeutschen und weit mehr als die Hälfte der ostdeutschen Bevölkerung sprachen sich 2016 dafür aus, die Freiheit, den Islam in Deutschland zu praktizieren, einzuschränken. 64 Prozent der Westdeutschen und 75 Prozent der Ostdeutschen befanden zudem, der Islam passe nicht in die deutsche Gesellschaft.[104] Nur etwa 2 Prozent der Muslime leben im Übrigen in den neuen Bundesländern.[105] Mehr als die Hälfte der Deutschen empfand den Islam zudem als »sehr bedrohlich« oder »eher bedrohlich«. Diese islamfeindlichen Meinungen werden von Mitgliedern aller Altersgruppen, Geschlechter, Bildungsschichten und Einkommensklassen geteilt – sie existieren also keinesfalls nur in Randgruppen. Im rechtspopulistischen oder rechtsextremistischen Spektrum sind sie natürlich besonders stark verbreitet.

Das Misstrauen gegenüber dem Islam hat natürlich Auswirkungen auf das Leben der Muslime: Anna kommt vor Aisha, Alexander vor Ahmed. Name und Herkunftsland der Eltern haben einen massiven Einfluss auf den Erfolg einer Jobbewerbung – der viel zitierte »erste Eindruck« wird von kulturellen Stereotypen überschattet. Tausende versendete Bewerbungen und Lebensläufe von Menschen mit gleicher Qualifikation zeigten in einem Experiment zur Bewerberauswahl, dass Muslime in Deutschland bei der Job- und Wohnungssuche besonders stark diskriminiert werden.[106]

Spätesten nach den Attentaten von Hanau und Halle wurde auch der Gesamtbevölkerung bewusst, dass rassistische Straftaten zunehmen: 2019 wurden mehr als 2000 Straftaten als solche klassifiziert, zehnmal so viele wie 2001, darunter wurde knapp die Hälfte als islamfeindlich eingestuft. Die Dunkelziffer ist vermutlich weitaus höher.[107]

In diesem Kontext ist die vermeintliche Frage, ob der Islam zu Deutschland gehöre, auch keine Frage, vielmehr eine Aussage, ein politisches Programm, um Muslime auszuschließen. Wie die Sozialwissenschaftlerinnen Susanne Kaiser und Nina Wiedl schreiben: »Muslimisches Leben selbst war schon seit Jahrzehnten in Deutschland verwurzelt, bevor diese Streitfrage vor nicht einmal 20 Jahren aufkam. Dass sie so vergleichsweise neu ist, liegt daran, dass die hier lebenden Muslime erst seit Kurzem als muslimisch wahrgenommen werden. Natürlich definierten sich viele Menschen, die nach dem Zweiten Weltkrieg als Arbeitskräfte oder später auch als Flüchtlinge aus islamischen Ländern nach Deutschland kamen, selbst als muslimisch. Aber die religiöse Identität stand nicht im Vordergrund und war gesellschaftlich kaum relevant. Lange wurden die Zugewanderten in erster Linie als ›Türken‹, ›Bosnierinnen‹, ›Libanesinnen‹, ›Araber‹, ›Asylbewerberinnen‹ oder einfach als ›Ausländer‹ bezeichnet. Die Kategorisierung ›muslimisch‹ entstand erst nach den Terroranschlägen vom 11. September – sie ist jedoch sehr problematisch, da der Islam in diesem Kontext erneut mit einem Bedrohungsszenario assoziiert wird.«[108]

Islam ist gleich Islamismus ist gleich Dschihadismus – das verzerrte Islambild, das dieser Ineinssetzung zugrunde liegt, hat mit der Lebensrealität der überwältigenden Mehrheit der Muslime in Deutschland nichts gemein. 2019 ordnete der Bundesverfassungsschutz 28 020 Personen unterschiedlichen islamistischen Milieus zu – gerade einmal 0,5 Prozent aller Musliminnen und Muslime. Davon sind 12 150 Personen dem Salafismus zuzurechnen – nicht einmal 0,24 Prozent.[109] 627 Personen wurden 2020 als Gefährder geführt.[110] Dem stehen 32 080 Rechtsextremisten gegenüber, davon 13 000 gewaltorientierte.[111]

Das Vorurteil, der Islam sei »mit deutschen Grundwerten und Menschenrechten schwer vereinbar«, verhindere, dass der Reichtum muslimischen Lebens und dessen alltäglicher Beitrag zu unserer Gesellschaft wahrgenommen werde, betont die auf den Islam in Deutschland und Europa spezialisierte Soziologin Yasemin El-Menouar; Demokratie und Menschenrechte hätten in den meisten islamischen Staaten zwar einen schweren Stand, doch sei es »ein folgenschwerer Fehlschluss, dies auf die Muslime in Deutschland zu projizieren«.[112] Diese unterscheiden sich, wie Studien gezeigt haben, in ihrer Einstellung zu Demokratie und Politik kaum von anderen gesellschaftlichen Gruppen: 90 Prozent der Muslime in Deutschland sind der Überzeugung, jeder habe das Recht, seinen Glauben zu wählen und zu wechseln. Für 83 Prozent der Musliminnen und Muslime ist die Gleichberechtigung der Geschlechter ein fest verankerter Wert. Fast jede zweite muslimische Frau möchte einen Vollzeitjob. 60 Prozent der Musliminnen und Muslime sind für die gleichgeschlechtliche Ehen, 90 Prozent fühlen sich mit Deutschland verbunden und 91 Prozent stehen zur Demokratie als der besten Regierungsform – genauso viele wie alle anderen Deutschen.[113]

Verfassungspatriotismus und
Migrationshintergrund

Berlin, September 2019. An einem heißen Nachmittag lese ich mit meinen drei in Frankreich lebenden Kindern die Verfassung auf großen Glastafeln unweit des Bundestags. Ich bin bewegt von der Schönheit, Schlichtheit, Überlegtheit und von der Macht der Worte, mit denen die Gründerväter und -mütter der Bundesrepublik die Grundlage für unsere Demokratie gelegt haben. »Die Würde des Menschen ist unantastbar.« – »Jeder hat das Recht auf Leben und körperliche Unversehrtheit.« – »Alle Menschen sind vor dem Gesetz gleich.« – »Die ungestörte Religionsausübung wird gewährleistet.« Selbst meine Kinder – damals, 8, 12 und 14 Jahre alt – verstehen die klar formulierten Sätze sofort und sind beeindruckt.

Drei Stunden später unterhalte ich mich mit einer eleganten jungen Frau bei einer Veranstaltung. Meine Kinder fragen mich, warum sich unweit von ihr immer vier große Männer im Anzug aufhalten. Ich erkläre, dass Sawsan Chebli Staatssekretärin in Berlin ist und deshalb Leibwächter hat. Dann fällt mir auf, diese Erklärung reicht nicht aus, und ich füge hinzu: Sawsan werde auch deshalb so stark beschützt, weil sie arabischer und muslimischer, genauer palästinensischer Herkunft ist und ständig beschimpft und bedroht wird. Sie ist Zielscheibe rechter Trolle und Netzwerke, jeder ihrer Tweets und Facebook-Einträge wird hundertfach kommentiert, auch mit übelsten Beschimpfungen – ein rechter Youtuber beispielsweise bezeichnete sie als »islamische Sprechpuppe« –, bis hin zu Morddrohungen. Die wenigsten davon landen vor Gericht.[114]

Ich denke, die 41-jährige Politikerin aus einer 13-köpfigen Familie aus Palästina ist einerseits ein Beispiel für gelungene Integration, für den Geist unseres Grundgesetzes, andererseits auch dafür, was in der Bundesrepublik schiefläuft, dafür, dass wir immer noch nicht in einer wirklich inklusiven Gesellschaft angekommen sind. Ich kenne keinen einzigen deutschen Bürger mit muslimischem oder arabischem »Hintergrund«, der keine Ausgrenzungs- und Diskriminierungserfahrungen gemacht hat oder Opfer von rassistischen Hasstiraden wurde.

Sawsan Chebli schafft es halbwegs, mit den Vorurteilen und Beschimpfungen umzugehen. Genau wie Menschen aus meinem Arbeitsumfeld, etwa die Journalisten Mely Kiyak, Yassin Musharbash, Deniz Yücel und Hasnain Kazim, die bei »Hate Poetry«-Slams rassistische Leserbriefe humorvoll vorlasen – mit ordentlich schwarzem Humor.

Ich selbst begann mich erst mit Mitte 40 zu fragen, wie ich denn so in meinem Geburtsland Deutschland behandelt wurde. Auf einmal fiel mir einiges ein, etwa dass mich 1973 als knapp Achtjähriger andere Kinder wegen meiner arabischen Wurzeln als Terrorist beschimpften.[115] Damals hatte die PLO das Attentat bei den Olympischen Sommerspielen in München begangen. Ich beteuerte zwar stets, mit Palästina nichts zu tun zu haben, mein Vater sei Ägypter, aber die Antwort war lediglich: »Ihr Araber seid doch eh alle gleich, alles Terroristen.«

Heute sind nicht mehr alle Araber in den Augen der Deutschen Terroristen. Man hat begriffen, dass es unter ihnen auch Christen gibt. Das ist schon ein Fortschritt. Heute sind vor allem alle Muslime potenzielle Terroristen, egal ob Araber oder nicht.

Ein weiteres Ärgernis, das mich seit Längerem bewegt, ist die stetig wiederkehrende Frage: »Wo kommen Sie denn her?« Meine Antwort lautet dann gern: »Aus Paris, wo ich lebe« oder, da ich öfters verreise, »aus New York«, oder »aus Bagdad, dort habe ich gerade gearbeitet«. Das wird zumeist nicht ernst genommen, und es wird gleich weitergefragt, auch vom damaligen Auslandschef des *Spiegel*: »Nein, ich meine: Wo kommen Sie *wirklich* her?« Wenn ich dann sage: »Aus Deutschland«, geht das Verhör weiter: »Nein, ich meine, wo kommen Sie ursprünglich her, und wenn nicht Sie, dann Ihre Eltern oder Großeltern?«

All dies empfand ich stets als ärgerlich, aber der Kragen ist mir erst geplatzt, als mir klar wurde: Eigentlich wohlmeinende, gebildete Menschen legen implizit dieselben rassistischen Klischees an den Tag, ohne dass es ihnen bewusst ist und ohne dass sie es sich eingestehen. Das machte mir ein kleines Nachspiel zu einem Polittalk mit Anne Will 2013 klar, zu dem ich eingeladen war.

In der Talkshow hatten einige Teilnehmer wieder einmal die Begriffe »Islam«, »Islamismus«, »Dschihadismus« und »Terrorismus« zu einem einzigen Brei vermischt. Auch wurde gefordert, man müsse »radikale« Muslime ausweisen. Wie das funktionieren sollte, war mir nicht wirklich klar – denn natürlich sind viele dieser »Radikalen« Deutsche. Der damalige bayerische Innenminister ließ sich von meinen Einwänden nicht beeindrucken, seine begriffsvermengende Gedankenkette »Radikal und Muslim = Ausländer, die rausmüssen« war sicher wählerwirksam.

Nach der Sendung fand sich – zwischen Lob für meine »aufklärende Haltung« und den üblichen Schmähungen als verirrter Islamliebhaber – in meinem Posteingang eine E-Mail, in der ich freundlich gefragt wurde, ob ich nicht einen Beitrag über Gastarbeiter schreiben wolle. Man sei durch die Talkshow, bei der ich so ausgewogen erschien, auf mich aufmerksam geworden.

Meine Verwunderung stieg: Islam, Islamismus, Dschihadismus, Terrorismus – und jetzt Gastarbeiter, wegen meiner Ausgewogenheit. Soll einer mal diese Zusammenhänge verstehen. Ich, der ich in Deutschland geboren und in einer einst von Hugenotten besiedelten Kleinstadt groß geworden bin – mein Vater Geschäftsmann aus einer alten Familie Ägyptens und meine Mutter so deutsch, nett und gleichzeitig stur, wie es eigentlich nur Westfälinnen sein können – was, bitte, sollte mich befähigen, etwas über »Gastarbeiter« zu schreiben?

Hinter der Gedankenkette stand offenbar ein neues Unwort,

oder besser Wortungetüm: »Deutscher mit Migrationshintergrund«, in gewisser Weise der Nachfolger von »Gastarbeiter«. Beide Begriffe zielen darauf ab, Menschen als Andere zu markieren, es sind verbale Nebelwerfer zur Ausgrenzung: Der ausgewogene Deutsche mit Migrationshintergrund ist qualifiziert, über Gastarbeiter zu schreiben.

Generell bin ich die Fragerei nach meiner Herkunft leid und wünsche mir eine Selbstverständlichkeit der Tatsache, dass die Deutschen eben heute nicht alle Schmidt, Hardenberg oder Kowalski heißen. Wie kann es gelingen, ein inklusives, nicht ausgrenzendes Deutschland zu schaffen? Was können wir tun, um unsinnige Debatten wie »Gehört der Islam zu Deutschland?« zu beenden? Die Forderung nach einer Leitkultur vermeintlichen Deutschtums und einen ausschließenden ethnischen Nationalismus, einen »Deutschismus«, zu entkräften? Wie macht man das? Wir brauchen einen neuen Gesellschaftsvertrag, dachte ich zunächst – aber nein, es reicht aus, nach unserer Verfassung zu leben: als Verfassungspatrioten.

»Die Kraft des Verfassungspatriotismus liegt darin, daß er den Regeln des Zusammenlebens gilt und nicht der Größe des Territoriums oder der Stärke der Wirtschaft oder gar der Überlegenheit der Rasse«[116] – so charakterisiert Ralf Dahrendorf dieses Konzept, das von dem Politikwissenschaftler Dolf Sternberger und dem Philosophen Jürgen Habermas als Antwort auf die Situation der Bundesrepublik nach dem Zweiten Weltkrieg entwickelt wurde: »Als alle Formen des kulturell oder ethnisch motivierten Patriotismus diskreditiert waren«, erläutert der in den USA lehrende deutsche Politologe Jan-Werner Müller, »plädierten sie für die rationale Identifikation mit den universellen Werten und Prinzipien des Grundgesetzes.«[117]

Müller hat das Konzept wiederbelebt und ist der Frage nachgegangen, wie in Nationalstaaten, die durch Migration immer vielfältiger geworden sind, Solidarität, Inklusivität und eine »kollektive Identifikation« geschaffen werden können: »Die Grundidee ist nicht allzu schwer zu erfassen: Politische Loyalität, so die Verfechter des Verfassungspatriotismus, sei nicht der Nation – einem sich über Kultur definierenden Kollektiv – oder der Menschheit an sich geschuldet, sondern den universalistischen Prinzipien und (auf eher indirekte Weise) den Prozeduren der liberalen Demokratie, die sich für gewöhnlich in einer Verfassung kristallisieren.«[118]

Für ein gut funktionierendes Gemeinwesen bedarf es keineswegs eines kulturell homogenen Staates, wie die Vertreter des sogenannten liberalen Nationalismus behaupten. Die Artikel des Grundgesetzes können sehr wohl eine inklusive, vereinende Identität stiften: »Niemand darf wegen seines Geschlechtes, seiner Abstammung, seiner Rasse, seiner Sprache, seiner Heimat und Herkunft, seines Glaubens, seiner religiösen oder politischen Anschauungen benachteiligt oder bevorzugt werden. Niemand darf wegen seiner Behinderung benachteiligt werden.« (Artikel 3) Oder: »Die Freiheit des Glaubens, des Gewissens und die Freiheit des religiösen und weltanschaulichen Bekenntnisses sind unverletzlich.« (Artikel 4): Damit kann sich wohl die überwältigende Mehrheit der Menschen in Deutschland identifizieren, es ist der Aufruf zu Chancengleichheit und mehr Fairness und zum »Wir-Gefühl«.

Die oft gehörte Behauptung, der Verfassungspatriotismus sei »blutleer« und unemotional, weist Müller zurück. Auch für mich ist, wie gesagt, das Grundgesetz hoch emotional, und es bedeutet ja auch nicht, dass andere Elemente unserer Identität ausgeschlossen werden wie Heimatverbundenheit oder die Liebe zu Goethe und Beethoven, Thomas Mann, *Kraftwerk,* Nina Hagen, zum türkischstämmigen Musiker Eko Fresh, der die deutsche Rap-Szene stark beeinflusst hat, oder in meinem Falle zur großen ägyptischen Sängerin Umm Kulthum. Der Verfassungspatriotismus gibt Einwandererkindern den Raum, den Kulturen der Herkunftsländer ihrer Eltern verbunden zu bleiben und die deutsche damit zu bereichern.

Die Verfassung, unser Grundgesetz, schafft natürlich nicht automatisch mehr Chancengleichheit oder Gerechtigkeit – aber den Rahmen, in dem die politischen Auseinandersetzungen darüber ausgetragen werden. Sie ist eine ständige Ermahnung hierzu und sie ist vor allem auch die Ermahnung, alle in Deutschland lebenden Menschen zu schützen, egal welcher Hautfarbe, Abstammung oder Religion.

Das Gefühl, geschützt zu sein, haben viele Migrantinnen und Migranten und ihre Kinder im Angesicht von Diskriminierung und rechtsextremem Terror nicht. Der Berliner Rassismusexperte Ozan Zakariya Keskinkılıç schrieb einen Tag vor dem Anschlag in Hanau 2020: »Muss ich erst getötet werden, damit ihr empört seid?«[119]

Angela Merkels Worte nach dem Anschlag, Rassismus sei ein Gift, der Hass sei ein Gift, und dieses Gift sei schuld an schon viel zu vielen Verbrechen, waren wichtig. Aber in unserer Gesellschaft muss immer noch viel Arbeit geleistet werden, um Rassismus und Ausgrenzung zu erkennen und zu bekämpfen.

Ein wenige Wochen nach dem Anschlag einberufener Kabinettsausschuss unter Führung der Kanzlerin zur Bekämpfung von Rechtsextremismus und Rassismus veröffentlichte im November 2020 einen umfangreichen Maßnahmenkatalog, nach dem unter anderem die »Prävention gegen Rechtsextremismus und Rassismus, Antisemitismus, Muslimfeindlichkeit und alle anderen Formen gruppenbezogener Menschenfeindlichkeit in Regelstrukturen aller gesellschaftlichen Bereiche« gestärkt werden soll. Der Katalog enthält 89 sehr unterschiedliche Maßnahmen, die meine Forscherkollegen und ich schon lange anregen und die zeigen, dass wir noch einen weiten Weg vor uns haben: von einer Schulbuchreform, einer Stärkung der Medienkompetenz und -vielfalt, Konfliktmanagement und dem Umgang mit Vielfalt auf kommunaler Ebene über den Opferschutz und Lehrerfortbildungen bis zu einer

Reihe von rechtlichen Vorschlägen etwa gegen verhetzende Beleidigungen und vor allem der gewichtigen Anregung, das veraltete und falsche Wort »Rasse« aus dem Grundgesetz zu entfernen.

Die Soziologin Manuela Freiheit weist darauf hin, dass im Rahmen unseres Grundgesetzes mit seinem Gleichheitsprinzip und durch Gesetzgebung auf Länderebene auch viele Alltagsbelange von Muslimen geregelt werden müssen, die bis heute unklar sind: Feiertagsregelungen, das Schächten und Beschneiden, Bestattungen und nicht zuletzt das Körperschaftsrecht mit seinen Steuererleichterungen für Moscheegemeinden, wie sie auch für andere Religionsgruppen gelten.[120]

Doch Verfassungspatriotismus sichert nicht nur das Recht von Minderheiten als Bürger, er nimmt sie zugleich in die Pflicht – die Bürgerpflicht: »So ist man sich weitgehend einig, dass Einwanderer und ihre Nachkommen einen Kanon liberal-demokratischer Grundwerte akzeptieren und praktizieren müssen – was die Möglichkeit nicht ausschließt, immer wieder neu über diese Werte zu streiten; dass sich diese Werte nicht auf die öffentliche Sphäre beschränken, dass es also keine privaten ›Parallelgesellschaften‹ geben darf; dass die Anerkennung kultureller Verschiedenheit, sofern mit der Verfassung vereinbar, Integration fördern kann; dass sich Mehrheit und Minderheiten in der Tat auch als eine Verteidigungsgemeinschaft demokratischer Werte verstehen sollen; und vielleicht auch, dass eine selbstkritische Aneignung einer kollektiven Vergangenheit für Mehrheiten, aber auch für Minderheiten wünschenswert ist«, wie Jan-Werner Müller erläutert.[121] Hierbei kommt den Muslimen und deren Organisationen eine wichtige Rolle zu.[122]

Die Vielfalt des muslimischen Lebens in Deutschland ist beeindruckend, wie Susanne Kaiser und Nina Wiedl konstatierten: »Musliminnen und Muslime engagieren sich in Moscheegemeinden, Studiengruppen, NGOs oder politischen Parteien. Sie eröffnen Halal-Restaurants und Fleischereien, gründen Start-ups für islamische Mode und Marken, starten Nachbarschaftsinitiativen, in denen über religiöse Themen, Ethik, Philosophie oder Weltpolitik diskutiert wird, oder führen Touren durch Vergangenheit und Gegenwart des Islam in ihren Stadtvierteln. Außerdem sind sie in allen Bereichen des sozialen Lebens aktiv, auch in solchen, die nichts mit Religion zu tun haben. Lange schon sind sie Teil des ›Wir‹, wenn ›wir‹ über ›unsere‹ Gesellschaft diskutieren.«[123]

Darüber hinaus können Musliminnen und Muslime in Deutschland entscheidende Anregungen für die islamische Welt in Sachen Freiheit und Selbstverwirklichung geben: ob Navid Kermani mit seinen toleranten und vor allem auch poetischen und liebevollen Auslegungen des Koran;[124] Lamya Kaddor, die sich mit ihrem liberal-islamischen Bund zum Ziel gesetzt hat, die »mehrheitlich liberalen Positionen des in Europa vorherrschenden Islamverständnisses zu vertreten«, und unter anderem für eine »umfassende Geschlechtergerechtigkeit sowie deren pädagogische und theologische Umsetzung« eintritt;[125] oder der Autor Ali Ghandour, der das auch durch westlichen Einfluss unterdrückte, reichhaltige kulturelle Erbe von Muslimen in Sachen Liebe, Erotik und Sexualität wieder sichtbar macht;[126] sowie zahlreiche junge muslimische Künstler und Sportler muslimischen Ursprungs wie der Filmregisseur Fatih Akin oder die deutsche Boxweltmeisterin Zeina Nasser, die zeigen, wie man sich in unserer Gesellschaft selbst verwirklichen kann – sie alle können wegweisende Impulse setzen und Brücken zu muslimischen Ländern bauen. Das ist umso wichtiger, als Dschihadisten versuchen, unsere Gesellschaften nicht nur zu spalten, sondern auch einen Keil zwischen uns und die arabischislamische Welt und vor allem unsere Nachbarn im südlichen Mittelmeer zu treiben.

Das Fremde, die Fremden werden konstruiert, Jahrtausende von gemeinsamer Geschichte ignoriert. Bis heute bestimmt sich die Konstruktion der europäischen Identität in Abgrenzung zum Anderen, vor allem zum Süden, zum Islam, zur arabischen Welt. Im politischen Diskurs wie in den Medien wird zu oft diese »Veranderung« betrieben, die »den Islam« oder »die Araber« auf der einen Seite »dem Westen« auf der anderen gegenüberstellt.

Genau das muss sich ändern, denn der Dschihadismus als weltweites Problem kann nur gemeinsam bekämpft werden. Deshalb müssen wir uns gerade als Demokratien unserer globalen Verantwortung bewusster werden und uns ihr stellen – andernfalls werden wir die Hydra des Dschihadismus auch in Europa nicht besiegen.

III. Die Hydra global
Aktuelle Herausforderungen

Der Dschihadismus sei kurz vor dem Aussterben und werde in keiner Weise zu einer Massenbewegung, schrieb der Historiker Jean-Pierre Filiu in seinem 2009 erschienenen Buch *Die neun Leben der Al-Qaida*.[1] Er relativierte seine These jedoch vorsorglich: Der Dschihadismus werde verschwinden, falls keine großen geopolitischen Schocks einträten.

Der Beginn der historischen Umbrüche in der arabischen Welt nur ein Jahr später war ein solcher geopolitischer Schock. Sie führten zum Zusammenbruch des libyschen Staates, zum Bürgerkrieg im Jemen, zum katastrophalen Syrienkonflikt und zum Aufstieg von Daesch. Der Dschihadismus bewies, dass er keineswegs im Sterben lag, sondern lebendiger war denn je.

Nachdem der »Islamische Staat« als Territorialmacht 2019 besiegt war, verlor das Phänomen in der Öffentlichkeit, den Medien und bei politischen Entscheidungsträgern erneut an Aufmerksamkeit. Doch die Geschichte hat gezeigt: Die Hydra des Dschihadismus kam jedes Mal, wenn sie angeblich besiegt war, in noch verheerenderer Form zurück. Diese Gefahr besteht umso mehr, als die Ideologie tiefer denn je in vielen Gesellschaften verankert ist, und natürlich auch aufgrund neuer geopolitischer Schocks. Ein erster war die Coronakrise. Von der Pandemie und ihren weltweiten Folgen versprachen sich die Dschihadisten neuen Auftrieb.

Unter dem Titel »Der schlimmste Albtraum der Kreuzzügler« war im März 2020 im IS-Newsletter *Al-Naba* zu lesen: »Gott, der Allmächtige, hat den Nationen, die Er geschaffen hat, schmerzvolle Torturen auferlegt und, Er sei gepriesen, die meisten davon den Götzenanbetern. Die Angst vor der Epidemie hat mehr angerichtet als die Epidemie selbst. Ihre Wohnstätten sind abgesperrt und ihre Märkte geschlossen, und sie sind am Rande einer großen wirtschaftlichen Katastrophe.« Die Sicherheitskräfte in Europa seien durch das Coronavirus überfordert; »das Letzte, was sie heute wollen«, seien neue Anschläge »wie die von Paris, London, Brüssel«. Aus dem Irak und aus Syrien würden die Truppen der

»Kreuzzügler« aufgrund der Coronakrise abgezogen, und in den schwachen oder gescheiterten Staaten mit muslimischer Bevölkerungsmehrheit, insbesondere in Afrika, seien die mit dem Westen verbündeten Regierungen angesichts der Epidemie kaum mehr in der Lage, die Grundbedürfnisse der Menschen zu erfüllen, geschweige denn, sich effizient gegen Angriffe zu wehren.[2]

Die Pandemie hat dem Dschihadismus zwar nicht zum erwünschten Aufschwung verholfen, doch während der Westen sich auf die Bewältigung der Coronakrise konzentrierte, folgte ein geopolitischer Schock durch eine dschihadistische Gruppe, die wir kaum noch im Blickfeld hatten. Im August 2021 übernahmen die Taliban die Macht in Afghanistan – ein Ereignis von noch nicht einschätzbarer historischer Tragweite. Die Hydra war noch nie so sehr auf dem Globus verbreitet wie heute. Und das Universum des Dschihad umfasst weit mehr als den IS, Al-Qaida oder die Taliban, das sind lediglich die bekanntesten Organisationen. Die Fachgruppe SITE Intelligence hat 53 »offizielle« Gruppierungen identifiziert – und dabei sind kleine Zellen und informelle Netzwerke von Unterstützern nicht einmal berücksichtigt.[3] Kein Kontinent bleibt von der Verbreitung der Ideologie verschont. Der Dschihadismus ist ein globales Phänomen; er versteht es, lokale Missstände zu instrumentalisieren und auf diese Weise »glokal« zu agieren. Dschihadistische Gruppen wissen, wie man das Gefühl der Diskriminierung und Ausgrenzung junger Paschtunen in Afghanistan, arabischer Beduinen im ägyptischen Sinai, der Sunniten im Irak und in Syrien, der muslimischen Minderheit in Sri Lanka und natürlich von Einwanderern und deren Kindern in Europa nutzt. Und während die Situation in Europa besorgniserregend ist, hat sich der Dschihadismus auf anderen Kontinenten noch stärker verbreitet.

Ein vollständiger Überblick über alle Länder, in denen sich die Hydra ausgebreitet hat, würde den Rahmen dieses Buchs sprengen. Ich möchte hier das Augenmerk auf mir besonders wichtig erscheinende aktuelle Brennpunkte lenken. Dazu gehört vor allem der Sahel – in den Ländern dieser riesigen Region ist ein dschihadistischer Flächenbrand ausgebrochen, der mittlerweile weitere afrikanische Staaten erfasst hat und auch den Dschihadismus in der arabischen Welt erneut befeuern kann. Darüber hinaus werde ich den Blick auf zwei kaum im europäischen Fokus liegende südostasiatische Konfliktherde des Dschihadismus richten: die Philippinen und Indonesien. Zunächst jedoch betrachte ich die aktuelle Situation in Afghanistan, dem Ursprungsland und erneuten Brennpunkt des Dschihadismus, in dessen arabischen Epizentren, dem Irak und Syrien, sowie im ägyptischen Sinai und im Jemen.

Neue alte Gefahrenherde

Kabul, Dezember 2002. »Unser Land zur Ruhe zu bringen wird sehr schwierig. Vielleicht brauchen wir ein kleines Wunder.« Der kleine alte Mann mit Schnurrbart, Halbglatze und offenem Hemdkragen, der auch mit 88 Jahren immer noch gern lässig elegante westliche Kleidung trägt, kennt sich aus: Mohammed Zahir Schah war der letzte König Afghanistans. Es habe zu lange Krieg geherrscht, erklärt er, zu viele Wunden zwischen den verschiedenen Ethnien und Anhängern unterschiedlicher Islamauslegungen seien offen. Er werde jedenfalls alles versuchen, seine Möglichkeiten, sein Wissen, seine Kontakte und alte Freundschaften aktivieren, um die Afghanen zum Dialog zu bewegen.

Der Raum, in dem wir reden, ist ungewöhnlich für die afghanische Hauptstadt: ein Arbeitszimmer im italienischen Avantgarde-Stil der sechziger und siebziger Jahre. Helle Sofas, Lampen aus geschwungenem verchromtem Stahl, grüner Marmor. Eine halbrunde Treppe führt zu einem Mezzanin mit Büchern in vielen Sprachen. Vielleicht wurde das Privatbüro meines Gesprächspartners, das dieser bis zum Exil im Jahre 1973 nutzte, selbst unter der Schreckensherrschaft der Taliban nicht zuletzt aus Respekt vor ihm nicht angetastet. Auch sie nutzten dieses Gebäude im *arg*, der Zitadelle. Es war Teil ihres Regierungssitzes wie zuvor aller afghanischen Könige und Präsidenten.

Im November 1933 gekrönt, regierte Zahir Schah das Land fast 40 Jahre lang. Eine Zeit des relativen Friedens – im Zweiten Weltkrieg und auch während des Kalten Krieges gelang es ihm, die Neutralität des Königreichs zu wahren. In den fünfziger Jahren modernisierte er das Land und führte 1964 eine konstitutionelle Monarchie ein. 1973 beendete ein Putsch seines Cousins Mohammed Daoud Khan die lange Regentschaft des Königs. Der »Rote Prinz« betrieb einen radikalen Wandel. Er erklärte das Land zur

Republik und sich selber zum Präsidenten, führte ein zunächst links gerichtetes Einparteienregime ein und bereitete somit ungewollt der kommunistischen Herrschaft und dem anschließenden Bürgerkrieg den Weg.

Als Zahir Schah 2002 nach fast drei Jahrzehnten des Exils in seine Heimat zurückkehrte, hoffte er, sein immer noch großes Prestige einsetzen zu können, um das zersplitterte Land zu einen. Im Juni 2002 eröffnete der »Vater der Nation« – so sein Ehrentitel – die Loja Dschirga, die Große Ratsversammlung, der Vertreter aller Ethnien, Bevölkerungs- und Religionsgruppen angehörten.[4] Sie wählten den Paschtunen Hamid Karsai zum Übergangspräsidenten. »Eine neue Ära ist in Afghanistan angebrochen, das Land wird aus den endlosen Kriegen in den Wohlstand geführt«, verkündete der elegante Medienliebling kurz darauf. Und tatsächlich war das Jahr 2002 ein hoffnungsvoller Moment im Geburtsland des Dschihadismus: Die Taliban waren entmachtet, Bin Laden und die Reste Al-Qaidas auf der Flucht. Ich erinnere mich an den Optimismus deutscher Polizisten, die afghanische Sicherheitskräfte ausbildeten, darunter zahlreiche Frauen. »Die sind hochmotiviert! Es wird gelingen, eine afghanische Polizei aufzubauen, die Gesetze respektiert und sich nicht wie eine rechtlose Miliz aufführt«, erklärte mir ein deutscher Hauptkommissar. An jenem Jahresende 2002 schien es fast, das liberale Kabul der späten siebziger Jahre sei wiederauferstanden.

Ein trügerischer Schein. Nicht ohne Grund wurde Präsident Karsai von US-Söldnern bewacht und nicht von afghanischen Sicherheitskräften, deren Infiltration durch die Taliban er zu Recht fürchtete. Lakhdar Brahimi, der damalige UN-Sondergesandte – ein erfahrener Friedensstifter, der maßgeblich zum Ende des Bürgerkriegs im Libanon 1990 und zum Ende der Apartheid in Südafrika 1994 beigetragen hatte – teilte Karsais Optimismus von Anfang an nicht. Er sei schon zufrieden, wenn es gelingen würde, »Afghanistan von einem kriegszerstörten, furchtbar armen Land zu einem friedlichen und etwas weniger armen Land zu machen«.

Fast zwei Jahrzehnte später ist klar: Selbst dieser bescheidene Wunsch blieb unerfüllt, und von *enduring freedom* kann keine Rede sein.

Afghanistan – der endlose Dschihad

Bereits am 11. März 2020 beglückwünschte Al-Qaida-Chef Ayman al-Zawahiri die Taliban zu ihrem »historischen Sieg über die USA« und zitierte das Oberhaupt des »Islamischen Emirats Afghanistan«, Mullah Omar, der im Jahr 2001 erklärt hatte: »Allah hat uns den Sieg versprochen, und Bush hat versprochen, dass er uns besiegt. Die Welt wird sehen, welches dieser Versprechen sich erfüllen wird.«[5] Für Al-Qaida war die Sache klar: Die Taliban hatten mit Gottes Hilfe gesiegt. Anlass des Jubels war ein wenige Tage zuvor, Ende Februar, in Katars Hauptstadt Doha geschlossenes Abkommen mit den USA über den Rückzug der amerikanischen Truppen, einen Gefangenenaustausch und Friedensgespräche der Taliban mit der afghanischen Regierung. Die Taliban verpflichteten sich, keine Aktivitäten auf afghanischem Territorium zu dulden, die die Sicherheit der USA und ihrer Verbündeten bedrohen.

Frieden brachte das Abkommen nicht. Dass die Taliban jemals ernsthaft mit der Regierung in Kabul verhandeln wollten und an einem wirklichen Frieden interessiert waren, wurde bereits wenige Monate nach der Unterzeichnung bezweifelt. Mit »Zähigkeit und Gemetzel« sei es den Dschihadisten gelungen, der Supermacht zu trotzen, urteilte die *New York Times* im Mai 2020 und zitierte einen Führer der Taliban: »Bis ein islamisches System etabliert ist, wird unser Dschihad bis zum Jüngsten Tag andauern.«[6] Allein bis 2016 bekannten sich die Taliban zu fast 800 Selbstmordanschlägen, nur der IS verübte mehr Attentate.[7]

Al-Qaida sollte mit seinem Gratulationsschreiben recht bekommen. Nachdem die USA unter dem damaligen Präsidenten Donald

Trump im Mai 2020 begonnen hatten, ihre Truppen abzuziehen, nutzten die Taliban die Gunst der Stunde, um das Land Provinz für Provinz zurückzuerobern; Trumps Nachfolger Joe Biden verschob zwar den Termin, an dem der US-Einsatz enden sollte, von Mai auf August 2021, setzte den Rückzug jedoch fort.[8] So fiel schließlich Kabul am 15. August 2021 in die Hände der Taliban, und sie übernahmen die Herrschaft über das Land.

In dem fast 20-jährigen Krieg gegen die Taliban, der damit doppelt so lange dauerte wie der Vietnamkrieg für die USA, starben 70 000 Zivilisten, 65 000 afghanische Sicherheitskräfte und 3500 Soldaten der internationalen Koalition, davon 59 deutsche. Mehr als 2 Billionen Dollar hat die Amerikaner der Krieg gekostet.[9]

In diesen zwei Jahrzehnten wurden sowohl das US-amerikanische als auch das afghanische Volk und die Welt systematisch getäuscht. Das beweisen die 2019 enthüllten *Afghanistan Papers*,[10] deren Veröffentlichung die *Washington Post* in einem dreijährigen Verfahren gegen die SIGAR (Special Inspector General for Afghanistan Reconstruction) erklagte, eine US-Behörde, die 2008 gegründet wurde, um die Korruption und Ineffizienz bei Hilfsmaßnahmen für Afghanistan zu beseitigen. Die Dokumente zeigen, »dass hochrangige US-Beamte über die gesamten 18 Jahre nicht die Wahrheit über den Krieg in Afghanistan sagten, rosige Verlautbarungen machten, von denen sie wussten, dass sie falsch waren, und eindeutige Beweise dafür versteckten, dass der Krieg nicht mehr zu gewinnen war«.[11]

John F. Sopko, Chef der Behörde, räumte ein, das amerikanische Volk sei konstant belogen worden.[12] Unter drei US-Präsidenten, George W. Bush, Barack Obama und Donald Trump, wurden Statistiken etwa über die Anzahl von Attacken oder die Kontrolle von unterschiedlichen Landesbezirken manipuliert. US-Beamte und -Militärs sahen über die massive Korruption von Vertretern der afghanischen Regierung hinweg. Eine der beunruhigendsten Aussagen in den Dokumenten stammt von Generalleutnant Douglas

Lute, Afghanistan-Beauftragter des Weißen Hauses unter Bush und Obama, der 2015 erklärte: »Uns fehlte das grundlegendste Verständnis von Afghanistan – wir wussten nicht, was wir taten.«[13]

Die Ziele des als »Krieg gegen den Terror« begonnenen Konflikts waren nie klar definiert. Ging es darum, Al-Qaida zu vernichten? Die Taliban militärisch zu schlagen? Oder das Land zu stabilisieren? Hierauf hat keine US-Regierung eine eindeutige Antwort gegeben. Klar hingegen ist: Nichts von alledem wurde erreicht. Das kleine Wunder, das sich der letzte König Afghanistans wünschte, ist nicht eingetreten. Selbst die bescheidenen Hoffnungen des ehemaligen UN-Sondergesandten Lakhdar Brahimi auf ein sicheres und weniger armes Land haben sich nicht erfüllt. Das Durchschnittseinkommen war nach 2001 zwar leicht gestiegen, seit 2012 sinkt es jedoch wieder.[14] Afghanistan ist immer noch eines der ärmsten Länder der Welt. Und der korruptesten: Im internationalen Korruptionsindex lag es 2019 auf Platz 173 von 198.[15] Vor allem ist es trotz der massiven US-Präsenz nie sicherer geworden.

Ob sich dies unter der Herrschaft der Taliban ändern wird, ist zweifelhaft. Die im September 2021 vorgestellte Regierung besteht fast ausschließlich aus Paschtunen. Falls die religiösen und ethnischen Minderheiten wie die Usbeken, Tadschiken oder Hazara ausgeschlossen bleiben, könnten sie zu den Waffen greifen. Auch ist keineswegs auszuschließen, dass von Afghanistan 20 Jahre nach dem 11. September erneut eine globale Terrorgefahr ausgehen wird. Al-Qaida ist nach wie vor in Afghanistan präsent, Bin Ladens Nachfolger Ayman al-Zawahiri hält sich vermutlich weiterhin dort oder im benachbarten Pakistan auf. Die Talibanführung hat eine höchst ambivalente Haltung gegenüber der Organisation. Der Innenminister der provisorischen Regierung, Siradschuddin Haqqani, ist Chef des gleichnamigen Haqqani-Netzwerks, das historisch enge Beziehungen zu Al-Qaida unterhielt. Für Hinweise, die zu Haqqanis Ergreifung führen, hat das FBI vor einigen Jahren eine Belohnung von 10 Millionen Dollar ausgesetzt.[16]

Al-Qaida hofft auf Unterstützung oder zumindest Duldung durch die Taliban, um weiterhin Lager in Afghanistan unterhalten zu können. Während der Verhandlungen mit den USA sollen sich die Taliban regelmäßig mit Al-Qaida abgestimmt haben.[17] Daneben ist eine vermutlich noch größere Bedrohung entstanden, der »Islamische Staat – Provinz Khorasan«, zu dem sich 2015 Mitglieder verschiedener dschihadistischer Gruppierungen, darunter Pakistanis, ehemalige Taliban und erfahrene Kämpfer aus Syrien und dem Irak, zusammenschlossen, um dem damaligen »Kalifen« Abu Bakr al-Baghdadi den Treueeid zu schwören. Selbst die »Liquidierung« zahlreicher Führer und der Abwurf der »Mutter aller Bomben«, der zerstörerischsten nichtnuklearen Waffe des US-Arsenals (GBU-43) im April 2017 auf einen Komplex des IS im Osten Afghanistans, konnte die Organisation nicht dauerhaft schwächen. In den folgenden beiden Jahren wurden über 7000 Zivilisten durch Terroranschläge getötet und über 14000 verletzt.[18] Allein im März 2020, dem Monat nach der Unterzeichnung des Abkommens zwischen den USA und den Taliban, kamen 422 Sicherheitskräfte ums Leben bei 222 Anschlägen, die zum Großteil vom afghanischen IS-Ableger verübt wurden.[19]

Mehrere hundert IS-Kämpfer und rund tausend weitere Häftlinge entkamen Anfang August 2020 aus einem Gefängnis in Jalalabad, nachdem sich ein Selbstmordattentäter mit einer Autobombe in die Luft gesprengt hatte.[20] Mindestens 29 Menschen sollen bei der Kommandoaktion getötet worden sein. Der IS und die Taliban sind Erzfeinde; der afghanische Daesch-Ableger wirft den Taliban vor, mit den Amerikanern paktiert und den globalen Dschihad für eine lokale, afghanische Agenda verraten zu haben. Der IS versucht mit allen Mitteln, das Regime der Taliban zu unterminieren – gemäß der Doktrin des Dschihadismusstrategen Abu Bakr Naji, Chaos zu schaffen, um sich so weiter ausbreiten zu können. Der Anschlag des IS Mitte August auf den Flughafen von Kabul, bei dem mehr als 180 Menschen getötet wurden – 13 amerikanische Soldaten, aber vor allem afghanische Zivilisten – lässt nichts Gutes ahnen.

Geschichte wiederholt sich nicht, heißt es, und wenn dies aus Sicht von Historikern richtig sein mag, so fällt es mir doch schwer, in Bezug auf Afghanistan daran zu glauben. Bin Laden, der darauf setzte, dass die Großmacht USA wie die Sowjetunion vor ihr am Hindukusch in die Knie gezwungen würde, hat posthum leider recht bekommen. Die Amerikaner, die einst mit der Bewaffnung der Mudschaheddin entscheidend zum »russischen Vietnam« beigetragen haben, hinterlassen Afghanistan – nicht anders als die UdSSR vier Jahrzehnte zuvor – in einem desolaten Zustand. Erneut schauen sie zu, wie das Land im Chaos versinkt. Der Westen und die USA haben die rund 38 Millionen Menschen des Landes abermals fallengelassen. Afghanistan als Geburtsland des Dschihadismus bleibt einer seiner gefährlichsten Nährböden. Einmal mehr feiert die Hydra den Sieg über eine Supermacht. Und dies mit einer weltweiten Signalwirkung, wie sie schlimmer nicht sein könnte. Die Bilder von Menschen, die sich bei der chaotischen Evakuierung Kabuls an einer US-Militärmaschine festklammerten, um zu flüchten, und von Menschen, die in den Tod fielen, weil der Pilot trotzdem startete, vermittelten die Botschaft: Die Amerikaner, der Westen, verraten alle – ihnen ist nicht zu trauen.

Weltweit bejubelten dschihadistische Gruppen den Sieg der Taliban und sehen ihn als Ansporn, weiter zu kämpfen. Und das Afghanistan der Taliban kann wie das Pseudo-Kalifat des IS erneut zu einem Magneten für Salafisten und Dschihadisten aus aller Welt werden.

Selbst wenn sich die Taliban in 20 Jahren etwas gewandelt haben und zu moderateren Islamisten geworden sein sollten, die einen Staat nach den Modellen des ebenfalls durch Dschihad entstandenen Königreichs Saudi-Arabien oder der Islamischen Republik Iran schaffen wollen, wären das für die im Stich gelassenen Afgha-

nen – vor allem die afghanischen Frauen und ihre Rechte – keine
hoffnungsvollen Aussichten. Und die Gefahr, dass das Land wieder
im Bürgerkrieg versinkt, besteht natürlich weiter.

Gewisse Parallelen zum Irak sind ebenso unverkennbar wie er-
schreckend, dem Land, in das die Amerikaner 2003, zwei Jahre
nach der Invasion in Afghanistan, einmarschierten, das sie nach
Jahren des Chaos 2010 in großen Teilen dem IS überließen[21] – um
schließlich erneut zu intervenieren, nur um die Iraker wieder im
Stich zu lassen.

Arabische Brandherde

Der verwahrloste Mann in der beigen Frotteehose und dem über-
großen grauen Sweatshirt starrt, auf einer geblümten Matratze lie-
gend, durch seine dicken Brillengläser in die Kamera. Mit seinen
etwa 250 Kilo muss er auf der Ladefläche eines Pick-up abtrans-
portiert werden. »Jabba the Jihad« nennt ihn die Presse, in Anspielung auf den Bandenchef aus *Star Wars*. Die Szene verliert jedoch
ihren humorigen Charakter, wenn man weiß, dass Shifa al-Nima
ein wichtiger Führer der Terrormiliz und einer ihrer schlimmsten
Hassprediger war. Als »Mufti« des IS erließ er Fatwas, in denen
er Vergewaltigung und die Versklavung von Frauen und Kindern
rechtfertigte, rief zum Mord an moderaten sunnitischen Gelehrten
und zur Zerstörung der Kulturmonumente Mossuls auf.

Die Bilder seiner Verhaftung gehen um die Welt, sie sollen den
IS entmystifizieren. Aber dass sich im Januar 2020, zwei Jahre nach
der Befreiung Mossuls, immer noch führende IS-Mitglieder mitten in der Stadt versteckt halten können, verunsichert natürlich
die Bevölkerung.

Mossul, September 2019. »Auf Twitter bekomme ich ständig Drohungen von Daesch-Sympathisanten. Ich sei im Solde der Ameri-

kaner und verdiene den Tod. Aber ich lasse mich nicht einschüchtern, unter dem IS sind wir täglich tausend Tode gestorben«, sagt Ali al-Baroodi, der Mann, der wenige Monate später die Bilder der Verhaftung von »Jabba the Jihad« aufnehmen und um die Welt twittern wird. Wir sitzen in einem kleinen Kulturcafé voller Bücher gegenüber der Universität im Westen Mossuls. Seit deren Wiedereröffnung arbeitet Ali dort wieder als Englischdozent.

Nachdem Daesch die Kontrolle übernommen hatte, stellte Ali schnell fest, dass es keinen Sinn mehr hatte zu unterrichten: Der IS lehnte fast alle Bücher seines Curriculums als unislamisch ab, und es kamen kaum noch Studierende. Eine Zeit lang versuchte er sich als Taxifahrer. Mehrmals wurde er von der Religionspolizei der Dschihadisten bedroht, weil sein Bart zu kurz oder seine Hose zu lang war. Ali blieb zu Hause. Doch selbst hier hatte er panische Angst. Wäre der IS in sein Haus eingedrungen, wäre er für seine Fotos und die Kunstwerke, die er gesammelt hatte, schwer bestraft, wenn nicht gar hingerichtet worden.

Seit der Befreiung Mossuls engagiert sich Ali für eine bessere Zukunft der Jugend seiner Heimatstadt, organisiert Buchmessen und Konzerte. Außerdem wurde er zum inoffiziellen Stadtfotografen und dokumentiert das Leben in seiner zerstörten Heimatstadt.[22]

Die junge Ingenieurin Najat ist ebenfalls Aktivistin. Sie organisiert Debatten und Literatursalons für Studierende, versucht Bewusstsein für mehr Demokratie zu schaffen. Als die Terrormiliz einmarschierte, war sie noch Studentin.

Nervös rückt sie ihr buntes Kopftuch zurecht; die Furcht begleitet die Endzwanzigerin bis heute ständig. »Mein Lieblingscousin wurde an einem Checkpoint einfach erschossen, weil er Militärdienst in der irakischen Armee geleistet hat«, berichtet sie. Während der IS-Besatzung verließ Najat 19 Monate lang nicht das elterliche Haus – und stürzte in eine tiefe Depression. »Vielleicht wäre mir in Vollverschleierung nichts passiert, Freundinnen haben mich ja auch besucht. Aber ich wollte diese Mörder nicht sehen, selbst von Weitem nicht.«

So einiges sei besser geworden im Vergleich zu der Zeit vor dem IS, in der sich die Vertreter der Zentralregierung in Bagdad wie Besatzer aufführten. »Die Polizisten an den Checkpoints sind höflicher. Aber die Lage ist nach wie vor prekär. Die grundsätzlichen Probleme sind nicht gelöst. Es gibt keine wirkliche Demokratie, die Rechte von Minderheiten sind nicht garantiert, es herrscht enorme Korruption, und der Wiederaufbau geht kaum voran. Mossul bleibt ein Pulverfass – es ist meine Heimat, die ich liebe, aber es ist sehr gut möglich, dass der IS die Stadt wieder zu seiner Machtbasis macht. Hier leben noch Tausende IS-Sympathisanten. Die haben sich nur ihre Bärte abrasiert, aber sie sitzen im Untergrund – darin haben sie Erfahrung –, deshalb möchte ich vielleicht doch lieber weg.«

Ali und Najat sind aktive Mitglieder einer jungen Zivilgesellschaft. Sie versuchen ihren Teil dazu beizutragen, dass in Mossul wieder ein Mindestmaß an Toleranz im Zusammenleben der Menschen unterschiedlichen Glaubens und unterschiedlicher Ethnien hergestellt wird. Hierzu wurde auch ein großes Unesco-Programm beschlossen. Unter anderem sollen die Kirche Unserer Lieben Frau von der Stunde, die Jonas-Moschee und ein jesidischer Tempel wiederaufgebaut werden. Wirklich geschehen ist bisher nichts. Und nur wenige hundert Christen sind in die Stadt und die umliegenden Dörfer zurückgekehrt.

Auch wenn sich der IS in Mossul wie in anderen größeren Städten nicht mehr offen zeigt und es Terroristen nur sporadisch gelingt, Attentate zu verüben, ist die Organisation vor allem auf dem Land – im Euphrattal, an der Grenze zu Syrien – nach wie vor aktiv. Hier haben die Dschihadisten tatsächlich von der Coronapandemie profitiert: Der Staat und seine Sicherheitskräfte sind kaum präsent,[23] IS-Zellen greifen Checkpoints in »Hit and

Run«-Attacken an, bringen Regierungsvertreter, aber auch einfache Geschäftsinhaber und Bauern um, die mit der Regierung zusammenarbeiten. Hunderte von Hektar Ackerland haben die Dschihadisten verwüstet, um die wirtschaftliche Situation weiter zu destabilisieren. Die Bevölkerung wird immer noch von ihnen eingeschüchtert und erpresst.

Über 10 000 Kämpfer soll der IS nach wie vor im Irak und in Syrien unter Waffen haben. In Syrien greift er vor allem die von Kurden geführte Oppositionsgruppe der Demokratischen Kräfte Syriens sowie die Armee des Diktators Assad an und versucht, Energietransporte und Kommunikationsinfrastrukturen zu sabotieren.

Die aus der Al-Nusra-Front, dem syrischen Al-Qaida-Ableger, hervorgegangene Gruppe Hayat Tahrir al-Scham (»Front zur Befreiung der Levante«) ist ebenfalls sehr aktiv, vor allem in der nordöstlichen Provinz Idlib. Vier Millionen Menschen, darunter viele Geflüchtete, leben hier in einer der wenigen Regionen des Landes, die noch nicht wieder von Assads Regime kontrolliert werden. Zwischen 8000 und 10 000 Kämpfer sollen der Front angehören. Rhetorisch gibt sie sich wesentlich gemäßigter als der IS. Ihr Führer Abu Muhammad al-Julani hat sich von Al-Qaida losgesagt. Er beteuert, rein nationalistische Ziele zu verfolgen, Zivilisten und den Westen nicht angreifen zu wollen, und versucht, kleinere radikale dschihadistische Gruppen unter seine Kontrolle zu bringen.[24] Al-Julani ließ wichtige Rekrutierer europäischer Dschihadisten wie den Frankosenegalesen Omar Omsen festnehmen. Tahrir al-Scham arbeitet auch mit nichtdschihadistischen Oppositionsgruppen zusammen.

Ob die Abkehr vom Terror dauerhaft ist, wird sich zeigen. Es könnte sich auch lediglich um ein taktisches Manöver handeln, um Russland, die westlichen Staaten, aber vor allem die in der Region sehr präsente Türkei von Angriffen auf die Dschihadisten abzuhalten.

Nach wie vor aber geht die größte Gefahr im Irak – wie auch in Syrien – von Daesch aus. Die Organisation kann auf eine lange Erfahrung im Untergrund- und Guerillakampf zurückblicken. Zahlreiche Waffenlager, etwa in vergrabenen Containern in der Wüste, werden weiterhin entdeckt. Das irakische Parlament schätzt, dass es der Terrormiliz gelungen ist, 400 Millionen US-Dollar über unterschiedliche Kanäle im Ausland zu sichern.[25] Zudem vergab der IS »Kredite« an Unternehmer gegen Gewinnbeteiligung für Investitionen, etwa im Irak oder auch in der Türkei.[26] So kann die Terrororganisation weiterhin Zellen und Anschläge im Irak und in Syrien, aber auch im westlichen Ausland finanzieren.

Die Marginalisierung der sunnitischen Minderheit, die mit dem Sturz Saddam Husseins 2003 an Macht und Privilegien verloren hatte, war einer der Hauptfaktoren für das Wiederaufleben der dschihadistischen Gruppen. Wenn eine echte politische und wirtschaftliche Integration der ehemals unter Daesch lebenden Sunniten nicht gelingt, könnte sich dasselbe Muster wie in den Jahren 2003 und 2012 wiederholen und ein Guerillakampf aus dem Untergrund zu einer offenen Rebellion und letztlich zu einem Bürgerkrieg werden – im Irak ebenso wie in Syrien.

Auch in den anderen Regionen, in denen der Dschihadismus im Zuge der geopolitischen Schocks nach dem »Arabischen Frühling« einen Aufschwung erlebte, sind die Gefahren keineswegs gebannt. Im Norden der zu Ägypten gehörenden Sinai-Halbinsel herrschen seit mittlerweile fast einem Jahrzehnt bürgerkriegsähnliche Zustände. Der lokale Ableger des IS, die »Provinz Sinai des Islamischen Staates«, verübt hier immer wieder Angriffe insbesondere gegen Sicherheitskräfte, aber auch gegen die mit der Regierung in Kairo kollaborierenden Chefs der Beduinenstämme oder die Kopten. Trotz oder gerade aufgrund der heftigen Repressionskampagne des Regimes unter Marschall Al-Sisi, in deren Rahmen man ganze Dörfer umsiedelte und die Region zum militärischen Sperrgebiet erklärte, ist der Norden des Sinai alles andere als befriedet. Die hier lebenden Beduinen fühlen sich von den Ägyptern aus dem Niltal und -delta als Menschen zweiter Klasse behandelt. Es gab Anschläge wie den gegen die Al-Rawda-Moschee 2017, bei dem 305 Menschen starben. Die Kette von Terrorakten vor allem auf das ägyptische Militär reißt nicht ab. Im April 2020 wurden zehn ägyptische Soldaten, darunter zwei Offiziere, getötet.[27] Die Armee reagiert auf jeden Angriff mit Gegenangriffen, bei denen immer mehr Zivilisten sterben – eine Eskalation der Gewalt, die den Dschihadisten weiter Zulauf verschafft.

Im Jemen kontrolliert »Al-Qaida auf der arabischen Halbinsel« nach wie vor ganze Landstriche, ohne offen Flagge zu zeigen. Die Organisation regiert hinter den Kulissen und ist so weniger verwundbar, nicht zuletzt für amerikanische Drohnenangriffe, durch die wichtige ihrer Führer eliminiert, aber auch viele Zivilisten getötet wurden. Die USA betrachten die jemenitische Al-Qaida seit geraumer Zeit als gefährliche Bedrohung, da sie zahlreiche Anschläge gegen die Vereinigten Staaten plante, etwa auf die USS Cole im Jahr 2000 oder auf eine American-Airlines-Maschine 2001 durch den »Schuhbomber« Richard Reid.

Der Bürgerkrieg im Jemen hat allein zwischen 2015 und 2019 mehr als 100 000 direkte Todesopfer gefordert, über 12 000 Zivilisten starben bei Bombardierungen ziviler Ziele.[28] Für viele der Toten ist eine von Saudi-Arabien geführte und von Amerika unterstützte Koalition verantwortlich, die antrat, eine Herrschaft über große Teile des Landes durch die vom Iran unterstützte schiitische Minderheit der Huthi zu verhindern.[29] Über zehn Millionen Menschen litten 2020 unter Nahrungsmangel, 100 000 Kinder waren aufgrund von Unterernährung vom Tode bedroht.[30] Je länger der Konflikt andauert, desto größer ist die Gefahr eines erneuten Erstarkens der Dschihadisten und neuer Attacken auf die USA und ihre Verbündeten.

Doch auch jenseits von Afghanistan oder der arabischen Welt und viel weniger beachtet, existieren dschihadistische Konfliktherde, von denen eine globale Bedrohung ausgehen könnte: im Sahel und in Südostasien.

Der Sahel und Südostasien

Dakar (Senegal), Dezember 2016. »Vorbeugen ist besser als heilen«
lautet das Motto, das immer wieder in den lichten Hallen und
Innenhöfen des durchdesignten Konferenzzentrums der senegalesischen Hauptstadt zu hören ist. Mehr als 500 Menschen in
ordenbehängten Uniformen, traditionellen afrikanischen Gewändern, westlichen Anzügen oder modischen Kleidern drängen sich
auf dem größten Sicherheitsevent Afrikas, dem Forum für Frieden
und Sicherheit. Auf eleganten Empfängen und in Dutzenden von
Workshops diskutieren afrikanische Staatschefs, hochrangige Militärs, der damalige Verteidigungsminister der ehemaligen Kolonialmacht Frankreich, Jean-Yves Le Drian, und zahlreiche Spezialisten,
zu denen auch ich gezählt werde.

Trotz der von einigen Teilnehmern zur Schau gestellten Zu-
versicht herrscht Alarmstimmung. Das wird gleich bei der Eröff-
nungsrede des senegalesischen Präsidenten Macky Sall deutlich:
»Dies ist ein Appell zur Generalmobilmachung, die weit darüber
hinausgeht, was wir durch den Staat und die zwischenstaatliche
Zusammenarbeit bewerkstelligen können. Alle gemeinsam, die
Regierungsstellen, die lokalen Volksvertreter, die Zivilgesellschaft,
Lehrer, religiöse Führer, traditionelle Chefs und Bürger, müssen
mobilisiert bleiben, um aufzuklären, zu sensibilisieren und zu warnen.«[31] Grund für seinen Appell war die Sorge des Präsidenten, die
Hydra des Dschihadismus könnte sich von den Nachbarländern
des Sahel in den Senegal ausbreiten.

Der damalige Beginn einer Präventionspolitik, aber auch einer
Stärkung des Militärs in den Grenzregionen zeigte Wirkung: 2018
wurden im Senegal zwar 15 Männer und Frauen wegen der Bildung
einer dschihadistischen Gruppierung verurteilt, und Mitglieder
der senegalesischen Diaspora wie der lange in Nizza lebende Omar
Omsen hatten sich Al-Nusra in Syrien angeschlossen und fast

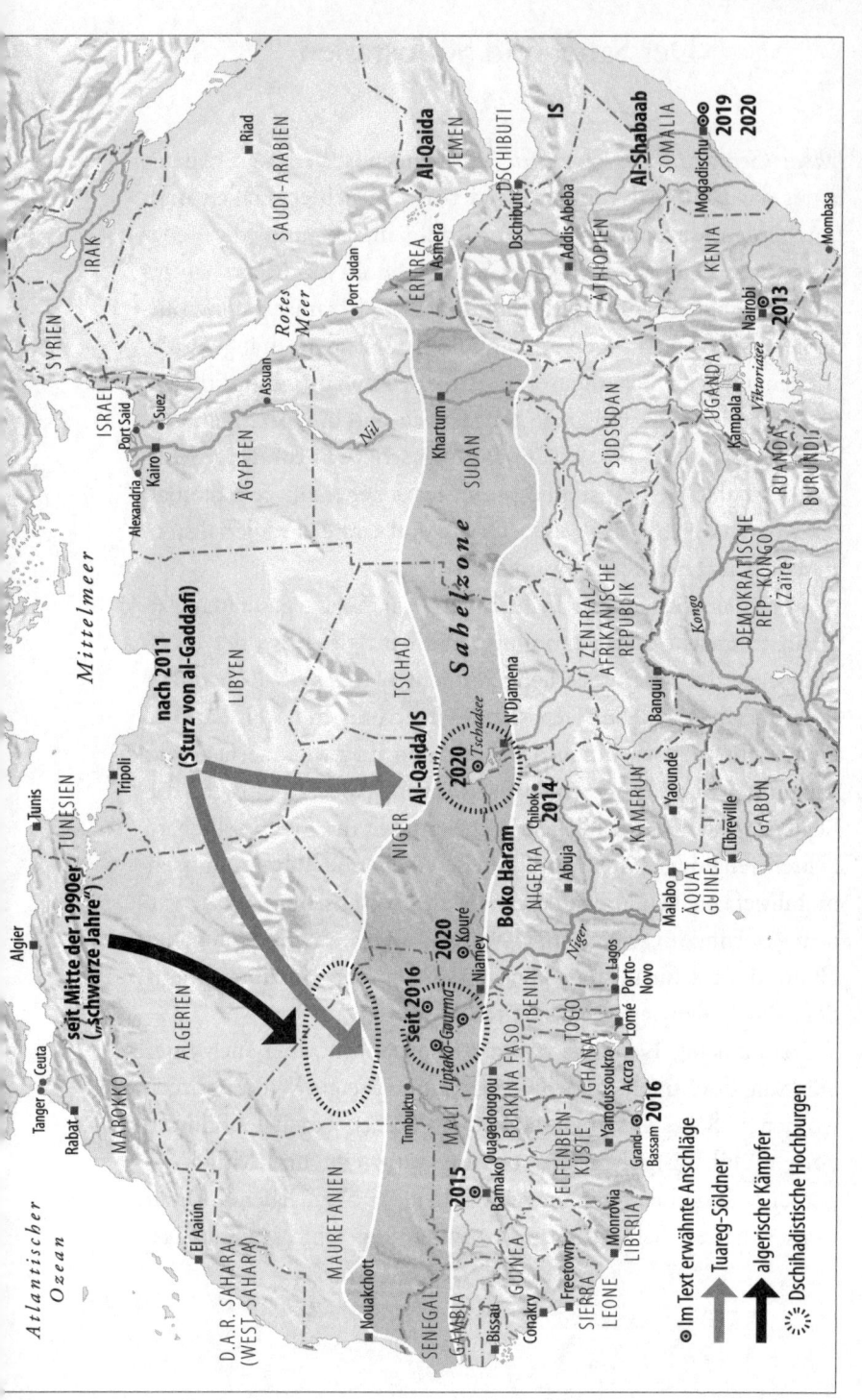

Atlantischer Ozean

Mittelmeer

Rotes Meer

Sabelzone

MAROKKO
Tanger • Ceuta
Rabat •
Algier
Tunis • TUNESIEN

ALGERIEN

LIBYEN
Tripoli •

seit Mitte der 1990er
("schwarze Jahre")

nach 2011
(Sturz von al-Gaddafi)

ÄGYPTEN
Alexandria • Kairo
Port Said • Suez •

Assuan •

ISRAEL
SYRIEN
IRAK

SAUDI-ARABIEN
Riad •

JEMEN
Al-Qaida

Port Sudan •
ERITREA
Asmera •

DSCHIBUTI
Dschibuti •

ÄTHIOPIEN
Addis Abeba •

IS

Al-Shabaab
SOMALIA
Mogadischu ◎ 2019
2020

KENIA
Nairobi ◎
2013
Mombasa •

D.A.R. SAHARA
(WEST-SAHARA)
El Aaiún •

MAURETANIEN
Nouakchott •

MALI
Timbuktu •
Bamako •

NIGER
Al-Qaida/IS
2020 ◎ Tschadsee
Niamey ◎ Kouré
2020

TSCHAD
N'Djamena •

Khartum •
SUDAN

SÜDSUDAN

Nil

Kongo

SENEGAL
GAMBIA
Bissau • GUINEA-BISSAU
Conakry •
SIERRA LEONE
Freetown •
Monrovia •
LIBERIA

BURKINA FASO
Ouagadougou •
2015

Liptako-Gourma ◎
Seit 2016

ELFENBEIN-KÜSTE
Yamoussoukro •
Grand- ◎ Bassam 2016
Accra •
GHANA
Lomé • TOGO
BENIN
Porto-Novo
Cotonou •

Boko Haram
Chibok ◎
2014

NIGERIA
Abuja •
Lagos •
Niger

KAMERUN
Yaoundé •
Malabo •
ÄQUAT. GUINEA
Libreville •
GABUN

ZENTRAL-AFRIKANISCHE REPUBLIK
Bangui •

DEMOKRATISCHE REP. KONGO
(Zaïre)

UGANDA
Kampala •
Viktoriasee
RUANDA
BURUNDI

◎ Im Text erwähnte Anschläge

⟶ Tuareg-Söldner

⟶ algerische Kämpfer

⟡ Dschihadistische Hochburgen

100 Kämpfer rekrutiert. Doch der Senegal selbst ist bislang von islamistischen Attentaten verschont geblieben.

In den restlichen Sahelstaaten hingegen entstand in dem halben Jahrzehnt nach der eindringlichen Warnung des senegalesischen Präsidenten ein dschihadistischer Flächenbrand. Nirgendwo hat sich der Dschihadismus auch nach der Niederlage des Daesch-Kalifats so stark ausgebreitet wie in dieser riesigen Region, die jedoch in der öffentlichen Wahrnehmung in Deutschland und Europa kaum präsent ist.

Sahel: Ein Flächenbrand vom Atlantik bis zum Indischen Ozean

Sahel bedeutet auf Arabisch »Küste« oder »Ufer«. Ein schöner Ausdruck für den 600 Kilometer breiten Streifen, der sich über 6500 Kilometer vom Atlantik bis zum Roten Meer und zum Indischen Ozean erstreckt. Den Namen verdankt die halbtrockene Zone den arabischen Händlern, die auf ihrem Weg vom Mittelmeer nach Süden die Sahara durchquerten und nach Hunderten Kilometern extremer Trockenheit endlich wieder Grün am Horizont erblickten. Denn trotz langer Dürren gedeihen in den wenigen Regenmonaten Sträucher und Bäume, und Ackerbau wird betrieben.

Elf bis dreizehn Länder liegen, je nach Rechnung, zu Teilen in der Sahelzone, die ungefähr so groß ist wie alle EU-Staaten zusammen: am Atlantik beginnend mit Mauretanien und dem Senegal, gefolgt von Mali, dem Norden Burkina Fasos und dem tiefen Süden Algeriens, Niger, dem Norden Nigerias, dem Tschad im Zentrum und schließlich dem Sudan und Eritrea sowie Äthiopien am Roten Meer; einige Geografen rechnen auch Dschibuti und Teile Somalias dazu. Mehr als eine halbe Milliarde Menschen leben in diesen Staaten, 150 bis 200 Millionen im Sahel selbst.

Die riesigen Länder der Region – allein der Tschad ist so groß wie Deutschland, Frankreich und Italien zusammen – gehören fast alle zu den ärmsten Staaten der Erde. Die Hälfte der Bevölkerung Malis lebt unterhalb der Armutsgrenze; das Land belegte 2019 auf dem UN-Index der menschlichen Entwicklung den 184. Platz, Niger den 189. und damit letzten Platz.[32] Beide Länder liegen damit sogar weit hinter Afghanistan.

Zahlreiche Staaten der Region wie Mali, der Tschad oder Somalia sind sogenannte *failed states*: »gescheiterte Staaten«, die Menschen außerhalb der Hauptstädte kaum soziale und gesundheitliche Versorgung und oftmals nicht einmal Sicherheit, geschweige denn Rechtsstaatlichkeit bieten können. Den Regierungen ist es unmöglich, ihre riesigen Landesflächen zu kontrollieren. Es sind Staaten, deren Grenzen zumeist, wie im Nahen und Mittleren Osten, von den Kolonialmächten – Großbritannien und Frankreich oder im Falle Somalias Italien – willkürlich mit dem Lineal gezogen wurden, ohne Rücksicht auf die dort lebenden Völker, die Tuareg, Fulbe, Hausa, Kanuri, Araber und Somalis, um nur einige zu nennen.

Die Menschen wurden in Dürrejahren über die Jahrhunderte immer wieder zu Opfern von Hungersnöten und marodierenden Banden, von Konflikten zwischen sesshaften Ackerbauern und viehzüchtenden Nomaden.[33] Seit Jahren haben auch Drogen-, Waffen- und Menschenschmuggel in der Region mit ihren kaum kontrollierbaren Grenzen zugenommen. Heute überlagert eine weitere todbringende Bedrohung bereits existierende Konflikte und nährt sich gleichzeitig aus ihnen: Die Hydra Dschihadismus hat in allen Ländern des Sahel Fuß gefasst. Zwischen Januar 2017 und September 2019 verübten allein IS- und Al-Qaida-Ableger hier über 1100 Anschläge[34] – mehr als jemals zuvor.

Außer in Nigeria und Somalia, wo sich schon länger ein lokaler Dschihadismus ausgebreitet hat, kam die Hydra des Terrors über die alten Handelswege in den Sahel – aus der Sahara, vor allem aus Algerien. Nachdem die dortigen dschihadistischen Gruppen mit zahlreichen ehemaligen Afghanistankämpfern unter ihren Führern in den »Schwarzen Jahren« des Bürgerkriegs Mitte der neunziger Jahre in die Defensive geraten waren, flüchteten etliche der Dschihadisten Richtung Süden nach Mauretanien und vor allem in den Norden Malis. Hier gelang es ihnen zunächst, gerade unter den seit Langem benachteiligten Tuareg zu rekrutieren.

2007 schloss sich die »Salafistische Gruppe für Kampf und Predigt« (»Groupe Salafiste pour la Prédication et le Combat«, GSPC) nach aufwendigen Verhandlungen Al-Qaida an und schwor Osama bin Laden die Treue – nicht zuletzt aus Gründen der »Öffentlichkeitsarbeit«: Die bis dahin international kaum bekannten algerischen Dschihadisten wollten mit dem damals berühmt-berüchtigtsten »Markennamen« an Ansehen gewinnen und nannten sich fortan »Al-Qaida im islamischen Maghreb« (»Al-Qaïda au Maghreb islamique«, AQMI).

Zwischen 2007 und 2012 beging die Gruppe zahlreiche Anschläge in Algerien und Mauretanien, hauptsächlich ist sie aber in Mali selbst auf dem Vormarsch. Im November 2011 schrieb ich in einem bereits erwähnten Artikel: »Vernetzt sich al-Qaida im Sahel mit weiteren jihadistischen Gruppierungen, könnte die Entwicklung dort aus dem Ruder laufen und die Region zur weltgrößten Krisenzone werden.«[35] Dies hielten viele meiner Kollegen damals für absurd. Doch ich wurde das Gefühl nicht los, die Dschihadisten würden von dem im Nachbarland Libyen nach dem Sturz von Muammar al-Gaddafi ausgebrochenen Chaos profitieren. Tatsächlich fielen große Teile des riesigen Waffenarsenals des libyschen Diktators in die Hände malischer Dschihadisten. Zudem kehrten zahlreiche Tuareg, die als Söldner in Milizen Gaddafis gekämpft hatten, brotlos in ihre Heimat zurück – ideale Rekruten für die Dschihadisten.

Anfang April 2012 gelang es einem Verbund von Dschihadisten aus der Tuaregmiliz Ansar Dine (»Gefährten des Glaubens«) unter der Führung von Iyad Ag Ghaly und AQMI, die legendäre muslimische Oasenstadt Timbuktu zu erobern. Ein Sieg mit hoher Symbolkraft: Timbuktu mit seinen einzigartigen Moscheen, den Sammlungen von Koranmanuskripten und den 16 berühmten Mausoleen islamischer »Heiliger« gilt seit Jahrhunderten als Zentrum islamischer Gelehrsamkeit. Fast neun Monate hielten die Dschihadisten die Stadt und zerstörten – wie die Saudis in Mekka und Medina, die Taliban in Afghanistan oder Daesch in Syrien und im Irak – Weltkulturerbe von unschätzbarem Wert. Mali wurde zum Epizentrum des Dschihadismus im Sahel. Erst im Januar 2013 konnte die Regierung Malis mit französischer Unterstützung im Zuge der »Opération Serval« den Norden des Landes und Timbuktu befreien.

Doch weder die weiterhin andauernden Militäraktionen noch Versuche, politische Lösungen zu finden,[36] haben wirklich Frieden geschaffen. Selbst die Hauptstadt wurde nicht sicher. So starben etwa im November 2015 bei einem Anschlag auf ein Luxushotel in Bamako 21 Menschen. Vor allem breitete sich die Hydra und ihr Terror in den Nachbarländern weiter aus. Die Region Liptako-Gourma im Dreiländereck von Mali, Burkina Faso und Niger wurde zur neuen Hochburg des Dschihadismus in Afrika. Hunderte von Regierungssoldaten, traditionelle Stammes- und Religionsführer und Lehrer sind hier bei zum Teil hochorganisierten Anschlägen seit 2016 getötet worden. Zudem wurden Länder außerhalb der Region zu Zielen der Dschihadisten. Selbst in die friedliche Elfenbeinküste trug Al-Qaida den Terror: 15 Menschen, darunter die Leiterin des dortigen Goethe-Instituts, Henrike Grohs, wurden 2016 bei einem Anschlag im populären Badeort Grand-Bassam getötet.[37]

Das Erstarken des IS-Ablegers »Islamischer Staat in der Großen Sahara« (»État islamique dans le Grand Sahara«, EIGS) brachte noch mehr Terror in den Sahel. Er entstand 2015, als sich Adnan Abu Walid al-Sahrawi mit seiner zunächst Al-Qaida nahestehenden Gruppe Al-Mourabitoun dem IS anschloss. Seit 2017 intensiviert der IS seine Angriffe auf Armeen der unterschiedlichen Sahel-staaten und auf Frankreichs Militärs.[38]

Rivalitäten zwischen Gruppierungen, die entweder Al-Qaida oder dem IS nahestehen, führen immer wieder zu blutigen Gefechten. Allein im März 2020 brachten sich dabei 30 Dschihadisten gegenseitig um. Ein Grund für den Bruderzwist ist der globale Wettstreit beider Organisationen, ein zweiter sind lokale ideologische und strategische Differenzen: Der IS wirft Al-Qaida vor, sich zu kompromissbereit gegenüber lokalen Führern zu zeigen und religiöse Praktiken zu tolerieren, die gegen die rigide salafistische Islamauslegung des IS verstoßen. Al-Qaida wiederum kritisiert den IS für dessen brutales Vorgehen, das die lokale Bevölkerung verprellt.

Beiden Organisationen ist es gelungen, sich mit dschihadistischen Gruppen im äußersten Osten beziehungsweise Westen des Sahel zu verbünden, die weitgehend unabhängig von dem in diesem Buch beschriebenen globalen Dschihad entstanden sind: mit Al-Shabaab in Somalia und Boko Haram in Nigeria.

Im August 2020 detonierte vor einem Hotel am Strand von Mogadischu, Somalias Hauptstadt, eine Autobombe, dann stürmten Al-Shabaab-Kämpfer das Anwesen – elf Menschen wurden ermordet. Neun Monate zuvor war ein mit Sprengstoff beladenes Auto an einem Checkpoint in einem Vorort der Hauptstadt explodiert – 81 Menschen starben, darunter zahlreiche Studenten auf dem Weg zur Universität. Das sind nur zwei der jüngeren Anschläge einer der brutalsten dschihadistischen Gruppen der Welt, die seit fast zwei Jahrzehnten ihre Heimat mit Terror überzieht.

Somalia, das Land am Horn von Afrika, in dem nicht einmal die Hälfte der Menschen lesen und schreiben können, ist das zweitärmste der Welt – ein weiterer *failed state*. Seit dem Sturz des Diktators Siad Barre 1991 herrscht Bürgerkrieg. Eine von den Vereinten Nationen beschlossene humanitäre Intervention unter amerikanischer Führung scheiterte 1995: Nachdem zwei Helikopter abgeschossen worden und anschließend schwere Gefechte in der Hauptstadt Mogadischu ausgebrochen waren, verließen die US-Truppen das Land; Bilder getöteter GIs, deren Leichen durch die Stadt geschleift wurden, gingen um die Welt. Ein Großteil des Landes geriet in der Folge unter die Kontrolle der »Union Islamischer Gerichte«, einer Vereinigung aus extremistischen Milizenchefs, Rechtsgelehrten und Clanchefs, aber auch Geschäftsleuten.

2006 wurde die Union von einer Koalition zwischen Äthiopien und der international anerkannten Übergangsregierung gestürzt. Aus dem radikalsten Flügel der Union entstand die dschihadistische Harakat al-Shabaab al-Mujahideen (»Bewegung der Mudschaheddin-Jugend«), kurz: Al-Shabaab. Sie bekämpfte die äthiopischen Truppen und brachte große Teile Südsomalias unter ihre Kontrolle. Eine Militärmission der Friedenstruppe der Afrikanischen Union und der kenianischen Armee konnte Al-Shabaab nach 2011 stark zurückdrängen, doch deren Kampf gegen die somalische Regierung geht weiter. 2012 schwor Al-Shabaab dem Al-Qaida-Chef Ayman al-Zawahiri den Treueeid.[39] Auch US-Drohnenangriffe konnten dem Terror kein Ende setzen.

Al-Shabaab ist zwar die gefährlichste und größte dschihadistische Gruppe in Somalia, aber auch der IS ist seit 2017 präsent[40] – vor allem in den Bergen der nach Autonomie strebenden Region Puntland am Horn von Afrika. 300 Kämpfer soll die »IS-Provinz Somalia« unter Waffen haben.[41]

Tausende Kilometer entfernt, auf der anderen Seite des afrikanischen Kontinents, im westafrikanischen Nigeria, schlossen sich Teile der dschihadistischen Organisation Boko Haram dem IS an. »Boko Haram« bedeutet so viel wie »Westliche Bildung ist Sünde«;[42] so wird die Terrormiliz von der Bevölkerung genannt. Sie selbst bezeichnet sich seit 2009 als Jama'atu Ahlis Sunna Lidda'awati wal-Jihad (»Gemeinschaft der Sunniten für den Ruf zum

Islam und zum Dschihad«).[43] Entstanden ist sie um die Jahrtausendwende aus lokalen salafistischen Gruppierungen.

International erlangte Boko Haram 2014 traurige Berühmtheit durch die Entführung von 276 Schulmädchen in Chibok im Nordosten Nigerias. Für die Grausamkeit der Gruppe fehlen mir die Worte – sie schickte über 100 Kinder für Sprengstoffattentate in den Tod.[44] Die Dschihadisten kontrollierten zeitweise ganze Provinzen des mit mehr als 200 Millionen Einwohnern bevölkerungsreichsten afrikanischen Staates. Auch hier – wie im Irak oder in Syrien – möchten sie das knapp zur Hälfte von Christen und Muslimen bewohnte Land in einen Glaubenskrieg stürzen. Rund 40 000 Menschen haben im Konflikt mit Boko Haram ihr Leben verloren,[45] mehr als 2,7 Millionen sind auf der Flucht.[46]

Nigerianische IS-Ableger verbreiten ihren Terror mittlerweile auch in den Nachbarstaaten – zum Beispiel um den Tschadsee. Dort griff am 23. März 2020 eine dem IS zugehörige Fraktion mit 400 Kämpfern auf Motorbooten einen Stützpunkt der Armee des Tschad auf der Bohomo-Halbinsel an.[47] Etwa 100 Soldaten wurden bei dem bisher blutigsten Angriff getötet.

Historisch ist der Tschadsee ein Ort der Begegnung. Doch der demografische Druck durch die knapper werdenden Ressourcen Wasser und Agrarland erzeugt Spannungen zwischen den verschiedenen ethnischen Gruppen, etwa den Buduma, Tubu, Arabern und den Fulbe. Der See wie der restliche Sahel sind Beispiele dafür, wie Naturkatastrophen und vor allem der Klimawandel als ein weiterer geopolitischer Schock die Ausbreitung des Dschihadismus begünstigen.

Bereits 2013 kam eine Studie des *Science*-Magazins zu dem Schluss, jedes halbe Grad Erwärmung lasse die Wahrscheinlichkeit eines bewaffneten Konflikts um 10 bis 20 Prozent steigen.[48] Zehn Millionen Menschen leben direkt um den Tschadsee herum in den vier Anrainerstaaten Tschad, Nigeria, Niger und Kamerun;

im Tschadseebecken, das sich bis nach Algerien, Libyen und die Zentralafrikanische Republik erstreckt, rund 40 Millionen Menschen – Muslime, Christen und Anhänger zumeist animistischer afrikanischer Religionen. Seit den sechziger Jahren des letzten Jahrhunderts soll sich die Wassermenge durch Übernutzung und den Klimawandel um 90 Prozent verringert haben.[49]

Die Verteilungskonflikte um die knappen Ressourcen bei wachsender Bevölkerung haben zu einer von Europa weitgehend ignorierten, sich verschlimmernden Gewaltspirale und großem Leid geführt.[50] Zehn Millionen der ohnehin sehr armen und von ihren Regierungen im Stich gelassenen Menschen in der Region brauchen Nothilfe. Drei Millionen von ihnen haben kaum genug Nahrung, um zu überleben, fast eine halbe Million Kinder leiden an akuter Unterernährung.[51]

Sorge bereitet heute auch der Dschihadismus der Fulbe.[52] Die über 40 Millionen Mitglieder der Ethnie leben fast im gesamten Sahel und um den Tschadsee: in Burkina Faso, Gambia, Guinea-Bissau, Guinea, Kamerun, Mali, Mauretanien, Niger, Nigeria, im Senegal, Sudan und Tschad. Vor allem in Mali, Niger und Burkina Faso haben sich viele junge Fulbe dschihadistischen Gruppen angeschlossen.[53] Verlässliche Zahlen dazu gibt es nicht, doch einige Gruppen, etwa die Al-Qaida nahestehende »Katiba Macina« oder der »Islamische Staat in der Großen Sahara«, sollen inzwischen mehrheitlich aus Fulbe bestehen.

Die Angehörigen des Nomadenvolkes weiten aufgrund der Dürre ihre Weidegebiete im Norden auf den fruchtbareren Süden aus, während Ackerbauern anderer Ethnien auch wegen der hohen Geburtenraten immer mehr Gegenden im Norden des Sahel kultivieren. Die daraus sich ergebenden Spannungen – die Fulbe sind überwiegend Muslime, während in manchen Gegenden die sesshaften Bauern mehrheitlich Christen sind – nutzen Dschihadisten aus. Sie versprachen Abhilfe für alles: Diskriminierung, Ungerechtigkeit, Erpressungen durch staatliche Sicherheitskräfte. Zugleich kritisierten sie die Korruption und Untätigkeit traditioneller Fulbe-Eliten – Stammesführer und Religionsgelehrte, gegen die Teile des Volkes bereits rebellierten. Der Dschihadismus stieß wieder einmal in ein Machtvakuum.

Mit dem dschihadistischen Vormarsch aus Nordmali setzte 2012 ein Teufelskreis ein. Damals gelangten Waffen aus den libyschen Arsenalen in Umlauf. Aus Furcht vor den Angriffen der Dschihadisten entstanden christlichen Milizen, und die Fulbe begannen sich zu bewaffnen, um sich, ihre Herden und ihre Hirtenwege zu verteidigen.[54] Gruppen der Fulbe schlossen sich Ablegern von Al-Qaida, dem IS und Boko Haram an[55] – mit schwerwiegenden Folgen: Das gesamte Volk geriet unter Generalverdacht. »Nicht jeder Dschihadist ist ein Fulbe, aber jeder Fulbe ein Dschihadist«, wurde zum gängigen Vorurteil.

Die ohnehin schwachen Sicherheitskräfte in Mali, Burkina Faso und Niger waren von der Rebellion der Fulbe und dem Aufflackern des Dschihadismus überfordert. Sie rekrutierten unter den Dogon in Mali, den Mossi in Burkina Faso und den Angehörigen anderer Volksgruppen Milizen. Staatliche Sicherheitskräfte und ihre Hilfstruppen gingen mit blinder Gewalt gegen die Fulbe vor – ein grausamer Rachefeldzug begann.[56] Er trieb noch mehr Fulbe in die Arme dschihadistischer Gruppen. Da das Volk über viele Staaten verteilt lebt, kann sich damit der Dschihadismus auf immer mehr Länder ausbreiten.

Der dschihadistische Flächenbrand im Sahel wird in Europa – außer von den Franzosen in ihren ehemaligen Kolonien – kaum beachtet. Diese mangelnde Aufmerksamkeit und die daraus resultierende Untätigkeit lassen sich auch damit erklären, dass die Dschihadisten im Sahel zwar Europäer entführten und sogar ermordeten, aber – im Gegensatz zu Al-Qaida in Afghanistan oder zum IS in Syrien – bisher keine spektakulären Attentate in Europa und den USA verübten. Wie der französische Sahelspezialist Elie

Tenenbaum betont, haben die Dschihadisten im Sahel »ihre internationale Agenda hinter einer lokalen zurückgesteckt«.[57] Das kann sich jedoch jederzeit ändern. Denn auch im Sahel vermittelt der Dschihadismus seinen Anhängern das Gefühl, einer großen Weltgemeinschaft anzugehören – über Herkunft und Stammeszugehörigkeit hinweg.

Gewisse dschihadistische Gruppen aus der Region sind allerdings bereits international aktiv, die somalische Al-Shabaab beispielsweise in den USA, wo viele Somalier im deindustrialisierten Mittleren Westen, etwa in Minneapolis, leben, sowie in den Niederlanden oder in Skandinavien. Dort rekrutierte die Gruppierung auch für Attentate in Afrika: Nach dem Training in somalischen Lagern soll der damals 23-jährige Norweger Hassan Abdi Dhuhulow Chef des Kommandos gewesen sein, das 2013 in der kenianischen Hauptstadt Nairobi 67 Menschen bei einem Anschlag auf das Westgate-Einkaufszentrum tötete.[58]

Generell stammen Dschihadisten im Sahel fast alle aus der Region. Ihnen ist es – im Gegensatz zu Al-Qaida in Afghanistan und erst recht den ausländischen Kämpfern des IS im Irak oder in Syrien – ein Leichtes, Bündnisse und, oft durch Heirat, enge Bande mit wichtigen lokalen Führern zu knüpfen. Sie ersetzen die mangelnde und zumeist korrupte Staatsmacht, schlichten Streitigkeiten, halten Gericht und garantieren so für einfache Bauern und Viehzüchter sogar ein Minimum an Sicherheit. Dabei zeigen sie sich sehr pragmatisch, ähnlich wie Al-Qaida im Jemen, jenseits des Golfs von Aden. Sie kontrollieren ganze Landstriche, halten sich jedoch im Hintergrund und bieten wenig Angriffsflächen.

Diese kaum greifbare tiefe Verankerung birgt langfristig hohe Risiken. In den Ländern des Sahel könnten, schleichender als im Irak oder in Afghanistan, von der Weltöffentlichkeit fast unbemerkt »Emirate« oder »Islamische Staaten« entstehen und die ganze Region in ein noch größeres Chaos stürzen. Falls es den zum Teil miteinander verfeindeten Gruppierungen gelingt, ihre Rivalitäten beizulegen und sich zu vereinen, besteht die Gefahr, dass sich ein Dschihadismus-Korridor von Mauretanien bis Somalia, vom Atlantik bis zum Horn von Afrika bildet. Auch UN-Generalsekretär António Guterres warnte, das Beispiel der Taliban in Afghanistan könnte dem Dschihadismus in der Region zu noch größerem Aufschwung verhelfen.[60]

Zu oft liegt der Fokus der westlichen Medien und Politik – wenn sie den Dschihadismus im Sahel überhaupt zur Kenntnis nehmen – auf den ehemaligen französischen Kolonien Mali, Burkina Faso, Niger und Tschad. Doch die Region muss in ihrer Gesamtheit betrachtet werden. Für ihren Terror und um ihn durch Menschen-, Waren- und Waffenschmuggel zu finanzieren, nutzen die Dschihadisten die alten Handelswege, die den Sahel mit ganz Afrika verbinden. Die Hydra dringt immer weiter in den Süden des Kontinents vor, etwa in das erdölreiche Mosambik. Und im Norden des Sahel könnten die Dschihadisten die vorwiegend arabischen Mittelmeerländer erneut destabilisieren, jene Staaten, aus denen der Dschihadismus ursprünglich in den Sahel vorgedrungen ist: Algerien und Libyen, aber auch Marokko und Tunesien – alles Länder, die bereits Opfer des Terrors wurden. Wird die dschihadistische Gefahr im Sahel nicht gebannt, könnten Millionen von Menschen zur Flucht vor Terror und Chaos gezwungen werden – und viele von ihnen versuchen, nach Europa, dem Kontinent der Hoffnung, zu gelangen.[59] Schon deshalb, aber vor allem, um großes Leid in Afrika zu verhindern, muss sich Europa dem Sahel zuwenden. Gelänge es, die Situation zu stabilisieren, böte die Region enormes wirtschaftliches Potenzial, denn Afrika ist – wie Rima Le Coguic, Afrikadirektorin der *Agence Française de Développement*, betont – »der Kontinent mit dem größten wirtschaftlichen Wachstumspotenzial auf dem Globus, wenn die Armut weiter verringert und politische Stabilität geschaffen wird«.[61]

Trotz vermeintlicher militärischer Erfolge wie der Tötung des historischen Al-Qaida-Führers Abdelmalek Droukdel im Juni 2020 ist der Terror im Sahel weiter auf dem Vormarsch. Im August 2020, zwei Monate nach Droukdels Tod, fielen in Niger nahe Kouré acht Menschen – sechs Mitarbeiter einer französischen Hilfsorganisation sowie ihr nigerianischer Führer und ihr Fahrer – dem Sahelableger des IS zum Opfer.[62] Sie waren auf einem Ausflug in einem als sicher geltenden Naturschutzgebiet für Giraffen. Im gesamten Sahel riefen die Dschihadisten zum Mord an den Mitgliedern internationaler Hilfsorganisationen auf; die westlichen Regierungen würden sie lediglich benutzen, um selbst in einem gute Licht zu erscheinen, in Wirklichkeit handle es sich um Spione im Kampf gegen den Islam: »Und die Strafe für sie und jeden, der mit ihnen arbeitet, ist der Tod.«[63]

In einer weit entfernten Weltregion, den Inselstaaten Ostasiens – einem riesigen, nicht minder bevölkerungsreichen Gebiet –, gedeiht seit Jahrzehnten ebenfalls dschihadistischer Terror.

Indonesien und die Philippinen: Vergessene Konflikte

Auf der Amüsiermeile in Kuta auf dem zu Indonesien gehörenden Bali reiht sich eine Bar an die andere. Besonders am Wochenende drängen sich hier Tausende von Touristen vor allem aus Australien, aber auch aus vielen europäischen Ländern. Am Abend des 12. Oktober 2002, einem Samstag, zündete dort ein Selbstmordattentäter in der Paddy's Bar einen Sprengsatz. Danach explodierte in der flüchtenden Menge eine ferngezündete Autobombe vor dem gegenüberliegenden Sari Club und in der balinesischen Hauptstadt Denpasar ein Sprengsatz vor dem amerikanischen Konsulat. Bei den Anschlägen, zu denen sich die Al-Qaida-nahe Terrororganisation Jemaah Islamiyah (»Islamische Gemeinschaft«) bekannte, starben insgesamt mehr als 200 Menschen, vor allem

Australier und Indonesier, aber auch sechs deutsche Touristen. Der Welt wurde auf einmal bewusst, dass die Hydra des Dschihadismus auch vor Indonesien nicht Halt macht.

Knapp drei Jahre zuvor hatte ich auf dem Weg aus Jakarta, Indonesiens Hauptstadt, in Bali einen Zwischenstopp eingelegt: zwei Tage Ruhe zwischen extremer Anspannung. Auf dem »Inselkontinent«, wie Indonesien mit seinen mehr als 17 500 Inseln, drei Zeitzonen und 264 Millionen Einwohnern auch bezeichnet wird, brodelte es bereits damals. In Jakarta hatte ich zu dem Konflikt auf Aceh gearbeitet, einer Provinz im Nordwesten Sumatras, der größten Insel Indonesiens, wo nationalistische, aber auch islamistische Oppositionsgruppen aktiv waren, weil die ethnische Minderheit der muslimischen Achinesen von der Zentralregierung in Jakarta diskriminiert wurde.

Von Bali reiste ich mit einigen Kollegen weiter nach Timor, einer der südlichsten Inseln des Archipels, deren Ostteil kurz nach der Unabhängigkeit von Portugal 1975 von Indonesien völkerrechtswidrig annektiert worden war. Hier hatten kurz zuvor von der indonesischen Armee unterstützte, vorwiegend muslimische Milizen nach einem von der UN organisierten Unabhängigkeitsreferendum ein Massaker an der lokalen, in der großen Mehrheit katholischen Bevölkerung verübt und die Hauptstadt Dili zerstört.[64] Auf dem Weg dorthin überflogen wir einen weiteren Konfliktherd: die Insel Lombok. Dort stellten im 19. Jahrhundert noch Anhänger des Wetu Telu, einer islamisch-animistischen Mischreligion, die große Bevölkerungsmehrheit. Doch fanatische, fast schon dschihadistische Salafisten breiteten sich stetig aus – wie im Rest der Welt mit Unterstützung aus Saudi-Arabien. Zur Jahrtausendwende häuften sich hier Übergriffe auf Christen.

Ein weiterer Konfliktherd ist Westneuguinea, wo es jahrelang zu schweren Übergriffen auf die überwiegend christliche Papua-Bevölkerung durch Milizen muslimischer Siedler aus Java und durch das indonesische Militär kam. Den politisch und religiös motivierten Angriffen sollen seit der Besetzung durch Indonesien im Jahr 1960 zwischen 100 000 und 500 000 Menschen zum Opfer gefallen sein.[65]

Der Anschlag in Bali 2002 war Teil einer langen dschihadistischen Anschlagsserie, die bereits zuvor begonnen hatte und sich bis zum Jahr 2019 fortsetzte. Im Jahr 2000 war eine Autobombe im Untergeschoss der Börse von Jakarta explodiert, sechs Menschen starben. Es folgten zu Weihnachten desselben Jahres Angriffe auf Kirchen, bei denen 18 Menschen ihr Leben verloren. 2003 wurde das Marriott-Hotel in Jakarta angegriffen – zwölf Menschen kamen zu Tode. In den Jahren danach folgten mehr als ein Dutzend Selbstmordattacken, unter anderem auf Kirchen und die diplomatische Vertretung von Australien. Das Jahr 2009 brachte wieder Angriffe auf Luxushotels in Jakarta, zwölf Menschen wurden hierbei umgebracht.[66]

Fast 20 Jahre nach dem großen Anschlag auf Bali hatten sich verschiedene dschihadistische Gruppen dem IS angeschlossen. Rund 800 Indonesier sollen zum »Dschihad« in den Irak und nach Syrien gereist sein.[67] Zum Erstarken des IS in Indonesien soll im Übrigen mein bereits mehrfach erwähnter alter Bekannter aus »Londonistan«, Omar Bakri, durch seine Kontakte und vor allem sein Propagandanetzwerk einen entscheidenden Beitrag geleistet haben. Indonesien wurde zu einem wichtigen Schlachtfeld des globalen Dschihad.

Nach 2017 waren vor allem Sicherheitskräfte das Ziel von Anschlägen im Namen des IS, aber auch von anderen Milizen. Im Oktober 2019 überlebte Wiranto, der indonesische Sicherheitsminister und ehemalige Oberbefehlshaber der indonesischen Streitkräfte, nur knapp eine Messerattacke durch einen IS-Sympathisanten.

Indonesien ist das Land, in dem weltweit die meisten Muslime leben – im Jahr 2018 waren es 225 Millionen. Jemenitische Händler und Seefahrer brachten die Religion seit dem 12. Jahrhundert auf die wichtigsten Inseln. Der Islam hat hier zahlreiche Facetten. Vor allem wird eine lokale Mischform mit hindu-buddhistischen Elementen praktiziert. Bis heute gibt es eine einflussreiche Bevölkerungsminderheit, die von der arabischen Halbinsel stammt, vor allem aus der jemenitischen, an Saudi-Arabien angrenzenden Provinz Hadramaut. Der Kontakt zwischen ihr und Saudi-Arabien ist nie abgerissen. Deshalb ist es wenig verwunderlich, dass sich in Indonesien seit dem 19. und vor allem im 20. Jahrhundert mithilfe der saudischen Islamischen Weltliga wahhabitisches und später auch salafistisches Gedankengut ausgebreitet hat und, wie in der arabischen Welt, immer extremistischere militante Gruppen entstanden sind. Die wichtigste ist wohl die Jemaah Islamiyah, die für die Anschläge auf Bali verantwortlich ist. Bis in die neunziger Jahre kämpften Indonesier Seite an Seite mit arabischen Mudschaheddin in Afghanistan.

Die südostasiatischen Dschihadisten wurden entscheidend von Abdallah Azzam und seinen Werken beeinflusst. Darunter die spätere Führungsriege der Jemaah Islamiyah, aber auch Mitglieder diverser anderer Gruppen wie Darul Islam (»Haus des Islam«) und kleinerer Organisationen in verschiedenen Regionen unterschiedlicher Inseln, etwa Westjava. Die Hydra Dschihadismus, die auf vielen Inseln Indonesiens schon seit vielen Jahren präsent ist, wird das Land wohl noch lange plagen. Und eine der großen Herausforderungen sind auch hier mögliche Rückkehrer aus dem Irak oder aus Syrien. Im Frühjahr 2020 verkündete die indonesische Regierung, sie wolle die knapp 700 IS-Sympathisanten, die damals noch in syrischen und irakischen Lagern einsaßen, nicht aufnehmen. Einigen von ihnen wird die Rückkehr wohl gelingen.

Allerdings ist Indonesien in den letzten 20 Jahren zu einer relativ gut funktionierenden liberalen Demokratie geworden, und es wird überwiegend ein weltoffener, toleranter Islam praktiziert – die indonesischen Religionsgelehrten könnten wichtige Impulse geben, auch für Muslime in Europa. Ganz anders sieht es in einem Nachbarland aus, dessen Dschihadisten lange Jahre enge Beziehungen auch zu ihren Waffenbrüdern in Indonesien unterhielten: den Philippinen. Hier findet keine demokratische Öffnung statt, vielmehr vollzieht das Land unter dem populistischen Präsidenten Rodrigo Duterte und der repressiven Politik seiner Regierung einen Wandel zum Autoritarismus.

Erst nach fünf Monaten, dem Einsatz von schweren Waffen und Kampfflugzeugen gelang es der philippinischen Armee im Oktober 2017, Marawi wieder unter ihre Kontrolle zu bringen.[68] Im Mai zuvor hatten die IS-Verbündeten der Abu-Sayyaf-Gruppe die 200 000-Einwohner-Stadt eingenommen und die Kathedrale in Brand gesetzt. Dabei wurde das Stadtzentrum fast völlig zerstört. 1200 Menschen, überwiegend Zivilisten, verloren ihr Leben. Die IS-Invasion in der Stadt war der bisherige Höhepunkt dschihadistischer Gewalt.

Auf den Philippinen schwelt seit Langem ein Konflikt zwischen der muslimischen Minderheit, die vor allem auf den Südphilippinen und im Süden der größten Insel Mindanao lebt, und der Zentralregierung in Manila. Seit 1969 versuchen die Moros – wie sich die philippinischen Muslime selbst bezeichnen – Unabhängigkeit oder zumindest weitgehende Autonomie zu erlangen. Federführend ist die Moro Islamic Liberation Front (»Islamische Befreiungsfront der Moros«).

Nach und nach radikalisierten sich Teile der Bewegung, als Anfang der neunziger Jahre ehemalige Afghanistankämpfer auf die Philippinen zurückkehrten, darunter Abdurajik Abubakar Janjalani alias Abu Sayyaf (»Vater des Schwertträgers«), der Gründer der nach ihm benannten dschihadistischen Gruppe. 1995 überfiel sie das vorwiegend von Christen bewohnte Ipil auf Mindanao, tötete Dutzende von Menschen, plünderte Banken und zerstörte das Wirtschaftszentrum. Vor allem aber finanzierte sie sich durch

Geiselnahmen. So wurde die Abu-Sayyaf-Gruppe auch international bekannt, denn die Opfer waren oftmals Ausländer – darunter die deutsche Familie Wallert, die im Jahr 2000 auf der Insel Jolo entführt wurde. Inmitten des Medienspektakels, das dem Kidnapping folgte, geriet auch der *Spiegel*-Journalist Andreas Lorenz in Geiselhaft. Werner und Renate Wallert und ihr Sohn Marc kamen nach einer vermutlich über Libyen abgewickelten deutschen Lösegeldzahlung frei. Andreas Lorenz ebenfalls – der *Spiegel* zahlte direkt.

Die Entführungen rissen in den Folgejahren nicht ab. 2014 etwa wurden zwei deutsche Segler sechs Monate als Geiseln gehalten. Neben dem Lösegeld forderten die Entführer, dass Deutschland den Kampf gegen den IS in Syrien und im Irak nicht weiter unterstützt. Im selben Jahr schlossen sich mehrere philippinische Dschihadistengruppen dem IS an. Sie übernahmen auch die Terrortechniken der syrisch-irakischen Organisation – vor allem Selbstmordattentate. Trotz der erlangten weitgehenden Autonomie für die mehrheitlich von Muslimen bewohnten Gebiete auf den Südphilippinen üben die IS-Anhänger weiter Terror aus, um einen »unabhängigen Islamischen Staat« zu errichten. Bei einem Anschlag auf die Kathedrale in Jolo, der auf der gleichnamigen Insel gelegenen Hauptstadt der Provinz Sulu, im Januar 2019 starben 20 Menschen, mehr als 100 wurden verletzt.[69]

Auch heute, im Jahre 2021, kommt es auf dem Sulu-Archipel regelmäßig zu Gefechten zwischen Dschihadisten und den Truppen der philippinischen Regierung. Diese nutzt den Kampf gegen den Dschihadismus als Vorwand für eine immer repressiver werdende Politik. So unterzeichnete Präsident Duterte im Juli 2020 ein Anti-Terror-Gesetz, welches erlaubt, Personen ohne Haftbefehl für 24 Tage zu inhaftieren. Damit lassen sich selbst friedliche Demonstrationen und jegliche Form von Regimekritik als Terrorismus definieren, um die Opposition mundtot zu machen. Und zahlreiche autoritäre Regierungen gehen ähnlich vor – die Philippinen sind nur ein Beispiel unter vielen.

Autoritäre Versuchungen

Autoritäre Lösungen im Kampf gegen den Dschihadismus mögen verführerisch sein, weil sie kurzfristig Erfolg versprechen – sie bergen aber langfristig große Gefahren. Gewalt bringt zumeist noch mehr Gewalt.

Unter autoritären Regierungen ist pluralistische politische Mitbestimmung kaum oder gar nicht vorhanden. Statt auf Rechtsstaatlichkeit und eine demokratische Verfassung stützt sich die Macht in solchen Herrschaftssystemen auf Personenkult oder eine Ideologie, die emotional aufgeladene, durch staatliche Propaganda angepriesene »höhere Ziele« in den Dienst der Machterhaltung stellt: von wirtschaftlicher Entwicklung bis zum Kampf gegen innere und äußere Feinde und häufig gegen den Terror. Die Zivilgesellschaft ist in autoritären Staaten meist schwach ausgeprägt und von politischen Prozessen ausgeschlossen. Im Allgemeinen grenzen autoritäre Regime ganze gesellschaftliche Gruppen aufgrund ihrer sozioökonomischen Stellung, ihres Glaubens oder ihrer ethnischen Zugehörigkeit von gesellschaftlichen, politischen und ökonomischen Entscheidungen aus.[70]

Exklusion ist – das wurde am Beispiel der Biografie von europäischen Dschihadisten, etwa Khaled Kelkal oder Denis Cuspert, und beim Nährboden Dinslaken deutlich – einer der Hauptradikalisierungsgründe auf individueller und auf Gruppenebene. Die gefühlte oder reale Entwürdigung und Diskriminierung und die Erfahrung von staatlicher Unterdrückung sind auch entscheidende Faktoren, die zur Radikalisierung von Angehörigen von Volks- und Religionsgruppen wie den Tuareg oder den Fulbe im Sahel, den Beduinen im ägyptischen Sinai oder den Sunniten im Irak beigetragen haben.

Geschlossene Weltbilder und Ideologien, die dem Autoritarismus zugrunde liegen, lassen einfache Wahrheiten auch für die Bevölkerung attraktiv werden. Wenn der Staat die Welt in Gut und Böse einteilt, fällt es extremistischen Gruppierungen leicht, diesen Rahmen selbst anzuwenden. Eine »absolute Wahrheit« führt zu einer anderen absoluten »Gegenwahrheit«. Autoritäre Regime nutzen häufig Verschwörungstheorien zur Legitimierung ihrer Herrschaft. Die Menschen, die unter ihnen leben, können deshalb umso leichter der Versuchung erliegen, den ebenso großen Verzerrungen der Wahrheit und den Lügen der dschihadistischen »Großen Erzählung« sowie deren Konspirationstheorien zu glauben.

Einige autoritäre Regierungen sind geradezu auf die Präsenz gewalttätiger Extremisten angewiesen, um ihre Macht zu stärken und friedliche Oppositionsgruppen zu schwächen. So können sie sich als die einzigen Beschützer der Bevölkerung inszenieren. In Wirklichkeit tragen sie eine große Mitverantwortung an der Radikalisierung – wenn sie nicht gar aktiv extremistische Gruppen unterstützen wie das Assad-Regime in Syrien, das Tausende von Dschihadisten aus dem Gefängnis entließ, um die Furcht vor ihrem Terror zumal unter den Minderheiten wie den Christen oder Alawiten zu schüren und gemäßigte Oppositionsgruppen zu schwächen.

Autoritäre Systeme sind generell auf die Anwendung von Gewalt angewiesen, um ihre Macht zu sichern. Als Reaktion können sich »oppositionelle« Gruppierungen gezwungen sehen, ihrerseits zur Gewalt zu greifen, woraufhin das Regime mit noch mehr Repression antwortet – ein Teufelskreis. Hierfür mangelt es nicht an Beispielen. Neben der erwähnten Spirale der Gewalt als Folge der Unterdrückung einer zunächst friedlichen Opposition durch das Assad-Regime in Syrien wäre hier auch Ägypten zu nennen, wo der von der Al-Sisi-Diktatur geführte »Krieg gegen den Terror«, der allen vage als islamistisch eingestuften Oppositionsgruppen sowie den ökonomisch und sozial ausgegrenzten Beduinen gilt, immer mehr Menschen in die Arme der Dschihadisten getrieben hat; sogar zahlreiche weltliche, prodemokratische Aktivisten haben sich infolge der staatlichen Repression dem Dschihadismus zugewandt.

Auch vermeintlich »erfolgreiche« Militärkampagnen von autoritären Regimen lösen die Herausforderungen des Dschihadismus nicht. Algerien, das erste arabische und südliche Mittelmeerland, das mit einer brutalen dschihadistischen Revolte konfrontiert war, zahlte einen schrecklichen menschlichen Preis in den sogenannten schwarzen Jahren. Beikommen konnte es dem Phänomen erst, nachdem auch politische Reformen sowie ein Prozess der nationalen Versöhnung – dazu gehörte eine Amnestie für Dschihadisten, die kein Blut an ihren Händen hatten – einsetzten, verbunden mit dem Versuch, die Bevölkerung am Öl- und Gasreichtum des Landes teilhaben zu lassen. Doch auch den Algeriern gelang es nicht, die Dschihadisten restlos zu besiegen. Die hartgesottensten Kämpfer zogen sich in den Süden zurück und gründeten, wie bereits beschrieben, »Al-Qaida im islamischen Maghreb«, um letztendlich einen großen Teil des Sahel zu destabilisieren.

Solche »Spillover-Effekte« werden in einer globalisierten Welt immer bedrohlicher. Das zeigt etwa der Bürgerkrieg in Syrien, wo eine Vielzahl der ausländischen Kämpfer aus Ländern mit autoritären Regimen wie Tschetschenien und Saudi-Arabien kamen oder aus Staaten wie den Philippinen, in denen muslimische Minderheiten unterdrückt werden. Und viele europäische Dschihadisten rechtfertigen Attentate in Europa mit der nicht völlig falschen Meinung, dass unsere Demokratien de facto Verbündete von autoritären Regimen in der arabisch-islamischen Welt sind.

Chinas »Exportmodell«

»Das ist das ›Pilotprojekt‹ Pekings zur Totalkontrolle mit allen Mitteln und vor allem modernster Technik unter dem Vorwand des Kampfes gegen den Dschihadismus«, so charakterisiert ein befreundeter Sinologe Chinas Repressionspolitik gegen die mehrheitlich muslimischen Uiguren.[71] Die 13 Millionen Angehörigen dieser Volksgruppe leben überwiegend in der Provinz Xinjiang im Nordwesten Chinas, offiziell das »Uigurische Autonome Gebiet Xinjiang«, viele Uiguren selbst bezeichnen die Region als Ostturkistan.

Die Repression der Uiguren begann in den neunziger Jahren. Peking beobachtete damals mit Sorge den Zerfall der Sowjetunion und das Entstehen unabhängiger Staaten mit mehrheitlich muslimischer Bevölkerung wie Kasachstan, Kirgisistan oder Tadschikistan, die direkt an Xinjiang grenzen. Die chinesische Führung wollte um jeden Preis das Erstarken von Autonomiebewegungen in ihrem Machtbereich verhindern. Wie zuvor die Tibeter wurden die Uiguren einer konsequenten Sinisierung unterworfen, etwa durch eine entsprechende Umgestaltung des Schulsystems oder das Verbot, religiöse Praktiken auszuüben. Gleichzeitig siedelte die Regierung Han-Chinesen an und ließ Tausende Uiguren inhaftieren. In Unruhen, die immer wieder ausbrachen und Dutzende von Menschenleben kosteten, waren auch islamistische und kleinere dschihadistisch geprägte Gruppen aktiv, es handelte sich jedoch nur um eine verschwindende Minderheit.

Die Anschläge des 11. September 2001 boten Peking einen Vorwand, die Unterdrückung zu verschärfen. Die chinesische Regierung nutzte die Tatsache, dass sich einige wenige Uiguren dschihadistischen Bewegungen – darunter Al-Qaida – zugewendet hatten, schloss sich dem »Krieg gegen den Terror« an und stellte alle Uiguren unter Generalverdacht. Eine Spirale der Gewalt und Unterdrückung setzte ein. Vor den Olympischen Sommerspielen 2008 startete Chinas Regierung eine einjährige Sicherheitskampagne gegen die »drei üblen Mächte«[72] Terrorismus, religiösen Extremismus und Separatismus.

Vor Beginn der Spiele verübten uigurische Extremisten einen Anschlag gegen eine Polizeistation, bei dem 16 Sicherheitskräfte getötet wurden. Der Konflikt eskalierte und führte zu verstärkter Gewalt zwischen den Uiguren und angesiedelten Han-Chinesen. Allein 2009 wurden fast 200 Menschen getötet und mindestens neun hingerichtet.[73] 2013 begingen Uiguren in Peking ihren weltweit meistbeachteten Anschlag. Auf dem Platz des Himmlischen Friedens fuhren drei Mitglieder einer uigurischen Familie mit einem SUV in eine Touristengruppe. Die Attentäter sowie zwei Touristen starben, fast 40 Menschen wurden verletzt.[74] In der Folge erreichte die Repression mit der Ernennung Chen Quanguos zum Parteisekretär für die Provinz Xiangjiang 2016 eine neue Dimension. Zuvor war er bereits in Tibet für die Unterdrückung der Opposition zuständig gewesen.

Der deutsche Anthropologe Adrian Zenz bezeichnet die seitdem ergriffenen Maßnahmen gegen die Uiguren als »kulturellen Genozid«.[75] In den muslimischen Gebieten machte die Regierung auch vor der Zerstörung von Moscheen und Friedhöfen nicht halt. Selbst muslimische Vornamen wie Mohammed sind mittlerweile verboten. Chinesische Sicherheitskräfte bewerteten in Einzelgesprächen die »islamische Gesinnung« beziehungsweise »Staatstreue« der Uiguren; wen sie als »unzuverlässig« einstuften, der wurde interniert. Der Besitz eines Gebetsteppichs oder von Büchern islamischer Gelehrter, eine Pilgerfahrt nach Mekka, das Tragen langer Bärte oder von Kopftüchern sind bereits Gründe für eine Internierung. In etwa 40 Camps werden sogenannte freiwillige Bildungsmaßnahmen umgesetzt; tatsächlich handelt es sich, wie die *New York Time*s in den Ende 2019 veröffentlichten *China Cables* enthüllte, um Zwangs- und Umerziehungslager.[76] Eine Million Uiguren sollen hier eingesperrt sein. Zwar tut das chinesische

Außenministerium Berichte über die Brutalität des Regimes als »grundlose Verleumdung« ab, die von »antichinesischen Kräften« gestreut würden, aber die *China Cables* enthüllten ebenfalls, dass Chinas Präsident Xi Jinping die muslimische Minderheit als von einem gefährlichen »gedanklichen Virus« befallen sieht, der nur durch eine »Phase der schmerzhaften, invasiven Behandlung« ausgemerzt werden könne.[77]

China setzt bei seiner Totalrepression nicht nur auf herkömmliche Internetzensur und Überwachung, sondern auf modernste Technik. Von Apps, die alle persönlichen Daten und Geolokalisation erfassen, bis hin zur Nachverfolgung von Einkäufen und Videoüberwachung an jeder Kreuzung: Hightech ermöglicht die totale Kontrolle.

Die Region Xinjiang hat für Peking eine besondere geostrategische Bedeutung. Sie liegt im Gebiet der neuen Seidenstraße, eines der wichtigsten Projekte chinesischer Außen- und Wirtschaftspolitik – ein gigantischer Ost-West-Handelsweg. Nach Ansicht meines Freundes, des Sinologen, ist die Provinz mittlerweile eine der am striktesten kontrollierten Gegenden der Welt. China habe sein Ziel erreicht, die Unabhängigkeits- und Autonomiebestrebungen zu ersticken. Aber geht die Rechnung wirklich auf, oder gibt es eines Tages auch hier einen Spillover-Effekt? Dschihadistische Bewegungen könnten langfristig weiteren Zulauf bekommen. Hunderte von Uiguren haben bereits in Afghanistan gekämpft, mehr als tausend schlossen sich dem IS an – sie stellten sogar einen eigenen Kampfverband.[78] Und wenn es den Uiguren nicht gelingt, Attentate in China zu verüben, könnten sie sich im Ausland Ziele suchen.

Die größte Gefahr liegt jedoch meines Erachtens darin, dass Chinas Repressionsmodell zum Exportschlager werden könnte: Länder wie Ägypten, Saudi-Arabien, aber auch die Türkei, die selber auf massive Repression setzen, sowie die gescheiterten Staaten des Sahel schauen sich das »chinesische Modell« genau an und versuchen es zu imitieren – auf Kosten von Menschenrechten und demokratischen Werten und, wie ich meine, auch auf Kosten von Europas Stellung in der Welt.

Zu oft setzen europäische Entscheidungsträger auf die Unterstützung autoritärer Regime. Es mag den Anschein haben, als gelinge es den Militärs in Ägypten, den Dschihadismus einzudämmen, ihre Repressionspolitik ist jedoch kontraproduktiv. Al-Sisi regiert sein Land mit eiserner Faust, seit seiner Machtübernahme hat die Zahl der dschihadistischen Angriffe jedoch zugenommen. Die westliche Unterstützung des saudischen Regimes könnte sich langfristig ebenfalls gegen uns wenden. Der von Saudi-Arabien geführte Krieg gegen die Huthi im Jemen hat eine echte humanitäre Katastrophe entstehen lassen, und Al-Qaida ist dort auf dem Vormarsch.

Ich bin der festen Überzeugung, dass die EU als ökonomische und am Ende als politische Großmacht permanent Druck auf die autoritären Regime ausüben muss, mit all ihrer Soft Power und in der Hoffnung, dass Europa durch eine konsequente gemeinsame Außen- und Sicherheitspolitik an Hard Power gewinnt.

Europas internationale Verantwortung

Die Münchner Sicherheitskonferenz des Jahres 2020 stand unter dem Motto »Westlessness«, ein Anglizismus, der sich mit »Westlosigkeit« übersetzen lässt. Gemeint war die in einer immer stärker polarisierten Welt immer schwächer werdende Position des Westens gegenüber Russland, China, aber auch der Türkei.

Den Begriff »Westen« habe ich noch nie richtig gemocht: Westen zu was? Zu einem kolonialistischen Begriff von »Orient«, der am Bosporus anfängt und in Japan aufhört? Mir schien, dass auf der Konferenz besser über die geo- und sicherheitspolitische »Europelessness«, die Europalosigkeit, diskutiert werden sollte. Die EU ist auch nach dem Brexit eine der größten Wirtschaftsmächte der Welt, außenpolitisch und militärisch jedoch ein zahnloser Tiger.

Eine Position der Stärke: gemeinsame Außen- und Sicherheitspolitik

Die Festlegung einer Strategie zur Bekämpfung des Dschihadismus böte eine Gelegenheit, den Zusammenhalt der EU zu stärken. Der Hohe Vertreter der Europäischen Union für Außen- und Sicherheitspolitik muss echte Befugnisse von den Mitgliedstaaten erhalten und zu einem wirklichen Außenminister Europas werden. Die historischen Partikularinteressen der Mitgliedstaaten aus der Kolonialzeit, etwa Frankreichs im Maghreb, in Syrien, im Libanon und Sahel oder Italiens in Libyen und Somalia, müssen hinter einer gemeinsamen Politik zurücktreten. Deutschland als größte europäische Wirtschaftsmacht muss außenpolitisch mehr Verantwortung übernehmen und darf sich nicht von Krisenherden in der arabischen Welt oder im Sahel abwenden. Es gilt, eine kohärente Außenpolitik zu entwickeln, um sicherzustellen, dass die Regierungen in Konfliktgebieten fundamentale Prinzipien von Rechtsstaatlichkeit und sozialer Gerechtigkeit respektieren. Sämtliche Hilfe muss an strikte Bedingungen in Sachen Menschenrechte geknüpft werden. Diktatoren wie Ägyptens General Al-Sisi, die durch ihre repressive Politik dem Dschihadismus Auftrieb verschaffen, dürfen nicht länger hofiert werden.

Eine gemeinsame europäische Außenpolitik ist ohne gemeinsame Sicherheitspolitik nicht umsetzbar. Wir brauchen, gerade auch mit Blick auf den Dschihadismus, als Europäer eine Position der militärischen Stärke – wenn wir nicht wollen, dass andere Akteure wie China, Russland oder die Türkei mit undemokratischen und gefährlichen Methoden beim Kampf gegen die Hydra des Dschihadismus auf der Welt zum Vorbild werden und Diktatoren stärken. Wir müssen auch international als wehrhafte Demokratien wahrgenommen werden – schon in unserem eigenen Interesse.

Bisher sind wir völlig von den USA abhängig, von ihrer Bereitschaft, sich, ihren Interessen gemäß, zu engagieren – oder nicht.[79] Die chaotische Evakuation von Kabul und die Machtübernahme der Taliban im August zeigte erneut die Hilflosigkeit der EU. Die Europäer wurden von den USA schlicht vor vollendete Tatsachen gestellt. Und das, obwohl Soldaten und Soldatinnen zahlreicher EU-Staaten unter Nato-Mandat in Afghanistan kämpften und gestorben sind – auch deutsche. Und obwohl europäische Hilfsorganisationen in Afghanistan ebenso engagiert waren wie amerikanische.

Die Untätigkeit der Obama-Regierung nach dem kriegsverbrecherischen Chemiewaffeneinsatz des Assad-Regimes gegen die syrische Zivilbevölkerung habe ich bereits erwähnt. Der damalige französische Staatschef François Hollande befürwortete zwar Luftschläge, aber ihm war bewusst, dass das französische Militär allein nichts ausrichten konnte. Hätten die Europäer effizient die gemäßigten Oppositionskräfte unterstützen können, wäre Syrien vermutlich nicht in demselben Ausmaß zu einer Hochburg des Dschihadismus geworden, es wären wohl auch wesentlich weniger

Menschen 2015 aus Syrien nach Europa geflüchtet, und Russland hätte nicht im Bürgerkrieg interveniert.

Zu Recht betont der außenpolitische Sprecher der SPD-Bundestagsfraktion Nils Schmid: »Frankreich und Deutschland tragen die Hauptverantwortung für das, was im Sahel geschieht. Wir können den Schwarzen Peter nicht den Amerikanern zuschieben und nicht einfach unsere Truppen abziehen.«[80] Er fordert in Bezug auf das Krisenland Mali eine verstärkte deutsch-französische Kooperation, auch militärisch. Mit zeitweise 5100 Soldaten in der Region leistet Frankreich einen wichtigen Beitrag im Kampf gegen den Dschihadismus und zahlt dafür einen hohen Preis – seit 2013 wurden mehr als 50 französische Soldaten getötet. Nicht ohne Grund fühlen sich die Franzosen im Stich gelassen. Außerdem verfügt Frankreich nicht mehr über die militärischen und finanziellen Kapazitäten, riskante, aber notwendige Auslandseinsätze alleine durchzuführen. Frankreichs Präsident Emmanuel Macron hat angekündigt, die »Operation Barkhane« bis Anfang 2022 zu beenden; er plädiert dafür, sie durch eine internationale Truppe zu ersetzen, die insbesondere helfen soll, lokale Armeen auszubilden, und für ein größeres europäisches Engagement.[81] Wenn Macron eine europäische »strategische Autonomie« fordert – nicht zuletzt, damit Europa von den USA ernster genommen wird –, adressiert er auch und vor allem Deutschland.[82]

Europa hat erste kleine Schritte in Richtung verteidigungspolitischer Souveränität unternommen. So existieren bereits ein Europäischer Verteidigungsfonds und eine europäische Eingreiftruppe, bestehend aus zwei EU-Kampfgruppen. Sie werden im halbjährlichen Wechsel von verschiedenen Staaten gestellt und wären, nach einer entsprechenden Entscheidung des Europäischen Rates, innerhalb weniger Tage für die Krisenintervention einsetzbar.[83] Genutzt wurde sie allerdings noch nie. Die sichtbarste gemeinsame sicherheitspolitische Initiative der EU ist Frontex, die Europäische Agentur für die Grenz- und Küstenwache. Ihr Budget hat sich in den letzten zehn Jahren vervielfacht und stieg 2020 auf 460 Millionen Euro, während der Europäische Verteidigungsfonds lediglich 250 Millionen Euro erhielt.[84] Die umstrittene Agentur soll vor allem die Grenzen im Mittelmeer gegen Flüchtende abschotten. Sie trägt aber in keiner Weise zur Lösung der Probleme bei: den Ursachen der Flucht, darunter Krieg und dschihadistischer Terror.

Allerdings ist Bewegung in die Sache EU-Verteidigung gekommen. Die deutsche Verteidigungsministerin Annegret Kramp-Karrenbauer erklärte zwar Anfang 2020, eine europäische strategische Autonomie sei eine Illusion, da die Europäer nicht in der Lage wären, die Rolle der USA als Sicherheitsgarant zu ersetzen, aber es gebe »keinen wirklichen Grund, warum die Europäer es nicht schaffen können, mehr Präsenz – und, falls nötig, mehr Muskeln – zu zeigen, in der Ost- und Nordsee, in Zentral- und Osteuropa, auf dem Balkan und im Nahen Osten, im Mittelmeer und im Sahel«.[85] Nach dem Debakel von Kabul kam sie weiter zu der Einsicht: »Afghanistan ist ein bitteres Ende, ist eine schwere Niederlage« und habe gezeigt, »dass wir mit Blick auf unsere eigenen Fähigkeiten nicht so weit sind, wie wir uns das selbst vorgestellt haben«. Umso wichtiger sei es, die militärische Eigenständigkeit der Europäischen Union zu stärken: »Wir waren von den Amerikanern abhängig und es wird heute darum gehen, die richtigen Schlüsse zu ziehen.«[86] Auch die Präsidentin der Europäischen Kommission, Ursula von der Leyen, plädierte in ihrer Rede zur Lage der Union vom 15. September 2021 für eine stärkere Zusammenarbeit auf militärischem Gebiet – »was wir brauchen, ist die Europäische Verteidigungsunion«.[87]

Die SPD-Bundestagsfraktion geht wesentlich weiter und fordert eine »28. Armee« für die Europäische Union – eine zusätzliche Armee zu den je eigenen der 27 Mitgliedstaaten – mit einer Brigadestärke von 8000 bis 10 000 Soldaten und Soldatinnen, die hierfür eigens rekrutiert und ausgebildet werden.[88] Damit wären

Einsätze mit einer Dauer bis zu einem Jahr möglich, um in Krisenherden wie dem Sahel und Syrien die Prinzipien, für die Europa steht, umzusetzen: den Schutz von Zivilgesellschaften, die Wahrung von Menschenrechten, Rechtsstaatlichkeit, soziale Gerechtigkeit und Mitbestimmung bei politischen und gesellschaftlichen Entscheidungsprozessen.

Europa auf dem Weg zur Hard Power muss die Lehren aus den desaströsen Kriegen gegen den Terror in Afghanistan, im Irak sowie in Syrien ziehen. Statt zu versuchen, den Ländern ein westliches Staatsmodell überzustülpen, sollten wir unter Einbeziehung aller Bevölkerungsgruppen dazu beitragen, dass in den befreiten Gegenden funktionierende staatliche Institutionen und »Basisinfrastrukturen« – Schulen, Polizei, Gesundheitsversorgung etc.– zur Verfügung stehen.[89] Dabei können Militärs helfen, aber es ist vor allem eine zivile Aufgabe.

Langfristig können nur politische Systeme, die wirkliche Mitbestimmung, echte Rechtsstaatlichkeit und eine gerechte Ressourcenverteilung ermöglichen und ihren Bürgern gegenüber rechenschaftspflichtig sind, Konflikte bewältigen und ein Wiedererstarken des Dschihadismus verhindern. Der erste, entscheidende Schritt wäre, allen Bevölkerungsgruppen politische Teilhabe zu ermöglichen, auch denen, die den Dschihadismus unterstützt haben.

Bei der Suche nach politischen Lösungen stellt sich folglich die schwierige Frage: Kann und soll man mit Dschihadisten verhandeln? Ohne Umschweife sagt selbst mein Freund Henri, Oberstleutnant der französischen Armee, der Kommandoaktionen zur Tötung dschihadistischer Führer geleitet hat, das sei zweifellos sinnvoll – gerade im Sahel. Und fügt hinzu: »Wenn es irgendwie geht.«

Mit Dschihadisten verhandeln?

Im Oktober 2020 wurde die 75-jährige Französin Sophie Pétronin im Norden Malis nach fast vier Jahren Geiselhaft freigelassen. Am selben Tag kam der sechs Monate zuvor entführte 70-jährige Soumaila Cissé frei, einer der bedeutendsten malischen Oppositionspolitiker und potenzieller Präsident des Landes. Er verstarb wenige Monate darauf an COVID.

Die Geiselnehmer waren Mitglieder einer »Brigade« unter dem Oberkommando des Al-Qaida-Führers Iyad Ag Ghaly, die überwiegend aus Kämpfern der Volksgruppe der Fulbe bestand. Als Gegenleistung sollen 200 Dschihadisten, darunter regionale Al-Qaida-Führer, aus malischen Gefängnissen entlassen worden und außerdem fast zehn Millionen Euro an Lösegeld geflossen sein. Vorausgegangen waren monatelange Verhandlungen verschiedener Regierungen Malis. Der Tuareg Iyad Ag Ghaly, Emir von Al-Qaida und einst Malis Staatsfeind Nummer eins, wurde wieder salonfähig. Parallel arbeiteten die Machthaber in Mali und dschihadistische Führer an einem Abkommen für eine politische Lösung. Ghaly erklärte sich bereit, auf einen unabhängigen Staat im Norden des Landes und die Einführung der Scharia zu verzichten, wenn Frankreich seine Truppen abzieht.[90]

Aufgrund der Entwicklungen in Mali, vor allem aber aufgrund der in Doha Anfang 2020 geschlossenen Vereinbarung zwischen den USA und den Taliban und deren anschließender Machtübernahme erlangte die Frage, ob man mit dschihadistischen Gruppen verhandeln kann und soll, drängende Aktualität. Oft ist dies unmöglich. Viele Gruppierungen und ihre Führer glauben eben an eine apokalyptische Heilslehre; politische Ziele sind ihnen kaum wichtig, sie wollen als Märtyrer und Helden in ihre Version einer verfälschten Geschichte und Mythologie des Islam eingehen – mit ihnen lässt sich ebenso wenig verhandeln wie mit Hitler oder Goebbels. Doch selbst wenn dschihadistische Gruppen eher politische oder gesellschaftliche Ziele verfolgen, bergen Verhandlungen erhebliche Risiken. Ein Beispiel ist das Abkommen der USA mit den Taliban. Diese hielten sich nicht an ihre Zusage, Verhandlungen mit der damaligen afghanischen Regierung aufzunehmen: Es fanden zwar Gespräche statt, aber anstatt friedliche Lösungen zu suchen, setzten sie ihren Eroberungsfeldzug fort.

Verhandlungen mit Dschihadisten werfen zudem ganz grundsätzliche Fragen auf: Sollten Demokratien mit Gruppen in einen Dialog treten, die eine barbarische Auslegung des islamischen Rechts – Amputationen und Steinigungen – befürworten und anwenden? Organisationen, die Frauen grundlegende Rechte vorenthalten und Demokratie für Teufelswerk und Götzenanbetung halten? Es ist ein großes ethisches Dilemma.

Allerdings existieren in den Grauzonen des Dschihadismus Beispiele für sinnvolle und erfolgreiche Gespräche mit Dschihadisten. Damit meine ich nicht bloß Verhandlungen zur Geiselbefreiung, die selbst mit dem ansonsten nicht diskussionswilligen IS möglich sind – französische Geiseln des IS wie die Journalisten Nicolas Hénin oder Didier François, Édouard Elias und Pierre Torres kamen 2014 nach hohen Lösegeldzahlungen der französischen Regierung frei; US-Geiseln wie James Foley, Peter Kassig und Steven Sottloff hingegen wurden vom IS ermordet, da es seit Langem offizielle US-Politik ist, solchen Forderungen prinzipiell nicht nachzukommen. Es geht mir auch nicht um taktische Verhandlungen, die mit Dschihadisten im Irak oder in Syrien und in zahlreichen anderen Ländern über zeitweilige Waffenruhen oder über humanitäre Hilfe für die notleidende Bevölkerung geführt wurden. Mir geht es um Verhandlungen, die zunächst Aussicht auf einen Gewaltverzicht und in der Folge auf eine dauerhafte Lösung sozialer und politischer Probleme bieten.

Chancen auf einen Erfolg bestehen dann, wenn es sich nicht um verblendete Gruppierungen oder Führer handelt, sondern um nationalistische oder ethnische Gruppen, die sich zwar dschihadistischen Organisationen angeschlossen haben, aber primär politische und soziale Ziele verfolgen, etwa eine bessere Ressourcenverteilung oder eine wirkliche Vertretung in nationalen Regierungen. Verhandlungen können im Kleinen auf lokaler Ebene beginnen und den Menschen direkt helfen. Im Zentrum von Mali wurde 2019 mit einer Dschihadistengruppe die Wiedereröffnung von staatlichen Schulen, von Gesundheitszentren und Märkten vereinbart.[91] Im Gegenzug schlug die Regionalverwaltung vor, Entwicklungsprojekte und in den von den Dschihadisten gemanagten Koranschulen Lehrerstellen zu finanzieren.

Ein interessantes Beispiel für erfolgreiche Verhandlungen stammt aus dem Libyen des Diktators Gaddafi.[92] Das mag zunächst verwundern angesichts des brutalen Charakters des damaligen Regimes, doch ein 2009 abgeschlossenes Abkommen hat insbesondere seit dem Sturz des Diktators 2011 weitreichende Folgen, die über Libyen hinausgehen.

Im Sommer 1995 versuchte eine in Europa kaum bekannte Organisation, die »Libysche Islamische Kampfgruppe« (LIFG), Gaddafis »Diktatur der Ungläubigen« zu stürzen. Die Al-Qaida nahestehende Gruppe beging einen Anschlag auf den libyschen Diktator und griff seine Truppen an: 165 Sicherheitskräfte und Regierungsbeamte sowie 170 Dschihadisten kamen dabei um. Das Regime reagierte mit aller Härte, die Leichen getöteter LIFG-Kämpfer wurden öffentlich zur Schau gestellt, die Häuser von Familienmitgliedern zerstört, Tausende mutmaßliche Sympathisanten verhaftet. Bei einem angeblichen Gefängnisaufstand im Juni 1996, dem Massaker im Abu-Salim-Gefängnis, sollen libyschen Spezialkräften 1200 Gefangene getötet haben, vor allem Dschihadisten.[93] Nichtinhaftierte und überlebende Kämpfer setzten sich nach Afghanistan zu Al-Qaida ab – vor dem 11. September 2001 sollen rund tausend von ihnen dort Trainingslager durchlaufen haben[94] –, führende Köpfe begaben sich ins Exil, vor allem nach »Londonistan«.

2005, zehn Jahre nach dem Aufstand der Dschihadisten, kam es zu einem dramatischen Kurswechsel. Die Gaddafi-Diktatur wollte wieder salonfähig werden. Seit dem von Gaddafi organisierten Anschlag, bei dem am 21. Dezember 1988 eine Boeing 747 der Pan Am über dem schottischen Ort Lockerbie zum Absturz gebracht wurde und 270 Menschen starben, stand das Regime im internationalen Bann und unter harten Sanktionen vor allem der USA und Großbritanniens. Tripoli hatte sich 2003 mit beiden Ländern auf Entschädigungszahlungen verständigt und wollte demonstrieren, dass es sich in Sachen Menschenrechte gewandelt habe: Auf Initiative von Saif al-Islam, dem zumeist in London lebenden Sohn Gaddafis, sowie unter Vermittlung ehemaliger Dschihadisten wie dem ebenfalls in der britischen Hauptstadt residierenden Noman Benotman – er setzt sich übrigens bis heute stark und erfolgreich für Deradikalisierung ein – begannen 2005 langwierige Verhandlungen. Der Dialog war auch vom »Good Friday Agreement« zwischen der britischen Regierung und der IRA inspiriert, das dem Bürgerkrieg in Nordirland 1998 ein Ende machte.

Ein wichtiges Resultat der Verhandlungen waren die sogenannten *Revisionen*, ein 2009 veröffentlichtes Grundsatzdokument, das die von Abdallah Azzam geschaffenen Doktrinen mit religiösen Argumenten widerlegt. Das mehr als 400 Seiten lange Konvolut – der vollständige Titel lautet *Korrektive Studien zum Konzept des Dschihad. Verantwortung und das Urteil des Volkes* – kommt zu dem Ergebnis, es sei schlicht falsch, das Konzept des Dschihad auf den bewaffneten Kampf, »das Kämpfen mit dem Schwert«, zu reduzieren. Der »kleine Dschihad« sei von dem »großen Dschihad« als innerer Glaubensanstrengung zu unterscheiden. Die libyschen Dschihadisten bestätigten das im islamischen Recht festgeschriebene Verbot, Zivilisten – Frauen, Kinder, Ältere, Priester oder Händler – zu töten oder Selbstmordattentate zu begehen; sie haben selbst auch keine verübt. Weiter heißt es, im Dschihad müssten Kriegsgefangene würdig behandelt werden, es sei verboten,

Leichen zu schänden und die Totenruhe zu stören. Zudem dürfen auch mündige junge Menschen nicht ohne Erlaubnis ihrer Eltern in den Kampf ziehen – demnach verstößt die Ausreise der meisten Europäer in den Irak und nach Syrien gegen islamisches Recht. Eine Verletzung dieser Bestimmungen habe »verheerende Konsequenzen«. Gründe für ein Verfallen in das falsche Islambild des Dschihadismus sind gemäß den *Revisionen* die Abwesenheit eines angemessenen Verständnisses von Religion und Realität sowie der Mangel an umfassender Bildung.

Auf doktrinaler Ebene widersprechen die *Revisionen* dem »Vater« des modernen Dschihadismus in entscheidenden Punkten. Azzam hatte behauptet, jeder Muslim sei zum Kampf gegen Invasoren islamischer Länder verpflichtet; auch wer Tausende Kilometer entfernt lebt, müsse sich daran beteiligen. Die Libyer hingegen stellen klar: Die Verpflichtung zum Kampf ist kollektiv und betrifft lediglich jene, die direkt angegriffen werden – die ausländischen Kämpfer des IS im Irak und in Syrien hätten somit keine Rechtfertigung, dort zu kämpfen. Eine weitere entscheidende Aussage ist: Regimewechsel und Reformen sollen nicht mit Gewalt herbeigeführt werden, sondern durch die religiöse Förderung des Guten, das Verbot von Übel und durch Missionsarbeit, *dawa*.

Das Versprechen zum Gewaltverzicht, zumindest gegenüber dem Gaddafi-Regime, hielten die libyschen Dschihadisten jedoch nicht lange. 2011 kam es im Zuge des Arabischen Frühlings zu Demonstrationen gegen den Diktator, die dieser versuchte mit aller Gewalt niederzuschlagen. In einer berüchtigten Fernsehansprache schwor er, »Libyen zu reinigen, Zentimeter für Zentimeter, Haus für Haus, Gasse für Gasse, Person für Person«.[95] Nachdem Gaddafi seine Truppen auf das Volk gehetzt hatte, griffen auch die kampferprobten libyschen Dschihadisten wieder zu den Waffen – darunter der Afghanistanveteran Abdel Hakim Belhadsch. Gerade sein Werdegang zeigt jedoch, wie sinnvoll Verhandlungen sein können.

Nach dem Aufstand in den neunziger Jahren war Belhadsch ins Ausland geflohen; 2003 wurde er in Malaysia verhaftet und ein Jahr später nach Libyen ausgeliefert. Er kam erst Anfang 2010 wieder frei – obwohl er die bereits im Jahr zuvor erschienenen *Revisionen* mitverfasst hatte. Für seine illegale Verhaftung und Auslieferung forderte Belhadsch Entschädigungen von den USA und von Großbritannien – Großbritannien sagte nach einer Entschuldigung durch Premierministerin Theresa May 2018 eine halbe Million Pfund zu, nachdem geheime Dokumente öffentlich geworden waren, die belegten, dass die britische Regierung Belhadsch an Gaddafi übergeben hatte, um die Beziehungen zu dessen Regime zu verbessern und so vom libyschen Ölreichtum zu profitieren.

Nach Ausbruch der Revolution gegen Gaddafi wurde der ehemalige Dschihadist zu einem der wichtigsten Militärführer der Rebellen. Er kommandierte fünf dem nationalen Übergangsrat unterstellte Bataillone und übernahm sogar den Vorsitz des Militärrats in der Hauptstadt Tripoli.[96] 2012 legte Belhadsch seine militärischen Funktionen nieder und wandte sich in der Al-Watan-Partei (»Partei der Nation«), die islamistisch-konservative Werte vertritt, aber demokratische Spielregeln akzeptiert, der Politik zu. Im lybischen Bürgerkrieg engagierte sich der ehemalige Dschihadist 2015 als Vermittler beim Friedensdialog der United Nations Support Mission in Libya (UNSMIL).

Belhadsch ist in Libyen weiterhin umstritten, doch seine Abkehr vom dschihadistischen Kampf, die Akzeptanz der Demokratie und sein Einsatz für den Frieden haben Signalwirkung auch außerhalb seiner Heimat. Gleiches gilt für die *Revisionen*. Sie wurden in islamistischen Kreisen rege diskutiert und erfuhren Zustimmung von Dschihadisten anderer Länder, so etwa von Mohammed Abdel Wahab Rafiki, dem Führer einer marokkanischen Gruppe.[97] Auch weltweit einflussreiche Prediger, die von Dschihadisten respektiert werden, wie der Saudi Salman al-Awda und der in Katar lebende Ägypter Yusuf al-Qaradawi stellten sich hinter die *Revisionen*.

Natürlich haben sich auch in Libyen nicht alle Dschihadisten bekehren lassen: Vor allem die jüngere Generation der LIFG, die 2006 und 2007 im Irak kämpfte, und spätere libysche Anhänger von Daesch betrachten die *Revisionen* als Verrat am »wahren Islam«. Das nimmt jedoch der Kritik »von innen« – der Widerlegung des Dschihadismus durch Argumentationen von Dschihadisten – keinesfalls ihre Bedeutung. Wenn sich auch nur Teile der Bewegung von der todbringenden Ideologie lösen und potenzielle Sympathisanten abgeschreckt werden, ist das bereits ein Erfolg.

Auch andere ehemalige Dschihadisten haben den Terror und das Morden von Organisationen wie Al-Qaida oder dem IS scharf verurteilt, etwa Sayyid Imam al-Scharif, besser bekannt als »Dr. Fadl«. Der ägyptische Chirurg und Al-Qaida-Mitbegründer verfasste bereits 2008 eine Schrift, in der er die dschihadistische Ideologie widerlegte, Selbstmordattentate als völlig gegen den Koran verstoßend kritisierte und forderte, seine ehemaligen Kampfgefährten Osama bin Laden und Ayman al-Zawahiri für die Anschläge des 11. September und die Morde an unschuldigen Zivilisten vor Gericht zu stellen, wo sie vermutlich zum Tode verurteilt würden.[98] Die Kritiken des »Dr. Fadl« und die libyschen *Revisionen* werden mittlerweile in zahlreichen Deradikalisierungsprogrammen in Gefängnissen vor allem der arabischen Welt eingesetzt.

Verhandlungen mit Dschihadisten können also durchaus positive Resultate haben. In der großen Grauzone der Bewegung gibt es Menschen und Gruppierungen, die man nicht nur zum Gewaltverzicht, sondern zur Teilhabe an politischen Prozessen bewegen kann. Der ehemalige afghanische Präsident Hamid Karsai betonte 2021, man hätte die Taliban schon im November 2001 bei den Gesprächen auf dem Bonner Petersberg über die Zukunft Afghanistans einbinden sollen,[99] Sie waren in einer Position der Schwäche und kompromissbereit. Vielleicht hätten 20 Jahre Krieg verhindert werden können. Gegen solche Verhandlungen sperrten sich die Amerikaner von Anfang an[100] und setzten ihren Krieg gegen den Terror auch nach dem Sieg über Al-Qaida in Afghanistan fort. Ein Krieg, der Zehntausenden Zivilisten in Afghanistan das Leben kostete und auch dadurch die Taliban wieder stärkte. Heute führt an Verhandlungen mit den Taliban – allein schon, um eine humanitäre Katastrophe zu verhindern – kein Weg mehr vorbei.[101] Für die EU-Mitgliedstaaten ist es oft leichter, eine Mittlerrolle einzunehmen und alle relevanten Akteure an einen Tisch zu bringen, als für die USA. Eine weitere Voraussetzung für politische Teilhabe ist Rechtsstaatlichkeit. Auch dazu können wir viel beitragen, etwa durch Hilfe bei der Einrichtung einer sogenannten Übergangsjustiz.

Übergangsjustiz und Rechtsstaatlichkeit

Das Recht Gottes sei unparteiisch und besser als die Willkürherrschaft von korrupten, ungläubigen Menschen – dieses von Dschihadisten vorgebrachte Argument übt auf die Bürger der gescheiterten Staaten, der *failed states*, von Afghanistan über den Irak bis nach Mali seit Jahrzehnten eine große Anziehungskraft aus. Sowohl die Taliban als auch der IS und Al-Qaida im Norden Malis versprechen der Bevölkerung die Befreiung von der Willkürherrschaft der Milizen, Stammesführer und Politiker, die nach Gutdünken Straßenzölle oder Steuern erhoben und Recht nach Höhe des Bestechungsgeldes sprachen. Selbst wenn die Dschihadisten die Scharia nach Gutdünken auslegen und oft gegen sie verstoßen, ist das Bedürfnis nach Sicherheit und Gerechtigkeit so groß, dass viele Menschen ihnen zunächst glauben.

Diese Bedürfnisse sind natürlich auch dort nicht verschwunden, wo sich die Dschihadisten nach gewalttätigen Konflikten zurückgezogen haben. Sie sind vermutlich nach den von ihnen und nicht selten auch von ihren Gegnern verübten Gräueltaten noch größer geworden. Hier kann die Einrichtung einer sogenannten

Übergangsjustiz ein erster Schritt zur Heilung von extrem verwundeten Zivilgesellschaften und zur Etablierung von Rechtsstaatlichkeit sein. Es geht vor allem darum, die Würde der Opfer wiederherzustellen, die Täter zur Rechenschaft zu ziehen und letztlich die Gesellschaft zu versöhnen. Und es geht darum, durch angemessene Strafen abzuschrecken und künftige Gewalttaten zu verhindern.

Einige Staaten haben ohne ausländische Unterstützung erfolgreiche Modelle von Übergangsjustiz geschaffen, etwa Südafrika mit der Truth and Reconciliation Commission, der »Kommission für Wahrheit und Versöhnung«. Oftmals fehlt es jedoch in den Konfliktstaaten an den dafür nötigen politischen und juristischen Institutionen – Parlament, Polizeiapparat, Strafverfolgungsbehörden und Gerichte.

Manchmal können traditionelles Recht und Versöhnungsmechanismen, beispielsweise Verhandlungen zwischen Stammesführern, die Funktion einer Übergangsjustiz einnehmen. Häufig endet dies allerdings mit der Entrichtung von Blutzoll – wie im Irak, wo Stämme, deren Mitglieder mit dem IS kollaboriert oder gekämpft haben, selbst Hinrichtungen vornehmen, um mit anderen Stämmen Frieden zu schließen und Racheaktionen zu verhindern.[102] Deshalb ist es oft notwendig, internationale Instanzen einzuschalten wie den Internationalen Strafgerichtshof in Den Haag, der 2002 seine Tätigkeit aufnahm.

Bereits in der Dekade zuvor wurden durch UN-Resolutionen zwei Institutionen in Zusammenhang mit den entsprechenden Konfliktherden und den dort begangenen Verbrechen gegen die Menschlichkeit geschaffen: 1993 der Internationale Strafgerichtshof für das ehemalige Jugoslawien und 1994 der Internationale Strafgerichtshof für Ruanda. Das Gericht für Jugoslawien verurteilte Mitglieder fast aller Ethnien, die im Bosnien- und im Kosovokrieg Verbrechen begangen hatten – vor allem Serben wie den ehemaligen »Präsidenten« der international nicht anerkannten »Republik Srpska« Radovan Karadžić oder General Ratko Mladić, aber auch Kroaten und Kosovaren sowie Militärs der Bosniaken, etwa 2008 den ehemaligen Oberkommandierenden der bosnischen Armee Rasim Delić, Exgeneral Enver Hadžihasanović und den früheren Kommandeur Amir Kubura, weil sie die Gräueltaten der ihnen unterstehenden dschihadistischen Brigade gegen serbische Zivilisten zugelassen hatten. Der Internationale Strafgerichtshof für Ruanda zog die Verantwortlichen für den 1994 begangenen Völkermord, bei dem bis zu eine Million Menschen umgebracht wurden, zur Rechenschaft.

Die heute bedeutendste Institution für Übergangsjustiz im weiteren Sinne ist der 2002 geschaffene Internationale Strafgerichtshof (IStGH) in Den Haag. 120 Nationen sind dem entsprechenden Abkommen beigetreten. Bürger dieser Länder kann das Gericht verfolgen und verurteilen. Allerdings haben einige wichtige Staaten, darunter China und Russland, das Abkommen nicht unterzeichnet oder ratifiziert; die USA zogen ihre Unterschrift zurück. Damit können US-Soldaten für Kriegsverbrechen von dem internationalen Gericht nicht verfolgt werden.[103]

Der Kompetenzbereich des Gerichts umfasst Verbrechen gegen die Menschlichkeit, Kriegsverbrechen, Völkermord und die sogenannten Verbrechen der Aggression, etwa die Bombardierung und die Blockade von Häfen oder das Entsenden von Milizen in Nachbarstaaten. Bislang hat der IStGH gegen Bürger aus einem guten Dutzend Staaten ermittelt und auch Urteile gegen Dschihadisten ausgesprochen. 2016 wurde der Malier Ahmad al-Faqi al-Mahdi wegen der Zerstörung von Weltkulturerbe in Timbuktu, eine Moschee und mehrere Mausoleen, zu neun Jahren Haft verurteilt. Eine Entscheidung mit Signalwirkung, zumal sich Al-Mahdi einsichtig gab, die Zerstörung des gemeinsamen Menschheitserbes bereute und sie als unislamisch wertete.

Doch gerade in den dschihadistischen Hochburgen Irak und Syrien hat der Internationale Gerichtshof bisher keine Handhabe. Im Irak wurden, falls sie nicht in kurdischer Gefangenschaft waren oder sich durch hohe Bestechungsgelder freikaufen konnten, Hunderte mutmaßliche IS-Mitglieder und -Sympathisanten, darunter Minderjährige, nach nicht einmal halbstündigen Verhandlungen zum Tode verurteilt und hingerichtet. Wie das syrische Regime mit IS-Kämpfern umgeht, darüber gibt es kaum Informationen – vermutlich noch brutaler als die Militärs und Milizen im Irak. Auf ein faires Verfahren können ehemalige oder mutmaßliche Dschihadisten nur hoffen, wenn sie von kurdischen Milizen oder im westlichen Ausland vor Gericht gestellt werden. Der schwedische und österreichische Vorschlag, ein Sondertribunal einzurichten, ist letztlich daran gescheitert, dass die irakische Regierung die Abschaffung der Todesstrafe ablehnt.

Im Gegensatz zu den Dschihadisten wurden Mitglieder schiitischer Milizen im Irak und in Syrien, Assad-treue und kurdische Milizen, die ebenfalls Gräueltaten begangen haben, bisher in keiner Weise zur Rechenschaft gezogen. Doch nur wenn (Kriegs-)Verbrechen *aller* Parteien geahndet werden, lassen sich immer neue Rachezyklen verhindern.

Vor allem das Regime in Damaskus, das sich selbst solcher Vergehen schuldig gemacht hat, lehnt ein Eingreifen internationaler Justiz kategorisch ab. Bereits im Mai 2014 blockierten Russland und China einen französischen Resolutionsentwurf, der die Anrufung Den Haags wegen Kriegsverbrechen in Syrien vorsah. Und weder Syrien noch der Irak haben die Statuten des Gerichtshofs unterschrieben. Ihm sind somit die Hände gebunden.

Es existieren jedoch noch weitere Optionen wie der Weg über nationale Gerichte von Drittstaaten: Das Weltrechtsprinzip der universellen Jurisdiktion ermöglicht es, Taten juristisch aufzuarbeiten und selbst hochrangige Täter zur Verantwortung zu ziehen. Auf diesem Weg hat Deutschland bei der Verfolgung von Kriegsverbrechen in Syrien eine Vorreiterrolle übernommen: Im April 2020 begann vor dem Oberlandesgericht Koblenz der weltweit erste Prozess gegen Mitglieder des syrischen Geheimdienstes.[104]

Die Angeklagten, Schergen des Assad-Regimes, waren als Flüchtlinge nach Deutschland gekommen. Der Hauptangeklagte, der ehemalige Oberst Anwar Raslan, musste sich wegen Verbrechen gegen die Menschlichkeit, 58-fachen Mordes und Folter in mindestens 4000 Fällen verantworten, sein Mitangeklagter Eyad Alghareib wegen Beihilfe zu Verbrechen gegen die Menschlichkeit.

Ein noch wichtigerer Prozess steht vermutlich bevor: Mehrere Menschenrechtsorganisationen haben beim Generalbundesanwalt in Karlsruhe Strafanzeige gestellt wegen des völkerrechtswidrigen Giftgasangriffs des Assad-Regimes, vor allem auf die Vororte von Damaskus in Ost-Ghuta 2013. Die deutschen Behörden könnten in diesem Zusammenhang Anklage gegen Pfeiler des Regimes erheben, etwa gegen Maher al-Assad, den mächtigsten Militär des Landes und Bruder des Präsidenten. Dass die Bundesanwaltschaft vor solchen Anklagen nicht zurückschreckt, bewies sie 2018 mit einem Haftbefehl gegen den ehemaligen Chef des gefürchteten Luftwaffengeheimdienstes, General Jamil Hassan. Unklar ist allerdings, ob er noch am Leben ist.

Viel wichtiger noch ist es, Länder wie den Irak oder Mali beim Aufbau eines funktionierenden Justizsystems vor Ort zu unterstützen. Hier können wir Europäer mit unserer großen Expertise und durch Ausbildung und Finanzierung einen wesentlichen Beitrag leisten. Es geht nicht nur darum, mit einer Übergangsjustiz das Vertrauen der Bevölkerung zu gewinnen – der langfristige Kampf gegen Korruption und Machtmissbrauch ist ebenso fundamental.

Rechtsstaatlichkeit ist ihrerseits, wie betont, eine unabdingbare Voraussetzung für einen inklusiven politischen Dialog, für Mitbestimmung und damit auch die Bekämpfung der Hydra des Dschihadismus. Um einen Rechtsstaat zu begründen, muss in den gescheiterten Staaten, den *failed states*, in denen sich der Dschihadismus ausbreiten konnte, ein Minimum an Staatlichkeit, an politischen Institutionen – und nicht zuletzt an ökonomischer Teilhabe vorhanden sein.

Mossul und die Grüne Mauer:
Wirtschaftsaufbau

Mossul, September 2019. »Für den Wiederaufbau finde ich kaum Fotomotive«, sagt Ali al-Baroodi, der Englischdozent an der Universität von Mossul, der als Fotograf die Zerstörung seiner Heimatstadt dokumentierte und dessen Bilder um die Welt gingen. Er listet auf: Der Flughafen von Mossul ist zwei Jahre nach der Befreiung immer noch geschlossen; erst eine von fünf Brücken über den Tigris ist wiederaufgebaut; fast die gesamte Altstadt liegt weiterhin in Trümmern, ebenso wie die Jonas-Moschee. Vor allem werde immer noch nicht genug in »menschliches Kapital«, in Bildung, investiert, und das nach all der verlorenen Zeit des Bürgerkriegs und unter dem IS. Allein in Mossul wären mindestens eine Milliarde Dollar jährlich für den Wiederaufbau nötig – die irakische Regierung hat 2019 für die gesamte Provinz Ninive nur etwas mehr als 100 Millionen Dollar bereitgestellt, ein Mehrfaches ist durch Korruption einfach versickert.

Wenn Mossul nicht dauerhaft stabilisiert wird, könnte der IS die Stadt bereits in naher Zukunft wieder beherrschen – mit dramatischen Folgen nicht nur für den Irak und das Nachbarland Syrien, sondern auch erneut für Europa und Deutschland. Doch die von Schiiten dominierte Regierung in Bagdad hat ebenso wenig ein Interesse daran, dass sich die mehrheitlich sunnitische Stadt wieder zu einem wirtschaftlichen und politischen Machtzentrum entwickelt, wie die konkurrierenden Kräfte innerhalb der Region: Erbil, Hauptstadt der benachbarten Autonomen Region Kurdistan, hat Mossul wirtschaftlich fast den Rang abgelaufen, und die Kurden sähen es lieber, wenn das so bliebe. Die Türkei, auf deren Gebiet sich ein Teil des historischen und wirtschaftlichen Hinterlands Mossuls befindet, möchte ebenfalls nicht, dass die Stadt zu alter Stärke zurückgewinnt.

Die Forderung nach einem »Marshallplan« für Länder des südlichen Mittelmeers und der arabischen Welt, die von führenden europäischen Politikern wie Wolfgang Schäuble immer wieder erhoben wird, klingt mittlerweile wie eine Worthülse. Getan hat sich nichts, gerade auch in Syrien nicht, auf das sich Schäuble im Speziellen bezog. Nach der Befreiung der »Hauptstadt des Kalifats« im Herbst 2017 durch die USA und die Demokratischen Kräfte Syriens existiert immer noch kein internationaler Wiederaufbauplan. Die katastrophale Lage in Afghanistan und das Scheitern des Westens lagen auch daran, dass sich gewisse Bevölkerungsgruppen durch massive Korruption bereicherten, andere wirtschaftlich ausgeschlossen oder übergangen wurden und sich den Taliban zuwandten. Um zu verhindern, dass sich der Dschihadismus an anderen Orten wieder oder weiter ausbreitet, und um der Ideologie wirklich ihren Nährboden zu entziehen, bedarf es eines alle Bevölkerungsgruppen einbeziehenden Aufbaus der Wirtschaft. Dieser muss vor allem auch die regionale Kooperation fördern, um die historischen Wirtschaftsräume wiederherzustellen.

Ein Beispiel für ein solches Projekt findet sich im Sahel: die geplante, fast 8000 Kilometer lange und 15 Kilometer breite »Grüne Mauer« aus Bäumen und Agrarland vom Atlantik bis zum Horn von Afrika. Dieses Mammutprojekt hat die afrikanische Union bereits 2005 beschlossen. Es soll die Ausbreitung der Sahara nach Süden in den Sahel verhindern, Ernährung und Arbeit für Millionen Menschen sichern und den eskalierenden Ressourcenkonflikten entgegenwirken. Doch 15 Jahre nach dem Beginn des Projekts waren nicht einmal vier Prozent der geplanten 100 Millionen Hektar bepflanzt. Und von den 2015 bei der Pariser Klimakonferenz versprochenen vier Milliarden Dollar sind bisher nur ein Viertel geflossen.[105]

Auch politische Unsicherheit und der dschihadistische Terror verhindern in vielen Ländern die Umsetzung des so wichtigen Projekts. Hier müssen wir Europäer große Entschlossenheit zeigen und Hilfe bei der Umsetzung leisten. Der Dschihadismus im Sahel und an anderen Orten der Welt ist vor allem auch langfristig deshalb so bedrohlich, weil sich die unterschiedlichen Organisationen durch Aktivitäten wie Schmuggel, aber auch durch die Kontrolle natürlicher Ressourcen oder landwirtschaftlicher Projekte Einnahmen verschaffen und ihre Kämpfer für lokale Verhältnisse relativ gut besolden können.

Die Kernaufgabe: Zivilgesellschaften helfen

Die beschriebenen Anregungen für Europa in Sachen Außen- und Sicherheitspolitik, politischem Dialog, Übergangsjustiz und Wirtschaftsaufbau müssen natürlich die Förderung funktionierender Zivilgesellschaften zum Ziel haben:[106] So notwendig Hilfe beim Aufbau staatlicher Strukturen in *failed states* auch ist – ohne eine funktionierende Zivilgesellschaft im Sinne einer selbst organisierten Gemeinschaft von mündigen Bürgern, die sich an der gesellschaftlichen und politischen Gestaltung beteiligen und Konflikte friedlich lösen, können Rechtsstaatlichkeit, Mitbestimmung und soziale Gerechtigkeit nicht entstehen, die wiederum entscheidend für die Bekämpfung des Dschihadismus sind. Dabei darf sich die Hilfe beim Aufbau von Zivilgesellschaften nicht auf urbane Zentren beschränken: Oftmals marginalisierte ländliche Gegenden müssen einbezogen werden. Hier haben sowohl die Taliban als auch die Dschihadisten des Sahel einen großen Teil ihrer Anhängerschaft rekrutiert.

Im Bereich der Stärkung von Zivilgesellschaften liegt die eigentliche Kernkompetenz Deutschlands und Europas. Gerade Deutschland verfügt über zahlreiche »Instrumente«, die dabei helfen können: die politischen Stiftungen der Parteien, die in zahlreichen Ländern rund um den Globus vertreten sind; Einrichtungen zum Bildungsaustausch wie den DAAD; Institutionen zur Förderung von Kultur im Ausland wie das Goethe-Institut oder das Institut für Auslandsbeziehungen sowie unzählige Nichtregierungsorganisationen, die auf unterschiedlichen Feldern tätig sind, von Beratungsangeboten für Kleinstunternehmer über den Umweltschutz und die Stärkung von Frauenrechten bis hin zu demokratischen Medien. Und genau dort muss angesetzt werden: bei der Förderung kritischen Denkens, der politischen Bildung, der Gleichberechtigung, der Integration marginalisierter Gruppen, der Schaffung eines pluralistischen Mediensystems, der Förderung lokaler Demokratie. Auch bei der Extremismusprävention und der Deradikalisierung können wir viele unserer Erfahrungen teilen und Wissen vermitteln. Die Liste ist lang. In allen Bereichen, die einer funktionierenden Zivilgesellschaft bedürfen, können wir in einem ganzheitlichen Ansatz Hilfe leisten und selbst vom Wissen aus der arabisch-islamischen Welt profitieren.

Ein Bereich – Kunst und Kultur[107] – wird häufig unterschätzt, dabei kommt ihm im Kampf gegen den Extremismus eine wichtige Rolle zu, nicht nur mit Blick auf einen interkulturellen Dialog, der die von den Dschihadisten erhoffte Polarisierung zwischen Muslimen und dem Rest der Welt – Huntingtons *Kampf der Kulturen* – ad absurdum führt und zeigt, dass uns alle mehr verbindet, als uns trennt.

Das Wissen um die eigenen kulturellen Wurzeln kann eine starke Quelle von Stolz und Toleranz sein, die der dschihadistischen Großen Erzählung und Ideologie entgegenwirkt; es kann etwa jungen Tuareg oder den Beduinen des Sinai Halt gegeben, ihr Zugehörigkeitsgefühl stärken und somit verhindern, dass Dschihadisten ein »Identitätsvakuum« ausnutzen, um es mit ihrer Ideologie zu füllen. Auch ein Bewusstsein für das gemeinsame arabisch-islamische Erbe schafft ein positives Identitätsgefühl. Wer die Errungenschaften der arabisch-islamischen Wissenschaften, der Architektur, Poesie, Literatur und Musik kennt, wer weiß, wie weltoffen und tolerant die arabisch-islamische Kultur auf ihrem Höhepunkt, dem sogenannten Goldenen Zeitalter vom 8. bis zum 14. Jahrhundert, war und wie stark sie durch christliche, jüdische und zoroastrisch-persische Einflüsse bereichert wurde, ist weniger anfällig für das totalitäre dschihadistische Weltbild.

Ebenso wichtig wie die Aufklärung über die traditionelle, klassische Kultur ist die Förderung der Jugendkultur und zeitgenössischer Kunstformen. In der arabisch-islamischen Welt existiert eine lebhafte Rap- und Graffitiszene. Dort wird nicht nur friedlich Kritik an Politik und Gesellschaft geäußert, sondern sie stärkt auch das Selbstwertgefühl und das Bewusstsein, Teil einer globalen Jugendkultur zu sein, und verringert die Versuchung, in die dschihadistische Gegenkultur einzutauchen.

Überall leben Menschen, die versuchen eine Zivilgesellschaft aufzubauen, selbst im zerstörten Mossul, wo ich die Aktivistin Najat und den Fotografen Ali traf. Ihnen müssen wir helfen. Und zwar nicht in besserwisserischer oder gar neokolonialer Manier, sondern in echter Partnerschaft mit lokalen Organisationen und Akteuren. Hilfe zur Selbstermächtigung, nicht die Förderung falscher Hoffnungen – das ist die Aufgabe. Dabei ist ein klares, langfristiges Engagement vonnöten. Wie oft habe ich von Irakern und Afghanen noch vor dem Fall von Kabul gehört: »Mit euren westlichen Organisationen zu arbeiten ist gefährlich. Ihr sagt, ihr wollt uns helfen – aber dann verschwindet ihr, die Dschihadisten kommen zurück, und wir sind die Verräter, die umgebracht werden müssen.«

Der Aufbau einer Zivilgesellschaft ist ein langwieriger Prozess, fast immer mit Rückschlägen verbunden, aber unbedingt notwendig. Trotz des desaströsen Abzugs haben zwei Jahrzehnte westliche Hilfe die afghanische Gesellschaft stark verändert. Rund eine Millionen Studierende besuchten oftmals vom Westen geförderte Hochschulen, darunter viele Frauen.[108] Sie werden den Taliban mit einer ganz anderen Haltung und anderen Forderungen gegenübertreten als die Generation vor ihnen. Selbst den Taliban ist dies bewusst, sie erlauben den Frauen vorerst, weiterzustudieren – wenn auch unter drakonischen Bedingungen.

Um Teile des gesellschaftlichen Fortschritts zu erhalten, der in Afghanistan in den letzten 20 Jahren erzielt wurde, besitzt die internationale Staatengemeinschaft eine gewisse Handhabe. Die Taliban wollen internationale Anerkennung. Und das Land braucht massive humanitäre und wirtschaftliche Unterstützung. Sie muss an Bedingungen geknüpft werden, damit die Taliban wenigstens Mindeststandards bei Frauen- und Menschenrechten im Allgemeinen einhalten.

Das Beispiel Tunesiens, des Landes, von dem der »Arabische Frühling« 2010 ausging, zeigt, wie wichtig die Unterstützung der Zivilgesellschaft ist.

Überdurchschnittlich viele Tunesier kämpften in Syrien, im Irak und in Libyen für den IS. Zuvor war das Land immer wieder zur Zielscheibe der Dschihadisten geworden. 2002 töteten Mitglieder von Al-Qaida bei einem Anschlag auf die älteste Synagoge Nordafrikas auf der Insel Dscherba 21 Menschen, darunter 14 deutsche Urlauber. An den Morden war auch der deutsche Dschihadist Christian Ganczarski beteiligt.[109]

Nach dem Sturz des Diktators Ben Ali geriet Tunesien erneut ins Visier der Dschihadisten. Im März 2015 starben 24 Menschen bei einem Bombenattentat des IS auf das Nationalmuseum Bardo in Tunis, im Juni desselben Jahres wurden an einem Strand unweit der beliebten Touristenstadt Sousse 39 Menschen ermordet, größtenteils Urlauber. Ganze Regionen, darunter die Provinz Kasserine an der Grenze zu Algerien, drohten unter die Kontrolle der Dschihadisten zu geraten. Doch die Bevölkerung half den Sicherheitskräften, den IS zu vertreiben. Seit 2015 ist es in Tunesien nur sporadisch zu Anschlägen – vor allem gegen Polizei und Armee – gekommen.

Bis heute protestieren junge Tunesier allerdings gegen die sich kaum bessernde ökonomische Misere. Nur wenn Perspektivlosigkeit und Armut wirklich gelindert werden – davon sind meine Kolleginnen und Kollegen, die sich mit diesen gesellschaftlichen Entwicklungen befassen, überzeugt –, kann es gelingen, eine auf Dauer funktionierende Demokratie aufzubauen und die Hydra des Dschihadismus endgültig zurückzudrängen.

In Tunesien gibt es viele ermutigende Zeichen, aber auch Grund zur Sorge: Es herrscht Presse- und Meinungsfreiheit, freie demokratische Wahlen auf lokaler und auf nationaler Ebene fanden statt. Der 2019 mit über 70 Prozent der Stimmen gewählte Präsident Kais Saied löste allerdings im Sommer 2021 das Parlament auf, zwang den Premierminister und dessen Regierung zum Rücktritt und verhängte den Notstand. Die Mehrheit der Tunesier befürwortete die Maßnahmen des Professors für Verfassungsrecht. Die Politiker insbesondere der regierenden Parteien gelten als korrupt und ineffizient, vor allem bei der Bewältigung der Wirtschafts- und Coronakrise haben sie versagt. Aber angesichts einer geplanten Verfassungsänderung durch den Präsidenten besteht die Furcht, dass sich ein autoritäres, populistisches Regime etabliert.[110]

Den besten Schutz gegen die autoritäre Versuchung bilden die Hunderte von Vereinen, die sich für die Rechte von Minderheiten, für mehr Mitbestimmung auf lokaler und nationaler Ebene oder für Umweltschutzbelange einsetzen, sowie eine aktive Jugendkultur zumindest in den größeren Städten, kurz, eine dynamische Zivilgesellschaft. Sie konnte sich nicht zuletzt aufgrund massiver Hilfe Europas, vor allem auch Deutschlands, weiterentwickeln und darf auf keinen Fall fallengelassen werden. Im Gegenteil – sie muss noch massiver unterstützt werden. Auf den Präsidenten hingegen muss Druck ausgeübt werden, damit er den demokratischen Wandel fortsetzt. Und Druckmittel sind da – Tunesien ist von europäischen Geldern abhängig. Wenn wir weiterhin daran arbeiten, Tunesien zu einer sozial gerechteren und dauerhaft funktionierenden Demokratie zu verhelfen, dann lässt sich nicht nur die Wahrscheinlichkeit verringern, dass arme, ausgegrenzte junge Tunesier zu Flüchtlingen werden, sondern auch, dass sie sich im Exil radikalisieren wie Anis Amri, der Attentäter vom Breitscheidplatz.

Unser Nachbarland am südlichen Mittelmeer könnte sich trotz aller Hürden tatsächlich noch zu dem »Leuchtturm-Modell« für die ganze arabisch-islamische Welt entwickeln, als das es manchmal bereits bezeichnet wurde, und damit zum Gegenmodell zu Dschihadismus und Autoritarismus. Und für Europa könnte es beispielhaft für eine gelungene Zusammenarbeit stehen. Aber dies bedarf großer Anstrengungen und eines echten politischen Willens.

Das Wesen der Hydra:
Eine Debatte

Am 16. Oktober 2020 wurde der Geschichts- und Geografielehrer Samuel Paty nach Unterrichtsende auf offener Straße von einem jungen Tschetschenen enthauptet. Dafür war der 18-jährige Abdoullakh Anzorov fast 100 Kilometer aus der Normandie nach Conflans-Sainte-Honorine bei Paris gereist. Sein Opfer kannte er nicht persönlich. Kurz nach dem Mord wurde er von der Polizei erschossen.

Auslöser oder besser Vorwand für seine Gräueltat – ich weiß gar nicht, wie ich den Versuch bezeichnen soll, sie zu begründen – war ein Gemeinschaftskundekurs zehn Tage zuvor. Der Lehrer hatte einer siebten Klasse der Mittelschule zum Thema Pressefreiheit die von *Charlie Hebdo* veröffentlichten Mohammed-Karikaturen gezeigt. Aus gegebenem Anlass: Zeitgleich fand der Prozess gegen die Helfer der Anschläge auf das Satiremagazin 2015 statt, bei denen 13 Menschen starben. Paty war bei seinem Kurs sehr verantwortungsvoll vorgegangen. Er bat diejenigen seiner 13- und 14-jährigen Schülerinnen und Schüler, die sich von den Zeichnungen gestört fühlen könnten, den Blick abzuwenden.

Der Vater einer Schülerin, die in der Unterrichtsstunde nicht einmal anwesend war, startete eine Hetzkampagne in den sozialen Medien. Er beschimpfte den Lehrer als Kriminellen, behauptete, Paty habe alle muslimischen Schüler des Raumes verwiesen, und erstattete Strafanzeige wegen Verbreitung von Pornografie unter Minderjährigen. Die Schulleitung wie auch die Polizei hielten keinen der Vorwürfe für gerechtfertigt, doch der Vater hetzte weiter und verbreitete den Namen des Lehrers und die Adresse der Schule im Internet. Extremisten starteten in den sozialen Medien eine Hasskampagne gegen den Pädagogen, die sich nach dem Schneeballprinzip verbreitete. So wurde der junge Tschetschene, der sich in Frankreich radikalisiert hatte, auf sein Opfer aufmerksam.

Der Mord an dem Gemeinschaftskundelehrer war Teil einer erneuten Anschlagsserie in Europa: Etwa zwei Wochen zuvor, am 25. September 2020, hatte ein junger pakistanischer Asylbewerber versucht, vor den ehemaligen Büros von *Charlie Hebdo* einen Journalisten und eine Journalistin mit einem Metzgerbeil zu töten. Beide wurden schwer verletzt. Sie arbeiteten für einen französischen Fernsehsender und hatten mit *Charlie Hebdo* nichts zu tun. Dass die Redaktion des Satiremagazins schon lange umgezogen war, wusste der Attentäter nicht.

Am 4. Oktober griff ein 20-jähriger syrischer Asylbewerber mit einem Messer ein Paar im historischen Zentrum von Dresden an. Einer der beiden Männer wurde schwer verletzt, der zweite getötet. 13 Tage nach dem Mord an dem Lehrer unweit von Paris ermordete ein aus dem nahen Italien angereister Tunesier den Küster und zwei betende Frauen in der Basilika Notre-Dame im Herzen Nizzas. Es folgte Anfang November der dschihadistische Amoklauf mit Sturmgewehr und Pistole in der Innenstadt von Wien. Vier Menschen wurden in dem Ausgehviertel »Bermudadreieck« getötet und 23 weitere teils schwer verletzt. Der Täter – ein 20-jähriger Österreicher mit albanischen Wurzeln aus Nordmazedonien – wurde von einer Sondereinheit der Polizei erschossen.

All diese Anschläge innerhalb eines Monats machen mich wieder sehr betroffen. Am schlimmsten quält mich der Mord an dem engagierten Gemeinschaftskundelehrer – meine drei Kinder gehen in einem weniger als 15 Kilometer entfernten Nachbarort zur Schule. Sie sind aufgewühlt und haben Angst, dass so etwas auch dort passieren könnte. Ich versuche sie zu beruhigen und erkläre ihnen, dass solche schrecklichen Verbrechen selten sind und bleiben werden. Aber sie stellen Fragen über Fragen; ich spreche mit ihnen darüber, warum es nicht aufhört mit dem Dschihadismus, über die Tausende von Rückkehrern aus Syrien und dem Irak, die in den Augen von beeinflussbaren jungen Menschen charismatische Autorität und Anziehungskraft besitzen, und darüber, dass der Dschihadismus zunehmend jene erreicht hat, die sich – ob sie in muslimischen oder nichtmuslimischen Familien geboren wurden – fast ohne externe Einflüsse aus der muslimischen Welt radikalisieren, den sogenannten endogenen Dschihadismus. Ich versuche ihnen die Faktorengruppen zu erklären, von der Geopolitik bis zu lokalen Diskriminierungen und Ausgrenzungen.

Damit verbunden ist die komplexe Frage, die auch viele meiner Kollegen schon lange bewegt und zunehmend in die Öffentlichkeit gerät: An welcher Stelle genau soll man ansetzen, wo liegen die aktuellen und künftigen Problemfelder? In unseren Gesellschaften? In denen der islamischen Welt? Im Islam? In der sozioökonomischen Misere oder der Sinnkrise marginalisierter Jugendlicher? Eine Kontroverse, die Teil einer scharfen Debatte über die Natur des Dschihadismus ist.[1] Worin besteht das Wesen der zerstörerischen Hydra? Diese Frage mag theoretisch oder akademisch anmuten, doch die Antwort darauf hat ganz reale und konkrete Auswirkungen auf die Politik und unsere Gesellschaften.

»Wer Dinge falsch benennt, trägt zum Unheil in der Welt bei«, so ein berühmtes, dem französischen Philosophen Albert Camus zugeschriebenes Zitat. Im Umkehrschluss kann Verstehen, Erkennen und Benennen dabei helfen, die Verbreitung von Unheil einzudämmen. Nur wenn wir das Wesen des Dschihadismus begreifen, können wir auch effektiv dagegen vorgehen. Denn der jeweils herrschende Diskurs über dieses Wesen beeinflusst die Gewichtung der gesellschaftlichen und politischen Prioritäten im Kampf gegen ihn nachhaltig.

Für einen Paukenschlag sorgte 2015 der Politikwissenschaftler und Philosoph Olivier Roy. Mit seiner These, der Dschihadismus sei nicht die »Radikalisierung des Islams, sondern die Islamisierung der Radikalität«, forderte er einen Perspektivenwechsel. Für Roy sind der Dschihadismus und dessen »Hypergewalt« keine Frage der Religion, vielmehr Ausdruck einer »generationenübergreifenden nihilistischen Revolte«; Europas Dschihadisten, von Khalid Kelkal bis Denis Cuspert, seien schon radikalisiert und zur Revolte gegen unsere Gesellschaften bereit gewesen, bevor sie »islamisiert« wurden. Daesch etwa schöpfe aus einem Pool junger radikalisierter Menschen, die unabhängig von den Ereignissen im Nahen Osten bereits in Opposition gegangen seien und nach einem Sinn, einem Label, einer großen Erzählung suchten, um ihr den blutigen Stempel ihrer persönlichen Revolte aufzudrücken. »Die Vernichtung des IS würde an dieser Revolte nichts ändern.«[2]

Roy erregte mit seinen Thesen Aufsehen, da er die ideologischen Einflüsse der verschiedenen Formen extremistischer Islamauslegungen, insbesondere der des Salafismus, für nachrangig hält ebenso wie die sozioökonomischen und geopolitischen Realitäten in der arabisch-muslimischen Welt, die häufig für die dschihadistische Radikalisierung in der westlichen Welt mitverantwortlich gemacht werden.

In meinen Augen bietet Roy eine zu begrenzte Perspektive und lässt wichtige Fragen unbeantwortet. Mit der Formel der »Islamisierung der Radikalität« erklärt er nicht, warum Jugendliche, die revoltieren wollen, mit oder ohne muslimischen Hintergrund sich gerade dem Dschihadismus zuwenden und nicht etwa dem Anarchismus, anderen Formen von Linksextremismus oder radikalen Umweltschutzgruppen. Dabei scheint gerade auch in den europäischen Gesellschaften der religiöse Anstrich ein entscheidender Grund dafür zu sein, dass unzufriedene, rebellische Jugendliche in den Bann der todbringenden Ideologie gezogen werden.

Im Gegensatz zu Roy sieht der Politikwissenschaftler François Burgat den Schlüssel zum Verständnis des Dschihadismus vor allem in der sozioökonomischen Ausgrenzung von Einwanderern und ihren Kindern in Europa – ob in den französischen Vorstädten, in Ostlondon oder in Dinslaken-Lohberg –, aber auch in der geopolitischen Situation, dem israelisch-palästinensischen Konflikt oder den westlichen Interventionen innerhalb der muslimischen

Welt wie in Afghanistan oder im Irak. Zudem sei der Dschihadismus eine Spätfolge des Kolonialismus, eine Revanche für erlittene Erniedrigungen – sowohl für die Bevölkerung der betroffenen Länder als auch für die Einwanderer oder deren Kinder in Europa. Burgat zufolge unterschlägt Roys These von »der Islamisierung der Radikalität« die Fehler der westlichen Außenpolitik und »verführt leicht, weil sie so gefällig ist«.[3]

Burgat stellt die koloniale Vergangenheit und postkoloniale Konflikte – zweifellos Faktoren, die helfen, den Aufstieg des Dschihadismus zu erklären – in den Mittelpunkt, indem er auf dessen »glokalen« Charakter fokussiert: Die Ideologie verführe, weil auf lokaler Ebene große Missstände und Diskriminierungen herrschen. Die Sunniten im Irak, die Beduinen des Sinai oder die Tuareg in Mali beispielsweise schlossen sich der globalen dschihadistischen Bewegung nicht zuletzt aufgrund von sozialer, kultureller, politischer und wirtschaftlicher Diskriminierung an. Das Gleiche gelte für junge Europäer mit sogenanntem Migrationshintergrund, die unter realer oder subjektiv empfundener sozioökonomischer oder kultureller Ausgrenzung leiden. Andere Forscher beschreiben den Dschihadismus in diesem Zusammenhang sogar als »Instrument der sozialen Rache«.[4]

Der Anthropologe Scott Atran hat Roys These von einer »Islamisierung der Radikalität« in eine breitere Perspektive gerückt und sie um geopolitische und sozioökonomische Faktoren erweitert. Altan zufolge ist Daesch eine »politische, religiöse und moralische Bewegung mit historischer und geopolitischer Dimension«, ja »die wichtigste gegenkulturelle Bewegung seit dem Fall der Sowjetunion«[5]; der »Islamische Staat« sei nicht nur der Mittelpunkt des internationalen Terrorismus und eine vergangenheitsorientierte Regression, sondern auch eine »Revolution«, die auf einer neuen politischen und religiösen Ordnung gründe und eine ganze Generation in ihren Bann gezogen habe.[6] Als »dunkle Seite der Globalisierung« habe der Dschihadismus, wie jede andere Revolution, universelle und globale Ambitionen und sich zu einer attraktiven Alternative, einem Gegenmodell zum Feindbild der westlichen Hegemonie entwickelt. Ein zentrales Problem mit schwerwiegenden Folgen besteht Atran zufolge nun darin, dass der Westen dieses zentrale Element des Dschihadismus nicht begreife und ihn aus »Unverständnis« unter dem »sinnentleerten Begriff des Terrorismus« diskutiere.

Ich möchte hinzufügen: Wie dessen Propaganda zeigt, stellt sich der Dschihadismus zwar als Gegenmodell und Gegenkultur dar, er hat aber, vor allem was jüngere Extremisten betrifft, eine Antikultur des Dschihad produziert, die die Codes und den schlimmsten Trash unserer westlichen Kultur aufgesogen und adaptiert hat, um sie gegen uns zu wenden, etwa US-amerikanische Horrorproduktionen oder europäische Reality-Shows.

Atran trägt mit dem Konzept der dschihadistischen »Revolution« ein wichtiges Element zum Verständnis bei. Allerdings handelt es sich dabei eher um eine Art Kulturrevolution gegen westliche Werte und gewissermaßen um eine vom Westen auferlegte Rebellion gegen die internationale Politik als um eine Revolution, die auf die Beseitigung konkreter politischer und sozioökonomischer Ungleichheiten zielen würde: Die Dschihadisten haben bisher kein politisches Modell entwickelt, machen keine konkreten Vorschläge, wie ihr »Islamischer Staat« aussehen soll, und stellen auch die liberale Wirtschaftsordnung nicht infrage.

Der Politologe und Soziologe Gilles Kepel rückt den religiösen Aspekt in den Mittelpunkt. Für ihn handelt es sich beim Dschihadismus sehr wohl um eine »Radikalisierung des Islam«.[7] Kenntnisse der Geschichte der arabisch-muslimischen Welt und ihrer Sprachen, insbesondere des Arabischen, sind für Kepel unerlässlich, um die ideologische Entwicklung des Dschihadismus zu verstehen, denn die sozioökonomischen und geopolitischen Faktoren gruppieren sich um einen harten religiösen Kern. Insbesondere müsse die Dominanz des salafistischen Gedankenguts berücksichtigt werden, das auf den erwähnten höchst intoleranten Schlüsselkonzepten wie dem *takfir* – dem Ausschluss aus der Gemeinschaft der Gläubigen – basiert und die Interpretationshoheit über den Islam beansprucht, inklusive des Rechts, zum Dschihad aufzurufen. Die Dschihadisten rechtfertigten zudem alle ihre Handlungen, etwa die Versklavung von Frauen wie den Jesidinnen, mit vermeintlich religiösen Argumenten.

Kepel betont, dass es sich im Gegensatz zum Links- oder Rechtsextremismus eben nicht um eine in Europa, sondern um eine in einem anderen politischen und kulturellen Raum entstandene Ideologie handelt. Den Nationalsozialismus oder auch die AfD könne man ohne ein zumindest grundlegendes Wissen um die deutsche Geschichte ebenfalls nicht verstehen.

Die von Kepel benannte Perspektive ist auch aus meiner Sicht entscheidend:[8] Ohne Kenntnis der arabisch-islamischen Geschichte und des Salafismus kommt man nicht weiter. Doch um die Essenz des so komplexen und vielschichtigen Phänomens Dschihadismus zu bestimmen, muss der gemeinsame Nenner der Auswüchse der Bewegung identifiziert werden. Für mich ist dieser das bereits diskutierte falsche eschatologische Versprechen: die Verheißung, dass seine Anhänger in der »einzig wahren Glaubensgemeinschaft« Erlösung finden und auf direktem Weg ins Paradies gelangen werden, wenn sie im Kampf aktiv den Tod suchen – vorzugsweise durch Selbstmordattentate. Dieses zentrale Element erlaubt es, die Bewegung als Sekte zu identifizieren.

Der Politologe Omar Saghi wies bereits 2005 darauf hin, dass die Struktur der von Bin Laden gegründeten Organisation »eher einer Sekte entsprach als einer politischen Partei«, mit einer lockeren, weicheren Ideologie, aber umso verführerischerem Einfluss. So habe Al-Qaida zu einem »Sammelbecken von Menschen mit ganz unterschiedlichem Hintergrund, mit verdächtiger und teils dunkler Vergangenheit« werden können.[9]

Obwohl der Dschihadismus in seinen unterschiedlichen Schattierungen politische Ziele verfolgt; obwohl er die Vorherrschaft über alle Muslime anstrebt; obwohl es innerhalb der Bewegung verschiedene Fraktionen gibt, die einander, wie Al-Qaida und Daesch, in einem Geschwisterzwist bekämpfen, um weltweit Hegemonie zu erlangen, oder die Taliban, die vor allem lokale Ziele verfolgen – es handelt sich trotzdem zunächst und vor allem um eine Sekte, auch gemäß den Kriterien von Max Weber, dem Mitbegründer der Religionssoziologie. Er beschreibt eine Sekte als Vereinigung von Gläubigen, die sich von ihrem sozialen Umfeld gelöst haben und dieselbe Weltanschauung teilen; innerhalb einer solchen Vereinigung herrsche eine religiöse Autorität vom charismatischen Typ.[10] Die Zugehörigkeit zu einer Organisation wie Daesch oder Al-Qaida erfordert einen ebensolchen Bruch mit der Gesellschaft; der damit einhergehende Treueeid, die *baia*, gilt charismatischen Führern wie dem Pseudokalifen Al-Baghdadi oder dem »Emir« Ayman al-Zawahiri, deren Autorität auch eine spirituelle, moralische und eschatologische Dimension besitzt – sie inszenieren sich als Nachfolger des Propheten Mohammed.

Weber zufolge ist für eine Sekte zudem ihre Opposition zum dominanten Glaubenssystem der Gesellschaft, aus der sie hervorgeht, konstitutiv. Obwohl es im sunnitischen Islam keine mit den christlichen Großkirchen vergleichbare Institution gibt, ist ein Grundprinzip des Islam, dem *ijma* zu folgen, dem Konsensus der Rechtsgelehrten, der *ulama*. Der Dschihadismus widerspricht diesem Konsens und steht somit am äußersten Rand – wenn nicht sogar außerhalb – der sunnitischen Glaubensgemeinschaft, über die er die Vorherrschaft erringen möchte; und wie alle Sekten weigert er sich, mit den Gesellschaften und der Welt um ihn herum Kompromisse einzugehen. Durch sein Heilsversprechen – die Aufnahme in die wahre Glaubensgemeinschaft sichere einen Platz im Paradies – schafft er zudem ein System der Dominanz über seine Mitglieder, laut Weber ebenfalls ein Merkmal von Sekten als Herrschaftsgruppen.

Die islamische Geschichte kennt eine Vielzahl politisch-religiöser Sekten mit sehr unterschiedlichen Heilslehren. Das Novum des Dschihadismus besteht darin, dass er seit seiner Entstehung durch das Wirken Abdallah Azzams und danach Bin Ladens als einzige Sekte des Islam ihr vermeintliches Märtyrertum mit seinen Selbstmordattentaten als zentrales Element seines Glaubens etabliert hat. Und darin, dass der Dschihad ausschließlich als bewaffneter Kampf und einzig direkter Weg ins Paradies verstanden wird, nicht als innere Glaubensanstregung oder als das Bemühen, politische und soziale Veränderungen friedlich herbeizuführen. Dies ist der verlogene Kern des Dschihadismus.

Diese Bewegung mit ihren vielen oftmals rivalisierenden Organisationen als Sekte zu identifizieren, deren vereinendes Element der Mythos der Erlösung ist, ermöglicht es, ihre vielfältigen Erscheinungsformen besser zu verstehen. Wenngleich die meisten Gruppierungen stark hierarchisch strukturiert sind, erlaubt diese Heilslehre als Minimalkonsens es ihnen, komplexe und fluktuierende Allianzen einzugehen. So hat Al-Shabaab in Somalia Al-Qaida den Treueeid geschworen oder Boko Haram in Nigeria Daesch. Aber es existieren in dieser sektiererischen Kultur oder Antikultur auch kleine autonome Netzwerke, die – nach der Maxime des Dschihadtheoretikers Abu Musab al-Suri »System statt Organisation« – der verheerenden Matrix des Dschihadismus folgen, wie die »Lohberger Brigade«. Die Langlebigkeit des Dschihadismus von seinen Anfängen in der Bergwelt des Hindukusch bis heute lässt sich also nicht ohne die sektiererische Dimension erklären, die sein Wesen ausmacht.

Der Dschihadismus ist umso mehr eine Sekte, als seine Anhänger – entgegen den Geboten des orthodoxen Islam – nicht alle gleichermaßen als Brüder und Schwestern anerkennen, die das islamische Glaubensbekenntnis – »Es gibt keinen Gott außer Gott, und Mohammed ist sein Prophet« – ablegen; nur jene, die dem verzerrten Konzept des Dschihad und des Märtyrertums folgen, gelten als wahre Muslime. Aufgrund dieser Intoleranz werden Dschihadisten von der großen Mehrheit gläubiger Muslime im Übrigen selbst als *ghulat,* »als ketzerische Abweichler«, wahrgenommen, die zu einer verirrten Sekte gehören, arabisch *al-fi'a al-dhala.*

Die verlogene Heilslehre des Dschihadismus, die ihn zusammenhält, gilt es kontinuierlich zu entlarven und zu widerlegen. Dies muss eine der Prioritäten im Kampf gegen die Dschihadisten sein. Sie haben Schlüsselkonzepte des Islam gestohlen, umgedeutet und pervertiert. Sie ignorieren das strikte Selbstmordverbot, und ihre Pseudopropheten maßen sich göttliche Gewalt an, indem sie entscheiden, wer ins Paradies darf und wer nicht. Sie missbrauchen den Koran als Steinbruch, um mit Versatzstücken daraus Mord und Terror zu rechtfertigen, während sie die wichtigsten Verse (wie die bereits zitierte Sure 5, Vers 32) unterschlagen: »Wer einen Menschen tötet, ohne dass dieser einen Mord begangen oder Unheil auf der Erde angerichtet hat, so ist es, als hätte er die ganze Menschheit ermordet. Und wer ein Leben erhält, so ist es, als hätte er die ganze Menschheit gerettet.« Zur Entlarvung der dschihadistischen Lügen müssen noch mehr Stimmen aus der islamisch-arabischen Welt laut werden, aber ebenso aus Europa mit seinem so reichen und diversen muslimischen Leben. Und wir müssen dabei helfen, dass sie gehört werden.

Die Hydra hat sich aus den Wüsten Saudi-Arabiens über die Berge des Hindukusch, die Zentren arabischer Zivilisation wie Kairo, Bagdad und Mossul in die Länder des Sahel, nach Indonesien und auf die Philippinen, nach London, Paris und Dinslaken-Lohberg vorgeschlängelt und vorgekämpft. Zu oft wurde sie für besiegt erklärt: nach dem 11. September, als Al-Qaida-Camps in Afghanistan zerstört wurden; nach der Zerschlagung des ersten »Islamischen Staats« im Irak; nach der Tötung Bin Ladens. Jedes Mal kam sie mächtiger zurück. Das gelang ihr, weil sie sich aus allen realen und imaginären Missständen nährt und für alles und jeden Abhilfe verspricht – eine ultimative Abhilfe. Die Erlösung im Paradies ist ein Versprechen, dessen Erfüllung sich nicht überprüfen lässt. Wir hingegen müssen Missstände real und nachweisbar beseitigen, um der Hydra ihre Nahrung zu entziehen. Dabei gilt es, auch die anderen angesprochenen Perspektiven zu beachten – und die damit zusammenhängenden geopolitischen, sozioökonomischen und soziokulturellen, ideologischen und psychologischen Faktoren, die lokalen Nährböden und Netzwerke sowie die Propaganda. Nur wenn wir all diese Ursachen gleichzeitig angehen, und zwar gemeinsam, als »Weltschicksalsgemeinschaft«, als Gemeinschaft von Menschen, die ungeachtet ihres Ursprungs und ihres Glaubens mehr verbindet, als sie trennt, können wir den Dschihadismus besiegen.

Es ist nicht damit getan, dass wir Präventionsmaßnahmen auflegen, um über die Gefährlichkeit der Ideologie aufzuklären, und Deradikalisierungsprogramme betreiben. Es reicht nicht, in Deutschland und Europa die sozialen und wirtschaftlichen Ungerechtigkeiten und Diskriminierungen zu verringern und Verfassungspatriotismus zu leben. All dies ist notwendig, aber eben nicht ausreichend. Wir leben nicht auf einer Insel der Glückseligen – wir müssen global denken und handeln. Die Eroberung Afghanistans durch die Taliban, vier Jahre nach der Zerschlagung des IS-Kalifats, macht erneut deutlich: Wir müssen einen umfassenderen Ansatz finden und dürfen dabei keine der Gruppierungen aus den Augen verlieren, wo immer sie sich befinden: Al-Qaida im Jemen, im Maghreb, im Sahel; den IS im Irak, in Syrien, Ägypten, Libyen; die Shabaab in Somalia; Boko Haram in Nigeria und weitere dschihadistische Gruppen wie auf den Philippinen oder in Indonesien. Wir müssen dem Dschihadismus als globalem Phänomen weltweit begegnen, auch militärisch. Jedoch nicht so wie in Afghanistan und im Irak, wo die USA behaupteten, *hearts and minds*, die Herzen und Köpfe, gewinnen zu wollen, aber die Menschen in verwüsteten Ländern im Stich ließen und den Extremisten nur neuen Auftrieb verschafften.

Dabei müssen wir autoritären Lösungsmodellen widerstehen, die Menschenrechte verachten, und geduldig langfristige Hilfe zur Selbsthilfe leisten. Die Einbindung ausgegrenzter Bevölkerungsgruppen in politische Prozesse, der Aufbau von Rechtsstaatlichkeit, Wirtschaftsförderung und die Vermeidung ökologischer Katastrophen sind die Grundlagen dafür, dass soziale Gerechtigkeit und funktionierende Zivilgesellschaften entstehen. Nur so ist es möglich, junge Menschen bei ihrer Sinnsuche und Selbstverwirklichung zu unterstützen und zu verhindern, dass sie sich der globalen »Revolte« der »Gegenkultur« beziehungsweise der Sekte Dschihadismus anschließen.

Selbst Herkules konnte die Hydra nicht allein besiegen. Nachdem er vergeblich versucht hatte, ihre Köpfe einzeln zu zerschmettern, rief er seinen Neffen Iolaos zu Hilfe. Dieser verbrannte mit einer Fackel die Hälse des Ungeheuers und verschloss sie dadurch, bis keine Köpfe mehr nachwachsen konnten. Nur so gelang es Herkules, den zentralen, den denkenden Kopf vom Rumpf zu trennen und einen Felsen über ihn zu rollen, um ihn unschädlich zu machen.

Wie der steuernde Kopf der Hydra, der lebendig unter dem Felsen liegt, wird der Dschihadismus vermutlich nie sterben, doch ihm kann seine zerstörerische Wirkkraft genommen werden. Für wie lange und mit welcher Effizienz, das hängt von unserem Willen und unseren dauerhaften Anstrengungen ab.

Auch das sogenannte Dritte Reich wurde besiegt, doch Rechtsextremismus und Antisemitismus sind heute, über sieben Jahrzehnte später, immer noch präsent. Ähnlich wird es sich mit dem Dschihadismus verhalten. Wir können nur beständig daran arbeiten, dass er weniger Menschen verführt und vor allem tötet, unsere freiheitlich-rechtsstaatlichen Gesellschaften gegen ihn und andere Extremismen wappnen und Menschen rund um den Globus unterstützen, solche Gesellschaften aufzubauen. Sie bieten den besten Schutz gegen die Hydra.

Dank

Dieses Buch ist allen gewidmet, die Extremismus und Unterdrückung mit Mut, Kreativität und Kultur begegnen – überall auf der Welt.

Leider kann ich den vielen Menschen in Berlin, Paris, Kairo, Mossul oder Kabul, um nur einige Orte zu nennen, die mit mir ihre Zeit, Gedanken und zum Teil traurigen Erfahrungen geteilt haben, nicht persönlich danken – größten Dank möchte ich ihnen aber natürlich aussprechen.

Meine besondere Dankbarkeit gilt Julie, Adam, Gabriel und Jasmin, die mich während des Schreibens ertragen mussten. Und ich möchte mich persönlich für ihre Hilfe bei meinen langjährigen Kollegen Milena Uhlmann und Tjerk Weber sowie bei Caspar Berges und Verena Schad bedanken. Für meine Recherchen über Deutschland unerlässlich war die Zusammenarbeit mit Nina Wiedl und Catrin Trautmann bei der Candid Foundation zur Entwicklung eines Handbuches zur Deradikalisierung.

Der Lektorin Claudia Kühne danke ich für die erste aufwendige Durchsicht und Bernd Klöckener für sein so aufmerksames und ideenreiches Endlektorat.

Anmerkungen

I. Die Hydra erwacht
Geschichte des Dschihadismus

1 Die Begriffe »Islamismus«, »Salafismus« und »Dschihadismus« sind Wortneuschöpfungen der Sozialwissenschaften der neunziger Jahre. Von den Anhängern dieser Bewegungen selbst werden sie nicht benutzt. Salafisten und Dschihadisten beanspruchen für sich, Vertreter des »wahren« Islam zu sein und bezeichnen sich schlicht als Muslime.

2 Asiem El Difraoui, *jihad.de. Jihadistische Online-Propaganda: Empfehlungen für Gegenmaßnahmen in Deutschland,* SWP-Studie, Berlin 2012, online verfügbar unter: {www.swp-berlin.org/fileadmin/contents/products/studien/2012_S05_dfr.pdf} (Stand: August 2021).

3 Khaled al-Haj Salih, ein junger syrischer Aktivist, prägte den Begriff 2013. Vgl. dazu ausführlicher: Alice Guthrie, »Decoding Daesh: Why is the new name for ISIS so hard to understand?«, in: *Films for Action* (17. November 2015), online verfügbar unter: {www.filmsforaction.org/articles/decoding-daesh-why-is-the-new-name-for-isis-so-hard-to-understand} (Stand: August 2021). – Daesch-Anhänger bezeichnen den IS zumeist als *dawla*, arabisch für »Staat«.

4 Asiem El Difraoui, *Mekka retten: Ein Mann kämpft gegen die Zerstörung seiner Heimat* (Film, WDR 2005).

5 Nach Angaben der Global Terrorism Database (GTD) der Universität Maryland, die über 190 000 Terrorattacken seit 1970 auflistet. Vgl. GTD, »Incidents over time. Country: Saudi Arabia«, online verfügbar unter: {www.start.umd.edu/gtd/search/Results.aspx?page=1&casualties_type=b&casualties_max=&dtp2=all&country=173&count=100&charttype=line&chart=overtime&expanded=no&ob=TotalNumberOfFatalities&od=desc#results-table} (Stand: August 2021).

6 Vgl. The Soufan Group, *Foreign Fighters: An Updated Assessment of the Flow of Foreign Fighters into Syria and Iraq* (Report, 1. Dezember 2015), S. 6-10, online verfügbar unter: {www.jstor.org/stable/resrep10784.5} (Stand: August 2021).

7 Sayyids Qutbs Hauptwerk ist der 30-bändige Korankommentar *Im Schatten des Korans* (1952 ff.), in dem alle 114 Suren behandelt werden. Weitere wichtige Werke sind *Unser Kampf gegen die Juden* (1950) und *Zeichen auf dem Weg* (1964), deutsche Übersetzung aus dem Arabischen in: Andreas Meier (Hg.), *Der politische Auftrag des Islam. Programme und Kritik zwischen Fundamentalismus und Reformen. Originalstimmen aus der islamischen Welt,* Wuppertal 1994.

8 Zitiert nach: Thomas Hegghammer, »Einführung. Abdullah Azzam, der

Imam des Dschihads«, in: Gilles Kepel / Jean-Pierre Milelli (Hg.), *Al-Qaida: Texte des Terrors*, München 2006, S. 145-173; hier S. 145.

9 Vgl. ebd., S. 148.

10 Vgl. Asiem El Difraoui, *Al-Qaida par l'image: la prophétie du martyre*, Paris 2013, S. 40.

11 Auszüge bei Kepel / Milelli (Hg.), *Al-Qaida: Texte des Terrors*, S. 174-182.

12 Zitiert nach ebd., S. 168.

13 Gespräch des Autors mit Omar Bakri.

14 El Difraoui, *Al-Qaida par l'image*, S.42.

15 Die Schrift, im Original *Ilhaq bil-qawafilah*, hat Abdallah Azzam 1987 verfasst. Auszüge bei Kepel / Milelli (Hg.), *Al-Qaida: Texte des Terrors*, S. 193-211. Vgl. dazu El Difraoui, *Al-Qaida par l'image*, S. 38-42.

16 Asiem El Difraoui / Britta Sandberg, *Osama bin Laden: Der Prophet des Terrors* (Film, Spiegel-TV 2004).

17 Amber Atteridge, »Foreign fighters post conflict: Assessing the impact of Arab Afghans and Syrian-Iraqi foreign fighters on global security« (International Institute for Counter-Terrorism, Frühjahr 2016), online verfügbar unter: {www.ict.org.il/UserFiles/ICT-Foreign-Fighters-Post-Conflict-May-16.pdf} (Stand: August 2021).

18 El Difraoui, *Al-Qaida par l'image*, S.53.

19 Der Südsudan wurde 2011 nach jahrzehntelangem Bürgerkrieg ein unabhängiger Staat.

20 Vgl. Combating Terrorism Center at West Point (CTC), »Open Letter to King Fahd from bin Laden«, online verfügbar unter: {https://ctc.usma.edu/wp-content/uploads/2013/10/Open-Letter-to-King-Fahd-from-bin-Laden-Translation.pdf} (Stand: August 2021).

21 Gespräch des Autors mit Muhammad al-Massari.

22 Selbst nach dem 11. September 2001 wurden diese Freiheiten nur bedingt eingeschränkt. Erst nach den Attentaten auf die Londoner U-Bahn im Juli 2005 änderte sich Grundsätzliches.

23 Brynjar Lia, *Architect of global jihad: The life of Al Qaeda strategist Abu Mus'ab al-Suri*, London 2009, Einleitung.

24 Abhijnan Rej, »The Strategist: How Abu Mus'ab al-Suri Inspired ISIS«, in: *ORF [Observer Research Foundation] Occasional Paper* 96 (August 2016), online verfügbar unter: {www.orfonline.org/research/the-strategist-how-abu-musab-al-suri-inspired-isis} (Stand: August 2021).

25 Vgl. Murad Batal al-Shishani, »Syria's Surprising Release of Jihadi Strategist Abu Mus'ab al-Suri«, in: The Jamestown Foundation (Hg.), *Terrorism Monitor* 10 / 3 (10. Februar 2012), online verfügbar unter: {jamestown.org/program/syrias-surprising-release-of-jihadi-strategist-abu-musab-al-suri/} (Stand: August 2021).

26 Agence France-Presse, »Son of radical cleric Omar Bakri believed killed in

Iraq fighting for ISIS« (*The Guardian*, 29. Dezember 2015), online verfügbar unter: {www.theguardian.com/world/2015/dec/30/omar-bakri-son-killed-iraq-fighting-for-isis-report} (Stand: August 2021).

27 Der heute verwendete Begriff »Bosniaken« für die nichtserbische und nichtkroatische, vorwiegend muslimische Bevölkerung wurde damals noch nicht benutzt.

28 El Difraoui, *Al-Qaida par l'image*, S.124.

29 Vgl. ebd., S.306.

30 Gespräch des Autors mit Xavier Bougarel.

31 Der Volltext ist in englischer Sprache online verfügbar unter: {www.angelfire.com/dc/mbooks/Alija-Izetbegovic-Islamic-Declaration-1990-Azam-dot-com.pdf} (Stand: August 2021); Zitat auf S. 29. – Die polemisierende Abhandlung hatte zunächst zum Ziel, dem Westen den Islam als eine Art »dritten Weg« zwischen den beiden ideologischen Blöcken des Kalten Krieges anzubieten. Darüber hinaus wird eine religiöse Erneuerung der Muslime gefordert, die mittels einer panislamistischen Staatenföderation im Zusammenschluss von Politik und Religion über nationalstaatliche Grenzen hinweg erreicht werden solle.

32 David Binder, »Alija Izetbegovic, Muslim Who Led Bosnia, Dies at 78«, in: *The New York Times* (20. Oktober 2003), online verfügbar unter: {www.nytimes.com/2003/10/20/world/alija-izetbegovic-muslim-who-led-bosnia-dies-at-78.html} (Stand: August 2021).

33 El Difraoui, *Al-Qaida par l'image*, S. 128.

34 Vgl. International Criminal Tribunal for the Former Yugoslavia, »Case Information Sheet: Hadžihasanović & Kubura«, online verfügbar unter: {www.icty.org/x/cases/hadzihasanovic_kubura/cis/en/cis_hadzihasanovic_kubura_en.pdf} (Stand: August 2021); International Criminal Tribunal for the Former Yugoslavia, »Case Information Sheet: Rasim Delic«, online verfügbar unter: {https://www.icty.org/x/cases/delic/cis/en/cis_delic_en.pdf} (Stand: August 2021).

35 Vgl. Renate Flottau, »›Durch und durch schuldig‹«, in: *Der Spiegel* (42/2007), online verfügbar unter: {https://www.spiegel.de/politik/durch-und-durch-schuldig-a-a19f6c80-0002-0001-0000-000053278221} (Stand: August 2021); Gordon N. Bardos, »Trials and Tribulations. Politics and Justice at the ICTY«, in: *Word Affairs* 176/3 (September/Oktober 2013), S. 15-24, online verfügbar unter: {https://www.jstor.org/stable/43555405?seq=1} (Stand: August 2021).

36 Gespräch des Autors mit Xavier Bougarel. – Vgl. auch: Xavier Bougarel/Nathalie Clayer (Hg.), *Le nouvel islam balkanique: Les musulmans, acteurs du post-communisme, 1990-2000*, Paris 2001.

37 Timothy Holman, »Foreign Fighters from the Western Balkans in Syria«, in: *CTC Sentinel* 7:6 (Juni 2014), online verfügbar unter: {https://ctc.usma.

edu/foreign-fighters-from-the-western-balkans-in-syria/} (Stand: August
2021).

38 Stephanie Zosak, »Revoking Citizenship in the Name of Counterterrorism:
The Citizenship Review Commission Violates Human Rights in Bosnia
and Herzegovina«, in: *Northwestern Journal of International Human Rights*
8:2 (2010), S. 216-232, online verfügbar unter: {scholarlycommons.law.
northwestern.edu/njihr/vol8/iss2/4/} (Stand: August 2021).

39 Sein Verbleib ist unbekannt – es gibt Gerüchte, er sei nach Afghanistan
gereist, um sich Al-Qaida anzuschließen, und in Guantánamo inhaftiert
gewesen; andere behaupten, er sei unter einem anderen Namen in Bosnien
untergetaucht. 2015 soll er in Algerien gestorben sein. Vgl. El Difraoui,
Al-Qaida par l'image, S.126.

40 William Glaberson, »Judge Declares Five Detainees Held Illegally«, in:
The New York Times (20. November 2008), online verfügbar unter: {www.
nytimes.com/2008/11/21/us/21guantanamo.html} (Stand: August 2021).

41 David Pallister, »Terrorist material found in Sarajevo charity raid«, in: *The
Guardian* (23. Februar 2002), online verfügbar unter: {www.theguardian.
com/world/2002/feb/23/davidpallister} (Stand: August 2021).

42 Vgl. John Pomfret, »Bosnia's Muslims Dodged Embargo«, in: *The Washington Post* (22. September 1996), online verfügbar unter: {www.washingtonpost.
com/wp-srv/inatl/longterm/bosvote/front.htm} (Stand: August 2021).

43 *Frankfurter Allgemeine Zeitung*, »›Sauerland‹-Gruppe: Gericht: Keine eigen-
ständige Terrororganisation« (20. Oktober 2010), online verfügbar unter:
{www.faz.net/aktuell/politik/inland/sauerland-gruppe-gericht-keine-eigen
staendige-terrororganisation-1912702.html} (Stand: August 2021). – Der
Name wurde der Gruppe von den Medien verliehen, weil 2007 drei ihrer
Mitglieder in einem Ferienhaus im Sauerland verhaftet wurden.

44 Der erste Tschetschenienkrieg (1994-1996), der für die Entwicklung des
Dschihadismus im Nordkaukasus und somit in Russland bedeutsam war,
wird hier nicht diskutiert. Dies würde den Rahmen dieses Buchs über-
steigen.

45 Gespräch des Autors mit Mariam Abou Zahab.

46 Vgl. Luv Puri, »The Past and Future of Deobandi Islam«, in: CTC Sentinel
2/11 (November 2009), S. 19-22, online verfügbar unter: {https://ctc.usma.
edu/the-past-and-future-of-deobandi-islam/} (Stand: September 2021)

47 Vgl. Anand Gopal/Alex Strick van Linschoten, *Ideology in the Afghan Taliban* (Afghanistan Analysts Network 2017), online verfügbar unter: {https://
www.ecoi.net/en/file/local/1403761/1226_1499755260_201705-agopal-
asvlinschoten-tb-ideology.pdf} (Stand: September 2021).

48 Das *Harmony Program* des Combating Terrorism Center at West Point
(CTC) veröffentlicht seit 2005 Originaldokumente von Al-Qaida und anderen Gruppierungen. Sie stammen aus dem US-amerikanischen Verteidi-

gungsministerium und sind online verfügbar unter: {https://ctc.usma.edu/harmony-program/} (Stand: August 2021).

49 Vgl. El Difraoui / Sandberg, *Osama bin Laden: Der Prophet des Terrors*.

50 Vgl. Kepel / Milelli (Hg.), *Al-Qaida: Texte des Terrors*, S. 85 ff.

51 El Difraoui, *Al-Qaida par l'image*, S. 46.

52 Zitiert nach: Peter Bergen, »Today's terrorism didn't start with 9 / 11 – it started with the '90«, in: *CNN Edition* (5. Oktober 2017), online verfügbar unter: {edition.cnn.com/2017/08/02/opinions/nineties-terrorism-bergen/index.html} (Stand: August 2021).

53 Gespräch des Autors mit Abdel Bari Atwan.

54 Abu Bakr Naji hat eine Art Handbuch des Dschihadismus geschrieben, das die Grundsätze der dschihadistischen Kampfführung formuliert. Der Text ist seit 2004 online und liegt seit 2006 auch in englischer Übersetzung vor unter dem Titel *The Management of Savagery* (»Die Verwaltung der Barbarei«). Dort ist im Detail formuliert, mit welchen gewaltsamen und psychologischen Operationen in der westlichen Welt maximale Verunsicherung gestiftet werden soll. Daesch ging nach ebendiesen Grundsätzen vor. Vgl. Eugen Sorg, »Handbuch des Dschihadismus. Kein Ungläubiger soll sich mehr sicher fühlen«, in: *Frankfurter Allgemeine Zeitung* (20. April 2015), online verfügbar unter: {www.faz.net/aktuell/politik/ausland/naher-osten/handbuch-des-dschihadismus-kein-unglaeubiger-soll-sich-mehr-sicher-fuehlen-13546097.html} (Stand: August 2021).

55 2002 wurde mit dieser Methode auch der französische Supertanker Limbourg in Brand gesetzt.

56 El Difraoui, *Al-Qaida par l'image*, S. 144.

57 El Difraoui, *Osama bin Laden: Der Prophet des Terrors*, Spiegel-TV 2004 (mit Britta Sandberg).

58 Die Zahl der Europäer, die zeitweise für den IS kämpften, wurde 2015 auf 6000 geschätzt; vgl. Martin Gehlen, »Der IS wird zur Terror-Internationale« (*Zeit-online*, 27. April 2015), online verfügbar unter: {www.zeit.de/politik/ausland/2015-04/islamischer-staat-irak-anbar} (Stand: August 2021). Allein aus Deutschland sind nach Angaben des Innenministeriums zwischen 2013 und Anfang 2019 etwa 1050 Personen in die Kriegsgebiete in Syrien und in den Irak aufgebrochen, um sich Dschihadistenmilizen anzuschließen; vgl. *Merkur.de*, »Debatte über IS-Anhänger: Beweissuche gegen Dschihadisten stellt Behörden vor Probleme« (19. Februar 2019), online verfügbar unter: {www.merkur.de/politik/junge-is-anhaengerin-aus-konstanz-wegen-sklavenhaltung-angeklagt-zr-11776860.html} (Stand: August 2021).

59 Vgl. El Difraoui, *Al-Qaida par l'image*, S. 159-161. – Das Wort »Razzia« stammt übrigens aus dem Arabischen und bedeutet »Raubzug« oder »blitzschneller Angriff«.

60 *Unicef-News*, »Irak: Untersuchungen weisen auf »humanitären Notfall« hin«

(12. August 1999), online verfügbar unter: {unicef.at/news/einzelansicht/
irak-untersuchungen-weisen-auf-humanitaeren-notfall-hin} (Stand: August
2021).

61 Vgl. Dilip Hiro, *The Longest War: The Iran-Iraq Militry Conflict*, New York
1991, S. 250.

62 Jane Salvage, »Collateral Damage: *The Health and Environmental Costs of
War on Iraq [1990-1991]*«, hg. von Med Act, London 2002, online verfügbar
unter: {https://www.medact.org/wp-content/uploads/2016/07/Medact-
2002-The-Health-Environmental-Costs-of-War-on-Iraq.pdf} (Stand:
August 2021).

63 Vgl. The Human Rights Watch, »Endless Torment. The 1991 uprising in
Iraq and its aftermath«, online verfügbar unter: {https://www.hrw.org/
legacy/reports/1992/Iraq926.htm} (Stand: August 2021).

64 Vgl. Robert Fisk, *The Great War for Civilisation: The Conquest of the Middle
East*, London 2005.

65 Vgl. *Neue Zürcher Zeitung*, »Saddam Hussein – jahrelang auch vom Westen
aufgerüstet« (7. März 2003), online verfügbar unter: {www.nzz.ch/article8
PD77-1.222358} (Stand: August 2021).

66 Christoph Gunkel, »Irakischer Giftgasangriff: Geruch von Müll und süßen
Äpfeln« (*spiegel.de*, 15. März 2013), online verfügbar unter: {www.spiegel.
de/geschichte/giftgasangriff-auf-halabdscha-1988-a-951065.html} (Stand:
August 2021). Vgl. auch dipbt.bundestag.de/dip21/btd/12/004/1200487.pdf}
(Stand: August 2021).

67 Mullah Krekars Biografie hat einiges mit der von Bin Laden gemein. Er
kämpfte in Afghanistan und betrieb im pakistanischen Peschawar ein
»Gästehaus« zur Aufnahme von Mudschaheddin. Vermutlich lernte er
dort Bin Laden kennen. Nach dem 11. September und dem Beginn von
Bushs »Krieg gegen den Terror« mit der US-Invasion in Afghanistan und
der darauffolgenden Zerstörung der Al-Qaida-Camps flüchteten mehr
als hundert Kämpfer der Organisation über den Iran zu Krekars Gruppe
nach Kurdistan. Aus Norwegen konnte Krekar wegen einer drohenden
Todesstrafe jahrelang nicht in den Irak abgeschoben werden. Er wurde
schließlich 2020 nach Italien ausgeliefert und dort als geistiger Drahtzieher
einer IS-Terrorzelle zu zwölf Jahren Haft verurteilt. Vgl. Nina Berglund,
»High court rejects Krekar's appeal« (*News in English. Views and News from
Norway*, 15. Januar 2020), online verfügbar unter: {www.newsinenglish.
no/2020/01/15/high-court-rejects-krekars-appeal} (Stand: August 2021).

68 Mitglieder der Gruppe um Bapir sollen später in den Dschihad nach Syrien
gezogen sein und sich Daesch angeschlossen haben. Bapir selbst gilt heute
als kurdisch-islamischer Intellektueller mit gemäßigten religiösen Ansichten
und ist für seine moderne Interpretation des Islam bekannt; als Vorsitzender
der nun parteilich organisierten Bewegung ist er ein beliebter Politiker im

Irak. Nach seiner Abwendung vom Dschihadismus soll er einen radikalen, aber gewaltfreien Islam predigen – auch so etwas gibt es.

69 Kaplan lebte seit 1993 in der Bundesrepublik. Ihm wurde vorgeworfen, eine terroristische Vereinigung gegründet und zum Mord aufgerufen zu haben. Nach langen Prozessen wurde er im Oktober 2004 in die Türkei ausgewiesen und dort inhaftiert.

70 Die Transkription seiner Rede (»President Bush Announces Major Combat Operations in Iraq Have Ended«) ist online verfügbar unter: {georgewbush-whitehouse.archives.gov/news/releases/2003/05/20030501-15.html} (Stand: August 2021).

71 Vgl. Conrad C. Crane / W. Andrew Terrill, *Reconstructing Iraq: insights, challenges, and missions for military forces in a post-conflict scenario*, Carlisle 2003.

72 Vgl. Human Rights Watch, »War in Iraq: Not a Humanitarian Intervention« (25. Januar 2004), online verfügbar unter: {www.hrw.org/news/2004/01/25/war-iraq-not-humanitarian-intervention} (Stand: August 2021).

73 *UN News*, »UN should never be a target, Baghdad bombing survivors stress, 15 years after deadly attack« (10. August 2018), online verfügbar unter: {news.un.org/en/story/2018/08/1016462} (Stand: August 2021).

74 Boris Kalnoky, »Irak am Rande des Bürgerkrieges«, in: *Die Welt* (24. Februar 2006), online verfügbar unter: {www.welt.de/print-welt/article200267/Irak-am-Rande-des-Buergerkrieges.html} (Stand: August 2021).

75 Asiem El Difraoui, »Arabischer Frühling – eine ›goldene Chance‹ für den globalen Jihad?«, in: Barbara Lippert / Volker Perthes (Hg.), *Ungeplant ist der Normalfall. Zehn Situationen, die politische Aufmerksamkeit verdienen*, Berlin 2011, S. 39-42, online verfügbar unter: {www.swp-berlin.org/filead min/contents/products/studien/2011_S32_lpt_prt_ks.pdf} (Stand: August 2021).

76 Raniah Salloum, »Vier Jahre Krieg in Syrien. Es begann mit einem Kinderstreich« (*spiegel.de*, 15. März 2015), online verfügbar unter: {www.spiegel.de/politik/ausland/is-islamischer-staat-vier-jahre-krieg-in-syrien-a-1023301.html} (Stand: August 2021).

77 Daniel Gerlach, *Herrschaft über Syrien. Macht und Manipulation unter Assad*, Hamburg 2015, S. 28.

78 Vgl. die Ausführungen Obamas vor dem Pressekorps des Weißen Hauses (»Remarks by the President to the White House Press Corps«) am 20. August 2012, online verfügbar unter: {https://obamawhitehouse.archives.gov/the-press-office/2012/08/20/remarks-president-white-house-press-corps} (Stand: August 2021).

79 Nachdem die Führung unter al-Baghdadi sich von Al-Qaida losgesagt hatte und den Kampf gegen das Assad-Regime hinter den globalen Dschihad zurückstellte, schwor Al-Nusra der Zentrale von Al-Qaida unter Ayman al-Zawahiri die Treue. Seit 2016 nennt sich die Al-Nusra-Front »Dschabhat

Fatah asch-Scham« – »Front für die Eroberung der Levante«. Aus dem von Irakis dominierten »Islamischen Staat im Irak« (ISI) wurde der »Islamische Staat im Irak und in der Levante« (ISIL), der schließlich das Kalifat ausrief.

80 Vgl. CIA, *The World Factbook 2020*, online verfügbar unter: {https://www.cia.gov/the-world-factbook/about/archives/} (Stand: August 2021).

81 Vgl. Bundeszentrale für politische Bildung, »2. Februar 1982: Das Massaker von Hama in Syrien« (bpb.de, 1. Februar 2017), online verfügbar unter: {www.bpb.de/politik/hintergrund-aktuell/241689/massaker-von-hama} (Stand: August 2021).

82 Vgl. Joseph Felter / Brian Fishman, *Al-Qaʾidaʾs Foreign Fighters in Iraq: A First Look at the Sinjar Records*, New York 2007, S. 6, online verfügbar unter: {www.files.ethz.ch/isn/45910/CTCForeignFighter.19.Dec07.pdf} (Stand: August 2021).

83 Ahmet S. Yayla / Colin P. Clarke, »Turkey's Double ISIS Standard« (*Foreign Policy*, 12. April 2018), online verfügbar unter: {foreignpolicy.com/2018/04/12/turkeys-double-isis-standard/} (Stand: August 2021).

84 Nach Schätzungen des Syrian Observatory for Human Rights vom Dezember 2018; vgl. Mathias Brandt, »Mehr als ½ Million Tote in Syrien« (statista.com, 10. Oktober 2019), online verfügbar unter: {de.statista.com/infografik/19601/geschaetzte-anzahl-der-buergerkriegstoten-in-syrien/} (Stand: August 2021).

85 Insgesamt kamen knapp eine Million Syrer nach Europa. Vgl. Philipp Connor, »Most displaced Syrians are in the Middle East, and about a million are in Europe« (Pew Research Center, 29. Januar 2018), online verfügbar unter: {www.pewresearch.org/fact-tank/2018/01/29/where-displaced-syrians-have-resettled} (Stand: August 2021).

86 Dies sind nur die offiziell registrierten Zahlen nach Angaben des Flüchtlingshilfswerks der Vereinten Nationen (UNHCR) vom Februar 2020, online verfügbar unter: {data2.unhcr.org/en/situations/syria} (Stand: August 2021).

87 Nach Schätzungen des UNHCR für das Jahr 2019, online verfügbar unter: {reporting.unhcr.org/node/2520} (Stand: August 2021).

88 Christoph Reuter, *Die schwarze Macht. Der »Islamische Staat« und die Strategen des Terrors*, München 2015.

89 Vgl. BBC News, »What's the appeal of a caliphate?« (25. Oktober 2014) online verfügbar unter: {www.bbc.com/news/magazine-29761018} (Stand: August 2021).

90 Laurence Binder / Gabriel Poirot, »ISIS Financing in 2015« (CAT – Center for the Analysis of Terrorism, Mai 2016), online verfügbar unter: {cat-int.org/wp-content/uploads/2016/06/ISIS-Financing-2015-Report.pdf} (Stand: August 2021).

91 Matt Bradley, »Insurgents in Iraq Seizing Advanced Weaponry«, in: *Wall*

Street Journal (6. Juli 2014), online verfügbar unter: {www.wsj.com/articles/
insurgents-in-iraq-seizing-advanced-weaponry-1404684313} (Stand: August
2021).

92 Victor J. Blue, »After the ›War of Annihilation‹ Against ISIS«, in: *Time*
(6. April 2019), online verfügbar unter: {time.com/longform/mosul-raqqa-
ruins-after-the-war-of-annihilation} (Stand: August 2021).

93 Vgl. Thomas D. Arnold / Nicolas Fiore, »Five operational lessons from the
battle for Mosul«, in: *Military Review* 99 / 1 (Januar / Februar 2019), S. 56-71,
online verfügbar unter: {www.armyupress.army.mil/Journals/Military-
Review/English-Edition-Archives/Jan-Feb-2019/Arnold-Mosul} (Stand:
August 2021); *UN News*, »Mosul's ›3D contamination‹ adds to challenges
of deadly mine clearance work« (7. Februar 2019), online verfügbar unter:
{news.un.org/en/story/2019/02/1032191} (Stand: August 2021).

94 Amnesty International, »At any cost. The civilian catastrophe in West
Mosul, Iraq« (11. Juli 2017), online verfügbar unter: {www.amnesty.org/en/
documents/mde14/6610/2017/en/} (Stand: August 2021).

95 Susannah George / Qassim Abdul-Zahra / Maggie Michael / Lori Hinnant,
»Mosul is a graveyard: Final IS battle kills 9,000 civilians« (*AP News*, 21. Dezember 2017), online verfügbar unter: {apnews.com/bbea7094fb954838a2f
dc11278d65460} (Stand: August 2021).

96 Amnesty International, »Absolute Impunity: Militia Rule in Iraq« (14. Oktober 2014), online verfügbar unter: {www.amnesty.org/download/
Documents/8000/mde140152014en.pdf} (Stand: August 2021).

97 Muslim ibn al-Hadschdschadsch, *Sahih Muslim*, Buch 54, Hadith 44, online verfügbar unter: {sunnah.com/muslim/54} (Stand: August 2021).

98 Vgl. Infodienst Radikalisierungsprävention, »Zahlen zur islamistischen
Szene in Deutschland« (Bundeszentrale für politische Bildung, 23. November 2020), online verfügbar unter: {https://www.bpb.de/politik/extremis
mus/radikalisierungspraevention/265409/zahlen-zur-islamistischen-szene-
in-deutschland} (Stand: August 2021).

99 Das Wort »Jesiden« hatte ich höchstens als Randnotiz in Geschichtsbü-
chern über den Irak wahrgenommen, bis ich im irakischen Kurdistan 2003
ein merkwürdiges, mit Pfauen bemaltes Gebäude sah. Melek Taus, der
Engel, der meist als blauer Pfau dargestellt wird, wird von den Jesiden
verehrt. Mein kurdischer Fahrer sagte mir bestürzt, in diesem Dorf würden
Teufelsanbeter leben – ein unter Christen und Muslimen in der Region weit
verbreitetes Vorurteil. Das Jesidentum ist eine der ältesten monotheistischen Religionen im Nahen Osten und geht vermutlich auf den persischen
Zoroastrismus zurück. Die Wurzeln reichen bis etwa 2000 vor Christus. In
Deutschland lebt (mit 100 000 bis 150 000 Menschen) die größte Gruppe
von Jesiden außerhalb des Iraks. Vgl. Religionswissenschaflicher Medien-
und Informationsdienst, »Mitgliederzahlen: Yeziden«, online verfügbar

unter: {www.remid.de/info_zahlen/yeziden/} (letzte Aktualisierung: 9. Juli 2018; Stand: August 2021).

100 Matthias von Hein, »Die Jesiden fünf Jahre nach dem Genozid« (*Deutsche Welle*, 1. August 2019), online verfügbar unter: {www.dw.com/de/die-jesiden-fünf-jahre-nach-dem-genozid/a-49839355} (Stand: August 2021).

101 Bereits 2015 bewertete das UN-Hochkommissariat für Menschenrechte (OHCHR) die Verbrechen des IS an den Jesiden als Völkermord. Eine Untersuchungskommission der Vereinten Nationen bestätigte die Vermutung in ihrem offiziellen Bericht vom Juni 2016 und definierte den Angriff auf die Jesiden als Völkermord, Verbrechen gegen die Menschlichkeit und Kriegsverbrechen. Vgl. Human Rights Council, »"They came to destroy". ISIS Crimes against the Yazidis« (15. Juni 2016), online verfügbar unter: {dgvn.de/fileadmin/user_upload/menschenr_durchsetzen/bilder/News/V%C3%B6lkermord_Jesiden/Bericht_V0%CC%88lkermord_2016_A_HRC_32_CRP.2_en.pdf} (Stand: August 2021).

102 Im Oktober 2015 ereignete sich in Ankara bei einem Treffen linker Oppositionsgruppen der schwerste Anschlag in der Geschichte der Türkei, bei dem mehr als 100 Menschen starben; im Januar 2016 kamen unweit der Blauen Moschee in Istanbul zwölf Menschen ums Leben, darunter elf deutsche Touristen; im Juni 2016 forderte ein Attentat auf den Istanbuler Atatürk-Flughafen 45 Todesopfer.

103 Vgl. *Reuters*, »Timeline: The rise and fall of Islamic State in Iraq and Syria« (24. März 2019), online verfügbar unter: {www.reuters.com/article/us-mideast-crisis-islamic-state-timeline/timeline-the-rise-and-fall-of-islamic-state-in-iraq-and-syria-idUSKCN1R407P} (Stand: August 2021).

104 *The Rise of the Khilafah: Return of the Gold Dinar* (*Internet Archive*, 4. September 2015), online verfügbar unter: {archive.org/details/TheRiseOfThe KhilafahReturnOfTheGoldDinar_201509} (Stand: August 2021).

105 Ebd.

106 Vgl. dazu Christopher Mellon / Peter Bergen / David Sterman, »To Pay Ransom or Not to Pay Ransom? An Examination of Western Hostage Policies« (Januar 2017), online verfügbar unter: {www.newamerica.org/international-security/policy-papers/pay-ransom-or-not/} (Stand: August 2021).

107 Andrew Curry, »Here Are the Ancient Sites ISIS Has Damaged and Destroyed« (*National Geographic*, 1. September 2015), online verfügbar unter: {www.nationalgeographic.com/news/2015/09/150901-isis-destruction-looting-ancient-sites-iraq-syria-archaeology} (Stand: August 2021).

108 Patrick Blannin, »Islamic State's Financing: Sources, Methods and Utilisation«, in: *Counter Terrorist Trends and Analyses* 9 / 5 (Mai 2017), S. 13-22, online verfügbar unter: {www.jstor.org/stable/26351519} (Stand: August 2021).

109 Christoph Debets, »Tunnel in Mossul. IS plünderte assyrischen Königspalast« (*Euronews*, 10. März 2017), online verfügbar unter: {de.euronews.

com/2017/03/10/tunnel-in-mossul-is-pluenderte-assyrischen-koenigspalast}
(Stand: August 2021).

110 Elise Vincent, »Lafarge en Syrie: la justice annule les poursuites pour ›com-
plicité de crimes contre l'humanité‹«, in: *Le Monde* (7. November 2019),
online verfügbar unter: {www.lemonde.fr/societe/article/2019/11/07/
lafarge-en-syrie-la-justice-annule-les-poursuites-pour-complicite-de-crimes-
contre-l-humanite_6018329_3224.html} (Stand: August 2021).

II. Schleichwege der Hydra
Woraus bezieht der Dschihadismus seine Kraft?

1 Dieses Kapitel beruht auf der Forschungsarbeit des Autors für die Publikati-
onen *Al-Qaida par l'image: La prophétie du martyre*, Paris 2013, und *Le djihadisme*, Paris 2016, sowie der Filmdokumentation *Die Sprache von Al-Qaida*
(Arte / WDR 2008, mit Mark Johnston).

2 Florian Flade, »Terrorismus: Der ranghöchste Deutsche beim IS, Reda
Sayam, soll tot sein« (*Die Welt*, 27. Juli 2018), online verfügbar unter:
{www.welt.de/politik/deutschland/article180026322/Terrorismus-Der-
ranghoechste-Deutsche-beim-IS-Reda-Seyam-soll-tot-sein.html} (Stand:
August 2021).

3 Gespräch des Autors mit Claudia Dantschke, die Cuspert persönlich kannte.

4 Vgl. dazu Asiem El Difraoui, *Al-Qaida par l'image*, S. 166. – Khorasan oder
Chorassan ist der aus dem Persischen stammende, historisch-arabische
Name eines Gebiets, das heute Afghanistan, den Iran, Tadschikistan, Usbe-
kistan und Turkmenistan umfasst.

5 Mark Danner, »Taking stock of the forever war« (*The New York Times*, 11.
September 2005), online verfügbar unter: {www.nytimes.com/2005/09/11/
magazine/taking-stock-of-the-forever-war.html} (Stand: August 2021).

6 Marie-José Mondzain, *Können Bilder töten?*, Zürich / Berlin 2006.

7 Rede von George W. Bush in der National Cathedral von Washington
während der Gedenkveranstaltung für die Opfer des 11. September am
14. September 2001. Originalzitat: »Just three days removed from these events,
Americans do not yet have the distance of history. But our responsibility to
history is already clear: to answer these attacks and rid the world of evil.« Vgl.
George W. Bush, »Bush kündigt Beginn eines ›Kriegs gegen den Terror‹ an«,
in: *U. S. Diplomatic Mission to Germany*, o. J., online verfügbar unter: {usa.
usembassy.de/etexts/docs/ga1-092001d.htm} (Stand: August 2021).

8 Gespräch des Autors mit Georges Malburnot.

9 Gespräch des Autors mit Irfan Peci.

10 El Difraoui, *Le djihadisme*, S. 86-96.

11 So der Titel des Buches von Christoph Reuter, *Die schwarze Macht*, München 2015.

12 *Sahih al-Buchari*, Kapitel 3, Hadith 106 (islamische-datenbank.de/sahih-al-buchari?action=viewhadith&chapterno=3&min=20&show=10, Stand November 2020).

13 Gespräch des Autors mit Nicolas Hénin.

14 Koran, Sure 25.

15 »Wir bekamen einfach alles. Die Studios waren moderner als in Hollywood«, berichtet ein ehemaliger Kameramann in einem Dokumentarfilm (Alexis Marant, *Le studio de la terreur*, CAPA TV, 2016), an dem ich mitgearbeitet habe.

16 Gespräch des Autors mit Petter Nesser; vgl. auch Petter Nesser: *Islamist terrorism in Europe*, Oxford 2018.

17 Gespräch des Autors mit Omar Bakri.

18 Die erste europäische Richtlinie zur Vorratsdatenspeicherung wurde 2006 verabschiedet, aber 2014 vom Europäischen Gerichtshof für gesetzeswidrig erklärt. Im Oktober 2020 entschied die EU nach einer Machbarkeitsstudie zur Wiedereinführung der Vorratsdatenspeicherung: Eine anlasslose massenhafte Vorratsdatenspeicherung ist weiterhin nicht erlaubt, aber in begründeten Ausnahmefällen möglich.

19 Asiem El Difraoui, *jihad.de. Jihadistische Online-Propaganda: Empfehlungen für Gegenmaßnahmen in Deutschland*, SWP-Studie, Berlin 2012, online verfügbar unter: {www.swp-berlin.org/fileadmin/contents/products/studien/2012_S05_dfr.pdf} (Stand: August 2021).

20 Vgl. Bundesministrium für Justiz und Verbraucherschutz, »Regeln gegen Hass im Netz – das Netzwerkdurchsetzungsgesetz« (Stand: 28. Juni 2021), online verfügbar unter: {https://www.bmjv.de/DE/Themen/FokusThemen/NetzDG/NetzDG_node.html} (Stand: August 2021).

21 Casey Newton, »The secret lives of Facebook moderators in America« (*The Verge*, 25. Februar 2019), online verfügbar unter: {www.theverge.com/2019/2/25/18229714/cognizant-facebook-content-moderator-interviews-trauma-working-conditions-arizona} (Stand: August 2021).

22 Vgl. Bundesamt für Verfassungsschutz, »Gemeinsames Internetzentrum (GIZ)« online verfügbar unter: {https://www.verfassungsschutz.de/DE/verfassungsschutz/auftrag/zusammenarbeit-im-in-und-ausland/gemeinsames-internetzentrum-giz/gemeinsames-internetzentrum-giz_artikel.html} (Stand: August 2021), sowie Bundeskriminalamt, »Gemeinsames Internetzentrum (GIZ)«, online verfügbar unter: {www.bka.de/DE/UnsereAufgaben/Kooperationen/GIZ/giz_node.html} (Stand: August 2021).

23 Detlef Borchers, »›Check the Web‹ gegen Terror« (*heise online*, 24. März 2006), online verfügbar unter: {www.heise.de/newsticker/meldung/Check-the-Web-gegen-Terror-112630.html} (Stand: August 2021).

24 Christophe Ayad. »L'opération ›Ulysse‹, ou l'exceptionnelle cyberinfiltra-
tion qui a permis de déjouer un projet d'attentat en France« (*Le Monde*,
1. Februar 2021), online verfügbar unter: {www.lemonde.fr/societe/article/
2021/02/01/ulysse-l-agent-de-la-dgsi-qui-se-faisait-passer-pour-un-terroris
te-afin-de-dejouer-des-attentats_6068330_3224.html} (Stand: August
2021).

25 Brief von Ayman al-Zawahiri an Abu Musab al-Zarqawi vom 9. Juli
2005, online verfügbar unter: {https://ctc.usma.edu/wp-content/uploads/
2013/10/Zawahiris-Letter-to-Zarqawi-Translation.pdf} (Stand: August
2021).

26 Verschiedene Beispiele für diese Art von Propaganda des IS sind online
verfügbar unter: {www.memri.org/reports/warning-%E2%80%93-graphic-
isis-supporters-step-threats-against-west-warnings-attacks-over-christmas}
(Stand: August 2021).

27 Dietmar Loch, *Jugendliche maghrebinischer Herkunft zwischen Stadtpolitik
und Lebenswelt. Eine Fallstudie in der französischen Vorstadt Vaulx-en-Velin*,
Wiesbaden 2005. Die folgenden Schilderungen beruhen auf dieser Studie
sowie auf persönlichen Gesprächen des Autors mit Dietmar Loch; vgl. auch
Dietmar Loch, »Moi, Khaled Kelkal«, in: *Le Monde* (7. Oktober 1995),
online verfügbar unter: {www.lemonde.fr/archives/article/1995/10/07/
moi-khaled-kelkal_3887393_1819218.html} (Stand: August 2021).

28 Vgl. *Le Monde*, »Khaled Kelkal, premier djihadiste made in France«
(16. September 2015), online verfügbar unter: {www.lemonde.fr/m-le-mag/
article/2015/09/18/khaled-kelkal-premier-djihadiste-made-in-france_
4762322_4500055.html} (Stand: August 2021).

29 Vgl. *Le Parisien*, »Charlie Hebdo: l'étonnante reconversion de l'›émir‹ des
frères Kouachi« (11. Januar 2015), online verfügbar unter: {www.leparisien.
fr/faits-divers/charlie-hebdo-l-etonnante-reconversion-de-l-emir-des-
freres-kouachi-11-01-2015-4436911.php} (Stand: August 2021).

30 Nach dem Attentat distanzierte er sich und gab an, seine radikalen Ansichten aufgegeben zu haben; er veröffentlichte sogar ein Buch über seine
Radikalisierung: Dounia Bouzar / Farid Benyettou, *Mon djihad. Itinéraire
d'un repenti*, Paris 2017.

31 Gespräch des Autors mit der Psychologin Helene Basex, die in französischen Gefängnissen Dschihadisten betreut.

32 Peter Cherif stand ab September 2015 auf der Sanktionsliste des UN-Sicher-
heitsrats; vgl.: United Nations Security Council, »Peter Cherif«, online verfügbar unter: {www.un.org/securitycouncil/sanctions/1267/aq_sanctions_
list/summaries/individual/peter-cherif} (Stand: August 2021).

33 Tobias Greitemeyer / Dirk O. Mügge, »Video Games Do Affect Social
Outcomes: A Meta-Analytic Review of the Effects of Violent and
Prosocial Video Game Play«, in: *Personality and Social Psychology*

Bulletin 40 / 5 (2014), 578-589, online verfügbar unter: {https://doi.org/
10.1177/0146167213520459} (Stand: August 2021).

34 Gespräch des Autors mit Nicolas Hénin.

35 Teile der Informationen beruhen auf einer Forschungsarbeit des Autors
mit Catrin Trautmann für das Bundesamt für Migration und Flüchtlinge
(BAMF).

36 *Der Spiegel*, »Von Hamburg nach Rakka: Deutsche IS-Frauen« (Video,
27. Mai 2018), online verfügbar unter: {www.spiegel.de/video/von-hamburg-
in-den-is-deutsche-is-frauen-video-99017886.html} (Stand: August 2021).

37 Rafia Zakaria, »Women and Islamic Militancy« (*Dissent*, Winter 2015),
online verfügbar unter: {www.dissentmagazine.org/article/why-women-
choose-isis-islamic-militancy} (Stand: August 2021).

38 Loulla-Mae Eleftheriou-Smith, »Escaped Isis wives describe life in the
all-female al-Khansa Brigade who punish women with 40 lashes for wearing
wrong clothes« (*Independent*, 20. April 2015), online verfügbar unter: {www.
independent.co.uk/news/world/middle-east/escaped-isis-wives-describe-
life-in-the-all-female-al-khansa-brigade-who-punish-women-with-40-
lashes-10190317.html} (Stand: August 2021).

39 Vgl. Lydia Khalil, »Behind the Veil: Women in Jihad After the Caliphate«
(Lowy Institute, 25. Juni 2019), online verfügbar unter: {www.lowyinstitute.
org/publications/behind-veil-women-jihad-after-caliphate} (Stand: August
2021).

40 Owen Holdaway, »Fight to the Death. ISIS using all-female sniper death
squad in battle for Mosul as it's revealed most of the jihadi fighters killed are
foreign« (*The Sun*, 28. April 2017), online verfügbar unter: {https://www.
thesun.co.uk/news/3427490/isis-mosul-battle-latest-female-sniper-squad-
jihadists/} (Stand: August 2021).

41 Asiem El Difraoui / Catrin Trautmann, »Frauen und Dschihadismus«, in:
Asiem El Difraoui / Catrin Trautmann / Nina Wiedl (Hg.), *Zukunft. Zurückkommen aus dem islamistischen Extremismus. Ein Handbuch zur De-Radikalisierung* (in Vorb.; erscheint voraussichtlich 2022), S. 243-252.

42 Vgl. Ammar Cheikh Omar / Saphora Smith, »Generation ISIS: When Children Are Taught to Be Terrorists« (*NBC-News*, 21. Oktober 2017), online
verfügbar unter: {»https://www.nbcnews.com/storyline/isis-uncovered/
generation-isis-when-children-are-taught-be-terrorists-n812201} (Stand:
August 2021); Robbie Gramer, »J Is For Jihad: How The Islamic State
Indoctrinates Children With Math, Grammar, Tanks, and Guns« (Foreign
Policy, 16. Februar 2016),online verfügbar unter: {https://foreignpolicy.
com/2017/02/16/j-is-for-jihad-how-isis-indoctrinates-kids-with-math-
grammar-tanks-and-guns/} (Stand: August 2021).

43 Redaktionsnetzwerk Deutschland, »Kölnerin verkauft Kinderpuppen
im Salafisten-Look« (23. August 2018), online verfügbar unter: {www.

rnd.de/politik/kolnerin-verkauft-kinderpuppen-im-salafisten-look-
JHZR7ZQ2LGFHH764G55UP5CDQI.html} (Stand: August 2021).

44 Vgl. hierzu auch Infodienst Radikalisierungsprävention, »Zurück aus dem
›Kalifat‹. Interview mit Julia Berczyk und Claudia Dantschke«, online verfügbar unter: {https://www.bpb.de/politik/extremismus/radikalisierungs
praevention/283813/interview-zurueck-aus-dem-kalifat} (Stand: August
2021).

45 Vgl. *Hannoversche Allgemeine Zeitung*, »Safia S. zu sechs Jahren Haft
verurteilt« (26. Januar 2017), online verfügbar unter: {https://www.haz.de/
Nachrichten/Der-Norden/Uebersicht/Urteil-gegen-die-IS-Sympathisantin-
Safia-aus-Hannover} (Stand: August 2021).

46 Gerhard Piper, »Terrorkarriere und Strafverfolgung« (*heise online*, 17. September 2019), online verfügbar unter: {»https://www.heise.de/tp/features/
Terrorkarriere-und-Strafverfolgung-4523479.html} (Stand: August 2021).

47 Ahmet Senyurt, »Die Stimme des Terrors auf Deutsch« (*BR24*, 29. Februar
2016), online verfügbar unter: {www.br.de/nachricht/is-propaganda
magazin-deutsch-100.html} (Stand: August 2021).

48 Lamya Kaddor, *Zum Töten bereit. Warum deutsche Jugendliche in den
Dschihad ziehen*, München 2015.

49 Hugo Micheron, *Le jihadisme français. Quartiers, Syrie, prisons*, Paris 2020.

50 Landtag Nordrhein-Westfalen, Drucksache 16/14168: »Einsetzung eines
Untersuchungsausschusses gemäß Artikel 41 der Landesverfassung Nordrhein-Westfalen zum Vorgehen der nordrhein-westfälischen Landesregie-
rung und ihrer Sicherheitsbehörden im Fall des islamistischen Attentäters
Anis Amri (›Untersuchungsausschuss Fall Amri‹)« (7. Februar 2017), online
verfügbar unter: {www.landtag.nrw.de/portal/WWW/dokumentenarchiv/
Dokument/MMD16-14168.pdf} (Stand: August 2021).

51 Christoph Ehrhardt, »Mit dem Gestus der Salafisten« (*Frankfurter Allgemeine Zeitung*, 13. Juli 2015), online verfügbar unter: {www.faz.net/aktuell/
politik/inland/f-a-z-und-report-muenchen-berichten-ueber-dschihadisten-
in-dinslaken-13699018.html} (Stand: August 2021).

52 Die drei Verletzten des Anschlags waren vermutlich Opfer einer Verwechs-
lung: Die Dschihadisten aus Essen hatten wohl die Sikhs – eine mono-
theistische religiöse Minderheit mit Ursprung in Nordindien, bekannt für
ihre kunstvollen Turbane – für Hindus gehalten, also für Anhänger der
Mehrheitsreligion in Indien, deren Verhältnis zu den indischen Muslimen
seit Jahrzehnten von Spannungen geprägt ist, die sich noch verschärft haben, seit 2014 eine extremistische Hindu-Zentralregierung an der Macht ist
und den Konflikt zwischen Indien und Pakistan um die mehrheitlich von
Muslimen bewohnte Region Kaschmir immer wieder befeuert.

53 Timothée Vilars, »»Si certains djihadistes périssent, tant mieux‹: ›Florence
Parly brise un tabou‹« (*L'Obs*, 16. Oktober 2017), online verfügbar unter:

{www.nouvelobs.com/monde/guerre-en-syrie/20171016.OBS6063/si-
certains-djihadistes-perissent-tant-mieux-florence-parly-brise-un-tabou.
html} (Stand: August 2021).

54 Dies bestätigte mir der Geheimdienstchef eines unserer Nachbarländer.

55 Vgl. *Justiz-online*, »US-Drohneneinsätze im Jemen: Kläger erzielen
Teilerfolg« (19. März 2019), online verfügbar unter: {www.ovg.nrw.de/
behoerde/presse/pressemitteilungen/01_archiv/2019/11_190319/index.php}
(Stand: August 2021).

56 Jürgen König im Gespräch mit Gerwald Herter, »Todesurteile im Irak:
Französischen IS-Terroristen droht Hinrichtung« (Deutschlandfunk, 5. Juli
2019), online verfügbar unter: {www.deutschlandfunk.de/todesurteile-
im-irak-franzoesischen-is-terroristen-droht.795.de.html?dram:article_
id=453091} (Stand: August 2021).

57 Andrea Backhaus, »Außer Kontrolle« (*Die Zeit*, 11. November 2019), online
verfügbar unter: {https://www.zeit.de/politik/ausland/2019-11/nordsyrien-
al-haul-islamischer-staat-angehoerige-kurden-radikalisierung} (Stand:
August 2021).

58 Ende 2019 befanden sich noch 124 Islamisten (darunter viele Frauen) sowie
138 Kinder »mit Deutschlandbezug« (darunter 90 Erwachsene und 117
Kinder mit deutscher Staatsbürgerschaft) in Lagern in Nordsyrien und im
Irak. Bei 160 deutschen IS-Anhängern gibt es keinen Hinweis auf deren
Verbleib, sie sind wohl überwiegend im Kampf getötet worden und vereinzelt auch untergetaucht. Vgl. Manuel Bewarde, »Bis zu 250 Kinder mit
Deutschland-Bezug in Gefangenenlager« (*Die Welt*, 14. November 2019),
online verfügbar unter: {www.welt.de/politik/deutschland/article203508664/
Gerichtsbeschluss-Deutschland-muss-IS-Frauen-mit-Kindern-aus-Syrien-
holen.html} (Stand: August 2021); Deutscher Bundestag, Drucksache
19/15034: »Aktuelle Sicherheitsgefährdung durch Mitglieder des Islamischen Staates« (12. November 2019), online verfügbar unter: {dip21.
bundestag.de/dip21/btd/19/150/1915034.pdf} (Stand: August 2021);
Süddeutsche Zeitung, »Von 160 deutschen IS-Anhängern fehlt jede Spur«
(23. Juli 2019), online verfügbar unter: {www.sueddeutsche.de/politik/
islamismus-deutschland-is-syrien-irak-1.4495331} (Stand: August
2021).

59 Deutscher Bundestag, Drucksache 19/24961: »Islamistische Gefährder in
Deutschland« (7. Dezember 2020), online verfügbar unter: {https://dip21.
bundestag.de/dip21/btd/19/249/1924961.pdf – Ein »Gefährder« ist nach der
Definition des BKA »eine Person, zu der bestimmte Tatsachen die An-
nahme rechtfertigen, dass sie politisch motivierte Straftaten von erheblicher
Bedeutung […] begehen wird.« (Bundeskriminalamt, »Politisch motivierte
Kriminalität«, online verfügbar unter: {www.bka.de/DE/UnsereAufgaben/
Deliktsbereiche/PMK/pmk_node.html} (Stand: August 2021).

60 Siehe Kapitel »Europas Hauptstadt der Dschihadisten: ›Londonistan‹«.

61 Vgl. Jean-Baptiste Jacquin / Elise Vincent, »A Condé-sur-Sarthe, agression terroriste dans l'une des prisons les plus sécurisées de France« (*Le Monde*, 6. März 2019), online verfügbar unter: {https://www.lemonde.fr/societe/article/2019/03/06/agression-terroriste-dans-l-une-des-prisons-les-plus-securisees-de-france_5431947_3224.html} (Stand: August 2021).

62 Gespräch des Autors mit zuständigen Mitarbeitern der französischen Gefängnisverwaltung.

63 Asiem El Difraoui / Milena Uhlmann, »Prévention de la radicalisation et déradicalisation: les modèles allemand, britannique et danois«, in: *Politique étrangère* 4 / 2015, S. 171-182.

64 Alle Aussagen von Peci und Informationen zu ihm, wenn nicht anders angegeben, aus Gesprächen mit dem Autor. Vgl. auch Irfan Peci / Johannes Gunst / Oliver Schröm, *Der Dschihadist: Terror made in Germany – Bericht aus einer dunklen Welt,* München 2015.

65 Deren Mitglieder versuchten sich Organisationen anzuschließen, die damals hochgefährlich waren, etwa die »Deutschen Taliban« oder die »Islamische Bewegung Usbekistans«. Sie planten auch in Deutschland Anschläge.

66 Roman Lehberger, »Irfan Peci und seine Handynachrichten: Der Vorzeigeaussteiger hetzt über ›Dreckszigeuner‹«, in: *Der Spiegel* (44 / 2019), online verfügbar unter: {www.spiegel.de/politik/irfan-peci-vorzeigeaussteiger-hetzt-gegen-muslime-a-00000000-0002-0001-0000-000166611576} (Stand: August 2021).

67 So etwa auf einer Veranstaltung mit dem Titel »Der politische Islam als Herausforderung für die innere Sicherheit«; seine Rede dort ist online verfügbar unter: {www.youtube.com/watch?v=9nSgAEW06WY&t=1625s} (Stand: August 2021).

68 Vgl. Anbarasan Ethirajan, »Sri Lanka attacks: The family networks behind the bombings« (BBC News, 11. Mai 2019), online verfügbar unter: {https://www.bbc.com/news/world-asia-48218907} (Stand: August 2021).

69 Vgl. Jamie Grierson / Vikram Dodd / Jason Rodrigues, »Anjem Choudary convicted of supporting Islamic State« (*The Guardian*, 16. August 2016), online verfügbar unter: {https://www.theguardian.com/uk-news/2016/aug/16/anjem-choudary-convicted-of-supporting-islamic-state} (Stand: August 2021).

70 Sean O'Neill, »Usman Khan on stage with hate preacher Anjem Choudary at age of 17« (*The Times*, 3. Dezember 2019), online verfügbar unter: {www.thetimes.co.uk/article/london-bridge-attack-killer-shared-a-stage-with-hate-preacher-at-age-of-17-cm77tcw69} (Stand: August 2021).

71 Gespräche des Autors mit Beamten des BMI und LKA, Berlin.

72 Die Ergebnisse sind denn auch ermutigend. Wie Claudia Dantschke mir 2016 berichtete, waren damals von 260 Fällen in Deutschland ungefähr die

Hälfte abgeschlossen, zwei Drittel davon positiv; zum verbleibenden Drittel gab es vorerst keine Rückmeldung.

73 Thomas Hegghammer, »The future of jihadism in Europe: a pessimistic view«, in: *Perspectives on Terrorism* 10 / 6 (2016), S. 156-170, online verfügbar unter: {https://www.jstor.org/stable/26297715?seq=1#metadata_info_tab_contents} (Stand: August 2021).

74 2019 lag die Arbeitslosenquote nur noch bei 10,9 Prozent. Vgl. die Sozialberichte der Stadt Dinslaken, online verfügbar unter: {www.dinslaken.de/de/dienstleistungen/sozialbericht} (Stand: August 2021).

75 Gespräch des Autors mit Lamya Kaddor.

76 Gespräch des Autors mit Gilles Kepel.

77 *Halal* ist alles, was nach islamischem Glauben erlaubt, *haram*, was verboten ist.

78 Nina Wiedl, »Indikatoren für islamistische Radikalisierung«, in: Asiem El Difraoui / Catrin Trautmann / Nina Wiedl (Hg.), *Zukunft. Zurückkommen aus dem islamistischen Extremismus. Ein Handbuch zur De-Radikalisierung* (in Vorb.; erscheint voraussichtlich 2022), S. 138-142.

79 Das Jugendzentrum wurde von der Active Change Foundation (ACF) betrieben.

80 Gespräch mit Hanif Qadir, 2015.

81 El Difraoui, *Al-Qaida par l'image*, S. 60 f.; siehe auch Abu Bakr Naji, *The Management of Savagery: The Most Critical Stage Through Which the Umma Will Pass*, New York 2006.

82 Public Intelligence, »Anders Behring Breivik's Complete Manifesto ›2083 – A European Declaration of Independence‹« (22. Juli 2011), online verfügbar unter: {publicintelligence.net/anders-behring-breiviks-complete-manifesto-2083-a-european-declaration-of-independence/} (Stand: August 2021).

83 Tarrants Pamphlet »The Great Replacement – Towards a New Society«, online verfügbar unter: {img-prod.ilfoglio.it/userUpload/The_Great_Replacementconvertito.pdf} (Stand: August 2021), ist voll von Falschbehauptungen wie dieser.

84 Vikram Dodd, »Anti-Muslim hate crimes soar in UK after Christchurch shootings« (*The Guardian*, 22. März 2019), online verfügbar unter: {www.theguardian.com/society/2019/mar/22/anti-muslim-hate-crimes-soar-in-uk-after-christchurch-shootings} (Stand: August 2021).

85 *Frankfurter Allgemeine Zeitung*, »Anschläge in Sri Lanka waren Vergeltung für Terror in Christchurch« (23. April 2019), online verfügbar unter: {www.faz.net/aktuell/politik/ausland/sri-lanka-anschlaege-waren-wohl-vergeltung-fuer-christchurch-16153349.html} (Stand: August 2021).

86 *Frankfurter Allgemeine Zeitung*, »Stephan B. legt offenbar umfassendes Geständnis ab« (29. März 2020), online verfügbar unter: {www.faz.net/aktuell/politik/inland/anschlag-in-halle-stephan-b-hat-offenbar-gestanden-16702710.html} (Stand: August 2021).

87 David Meiering / Aziz Dziri / Naika Foroutan, *Brückennarrative. Verbindende Elemente für die Radikalisierung von Gruppen* (=*PRIF Report* 7 / 2018), S. 5, online verfügbar unter: {www.hsfk.de/fileadmin/HSFK/ hsfk_publikationen/prif0718.pdf} (Stand: August 2021).

88 Ebd., S. 1.

89 Deso Dogg, »Wer hat Angst vorm Schwarzen Mann?«, online verfügbar unter: {www.youtube.com/watch?v=RkF4Fuop0Ng} (Stand: August 2021).

90 Der Titel nimmt Bezug auf den im heutigen Kontext zu Recht als rassistisch zu wertenden Namen des beliebten Kinderspiels. Um eine rassistische Konnotation durch die Assoziation von »schwarz« mit »böse« zu vermeiden, wird das Spiel zunehmend anders genannt, zum Beispiel: »Wer hat Angst vorm bösen / wilden / blöden Mann?« oder »Wer hat Angst vorm Weißen Hai?«.

91 Meike Bonefeld / Oliver Dickhäuser: *Max vs. Murat: Effekte des Migrationshintergrundes bei der Diktatbeurteilung*, Mannheim 2017, online verfügbar unter: {www.researchgate.net/publication/317687156_Max_vs_Murat_ Effekte_des_Migrationshintergrundes_bei_der_Diktatbeurteilung} (Stand: August 2021).

92 OECD, »PISA-Studie 2018: Leistungen in Deutschland insgesamt überdurchschnittlich, aber leicht rückläufig und mit großem Abstand zu den Spitzenreitern; Chancengerechtigkeit gilt es weiterhin zu fördern«, (3. Dezember 2018), online verfügbar unter: {www.oecd.org/ berlin/presse/pisa-studie-2018-leistungen-in-deutschland-insgesamt-ueberdurchschnittlich-aber-leicht-ruecklaeufig-und-mit-grossem-abstand-zu-den-spitzenreitern-03122019.htm} (Stand: August 2021).

93 Ebd.

94 J. Nebel et al. (Hg.), *Gesellschaft bewusst 7 / 8*, Bd. 1, Ausgabe für Niedersachsen, Braunschweig 2009, S.271 und 273.

95 Rösch et al. (Hg.), *Leben leben*, *Bd.* 3, Ausgabe Baden-Württemberg, Stuttgart 2015, S. 244.

96 A. Starke (Hg.), *Linder Biologie 7 / 8*, Ausgabe für Berlin / Brandenburg, Braunschweig 2016, S. 163.

97 Am 18. Juli 2016 verletzte ein minderjähriger Geflüchteter in einer Regionalbahn bei Würzburg fünf Menschen mit Beil und Messer.

98 Gespräch des Autors mit Sabrina Schmidt.

99 Gespräch des Autors mit Sabrina Schmidt.

100 Vgl. Neue deutsche Medienmacher*innen (Hg.), *Viel Wille, kein Weg. Diversity im deutschen Journalismus* (Mai 2020), online verfügbar unter: {https://neuemedienmacher.de/wp-content/uploads/2020/05/20200509_ MdM_Bericht_Diversity_im_Journalismus.pdf} (Stand: August 2021).

101 Die produzierten Sendungen sind nach wie vor online verfügbar unter: {www.youtube.com/channel/UCfN7JOiJhYpMHuRgLV1JicA} (Stand: August 2021).

102 Gideon Skinner, »Perils of Perception 2018« (Ipsos MORI, 5. Dezember 2018), online verfügbar unter: {www.ipsos.com/ipsos-mori/en-uk/perils-perception-2018} (Stand: August 2021).

103 Vgl. Andreas Zick / Beate Küpper / Wilhelm Berghan (Hg.), *Verlorene Mitte – Feindselige Zustände: Rechtsextreme Einstellungen in Deutschland 2018/19*, Bonn 2019.

104 GESIS – Leibniz-Institut für Sozialwissenschaften, *Allgemeine Bevölkerungsumfrage der Sozialwissenschaften ALLBUS 2016*, online verfügbar unter: {https://dbk.gesis.org/dbksearch/SDESC2.asp?no=5250&db=D} (Stand: August 2021).

105 Die Hälfte der muslimischen Menschen stammt ursprünglich aus der Türkei, etwa 17 Prozent aus dem Nahen Osten und gut 11 Prozent aus Südosteuropa.

106 Vgl. Ruud Koopmans / Susanne Veit / Ruta Yemane, »Ethnische Hierarchien in der Bewerberauswahl: Ein Feldexperiment zu den Ursachen von Arbeitsmarktdiskriminierung« (Wissenschaftszentrum Berlin für Sozialfoschung, WZB, Discussion Paper, Mai 2018), S. 104, online verfügbar unter: {https://bibliothek.wzb.eu/pdf/2018/vi18-104.pdf} (Stand: August 2021); sowie *BR Data / Spiegel Online*, »Wir müssen draußen bleiben. Warum Hanna zur Besichtigung eingeladen wird und Ismail nicht« (22. Juni 2017), online verfügbar unter: {www.hanna-und-ismail.de} (Stand: August 2021).

107 Bundesministerium des Innern, für Bau und Heimat, »Übersicht Hasskriminalität. Entwicklung der Fallzahlen 2001-2019« (12. Mai 2020), online verfügbar unter: {www.bmi.bund.de/SharedDocs/downloads/DE/veroeffentlichungen/2020/pmk-2019-hasskriminalitaet-2001-2019.pdf?__blob=publicationFile&v=3} (Stand: August 2021).

108 Susanne Kaiser / Nina Wiedl, »Islam in Deutschland«, in: Asiem El Difraoui / Catrin Trautmann / Nina Wiedl (Hg.), *Zukunft. Zurückkommen aus dem islamistischen Extremismus. Ein Handbuch zur De-Radikalisierung* (in Vorb.; erscheint voraussichtlich 2022), S. 18.

109 Bundesministerium des Inneren, für Bau und Heimat, *Verfassungsschutzbericht 2019. Fakten und Tendenzen* (9. Juli 2020), S. 27, online verfügbar unter: {https://www.verfassungsschutz.de/SharedDocs/publikationen/DE/2020/verfassungsschutzbericht-2019-fakten-nd-tendenzen-kurzzusammenfassung.pdf?__blob=publicationFile&v=8} (Stand: August 2021).

110 Deutscher Bundestag, Drucksache 19 / 22656: »Beobachtung extremistischer Gefährder und die daraus resultierenden Kosten« (12. Mai 2020), online verfügbar unter: {dip21.bundestag.de/dip21/btd/19/226/1922656.pdf} (Stand: August 2021).

111 *Verfassungsschutzbericht 2019*, S. 10.

112 Gespräch des Autors mit Yasemin El-Menouar.

113 Yasemin El-Menouar, »Islam und Demokratie in Deutschland«, in: Asiem El Difraoui / Catrin Trautmann / Nina Wiedl (Hg.), *Zukunft. Zurückkommen aus dem islamistischen Extremismus. Ein Handbuch zur De-Radikalisierung* (in Vorb.; erscheint voraussichtlich 2022); vgl. *Zeit online*, »Umfrage: Mehr als die Hälfte der Deutschen sieht die Demokratie in Gefahr« (12. September 2019), online verfügbar unter: {https://www.zeit.de/gesellschaft/zeitgeschehen/2019-09/umfrage-demokratie-gefahr-deutschland-angst-yougov.} (Stand: August 2021).

114 Der Tagesspiegel, »Prozess wegen Beleidigung von Sawsan Chebli: Gericht spricht Angeklagten frei« (27. Februar 2020), online verfügbar unter: {www.tagesspiegel.de/berlin/prozess-wegen-beleidigung-von-sawsan-chebli-gericht-spricht-angeklagten-frei/25588164.html} (Stand: August 2021).

115 Die folgenden Absätze beruhen auf einem Text, den ich als Antwort auf eine Anfrage des Deutschen Hygiene Museums Dresden geschrieben habe. Das Museum lehnte es ab, den Artikel zu veröffentlichen. Er wurde dann von den Neuen deutschen Medienmacher*innen unter dem Titel »Gastarbeiter und neuere Unwörter – Politik und Medien scheuen sich immer noch, klar deutsch zu sprechen« online verfügbar gemacht unter: {www.neuemedienmacher.de/gastarbeiter-und-neuere-unwoerter-politik-und-medien-scheuen-sich-immer-noch-klar-deutsch-zu-sprechen} (Stand: August 2021).

116 Ralf Dahrendorf, »Die Sache mit der Nation«, in: *Merkur. Deutsche Zeitschrift für europäisches Denken* 44 / 500 (Oktober 1990), S. 823-834, hier S. 827.

117 Jan-Werner Müller, *Verfassungspatriotismus*, Frankfurt a. M. 2010, S. 2.

118 Ebd., S. 9 f.

119 Ozan Zakariya Keskinkılıç, »Gruppe S. Muss ich erst getötet werden, damit ihr empört seid?« (*Zeit Campus*, 18. Februar 2020), online verfügbar unter: {www.zeit.de/campus/2020-02/gruppe-s-rechtsextremismus-terrorismus-ozan-zakariya-keskinkilic} (Stand: August 2021).

120 Gespräch des Autors mit Manuela Freiheit.

121 Müller, *Verfassungspatriotismus*, S. 19.

122 Die Organisation muslimischen Lebens in Deutschland ist eine große Herausforderung. Der Islam kennt traditionell keine den christlichen Großkirchen vergleichbare institutionelle Organisationsform oder formale Mitgliedschaft. Die Schaffung einer zentralen Instanz, die Muslime und den Islam als Ganzes in Deutschland vertritt, ist zudem durch Unterschiede in Islamverständnis, Religiosität, Kultur und der ethnischen Herkunft erschwert. Die Bindungen einiger Vereine und Verbände an nichtdemokratische Regierungen, politische Parteien oder Bewegungen in muslimischen Ländern sind eine weitere Herausforderung. Eine Verkirchlichung des Islam scheint mir zudem nicht wünschenswert. Die meisten Muslime wollen gar nicht organisiert und einfach als gleichberechtigte Bürger anerkannt werden. Der Ausbau der von der Bundesregierung seit 2006

organisierten deutschen Islamkonferenz ist hingegen sehr sinnvoll. Auch wenn es ambivalent ist, dass das Innenministerium die Teilnehmer auswählt und einlädt, und dies geändert werden muss – so bietet sie doch als Dialogforum eine losen, aber wichtigen Austausch zwischen staatlichen Vertretern und Muslimen verschiedener Glaubensrichtungen und zwischen Organisationen und nichtorganisierten Einzelpersonen unterschiedlicher intellektueller und politischer Positionen – von Traditionalisten der türkischen Organisation Ditib bis zu progressiven Vordenkern wie dem deutschen Buchpreisträger Navid Kermani. Die Konferenz behandelt sehr diverse Themen wie »Moscheen für Integration« oder »Islam- und Muslimfeindlichkeit«, und sie hat entscheidende Impulse für die Politik gegeben, etwa zur Einrichtung von islamischem Religionsunterricht in elf Bundesländern (bisher haben Nordrhein-Westfalen, Baden-Württemberg, Bayern, Hessen, Berlin, Niedersachsen, Rheinland-Pfalz, Saarland, Bremen, Hamburg und Schleswig-Holstein islamischen Religionsunterricht an Schulen oder entsprechende Modellprojekte eingeführt) sowie zur Einrichtung von Zentren für islamische Theologie an fünf universitären Standorten, in Erlangen / Nürnberg, Frankfurt am Main / Gießen, Münster / Osnabrück und Tübingen und Berlin.

123 Kaiser / Wiedl, »Islam in Deutschland«, S. 21.
124 Vgl. etwa Navid Kermani, *Gott ist schön: Das ästhetische Erleben des Koran*, München 1999; ders., *Zwischen Koran und Kafka. West-östliche Erkundungen*, München 2014.
125 Vgl. Lamya Kaddor, »Liberal-Islamischer Bund e. V.«, online verfügbar unter: {https://lamya-kaddor.de/liberal-islamischer-bund-e-v/} (Stand: August 2021).
126 Vgl. etwa Ali Ghandour, *Liebe, Sex und Allah: Das unterdrückte erotische Erbe der Muslime*, München 2019.

III. Die Hydra global
Aktuelle Herausforderungen

1 Jean-Pierre Filiu, *Les Neuf Vies d'Al-Qaida*, Paris 2009.
2 Vgl. Aymenn Jawad al-Tamimi, »Islamic State Editorial on the Coronavirus Pandemic« (*pundicity*, 19. März 2020), online verfügbar unter: {www.aymennjawad.org/2020/03/islamic-state-editorial-on-the-coronavirus} (Stand: August 2021).
3 Die Liste ist online verfügbar unter: {https://ent.siteintelgroup.com/jihadist-groups-2.html} (Stand: August 2021). Vgl. auch Institute for Economics & Peace, *Global Terrorism Index 2019. Measuring the Im-*

pact of Terrorism, Sydney 2019, online verfügbar unter: {https://www.
economicsandpeace.org/wp-content/uploads/2020/08/GTI-2019web.pdf}
(Stand: August 2021).

4 Afghanistan ist ein ethnisches Mosaik; neben Paschtunen, Tadschiken, Ha-
sara, Usbeken leben dort auch Angehörige kleinerer Völker, etwa Aimaken
(4 Prozent), Turkmenen (3-4 Prozent), Belutschen (2 Prozent), Nuristani
sowie zahlreiche weitere Ethnien (4 Prozent).

5 Thomas Joscelyn, »Al-Qaeda lauds Taliban's great ›victory‹ over America
and allies« (*FDD's Long War Journal*, 13. Mai 2020), online verfügbar unter:
{www.longwarjournal.org/archives/2020/03/al-qaeda-lauds-talibans-great-
victory-over-america-and-allies.php} (Stand: August 2021).

6 Mujib Mashal, »How the Taliban Outlasted a Superpower in Afghanistan:
Tenacity and Carnage« (*The New York Times*, 26. Mai 2020), online verfügbar unter: {www.nytimes.com/2020/05/26/world/asia/taliban-afghanistan-
war.html} (Stand: August 2021).

7 Atal Ahmadzai, »Dying to Live: The ›Love to Death‹ Narrative Driving
the Taliban's Suicide Bombings«, in: Perspectives on Terrorism 15/1 (2021),
S. 17-38, hier S. 20, online verfügbar unter: {https://www.jstor.org/stable/
pdf/26984795.pdf} (Stand: September 2021).

8 Vgl. Eugene Kiely/Robert Farley, »Timeline of U.S. Withdrawal from
Afghanistan« (*FaktCheck.org*, 17. August 2021), online verfügbar unter:
{https, ://www.factcheck.org/2021/08/timeline-of-u-s-withdrawal-from-
afghanistan/} (Stand: September 2021).

9 Sarah Almukhtar/Rod Nordland, »What Did the U.S. Get for $2 Trillion
in Afghanistan?« (*The New York Times*, 9. Dezember 2019), online verfügbar
unter: {www.nytimes.com/interactive/2019/12/09/world/middleeast/
afghanistan-war-cost.html} (Stand: August 2021).

10 Craig Whitlock, »At War with the Truth« (*The Washington Post*, 9. Dezember 2019), online verfügbar unter: {www.washingtonpost.com/graphics/
2019/investigations/afghanistan-papers/afghanistan-war-confidential-
documents/} (Stand: August 2021).

11 Ebd.

12 Ebd.

13 Ebd.

14 Das Bruttoinlandsprodukt stieg zwischen 2002 (4 Milliarden USD) und
2013 (20,5 Milliarden USD) rasant an; anschließend ist es langsam wieder
gesunken (2019: 19,1 Milliarden USD). Die Zahlen der Weltbank sind
online verfügbar unter: {data.worldbank.org/country/afghanistan} (Stand:
August 2021).

15 Der »Corruption Perceptions Index« von Transparency International ist
online verfügbar unter: {www.transparency.org/en/cpi/2019/results/afg}
(Stand: August 2021).

16 Vgl. *CBS News*, »Taliban's brutal crackdown on dissent turns deadly as eva-cuations continue at a snail's pace« (10. September 2021), online verfügbar unter: {https://www.cbsnews.com/news/afghanistan-news-us-evacuations-taliban-crackdown-protests-journalists/} (Stand: September 2021).

17 Joscelyn, »Al-Qaeda lauds Taliban's great ›victory‹«.

18 *UN News*, »Afghanistan: Civilian casualties exceed 10,000 for sixth straight year«, (22. Februar 2020), online verfügbar unter: {news.un.org/en/story/2020/02/1057921} (Stand: August 2021).

19 *Der Spiegel*, »Innerhalb einer Woche: Afghanistan meldet 422 tote und verletzte Sicherheitskräfte« (15. Juni 2020), online verfügbar unter: {www.spiegel.de/politik/ausland/afgahanistan-regierung-meldet-422-tote-sicherheitskraefte-in-einer-woche-a-5f6156b2-6f21-41e0-8bed-829be86559b1} (Stand: August 2021).

20 *The Guardian*, »Islamic State attack on Afghanistan prison kills at least 29 people« (3. August 2020), online verfügbar unter: {www.theguardian.com/world/2020/aug/03/islamic-state-isis-attack-afghanistan-prison-jalalabad} (Stand: August 2021).

21 Nach der Ankündigung des damaligen Präsidenten George W. Bush im Jahr 2007 verließen unter Barack Obama im August 2010 die letzten Kampf-truppen den Irak. Ende 2011 reisten dann auch die letzten Ausbildungssol-daten aus.

22 Seine Fotos sind etwa auf Instagram, aber auch auf der Website der UNESCO online verfügbar: {https://www.instagram.com/ali_albaroodi/?hl=de} (Stand: August 2021) / {https://en.unesco.org/galleries/portraits-mosul-ali-albaroodi} (Stand: August 2021).

23 Vgl. United Nations Security Council, »Twenty-sixth report of the Ana-lytical Support and Sanctions Monitoring Team submitted pursuant to resolution 2368 (2017) concerning ISIL (Da'esh), Al-Qaida and associated individuals and entities« (23. Juli 2020), online verfügbar unter: {Council undocs.org/S/2020/717} (Stand: August 2021).

24 Rami Jameel, »HTS Leader al-Julani's New Strategy in Northwestern Syria«, in: *Terrorism Monitor* 18 / 18 (13. Oktober 2020), S. 7-9, online verfügbar unter: {jamestown.org/program/hts-leader-al-julanis-new-strategy-in-northwestern-syria} (Stand: August 2021).

25 *The Economist*, »The jihadists' rainy-day fund. Islamic State has been stashing millions of dollars in Iraq and abroad«, (24. Februar 2018), online verfügbar unter: {www.economist.com/middle-east-and-africa/2018/02/22/islamic-state-has-been-stashing-millions-of-dollars-in-iraq-and-abroad} (Stand: August 2021).

26 Gespräch des Autors mit dem Sicherheitsspezialisten Martin Lafond.

27 *Al-Monitor*, »Is Islamic State making a comeback in Sinai?« (5. Juni 2020), online verfügbar unter: {www.al-monitor.com/pulse/originals/2020/06/

egypt-army-operation-sinai-terrorism-attacks.html#ixzz6bJllb5Zq} (Stand: August 2021).

28 The Armed Conflict Location & Event Data Project (ACLED), »Over 100,000 Reported Killed in Yemen War« (31. Oktober 2019), online verfügbar unter: {https://acleddata.com/2019/10/31/press-release-over-100000-reported-killed-in-yemen-war/} (Stand: August 2021).

29 Die Huthi sind eine militärische Bewegung der Zaiditen, Anhänger einer schiitischen Rechtsschule, die sich unabhängig vom iranischen Schiitentum entwickelt hat. Die Imame der Zaiditen regierten den Norden des Jemen über Jahrhunderte.

30 UNICEF France, »YEMEN: la famine menace la vie de millions d'enfants« (26. November 2020), online verfügbar unter: {www.unicef.fr/article/yemen-la-famine-menace-la-vie-de-millions-d-enfants} (Stand: August 2021).

31 *Le Nouvel AFRIK.COM*, »Discours d'ouverture de Macky Sall au Forum international Paix et Sécurité de Dakar 2016« (7. Dezember 2016), online verfügbar unter: {www.afrik.com/discours-d-ouverture-de-macky-sall-au-forum-international-paix-et-securite-de-dakar-2016} (Stand: August 2021).

32 Vgl. United Nations Development Programme (UNDP), *Human Development Report 2020*, online verfügbar unter: {http://hdr.undp.org/en/2020-report} (Stand: August 2021).

33 Ein Konflikt zwischen den teilweise christlichen, sesshaften Ackerbauern, die ihre Felder und Weiden immer weiter ausdehnen, und den muslimischen, oft nomadischen Viehzüchtern, denen sie die Viehwege und Wasserquellen streitig machen, spitzt sich durch den Klimawandel noch zu.

34 Yan St-Pierre, »Afrika ist das neue Standbein des IS« (*Zenith*, 11. Oktober 2019), online verfügbar unter: {magazin.zenith.me/de/politik/organisationen-des-islamischen-staates-afrika} (Stand: August 2021).

35 Asiem El Difraoui, »Arabischer Frühling – eine ›goldene Chance‹ für den globalen Jihad?«, in: Barbara Lippert / Volker Perthes (Hg.), *Ungeplant ist der Normalfall. Zehn Situationen, die politische Aufmerksamkeit verdienen*, Berlin 2011, S. 39-42, online verfügbar unter: {www.swp-berlin.org/fileadmin/contents/products/studien/2011_S32_lpt_prt_ks.pdf} (Stand: August 2021).

36 Etwa 2015 das Abkommen von Algier zwischen der Regierung Malis und wichtigen Tuaregmilizen, das dem Norden mehr Autonomie und Mitbestimmung versprach.

37 Die Sicherheitslage verschlechterte sich so dramatisch, dass die Regionalorganisation »G5 Sahel«, der Burkina Faso, Mali, Mauretanien, Niger und der Tschad angehören, Anfang 2017 eine gemeinsame, 5000 Mann starke Eingreiftruppe aufstellte. Sie wird von den französischen Militärs und Spezialeinheiten unterstützt und bekommt auch Hilfe aus Deutschland, etwa

beim Aufbau des Regionalkommandos in Niamey, der Hauptstadt Nigers, oder bei der Ausstattung der G5-Verteidigungsakademie in Mauretanien.

38 Cyril Bensimon, »Le Sahel, nouveau champ de bataille de la guerre entre Al-Qaida et l'organisation Etat islamique« (*Le Monde*, 28. Juni 2020), online verfügbar unter: {www.lemonde.fr/afrique/article/2020/06/28/le-sahel-nouveau-champ-de-bataille-de-la-guerre-entre-al-qaida-et-l-organisation-etat-islamique_6044481_3212.html} (Stand: August 2021).

39 *CNN*, »Al-Shabaab joining al Qaeda, monitor group says« (10. Februar 2012), online verfügbar unter: {edition.cnn.com/2012/02/09/world/africa/somalia-shabaab-qaeda/} (Stand: August 2021).

40 Wobei Al-Shabaab »jeden Keim des IS in Somalia ersticken« möchte. Vgl. Bundesamt für Fremdenwesen und Asyl (Hg.), *Fact Finding Mission Report Somalia*, Wien 2017, S. 88, online verfügbar unter: {www.ecoi.net/en/file/local/1406268/5209_1502195321_ffm-report-somalia-sicherheitslage-onlineversion-2017-08-ke.pdf} (Stand: August 2021).

41 The Meir Amit Intelligence and Terrorism Information Center, »Spotlight on Global Jihad (December 16-10, 2020)« (17. Dezember 2020), online verfügbar unter: {www.terrorism-info.org.il/en/spotlight-on-global-jihad-december-16-10-2020} (Stand: August 2021).

42 Marlon Schröder, »Boko Haram: Alles zur Terrororganisation« (*Zeit-Online*, 29. März 2018), online verfügbar unter: {www.zeit.de/politik/ausland/boko-haram-ueberblick#wofuer-steht-der-name-boko-haram} (Stand: August 2021).

43 Vgl. Ebd.

44 Unicef, »Boko Haram: Gezielte Gewalt gegen Kinder« (12. April 2017), online verfügbar unter: {www.unicef.de/informieren/aktuelles/presse/2017/nigeria-boko-haram-report/138922} (Stand: August 2021).

45 John Campbell, »Nigeria Security Tracker« (Council on Foreign Relations, 12. April 2021), online verfügbar unter: {www.cfr.org/nigeria/nigeria-security-tracker/p29483} (Stand: August 2021).

46 International Displacement Monitor Centre, »Nigeria« (31. Dezember 2020), online verfügbar unter: {www.internal-displacement.org/countries/nigeria} (Stand: August 2021).

47 International Crisis Group, »Behind the Jihadist Attack in Chad« (6. April 2020), online verfügbar unter: {www.crisisgroup.org/africa/central-africa/chad/derriere-lattaque-jihadiste-au-tchad} (Stand: August 2021).

48 Solomon M. Hsiang / Marshall Burke / Edward Miguel Hsiang, »Quantifying the influence of climate on human conflict«, in: *Science* 341 / 6151 (13. September 2013), DOI: 10.1126 / science.1235367.

49 Leon Usigbe, Africa Renewal, »Nigeria: Sterbender Tschadsee verschärft humanitäre Krise. Flusswasser aus der DR Kongo soll das Becken wieder auffüllen« (afrika.info, 13. Februar 2020), online verfügbar unter: {afrika.

info/newsroom/nigeria-sterbender-tschadsee-verschaerft-humanitaere-krise/} (Stand: August 2021).

50 Ebd.

51 United Nations Office for the Coordination of Humanitarian Affairs (OCHA), »Lake Chad Basin: Humanitarian Snapshot« (29. November 2019), online verfügbar unter: {data2.unhcr.org/en/documents/details/72787} (Stand: August 2021).

52 Auch Fulani genannt und französisch Peul.

53 Benjamin Roger, »Peuls et jihadisme au Sahel: le grand malentendu« (*jeune afrique*, 7. Juli 2020), online verfügbar unter: {www.jeuneafrique.com/mag/1007217/politique/sahel-peuls-le-grand-malentendu} (Stand: August 2021).

54 Boukary Sangare, »Fulani people and Jihadism in Sahel and West African countries« (*Observatoire du monde arabo-musulman et du Sahel*, 28. September 2020), online verfügbar unter: {https://www.frstrategie.org/sites/default/files/documents/programmes/observatoire-du-monde-arabo-musulman-et-du-sahel/publications/en/201911.pdf} (Stand: August 2021).

55 Roger, »Peuls et jihadisme au Sahel«.

56 Unter anderem die Ermordung von etwa 100 Fulbe, darunter Frauen und Kinder, im Dorf Ogassagou in Mali im März 2019 durch eine wohl überwiegend aus Dogon bestehende »Selbstverteidigungsmiliz«. Vgl. *Frankfurter Allgemeine Zeitung*, »Gewalt in Mali. Mindestens 100 Zivilisten bei Angriff auf Dorf getötet« (23. März 2019), online verfügbar unter: {www.faz.net/aktuell/politik/ausland/mali-mindestens-100-zivilisten-bei-angriff-auf-dorf-getoetet-16104740.html} (Stand: August 2021).

57 Gespräch des Autors mit Elie Tenenbaum.

58 Henrik Pryser Libell / Nicholas Kulish, »In Kenya Inquiry, Norway Looks at Somali Migrant« (*The New York Times*, 18. Oktober 2013), online verfügbar unter: {www.nytimes.com/2013/10/19/world/africa/norway-suspect-nairobi-kenya-mall-siege.html} (Stand: August 2021). Dhuhulow, der als Neunjähriger aus Somalia nach Norwegen gekommen war, starb selbst bei dem Anschlag.

59 2,3 Millionen Menschen sind innerhalb der Region bereits auf der Flucht.

60 Vgl. *L'Obs*, »Guterres réclame ›un dialogue‹ avec les talibans et craint pour le Sahel« (10. September 2021), online verfügbar unter: {https://www.nouvelobs.com/monde/20210910.AFP2383/guterres-reclame-un-dialogue-avec-les-talibans-et-craint-pour-le-sahel.html} (Stand: September 2021).

61 Gespräch des Autors mit Rima Le Coguiç, Afrikadirektorin der *Agence Française de Développement*.

62 Vgl. *Frankfurter Allgemeine Zeitung*, »Sechs französische Touristen in Niger getötet« (9. August 2020), online verfügbar unter: {https://www.faz.net/aktuell/gesellschaft/kriminalitaet/sechs-franzoesische-touristen-in-niger-getoetet-16897639.html} (Stand: August 2021).

63 Aus dem wöchentlichen IS-Newsletter *Al-Naba* (13. August 2020), online verfügbar unter: {https://ent.siteintelgroup.com/Statements/is-justifies-attacks-on-humanitarian-organizations-as-strikes-on-fronts-for-espionage-proselytization.html} (Stand: August 2021).

64 Osttimor wurde daraufhin unter eine Übergangsverwaltung der Vereinten Nationen gestellt, die es 2002 in die Unabhängigkeit entließen. Vgl. Monika Schlicher / Alex Flor, »Osttimor – Konfliktlösung durch die Vereinten Nationen«, in: *Die Friedens-Warte* 78, 2/3 (2003), S. 251-279, hier S. 251.

65 Camellia Webb-Gannon / Jaime Swift / Michael Westaway / Nathan Wright, »Fight for freedom: new research to map violence in the forgotten conflict in West Papua« (*The Conversation*, 14. Mai 2020), online verfügbar unter: {theconversation.com/fight-for-freedom-new-research-to-map-violence-in-the-forgotten-conflict-in-west-papua-128058} (Stand: August 2021).

66 Andreas Ufen, »Ein Land in Alarmbereitschaft« (*Zeit-Online*, 17. Januar 2016),online verfügbar unter: {www.zeit.de/politik/ausland/2016-01/indonesien-islamischer-staat-terror-anschlag-jakarta-folgen} (Stand: August 2021).

67 Vgl. ebd.

68 *Frankfurter Allgemeine Zeitung*, »Nach fünf Monaten: Philippinen erklären Islamisten für besiegt« (23.10.2017), online verfügbar unter: {www.faz.net/aktuell/politik/inland/marawi-philippinen-erklaeren-islamisten-fuer-besiegt-15259680.html, (Stand Juli 2020).

69 Jason Gutierrez, »Philippines cathedral bombing kills 20« (*The New York Times*, 27. Januar 2019), online verfügbar unter: {www.nytimes.com/2019/01/27/world/asia/philippines-jolo-cathedral-bombing.html} (Stand: August 2021).

70 Vgl. Asiem El Difraoui, »Authoritarianism and Radicalisation Towards Violent Extremism«, in: *Euromed survey of Experts and Actors. Violent Extremism in the Euro-Mediterranean Region* (2017), S. 34-39, online verfügbar unter: {https://www.iemed.org/wp-content/uploads/2020/12/04. Authoritarianism-and-Radicalisation-towards-Violent-Extremism.pdf} (Stand: August 2021).

71 Er hat die Region oft besucht und möchte seinen Namen nicht veröffentlicht wissen – er befürchtet sonst ein Einreiseverbot nach China.

72 *China Daily*, »Xinjiang to crack down on ›three evil forces‹« (6. März 2012), online verfügbar unter: {www.chinadaily.com.cn/china/2012-03/06/content_14766900.htm} (Stand: August 2021).

73 Edward Wong, »China Executes 9 for Their Roles in Ethnic Riots in July« (*New York Times*, 9. November 2009), online verfügbar unter: {www.nytimes.com/2009/11/10/world/asia/10xinjiang.html} (Stand: August 2021).

74 *Frankfurter Allgemeine Zeitung*, »Anschlag auf Tiananmen-Platz: China

macht Uiguren verantwortlich« (1. November 2013), online verfügbar unter: {www.faz.net/aktuell/politik/anschlag-auf-tiananmen-platz-china-macht-uiguren-verantwortlich-12643786.html} (Stand: August 2021).

75 *The Washington Post's Editorial Board*, »China is achieving its ›beauty‹ by means of cultural genocide« (25. November 2019), online verfügbar unter: {www.washingtonpost.com/opinions/global-opinions/china-is-achieving-its-beauty-by-means-of-cultural-genocide/2019/11/25/f80c0d66-0faf-11ea-bf62-eadd5d11f559_story.html} (Stand: August 2021).

76 Austin Ramzy / Chris Buckley, »›Absolutely No Mercy‹: Leaked Files Expose How China Organized Mass Detentions of Muslims« (*The New York Times*, 16. November 2019), online verfügbar unter: {www.nytimes.com/interactive/2019/11/16/world/asia/china-xinjiang-documents.html} (Stand: August 2021).

77 Ebd.

78 Die Turkistan Islamic Party (TIP) war während des Krieges hauptsächlich in Jisr al-Shughur im Westen von Idlib stationiert. Hier lebten viele Uiguren mit Kampferfahrung aus Afghanistan. 2015 spielten sie eine große Rolle bei der Vertreibung Assad-treuer Truppen aus Idlib. Vgl. Gerry Shih, »AP Exclusive: Anger with China drives Uighurs to Syrian war« (*AP NEWS*, 22. Dezember 2017), online verfügbar unter: {apnews.com/article/1a7aad97 8ad5470bb6450ef13f86469e} (Stand: August 2021).

79 Die Nato-Staaten Europas geben weniger als halb so viel wie die USA für ihr Militär aus: 2018 (bezogen auf das BIP) nur rund 1,5 Prozent gegenüber den USA mit rund 3,4 Prozent. Innerhalb der Nato stellen die USA mehr als ein Drittel der aktiven Soldaten. Vgl. Nato – Public Diplomacy Division, »Defence Expenditure of NATO Countries (2011-2018)« (Press Release, 14. März 2019), online verfügbar unter: {www.nato.int/nato_static_fl2014/assets/pdf/pdf_2019_03/190314-pr2018-34-eng.pdf} (Stand: August 2021).

80 Vgl. Nils Schmid, »Mali: ›La coopération franco-allemande ne doit pas se perdre dans les sables mouvants du Sahel‹« (*Le Monde*, 6. Juli 2020), online verfügbar unter: {www.lemonde.fr/idees/article/2020/07/06/mali-la-cooperation-franco-allemande-ne-doit-pas-se-perdre-dans-les-sables-mouvants-du-sahel_6045347_3232.html} (Stand: August 2021).

81 Vgl. Boubacar Haidara / Sékou Amadou Traoré, »Sahel: pourquoi la disparition de l'opération Barkhane ne signe pas la fin de la présence française au Mali« (*Le Journal du Dimanche*, 25. August 2021), online verfügbar unter: {https://www.lejdd.fr/International/Afrique/sahel-pourquoi-la-disparition-de-loperation-barkhane-ne-signe-pas-la-fin-de-la-presence-francaise-au-mali-4063455} (Stand: September 2021).

82 *Der Grand Continent*, »Die Macron-Doktrin: Ein Gespräch mit dem französischen Staatspräsidenten« (16. November 2020), online verfügbar unter: {legrandcontinent.eu/de/2020/11/16/macron} (Stand: August 2021).

83 Vgl. European External Action Service (EEAS), »EU Battlegroups«
(9. Oktober 2017), online verfügbar unter: {eeas.europa.eu/headquarters/
headquarters-homepage_en/33557/EU%20Battlegroups} (Stand: August
2021).

84 Vgl. Frontex, »Amended budget 2020«, online verfügbar unter: {https://
frontex.europa.eu/assets/Key_Documents/Budget/Budget_2020_N4.pdf}
(Stand: August 2021), sowie European Commission, »European Defence
Fund – Factsheet« (19. März 2019), online verfügbar unter: {ec.europa.eu/
docsroom/documents/34509} (Stand: August 2021).

85 Annegret Kramp-Karrenbauer, »Europe still needs America« (*Politico*,
2. November 2020), online verfügbar unter: {www.politico.eu/article/
europe-still-needs-america/} (Stand: August 2021).

86 Vgl. *Zeit-online*, »Kramp-Karrenbauer fordert mehr militärische Eigenständigkeit der EU« (2. September 2021), online verfügbar unter: {https://www.
zeit.de/politik/ausland/2021-09/afghanistan-annegret-kramp-karrenbauer-
europa-verteidigungsminister} (Stand: September 2021).

87 Ursula von der Leyen, »Die Seele unserer Union Stärken« (Rede zur Lage
der Union), online verfügbar unter: {https://ec.europa.eu/commission/
presscorner/detail/de/speech_21_4701} (Stand: September 2021); vgl. auch:
The Guardian, »Von der Leyen: EU must acquire ›political will‹ to build
own military« (15. September 2021), online verfügbar unter: {https://www.
theguardian.com/world/2021/sep/15/von-der-leyen-eu-state-of-union-
speech-political-will-build-own-military} (Stand: September 2021).

88 Die Brigade sollte der EU-Kommission und dem noch zu schaffenden Pos-
ten eines EU-Verteidigungskommissars unterstehen oder auch direkt dem
Europäischen Parlament, das mit einfacher Mehrheit über ihren Einsatz
entscheidet. – Das »Diskussionspapier 28. Armee« ist online verfügbar
unter: {augengeradeaus.net/wp-content/uploads/2020/11/20201006_SPD-
AGSV_Diskussionspapier_28Armee.pdf} (Stand: August 2021).

89 Gespräch des Autors mit Nils Schmid. Vgl. auch Nils Schmid, »Mali:
›La coopération franco-allemande ne doit pas se perdre dans les sables
mouvants du Sahel‹« (*Le Monde*, 6. Juli 2020), online verfügbar unter: {www.lemonde.fr/idees/article/2020/07/06/mali-la-cooperation-
franco-allemande-ne-doit-pas-se-perdre-dans-les-sables-mouvants-du-
sahel_6045347_3232.html} (Stand: August 2021).

90 *Radio France Internationale (RFI)*, »Mali: Iyad Ag Ghali prêt à négocier
avec les autorités« (10. März 2020), online verfügbar unter: {www.rfi.
fr/fr/afrique/20200309-mali-iyad-ag-ghali-pr%C3%AAt-%C3%A0o-
n%C3%A9gocier-les-autorit%C3%A9s} (Stand: August 2021).

91 Marc-Antoine Pérouse de Montclos, »Faut-il négocier avec les djihadistes au
Sahel?«, in: *Politique étrangère*, 2020/1, S. 175-187, online verfügbar unter:
{doi.org/10.3917/pe.201.0173} (Stand: August 2021).

92 Mary Fitzgerald / Emad Badi, »The Limits of Reconciliation. Assessing the Revisions of the Libyan Islamic Fighting Group (LIFG)« (Institute for Integrated Transitions, September 2020), online verfügbar unter: {www. ifit-transitions.org/publications/major-publications-briefings/transitional-justice-and-violent-extremism/2-libya-limits-of-reconciliation-1.pdf/view} (Stand: August 2021).

93 Human Rights Watch, »Libya: June 1996 Killings at Abu Salim Prison« (27. Juni 2006), online verfügbar unter: {www.hrw.org/news/2006/06/27/libya-june-1996-killings-abu-salim-prison} (Stand: August 2021).

94 Christopher Boucek, »Dangerous Fallout from Libya's Implosion« (Carnegie Endowment for International Peace, 9. März 2011), online verfügbar unter: {carnegieendowment.org/publications/index.cfm?fa=view&id=42940} (Stand: August 2021).

95 Ein Video mit Übersetzung ist unter dem Titel »Muammar Gaddafi speech translated (2001 Feb 22)« online verfügbar unter: {https://www.youtube.com/watch?v=69wBG6ULNzQ} (Stand: August 2021).

96 Catherine Gouëset, »Libye: l'islamiste qui remercie les Occidentaux« (*L'Express*, 8. September 2011), online verfügbar unter: {https://www.lexpress.fr/actualite/monde/afrique/libye-abdelhakim-belhaj-l-islamiste-qui-remercie-les-occidentaux_1027938.html} (Stand: August 2021).

97 Jules Crétois, »Maroc: qui est ›Abou Hafs‹, l'ex-salafiste qui parle de l'égalité dans l'héritage entre hommes et femmes?« (*jeune afrique*, 21. April 2017), online verfügbar unter: {www.jeuneafrique.com/431510/politique/abou-hafs-lex-salafiste-marocain-parle-de-legalite-lheritage-entre-hommes-femmes/} (Stand: August 2021).

98 El Difraoui, *Al-Qaida par l'image*, S. 544.

99 Christoph Reuter / Thore Schröder, »›Ich hatte Angst, große Angst‹«. Interview mit Hamid Karzai (*Der Spiegel*, 11. September 2021), online verfügbar unter: {https://www.spiegel.de/ausland/hamid-karzai-im-interview-ich-hatte-angst-grosse-angst-a-9857deb2-fd5f-4ae7-b7e5-1dfced23c85e} (Stand: September 2021)

100 Vgl. eMediaMillWorks, »Pentagon Briefing with Secretary Rumsfeld« (*The Washington Post*, 19. November 2001), online verfügbar unter: {https://www.washingtonpost.com/wp-srv/nation/specials/attacked/transcripts/rumsfeldtext_111901.html} (Stand: September 2021).

101 Vgl. *Spiegel-online*, »Deutschland strebt neue diplomatische Vertretung in Afghanistan an« (1. September 2021), online verfügbar unter: {https://www.spiegel.de/ausland/afghanistan-deutschland-strebt-neue-diplomatische-vertretung-in-kabul-an-a-bdbfe566-e49a-4c8b-a330-568a4c344d77} (Stand: September 2021).

102 Gespräch des Autors mit dem im Irak ansässigen französischen Politologen und Sicherheitsexperten Martin Lafond.

103 Allerdings sind die Richter in Den Haag nur zuständig, wenn eine Strafverfolgung auf nationaler Ebene nicht möglich oder von den Regierungen nicht gewünscht ist und sogar verhindert wird.

104 Christoph Reuter / Fidelius Schmid, »Prozessauftakt in Koblenz: Des Teufels Oberst« (*Der Spiegel*, 23. April 2020), online verfügbar unter: {www.spiegel.de/politik/ausland/koblenz-prozess-gegen-geheimdienstoffizier-anwar-raslan-aus-syrien-des-teufels-oberst-a-f2127ff5-99ea-4fe0-8ccd-a2c1edaa7fc6} (Stand: August 2021).

105 Laurence Caramel, »La Grande Muraille verte, mirage sahélien« (*Le Monde*, 10. September 2020), online verfügbar unter: {www.lemonde.fr/afrique/article/2020/09/10/la-grande-muraille-verte-mirage-sahelien_6051715_3212.html} (Stand: August 2021).

106 Für eine zusammenfassende Erläuterung des Konzepts vgl. Bundeszentrale für politische Bildung, »Zivilgesellschaft – Ein Leitbild«, online verfügbar unter: {www.bpb.de/politik/grundfragen/deutsche-verhaeltnisse-eine-sozialkunde/138712/zivilgesellschaft} (Stand: August 2021).

107 Der Abschnitt basiert auf dem Working Paper: Asiem El Difraoui / Sana Ouchtati, »The role of culture in preventing and reducing violent extremism« (More Europe, 28. September 2017), online verfügbar unter: {moreeurope.org/wp-content/uploads/2019/04/paper_role_of_culture_pve_more_europe_28.09.2017__0.pdf} (Stand: August 2021).

108 Vgl. National Statistics and Information Authority, *Afghanistan Statistical Yearbook 2020*, Kabul 2021, S. 59, online verfügbar unter: {https://invest.gov.af/theme3/wp-content/uploads/2021/06/Afghanistan-Statistical-Yearbook-first-Version.pdf} (Stand: September 2021).

109 Christian Gaznarski (geb. 1966) ist ein deutscher Dschihadist der zweiten Generation. Nach mehreren Aufenthalten in Saudi-Arabien, Afghanistan und Tschetschenien in den 1990ern soll er Kontaktmann Osama bin Ladens gewesen sein. Kurz vor dem Anschlag hat er mit dem Attentäter noch telefoniert. Er wurde 2003 in Frankreich festgenommen und 2006 in Paris zu 18 Jahren Haft verurteilt. Vor seiner Entlassung im Januar 2018 erfuhr Gaznarski von seiner drohenden Auslieferung in die USA und griff mit einer Schere drei Wärter an. Er befindet sich seitdem weiterhin in einem französischen Gefängnis.

110 Vgl. *Der Spiegel*, »Tunesiens Präsident kündigt baldige Regierungsbildung an« (12. September 2021), online verfügbar unter: {https://www.spiegel.de/ausland/tunesien-praesident-kais-saied-kuendigt-verfassungsaenderung-und-baldige-regierungsbildung-an-a-aafa675f-24ea-469e-ba6d-35bdb16d6ccf} (Stand: September 2021).

Das Wesen der Hydra:
Eine Debatte

1 Zu den Kontroversen um diese Themen vgl. den ausgezeichneten Artikel von Leyla Dakhli, »L'islamologie est un sport de combat«, in: *La Revue du crieur* 3 / 1 (2016), S. 4-17.

2 Olivier Roy: »Le djihadisme est une révolte nihiliste« (*Le Monde*, 23. November 2015), online verfügbar unter: {www.lemonde.fr/idees/article/2015/11/24/le-djihadisme-une-revolte-generationnelle-et-nihiliste_4815992_3232.html} (Stand: August 2021).

3 François Burgat, »Réponse a Olivier Roy: les non-dits de ›l'islamisation de la radicalité‹« (*L'Obs / Rue 89*, 21. November 2016), online verfügbar unter: {www.nouvelobs.com/rue89/rue89-parti-pris/20151201.RUE1504/reponse-a-olivier-roy-les-non-dits-de-l-islamisation-de-la-radicalite.html} (Stand: August 2021).

4 Bernard Rougier, »Le djihadisme est devenu un instrument de revanche sociale« (*Le Monde*, 16. Februar 2016), online verfügbar unter: {www.lemonde.fr/idees/article/2016/02/15/le-djihadisme-est-devenu-un-instrument-de-revanche-sociale_4865250_3232.html} (Stand: August 2021).

5 Scott Atran, »Daech est le mouvement de contre-culture le plus important depuis la chute de l'Union soviétique« (*Europe 1*, 30. April 2016), online verfügbar unter: {www.europe1.fr/international/scott-atran-daech-est-le-mouvement-de-contre-culture-le-plus-important-depuis-la-chute-de-lunion-sovietique-2733211} (Stand: August 2021).

6 Catherine Calvet / Cécile Daumas, »Interview. Scott Atran: ›L'EI représente le discours contre-culturel le plus fort au monde‹« (*Libération*, 2. Mai 2016), online verfügbar unter: {www.liberation.fr/debats/2016/05/02/scott-atran-l-ei-represente-le-discours-contre-culturel-le-plus-fort-au-monde_1450037} (Stand: August 2021).

7 Gilles Kepel / Bernard Rougier, »›Radicalisations‹ et ›islamophobie‹: le roi est nu« (*Libération*, 14. März 2016), online verfügbar unter: {www.liberation.fr/debats/2016/03/14/radicalisations-et-islamophobie-le-roi-est-nu_1439535} (Stand: August 2021).

8 Bei Gilles Kepel habe ich promoviert. Ich hoffe, dass ich ihm gegenüber dennoch unvoreingenommen bin.

9 Omar Saghi, »Einführung: Osama Bin Laden, Volkstribun im Medienzeitalter«, in: Gilles Kepel / Jean-Pierre Milelli (Hg.), *Al-Qaida. Texte des Terrors*, München 2006, S. 25-54, hier S. 35.

10 Vgl. Jean-Paul Willaime, *Sociologie des religions*, Paris 2017⁶, S. 31. Zu Max Webers Sektendefinition vgl. das Kapitel »Politische und hierokratische Herrschaft«, in: Max Weber: *Wirtschaft und Gesellschaft. Grundriß der verstehenden Soziologie*, 5. Aufl., Tübingen 1980, S. 688-726.

Register